녹색
노동조합은
가능하다

녹색 노동조합은 가능하다

Green

기후변화의 시대,

Trade

정의로운 전환의 이론과 현장

Union

노라 래첼·데이비드 우젤 엮음 | 김현우 옮김

이매지닌

녹색 노동조합은 가능하다

기후변화의 시대, 정의로운 전환의 이론과 현장

1판 1쇄 2019년 7월 19일
엮은이 노라 래첼 · 데이비드 우젤 **옮긴이** 김현우
펴낸곳 이매진 **펴낸이** 정철수
등록 2003년 5월 14일 제313-2003-0183호
주소 서울시 은평구 진관3로 15-45, 1018동 201호
전화 02-3141-1917 **팩스** 02-3141-0917
이메일 imaginepub@naver.com **블로그** blog.naver.com/imaginepub
인스타그램 @imagine_publish
ISBN 979-11-5531-107-3 (93300)

- 환경을 생각해 친환경 용지로 만들고 콩기름 잉크로 찍었습니다.
- 값은 뒤표지에 있습니다.
- 이 도서의 국립중앙도서관 출판시도서목록(CIP)은 서지정보유통지원시
 스템 홈페이지(http://seoji.nl.go.kr)와 국가자료공동목록시스템(http://www.
 nl.go.kr/kolisnet)에서 이용하실 수 있습니다(CIP 제어 번호: CIP2019026241).

가브리엘 모저(1944~2011)와

프리츠 비텍(1947~2011)을 기리며*

＊ 가브리엘 모저는 환경심리학과 응용 사회심리학에 큰 기여를 한 학자로 국제민중-환경연구회(IAPS) 회장을 역임했다. 프리츠 비텍은 이주와 다문화 교육학을 연구했다.

차 례

노라 래첼 Nora Räthzel

스웨덴 우메아 대학교 사회학과 교수. 일상에서 저항과 복속의 형태들을 생산하는 젠더, 계급 및 인종 관계들이 상호 작용하는 방식에 대한 연구를 수행했다(《집으로 가는 길찾기(Finding the Way Home)》(2007). 최근 10년간 수행한 주요 연구 영역은 노동 분야로, 스웨덴, 멕시코, 남아프리카공화국에서 동일한 초국적 기업에서 일하는 사람들의 삶을 조사했고, 데이비드 우젤과 함께 일국 또는 국제적으로 노동조합과 노동조합들의 환경 정책에 관한 연구 프로그램을 발전시켰다.

다린 스넬 Darry Snell

오스트레일리아 로열멜버른 공과대학(RMIT) 경영학과 부교수. 지속가능 조직과 노동센터 회원이며, 여기서 기후변화와 지속 가능한 전환 연구 클러스터를 이끌고 있다. 최근 연구는 조직, 지역공동체, 특히 노동조합 같은 다른 사회적 행위자들이 어떻게 기후변화와 저탄소 경제를 향한 전환에 접근하고 개입할지를 밝히는 것이다.

데이비드 우젤 David Uzzell

영국 서리 대학교 환경심리학 교수. 주요 연구 관심사는 기후변화에 대한 대중적 이해, 변화하는 소비와 생산 관행에 대한 비판심리학적 접근, 환경적 위험, 정체성과 과거 등이다. 데이비드는 2006년부터 노라 래첼과 함께 기후변화에 대한 국가적 및 국제적 노동조합 정책, 저탄소 경제에 기여하기 위해 작업장에서 노동력이 갖는 기회와 제약들, 그리고 위기의 시대에 변화하는 조직에서 개인들의 역할을 검토하는 세 개의 연구 프로젝트를 수행했다. 기후변화에 관한 영국심리학회 워킹 그룹을 이끌었고, 2010년 영국학술원/영국심리학회 연례 대회에서 '심리학과 기후변화'에 대해 강의했다.

도릿 켐터 Dorit Kemter

국제노동기구(ILO) 녹색 일자리 프로그램 지식 경영 전문가. 2009년 ILO에 들어가기 전에는 라틴아메리카에서 농촌 지역 발전과 공동체 참여 영역에서 활동했다. 오스트리아 응용과학대학교 FH 캠퍼스 빈에서 사회과학 석사 학위를 받았다.

디미트리스 스테비스Dimitris Stevis

미국 콜로라도 주립대학교 국제정치학 교수. 장기적 연구와 강의의 주제는 전통 정치경제학, 그리고 노동과 환경에 초점을 둔 사회적 거버넌스다. 2007년에 테리 보스웰과 함께 《지구화와 노동 — 지구적 거버넌스의 민주화(Globalization and Labor: Democratizing Global Governance)》를 펴냈다. 최근 연구는 지구적 노동 정치, 노동조합의 환경 정치, 녹색이고 정의로운 생산을 위한 전략을 포함한다.

라르스 헨릭손Lars Henriksson

1970년대 후반부터 스웨덴 예테보리에서 볼보 자동차 조립 라인에서 일한 자동차 노동자. 그때부터 '노동조합에서 공식 지위를 가지거나 지위가 없는 채로' 노동조합 활동가와 정치 활동가로 지냈다. 또한 2011년에 《타격(Slukört, Ordfront Publishing House)》이라는 책을 펴낸 프리랜서 작가인데, 이 책에서 일자리와 기후를 구하기 위한 노동조합 전략으로서 자동차 산업의 전환과 변화를 주장했다.

로라 마틴 무리요Laura Martín Murillo

지속가능발전을 위한 국제 노동재단인 서스테인레이버(Sustainlabour) 사무처장. 재단 창립을 도우면서 초창기부터 환경 과정에서 노동조합을 결합시키는 선구적 활동을 수행했다. 2005년부터 유엔환경계획(UNEP) 이사회에 노동조합 대표로 참여했고, 지속가능발전을 위한 유엔위원회(CSD)와 유엔기후변화협약(UNFCCC)에서도 정기적으로 노동조합을 대표했다. 노동자와 환경 문제말고도 젠더 문제에 관한 연구와 사회 활동도 수행해왔다.

로브 램버트Rob Lambert

오스트레일리아 웨스턴 오스트레일리아 대학교 경영대학원 노사관계 교수. 지구적 재구조화의 함의에 대한 폭넓은 글을 썼고, 《지구화의 지반 — 불안정 시대의 노동(Grounding Globalization: Labour in The Age of Insecurity)》(2008)의 공저자인데, 이 책은 미국사회학회 노동과 노동운동 분과가 주는 2009년 우수 논문상을 받았다. 또한 1991년에 결성돼 지금은 35개국 노동조합을 대표하는 민주적 노동조합 운동인 지구화와 노동조합 권리에 관한 남반구 운동(SIGTUR)의 창립자다.

레네 올센Lene Olsen

제네바 ILO의 노동자활동지원국(ACTRAV) 성원. 환경적으로 지속 가능한 발전 문제를 책임지고 있으며, 제네바 대학교에서 주는 환경외교 고등교육 자격을 보유하고 있다. 또한 지구적 노조연구 네트워크(GURN)에도 참여하고 있다. 1999년부터 2001년까지 ILO/ACTRAV의 환경 프로젝트인 '노동조합과 환경적으로 지속가능한 발전'을 수행했다. 최근에는 국제 노동 기준이 정의로운 전환의 틀 속에서 기후변화의 도전을 소화할 수 있는 방법을 다룬 글들을 썼다. 1999년 ILO에 결합하기 전에는 브뤼셀에 있는 노르웨이 노동 총연맹 사무국에서 일했다.

메그 깅그리치Meg Gingrich

2007년부터 2009년까지 스톡홀름 대학교 '생태계, 거버넌스, 지구화' 프로그램에서 연구 활동을 했고, 여기서 기후변화에 관한 노동조합 행동을 다룬 석사 학위 논문을 썼다. 논문을 마친 뒤에는 캐나다 토론토 요크 대학교에 기반을 둔 '더워지는 세계의 노동' 프로젝트에서 보조연구원으로 일했다. 요즘에는 토론토에 있는 국제서비스노동조합에서 연구원으로 활동한다.

베고냐 마리아-토메 질Begoña María-Tomé Gil

마드리드 자치대학교에서 환경과학, 특히 에너지를 전공한 뒤 폐기물 관리로 석사 학위를 받았다. 2008년에 스페인 노총(CCOO)이 만든 노동환경보건노조연구소(ISTAS)에 합류해 에너지, 기후변화, 녹색 경제 연구자로 활동하고 있다. 유럽노총과 국제노총의 지속가능 발전 워킹 그룹에 참여하고 있으며, 에너지 효율, 에너지 절약, 재생 가능 에너지를 촉진하는 비영리 조직인 스페인 재생가능에너지 재단(Fundación Renovables)의 창립 파트너다.

베리티 버그만Verity Burgmann

오스트레일리아 멜버른 대학교 정치학과 교수. 노동운동의 역사와 정치학, 저항 운동, 급진 이데올로기와 환경 정치에 관해 많은 글을 썼다. 《'우리 시대에' ― 사회주의와 노동의 발흥('In Our Time': Socialism and the Rise of Labor)》(1985), 《혁명적 산별노조주의(Revolutionary Industrial Unionism)》(1995), 《그린밴, 붉은 노동조합(Green Bans: Red Union)》(1998), 《노동조합과 환경(Unions and Environment)》(2002), 《권력, 이윤, 저항(Power, Profit and Protest)》(2003), 《오스트레일리아의 기후 정치와 기후 운동(Climate Politics and the Climate Movement in Australia)》(2012)이 있다. 요즘 연구하는 주제는 지구화에 맞선 국제 노동운동의 저항, 유토피아주의와 자율주의 마르크스주의 등이다.

숀 스위니Sean Sweeney

뉴욕에 자리한 코넬 대학교 노사관계대학원(ILR) 프로그램인 세계노동자연구소(Global Labor Institute)의 창립자이자 소장. 스위니 박사는 전미자동차노조 제65지부와 홉스트라 대학교가 함께한 시범 프로그램과 더불어 1987년부터 대학 수준의 노종조합과 노동자 교육에 종사했다. ITUC의 기후 워킹 그룹을 돕고 있으며, ITUC와 ILO가 후원한 UNEP의 2008년 보고서 〈녹색 일자리 ― 지속 가능한, 저탄소 세계의 괜찮은 일자리를 향하여〉의 공저자다. 요즘에는 키스톤 엑스엘 파이프라인이 일자리 효과를 갖고 있다는 석유 산업의 주장을 공박하는 보고서 〈파이프의 꿈 — 키스톤 XL 파이프라인 건설로 생기는 일자리와 사라지는 일자리〉의 공저자로 참여했다. 《로스앤젤레스 타임스》에 기고하고, 공영 라디오 방송국 엔피아르(NPR)에 출연하고, 《뉴 레이버 포럼》에도 자주 기고한다.

스코트 비 마틴Scott B. Martin

프리랜서 국제 컨설턴트. 이코노미스트 인텔리전스 유닛(EIU) 같은 조직들에서 일한다. 1997년부터 컬럼비아 대학교에서 외교학을 가르쳤고, 2005년 9월부터 뉴스쿨 대학원에서 정규직 또는 시간제 교수로 일했다. 《경영과 산업(Business and Industry)》(2008)의 공편자이며, 요즘에는 초국적 노동권 보호, 브라질과 멕시코의 국가 노동 개혁과 노조주의에 관심을 갖고 있다.

아나벨라 로젬버그Anabella Rosemberg

ITUC의 환경과 직업보건 안전 정책 담당자. 2007년부터 특히 유엔기후변화협약(UNFCCC) 등 주요한 정부 간 환경 과정에서 국제 노동운동의 개입과, 리우 유엔지속가능발전회의(RIO+20) 정상회의 준비를 위한 노동조합 운동의 활동을 조율했다. 아르헨티나 파타고니아의 작은 마을 빌라용가에서 태어나 파리정치대학에서 발전 연구로 석사 학위를 받았다. ITUC에 합류하기 전에는 민주주의와 청년 역량 강화 분야의 비정부 기구에서 활동했다.

앤드류 베니Andrew Bennie

남아프리카공화국 요하네스버그에 자리한 비트바테르스란트 대학교 사회학 석사. 협동조합과 정책대안센터(COPAC)에서 협동조합 발전과 연대의 경제적 대안에 관련된 활동을 하고 있으며, 곧 박사 과정을 시작할 예정이다.

재클린 콕Jacklyn Cock

남아프리카공화국 비트바테르스란트 대학교 사회학과 명예 교수 겸 사회·노동·발전연구소 명예 연구원. 노동, 환경, 젠더 문제의 연구와 운동에 참여하고 있다. 《하녀와 마담 — 착취의 정치학 연구(Maids and Madams)》(1989), 《녹색을 향하여 — 민중, 정치, 환경(Going Green)》(1991), 《우리 자신들에 맞선 전쟁 — 자연, 권력, 정의(The War Against Ourselves)》(2007) 등을 냈다.

존 배리John Barry

북아일랜드 퀸스 대학교 벨파스트 캠퍼스의 정치학, 국제 연구, 철학과 부교수 겸 지속가능세계연구소 협동처장. 지속 가능성의 정치학과 윤리학의 규범적 측면들, 시민성과 지속 가능성, 지속 가능성의 정치경제학과 재생 가능 에너지의 정치경제학에 관련된 폭넓은 글을 써왔다. 녹색당 의원이자 북아일랜드 녹색당의 지도자였다. 정치학 분야의 가장 뛰어난 출간 도서에 주는 PSA의 WJM 맥킨지 상을 받 은《녹색 정치를 다시 생각함 — 자연, 덕성, 진보(Rethinking Green Politics)》(1999)과《환경과 사회 이론(Environment and Social Theory)》(2007)이 있다.《국가와 지구적 생태 위기(The State and the Global Ecological Crisis)》(2005)의 공편자이며, 학술지〈환경 정치(Environmental Politics)〉의 공동 편집인으로 참여하고 있다. 최근에는《현존하는 지속 불가능성의 정치학 — 기후변화와 탄소 종속 세계에서 인류의 번영(The Politics of Actually Existing Unsustainability)》(2012)을 펴냈다.

주앙 파울루 칸디아 베이가 João Paulo Cândia Veiga
브라질 상파울루 대학교 정치학과 국제관계학 교수. 노동과 환경 영역의 비국가 주체들, 그리고 그 주체들이 국제 거버넌스에서 규칙과 기준을 만드는 방식이 주요 연구 주제다.《아동 노동 문제(A Question do Trabalho Infantil)》(1997)의 저자이며,《오렌지와 옐로우-그린의 협력 — FNV와 CUT의 파트너십(The Orange and Yellow-Green Cooperation)》(2011)의 공저자다.

피터 로스만 Peter Rossman
제네바에 기반을 둔 국제 노동조합 연맹인 국제식품·농업·호텔·식당·급식·담배노동자노조(IUF)의 국제 캠페인과 연락 담당자. 1991년부터 이곳에서 일하면서 여러 글을 쓰고 책을 냈는데, 주로 식품 정책과 노동조합 조직화에 관련된 무역, 금융, 환경 문제를 다룬다.

피터 페어브라더 Peter Fairbrother
로열멜버른 공과대학교(RMIT) 지속가능 조직과 노동센터 소장이다. 노동조합 갱신, 공공 부문의 재구조화와 사회경제적 재활성화와 전환을 둘러싼 논쟁에 연구의 초점을 맞춘다. 이런 관심은 저탄소 경제를 향한 전환과 그런 움직임이 노동자에게 미치는 영향을 둘러싼 쟁점들을 다루는 데 함께 활용된다.《맥락 속의 고용과 노사관계(Employment and Work Relations in Context)》시리즈의 공동 편집인이며,《지구화, 국가, 노동(Globalisation, State and Labour)》(2006)의 공편자다.

화-젠 리우 Hwa-Jen Liu
국립 대만대학교 사회학과 조교수. 관심 영역은 집합 행동, 후발 산업화, 세계의 노동과 환경운동을 아우른다. 가장 최근에 한 연구의 중심 주제는 대만과 한국의 노동자운동, 농민운동, 환경운동 사이의 역사적 연관성이다.

감사의 말

먼저 우리에게 기꺼이 시간을 제공하고, 자신들의 전망으로 우리를 고무시키고, 연락을 도와주고, 회합과 회의에 우리를 초청해 연구를 지원한 노동조합 활동가들에게 감사한다. 엄청난 노동 부하와 제17차 기후변화협약 당사국 총회COP 17와 리우 유엔지속가능발전회의Rio+20를 준비해야 하는 부담에도 불구하고, 그중 몇몇은 이 책을 쓰는 데 동참해 시간과 지식 이상의 것을 제공했다. 자기 일을 제쳐두고 우리에게 자료를 제공하고 만남을 주선한, 그리고 무엇보다도 고무적인 아이디어와 의지를 보여준 우디 아룬(남아프리카공화국 전국금속노조NUMSA), 아나벨라 로쳄버그(국제노동조합총연맹ITUC), 딩가 시크웨부(NUMSA)에게 특별히 감사를 전한다.

애초에 이 책은 어스스캔 출판사가 테일러 앤드 프랜시스 출판사에 인수되기 전에 책임 편집자 앨리슨 쿠즈네츠의 노력과 열정 덕에 시작될 수 있었다. 쿠즈네츠는 이 책이 어스스캔 출판사의 카탈로그에서 중요한 자리를 채울 수 있을 것으로 보고 데이비드 우젤을 만나 출간 계획을 제의했다. 우리는 그런 지원과 프로페셔널리즘에 특히 감사하고 싶다. 이 책의 새 편집자들, 특히 자신의 책임 아래 이 프로젝트를 실현하도록 도와준 샤를로트 러셀에게도 감사한다.

또한 영어판 표지에 쓰인 바실리 칸딘스키의 그림 〈녹색 분할Green

17

Split〉을 이용하도록 허락해준 스톡홀름 현대미술관의 스테판 스탈과 스웨덴 시각예술저작권협회에 감사한다.

끝으로 이 책의 출간 과정과 이 책의 토대가 된 연구를 지원해준 스웨덴 노동생활과 사회연구 평의회FAS에 감사의 말을 전하며, 그중 일부는 1장과 18장에 드러나 있다는 점을 밝힌다.

노동은 단지 생계의 수단 이상의 것이다. 그것은 우리 서로의 교류에 있어 핵심 요소다. 사회를 이어 붙이는 '접착제'의 한 부분이다. 좋은 노동은 존중감, 동기, 성취감, 공동체에 대한 참여, 그리고 어떤 사람들에게는 삶의 수단과 목적이라는 느낌을 제공한다. 이 모든 이유들 때문에, 노동이 수입을 가져온다는 것을 제쳐두더라도, 완전 고용을 위협하는 것은 무엇이든 두려운 것이 되고 회피되는 것이 된다. 한 세기가 넘도록 노조원들이 노동자의 권리와 좋은 노동 조건을 위해 격렬하게 싸워온 것이 이상할 게 없다.

그것에 견줘 지금까지 노동조합들은 생산과 소비 시스템이 환경에 미치는 영향들에 대해서는 훨씬 적은 관심을 기울여왔다. 데이비드 우젤과 로라 래첼이 여는 장에서 지적하듯이, 자연은 전통적으로 '노동자의 타자'로 인식됐다. 때때로 자연 세계에 대한 이런 양가적 감정은 환경주의에 대한 정면 반대로 비화되기도 했다. 환경을 보호하려는 이들은 고용과 노동 조건을 보호하려는 이들의 반대 진영으로 인식됐다. 그리고 때로는 확실히 그렇게 행동하기도 했다.

환경의 보호가 생산과 소비 패턴의 변화를 불가피하게 요구하는 만큼, 이런 적대는 일정하게 분명한 근거를 갖는다. 물질의 과잉 소비를 피한다면 광부들의 삶에 타격을 주게 된다. 물고기 자원을 보존하려면 수산업에 종사하는 이들의 생계에 영향을 미친다. 그리고 세계가 화석연료에서 벗어난다면 에너지 산업 내 고용의 조건과 성격을 변화시키게 될 것이다.

노동자와 자연 사이의 이런 역사적 적대가 설명 가능하기는 하지만, 아주 조금만 생각해보면 이것이 완전히 잘못된 이분법을 나타낸다는 것을 이해할 수 있다. 이윤을 좇아 자신들의 공급 사슬을 파괴하는 산업은 결국 무너지게 돼 있다. 그 부문의 운명을 몇 년 또는 몇 십 년 정도 늦출 수 있을지 모른다. 그러나 그 결과는 재앙적인 것일 뿐 아니라 그만큼 불가피하다. 노동자의 장기적 이해는 자연의 이해와 불가분하게 일치한다.

기후변화의 전장만큼 이것이 분명한 곳도 없다. 에너지 산업을 화석연료에서 구조 전환하는 일, 건조 환경의 설계를 변화시키는 일, 탄소 집약형 운송 시스템을 저탄소 대안으로 전환하는 일은 불가피하게 노동자들의 삶과 생계에 영향을 끼칠 것이다. 분명한 시각과 적절한 대응이 없다면, 기후변화에 맞서는 투쟁은 장기적 승자들뿐 아니라 단기적 패자들을 만들게 될 것이다. 그렇지만 기후변화가 곳곳에서 뚜렷해진 세계는 사용자나 노동자 모두에게, 거의 어느 누구에게도 편안하지 못할 것이다.

이 책 자체가 노동자와 자연 사이의 분리라는 낡은 변증법이 시대가 지났다는 한 증거다. 연구자와 노동조합 활동가, 환경주의자들의 글을 인상적으로 한데 모아서, 우젤과 래첼은 생태적 한계의 위중함을 사회 정의의 가장 큰 중요성과 통합하는 변혁의 전망을 세우기 시작한다.

이 책은 사회학자, 심리학자, 정치학자, 역사학자, 경제학자 등의 도움을 얻어 학제 사이를 인상적으로 넘나든다. 논문들은 북반구뿐 아니라 남반구에서도 제출됐으며 매우 필수적인 시야의 다양성을 드러낸다. 여러 정부의 주요 정책들이 내세우는 명분과 달리, 이 논문들은 변화를 향한 개별적 접근들이 충분하지 않다는 점을 분명히 드러낸다. 이 책은 집합적 행동의 필요성에 초점을 맞춘다. 특히 노동자 대표자들의 활동이 지니는 중요성을 강조함으로써 경제의 변혁과 변화에 대한 생각들을 보완한다.

결국 문제는 노동자와 자연 사이의 동맹에 대한 반사실적counterfactual 시나리오가 기발한 기술이 우리 모두가 제한된 행성의 생태적 한계를 계속 피하도록 해주는 어떤 소비자 천국은 아니라는 데 있다. 오히려 그것은 노동자와 자본의 이해 대립이 붕괴라는 반생산적 소용돌이 속으로 서로를 몰고 가는 세계다. 자원의 희소성, 생태계의 파괴, 기후변화의 고조, 그리고 불가피한 대량 실업 말이다.

이 책은 그런 디스토피아적 결과들에 대한 실질적이고 의미 있는 대안들을 제공한다. 거듭 강조되는 메시지는 변혁은 가능하다는 것이다. 그러나 이런 과정은 지속 가능한 사회로 나아가는 '정의로운' 전환의 일부로 이해되고 실현돼야 한다. 이것은 결국 괜찮은 노동decent work의 가치가 사회의 심장부에 제자리를 찾을 수 있는 과정이다.

팀 잭슨

영국 서리대학교 교수, 《성장 없는 번영 — 제한된 행성을 위한 경제학》(Routledge, 2009)의 저자

1장

노동과 자연 사이의 단절 고치기
— 환경주의 노동 연구의 경우

데이비드 우젤, 노라 래첼

지난 40년 이상, 한편의 환경주의자들과 다른 한편의 노동자들 사이의 관계는 대체로 좋게는 불신과 의심부터 가장 나쁘게는 앙심이나 공공연한 적개심 사이를 오가는 것이었다. 환경운동은 자연에 어떤 피해를 끼치든 상관없이 일자리를 지키려 한다고 노동조합을 비난했고, 반면에 노동조합들은 환경주의자들이 노동자들의 일자리의 필요성, 실제로는 생존의 필요성을 자연의 뒷전에 놓는다고 비난했다.

환경주의자들과 노동자 사이의 대립 — 노동의 '타자'로서 자연

이 두 운동을 역사적으로 살펴보면 산업국의 노동운동이 자연을 대개 두 가지 방식으로 바라봤다는 증거가 있다. 애초에 노동조합은 우리가 오늘날 사회운동에 대해 생각하는 것과 더 비슷하게 조직됐다. 노동조합은 '성평등, 소비자의 이해(협동조합 운동), 보건과 복지, 주택, 모든 측면의 문화, 교육, 여가 활동, 인권(반식민주의 운동을 포함하는)을 옹호하고 발전시키기 위한 조직들'을 창건했다(Gallin 2000, 4).

이를테면 국제자연의벗International Friends of Nature은 한 사회주의자 그룹에 의해 1895년 빈에서 창립됐는데, 이 소식은 《노동자 신문Arbeiter Zeitung》에 실린 광고와 함께 알려졌다. 영국에서는 1932년 4월 24일, 노동자들과 '환경주의자들'은 잉글랜드 북부 산업 도시들에서 녹색 지대에 접근하기 힘든 상황에 저항하기 위해 자연보호 구역인 킨더스카우트Kinder Scout의 뇌조 사냥터(지주 계급과 부유한 산업가들이 소유)를 무단 침입해 가로질러 가면서 발걸음을 함께했다. '배회할 권리right to roam'는 대체로 공산당원과 지지자들로 구성된 영국노동자스포츠연맹BWSF에 의해 시작됐고, 노동계급의 상당한 지지를 받았다. 이런 그룹들에게 자연은 보존하고 향유해야 할 오락과 여가의 공간이었다.

노동자 조직들이 자연을 대하는 두 번째 방식은 조합원들의 보건과 안전에 관심을 기울인 맥락에서 드러났다. 노동자 조직들은 물과 공기, 토양의 오염이 노동자와 가족들의 건강에 위협이 되자 여기에 대항해 싸웠다. 그렇지만 노동조합이 생산 과정에서 마주치는 여러 위험에 맞서 노동자들이 보호돼야 한다고 여기게 되면서, 보건과 안전 문제가 작업장 내부에서 다뤄지는 경우가 더욱 많아졌다. 여기서 어떤 이들은 자신들이 자연을 고려하는 것이, 비록 자신들이 이런 방식으로 정식화하지는 않았더라도 노동자 조직의 형태 속에서 다뤄진다고 주장할 수 있을 것이다. 그런 사람들은 자신의 활동을 건강이 중요한 부분을 구성하는 노동자의 사회적 요구를 살피는 것으로 본다. 오락과 여가의 공간으로서 자연 또는 오염에서 보호돼야 할 환경이라는 이미지 속에서 자연은 노동의 '타자'가 된다. 그것은 사회에 대해, 그리고 노동 과정에 대해 외재적인 원시적 장소로 구축된다(Smith 1996, 41). 어느 경우에서든 자연은 생산 과정의 통합적 일부로, 부의 원천으로, 또는 노동의 협력자로 나타나지 않는다.

이런 누락은 고타 강령으로 알려진 독일 사민당의 첫 번째 강령에 이미 뚜렷했다. 고타 강령의 첫 구절은 이렇다. "노동은 부와 모든 문화의 원천이며, 유용한 노동은 사회 내에서, 그리고 사회를 통해서만 가능하기 때문에 노동의 과정은 동등한 권리에 따라 삭감되지 않고 사회의 모든 성원에게 속한다"(Marx 1875에서 인용). 마르크스는 이렇게 비판했다. "노동은 모든 부의 원천이 아니다. 자연은 노동만큼이나 …… 사용가치의 원천이며, 노동 자체는 자연의 힘, 즉 인간 노동력의 발현일 뿐이다"(Marx 1875). 사용가치의 원천으로서 자연, 그리고 자연의 일부로서 인간 노동력이라는 두 차원이 모두 노동운동의 역사 속에서 간과돼왔다.

환경운동에 자연은 통제되지 않고 배려 없는 산업화에 맞서, 그리고 자본과 노동 모두에게 마찬가지인 '생산주의'에 맞서 보호돼야 하는 것이다. 환경운동의 출발점은 생산과 생태주의 사이에 근본적 대립이 있다는 것이다. 캐롤린 머천트는 영향력 있는 저서에서 다음같이 정리했다. "현대 사회의 특정한 생산 형태 — 자본주의적인 그리고 국가사회주의적인 산업 생산 — 는 공기, 물, 토양, 생물상(인류를 포함하는), 그리고 자신을 시간을 따라 유지하고 재생산할 수 있는 사회의 능력에 누적적인 생태적 스트레스를 만들어낸다"(Merchant 1992, 9). 자연보호주의자들부터 엄청난 재정 자원을 가진 환경 비정부 기구[NGO]들까지(영국 세계자연기금[WWF]의 2011년 수입은 853억 원이었다(WWF-UK 2011)), 환경정의운동, 사회주의적 생태주의자, 에코페미니스트, 심층생태주의자까지 많은 환경운동이 존재한다(동등한 너비의 정치 스펙트럼을 갖지는 않더라도, 그만큼 많은 다양한 형태의 노동조합주의가 있다). 한 가지 정의로는 이런 흐름들을 제대로 다룰 수 없다. 그런데도 산업과 환경 보호 사이의 대립에 직면할 경우 이런 운동들은 환경 보호를 앞세우리라고 말할 수 있을 것이다. 결국 환경을 보호하는 것이 존재 이유이기 때문이다. 이 운동들이 노동운동에 대해 공통적으로 갖고 있는 사고는 노동의 '타자'로서 자연의 구축이다. 노동운동은 물론 환경운동도, 노동과 자연을 인간의 생존에 필수적인 물질적 자원을 생산하기 위해 서로를 필요로 하는 동맹자로 보지 않는다.

노동과 자연을 생명 생산을 위한 불가분의 요소로(생산이 없이는 인간 생명도 없을 것이므로) 보는 것의 어려움은 그 둘의 역사적 분리에 있다. 산업혁명과 함께 가속된 과정 속에서, 자연은 노동과 자연의 생산물, 도구, 기계, 건물과 마찬가지인 사유 재산이 됐다(그리고 지금도 되고 있다)(Smith 2008; Castree 2010). 사유화된 자연은 노동자에게 자본-노동 관계의 또 다른 면을 나타낸다. 자연은 자본이 됐다. 노동자들은 자연의 보호를 자기의 일자리뿐 아니라 생산자로서 자기들의 정체성에 대해서도 위협으로 경험한다. 환경주의자들의 관점에서 보면 노동자들은 자연을 그저 착취 가능한 '자연 자원'으로 여기고 생산이라는 목적을 위한 수단으로 간주하는 자본의 편이 된다. 둘 다 노동과 자본, 자연 사이의 순환론적 관계를 포함하는 대립적 구조에 사로잡혀 있다(Soja 1996). 자연을 희생하며 자기들의 일자리를 방어할 때 노동조합은 동시에 자기들 자신이 종속돼 있는 생산의 관계들(자연의 사적 전유)을 방어하고 있는 셈이다. 이 책 15장에서 숀 스위니는 노동조합이 반노동적 방식으로 활동하는 정치인들의 경제적 행위를 방어할 때 그런 행동이 가질 수 있는 역설적 영향들을 설명한다. 자연을 소유하고 노동을 통제하는 이들에게 휘둘리지 않고 노동자들이 생활을 영위할 수 있는 대안도 제시하지 않으면서 노동조합이 일자리를 지키려 한다고 비판하는 환경주의자들에게도 똑같은 이야기가 가능하다.

환경운동과 노동운동 사이에 드러나는 대립의 경험은 학제들 사이의 상호 무시라는 거울상이 돼 나타난다.

노동 연구에서 환경은 어디에 있고, 환경 연구에서 노동은 어디에 있나

노동 연구와 환경 연구가 조사 연구의 분리된 영역이라는 사실은 연구자들이 그런 연구의 상호적 의미와 기여의 중요성을 이해하고 평가하지 못하는 상황을 강화한다. 이런 결점은 강의실을 통해 지속됐다. 환경이나 기후변화를 다루는 대학 강의 중에서 노동 문제를 토론하는 사례는 아주 드물다. 마찬가지로 기후변화가 노동 조건이나 노동권에 갖는 의미를 탐색하는 노동 관련 강의도 거의 없다. 신기술이 노동에 미치는 영향 같은 생산 과정에는 관심이 쏠릴지 몰라도, 규제, 시장 변화, 생산지 이동 등 기후변화에 따른 노동과 생산의 변화들은 좀체 논의되지 않는다. 마찬가지로 노동이 이런 변화들에 어떻게 대응할지에 관한 토론도 거의 없다.

이를테면 기후변화가 유발한 규제들이 탄소 집약적이고 따라서 위험성도 높은 산업들에 고용된 이들의 노동 생활에 어떤 영향을 미치게 될까? 잘 알려져 있다시피 많은 이들에게 노동은 임금을 가져다주는 것 이상이다. 노동은 존엄과 정체성, 연대를 제공한다(Collinson 1992; Räthzel and Uzzell 2011). 산업이 공격받을 때(즉 환경에 피해를 준다고 여겨지기 때문

27

에), 이런 산업들에서 일하는 이들도 자기가 공격받는다고 느낄 수 있다.

기후변화의 인간적 차원들에 관련된 학술회의에서 작업장에 초점을 맞춘 논문이 아주 드물다는 것은 놀라운 일이다. 누군가는 일반적인 노동 문제들 또는 기후변화에 대한 노동조합의 입장이나 역할을 다루는 논의가 정책적 대응에 관한 것이든 기후변화 완화와 적응이 일자리나 노동권에 어떻게 영향을 미치는지에 관한 것이든 간에 더욱 드물다고 확실히 얘기할 수 있다. 마찬가지로 노동 연구 영역에서 열리는 학술회의는 이런 쟁점들에 침묵한다. 심리학, 사회학, 경제학 등 사회적 환경과학들에서 연구의 초점이 되고 강의실로 확산된 주제는 변화하는 소비자 행동에 관한 것으로, 대체로 '행동 변화 전략'이라는 간판을 달고 있다(이를테면 Darnton 2008). 이런 주제들은 행동심리학과 행동경제학에서 이론을 끌어오는데, 사람을 자기 스스로 결정을 내리는 비사회적 개별자로 환원하기 때문에 개인주의 또는 환원주의로 특징지어질 수 있다(Institute for Government 2009에 비교할 것). 다른 사람에게서 받는 '영향들'을 보태는 것은 문제를 해결하지 못하는데, 왜냐하면 이것은 그저 빈 공간에서 만나는 것으로 인식되는 개별자의 숫자를 늘릴 뿐이기 때문이다. 실천을 구성하는 사회적 관계들(생산관계, 소비 관계, 정치적이고 사회적인 권력 관계들(Uzzell and Räthzel 2009))은 그런 실천들, 인프라스트럭처와 기술들의 '하드웨어'와 함께 모두 간과된다.

이런 연구는 집에서, 슈퍼마켓에서, 휴일에 이런 장소들 사이를 이동하는 데 이용되는 다양한 교통수단을 통해서 일어나는 개인들의 행동에 집중하는 경향을 보인다. 이런 연구들이 작업장에 가장 가까워지는 것은 소비자를 일터로 나르는 자동차의 경우다. 작업장에서 지속 가능한 행동 전략들은 소비자 일반을 옹호하는 연구들을 반영하며, 그런 연구는 회사들이 어떻게 이른바 '녹색 교통 계획'을 시행하거나 작업장에서 폐기물을 재활용하고 전등을 끄도록 고무할 수 있을지에 초점을 맞춰왔다(Bartlett 2011). 이런 것들이 가치 있는 수단이기는 하지만, 문제의 핵심에, 말하자면 생산 과정 자체나 그것이 환경에 미치는 영향에 도달하지는 못한다. 거꾸로 환경 사회과학자들은 이런 과정들 속에서 노동의 역할, 기후변화가 노동자 심리나 사회성에 미치는 영향, 개인 행동에 대비되는 집합적 행동의 잠재력을 거의 무시해왔다.

생산 과정이 자연에 미치는 영향에 초점을 두는 환경 연구와 생산 과정이 노동자에게 미치는 영향에 초점을 두는 노동 연구의 분리는 자연과학과 사회과학 사이의 분리로 거슬러 올라갈 수 있다. 브루노 라투르는 이 분리가 토머스 홉스와 로버트 보일 사이의 논쟁에서 기원을 찾을 수 있다고 주장했는데, 보일은 실험을 통해 만들어진 사실을 기반으로 주장을 펼쳤고 홉스는 사회에 관한 이론에 기반하여 논의했다(Latour 1993, 29f). 라투르는 '대상things'과 '사회social'는 서로를 함께 구성하며, 따라서 상호 관계 속에서 연구돼야 한다고 말한다. 같은 선상에서 우리는 생산 과정들이 특정한 사회관계 속에서 전개되는 인간과 자연 사이의 관계성으로 연구돼야 한다고 제안한다.

몇몇 철학자들은 이 관계성을 이론화하는 도전을 감행했다. 이런 도전들은 압도적으로 마르크스주의 전통에서 나왔다(Vorst et al. 1993; Harvey 1996; Layfield 2008). 이를테면 오코너(O'Connor 1998)는 '인간과 자연의 상호작용' 이론을 발전시켰고, 포스터(Foster 2000)는 자연 및 인간-자연의 대사에 대한 유물론자와 마르크스의 저작들을 종합해 자신이 '마르크스의 생태학'이라 지칭한 것을 재구축했으며, 하비는 마르크스주의 지리학의 조망에서 자연의 사회적 관계들을 이론화했다. 생태주의자들이 마르크스와 마르크스주의자들이 자연을 경시하거나 그저 인간 재생산의 수단으로 개념화했을 뿐이라고 비판했지만(Goldblatt 1996; Bramwell 1989; Smith 2001), 페퍼(Pepper 1993), 게어(Gare 1995), 머천트(Merchant 1992)는 생태주의 이론을 마르크스주의 이론에 연결시켰다. 특히《자본, 자연, 사회주의》와《먼슬리 리뷰》같은 잡지들에서 마르크스주의 또는 사회주의 생태학을 둘러싼 생생한 토론이 벌어지지만, 그런 논의는 노동 또는 환경 연구 분야 속에서 전개되지 않았으며 경험 연구를 위한 이론적 틀거리를 제공하는 시야도 갖추지 못했다. 이 책은 이 두 개의 담론 영역을 학자들과 이 두 쟁점의 '막장', 즉 노동조합에서 활동하는 이들이 쓴 글을 한데 모아서 결합시키려 한다.

노동조합 운동에서 나타나는 새로운 운동들

우리는 이 제목으로 다양한 운동을 지칭하는데, 왜냐하면 단일한 노동자 운동이나 노동조합 운동 같은 것은 없기 때문이다. 부문 사이, 국가의 내부와 국가 사이, 세계의 북반구와 남반구 사이 등 모든 수준에서 차이와 때때로 다툼이 존재한다. 그럼에도 불구하고 학술적인 연구가 대체로 자기 분과와 학제에 머물러 있는 동안 세계 곳곳의 노동조합 운동들은 기후변화를 노조 정책의 쟁점으로 채택함으로써 자연에 대한 관심을 재빨리 소화했다. 세계적 범위에서 노조의 환경 정책을 다루는 최초의 시도인 이 책이 국제적, 국가적, 지역적 수준의 노동조합에서 활동하는 이들의 시각에서 출발하는 이유가 이것이다. 그런 이들은 노동 운동 내부의 다수 입장을 대변한다고 억지를 부리지 않는다. 그렇지만 중요한 위치를 차지하고 있거나 오늘날 조합원의 가장 진보한 시각의 일부를 대변하며, 따라서 노동조합이 앞으로 발전시킬 수 있는 가능한 정책들을 보여준다.

이 책의 필자들은 여러 국제적 노동조합을 대변한다. 아나벨라 로젬버그는 ITUC의 직업보건 및 환경 정책 담당이며, 피터 로스만은 국제 식품·농업·호텔노동자노동조합[IUF]의 국제 캠페인과 연락 담당자이고, 로라 마틴 무리요는 기후변화와 노동자 권리 결여라는 '이중 노출' 효과(Leichenko and O'Brien 2008)에 맞선 투쟁 속에서 특히 남반구 지역 노동조합을 지원하기 위해 설립된 국제 노동조합 조직인 서스테인레이버[Sustainlabour]를 이끌고 있다. 레네 올센과 도릿 켐터는 국제노동기구[ILO]의 노동자활동지원국[ACTRAV]에서 일하며 환경적 지속 가능성 부분을 책임지고 있다. 또한 우리는 각국 노동조합의 대표자들에게 요청해 자신의 조망을 다룬 글을 받아냈다. 베고냐 마리아-토메 질은 1996년에 스페인 노총이 설립한 노동환경보건노조연구소[ISTAS]에서 일하면서 환경 문제, 보건안전과 노동 조건 조사를 담당하고 있으며, 라르스 헨릭손은 2010년부터 중국의 지리 자동차[Geely Holding Group]가 소유하는 볼보 자동차 생산 공장의 조립 노동자로 스웨덴 금속노조[IF Metall] 조합원이다.

ILO의 시각에서 올센과 켐터는 노동자의 보건 안전과 공장 환경의 오염에 대한 염려에서 시작해 기후변화와 '괜찮은' 녹색 일자리를 향한 정의로운 전환을 위한 좀더 넓은 관심으로 나아간 노동자와 자연의 관계 맺기의 역사를 보여준다. 이 과정 속에서, 자연은 건강한 생활의 조건으로서 지역의 공간(작업장에서든 또는 여흥을 위한 것이든) 차원으로 관심이 기울여지던 대상에서 노동조합들에 의해 기후변화라는 견지에서 지구적 이유로서 재정의되는 대상으로 이동하고 있다.

로젬버그와 무리요가 주장하듯, 이 과정은 전세계의 노동조합들이 환경 쟁점들을 논의하기 위해 최초로 함께 케냐 나이로비에 모인 2006년 노동조합 총회 이후 가속돼왔다. 같은 해에 국제자유노련과 세계노동조합회의가 통합해 ITUC가 창립했다. 이 해는 국제적 노동조합들이 기후변화에 관한 프로그램을 처음 합의한 시기이기도 했다(Murillo 2013). 이때부터 노동조합 간부들 사이에서는 환경을 기후변화의 쟁점으로서 노동조합 프로그램에 포함하려는 관심이 증가해왔다. 로젬버그는 이 의제가 ITUC 안에서 발전해온 과정과 세계 곳곳의 점점 더 많은 전국적 노동조합이 관련 의제를 수용하는 현황을 분석한다. 다수의 전국적 또는 국제적 노동조합에서 환경 쟁점을 담당하고 기후변화에 대한 노조의 입장을 강구하도록 노조 활동가들에게 특별한 직책이 부여됐다.

이 책의 필자들 모두는 이것이 공장 담벼락 안에서 영위되는 노동자들의 생활에만 관심을 기울이던 조직으로서 노동조합의 변화를 의미한다고 주장한다. 재클린 콕과 로브 램버트는 사회운동적 노동조합주의 social movement unionism의 개념을 고취하고, 질은 생태 노조주의 eco-unionism를 그려 보이며, 헨릭손은 정의로운 저탄소 사회로 가는 길에서 노동자들이 어떻게 자신들의 지식과 기술을 활용해 산업을 전환할 수 있는 자기 확신을 발전시킬 수 있을지를 제시한다. 헨릭손의 조망은 노동자들이 자신들의 성과물을 방어하기 위해 자본주의의 위기에 대응하기를 멈추고 대신에 새로운 생산 형태의 발명자가 되고자 하는 투쟁에 돌입함으로써 도전에 응전하는 시도에 대한 것이다.

국제적 연대는 19세기 이래 노동조합이 지니는 중요한 특징이었지만 (Waterman and Timms 2004), 이것은 대개 노동조합들이 자신들의 지역적 투쟁 속에서 서로 돕는 것을 의미했다. 인터넷의 대두는 지구적 저항을 가능하게 만들었지만 통상 산업/부문에 국한된 것이다. 그렇지만 기후변화 같은 지구적 현상을 노동조합의 의제로 소화해내려면 노동조합과 조합원들이 지역적 행동들이 미치는 지구적 영향을 탐구할 필요가 있다. 이런 측면에서 노동조합은 지역적이고 지구적인 수준에 대해 동시에 활동하는 '지구지역성glocality'의 완벽한 사례다(Meyrowitz 2005). 그래서 숀 스위니는 노동조합들이, 특히 ITUC가 이런 잠재력을 깨닫기를 요청하고, 지역에 피해를 줄 뿐 아니라 세계의 온실가스 배출을 크게 증가시키기도 할 것이기 때문에 타르샌드 채굴에 반대해야 한다는 점을 미국 노동조합들에 확신시키고자 노력한다.

지역적 생산 과정의 지구적 영향에 대한 탐구는 노동조합들이 조합원에 대한 책임에서 사회 전체에 대한 책임으로 자기 인식을 확대한다는 것을 의미한다고 질과 무리요는 말한다. 로스만은 이런 주장을 다른 방향에서 강조한다. 농업 대기업이 가장 위험스러운 온실가스 배출자이자 환경 오염자 중 하나이며, 이런 사실은 곧 농업 노동자와 소농들의 건강과 안녕에 직접적 영향을 미친다는 점을 보여준다는 것이다. 따라서 로스만은 노동자 권리를 위한 투쟁은 기후변화를 완화하기 위한 투쟁의 필수 불가결한 한 부분이라고 결론 내린다.

노동자 보호와 자연 보호를 결합시키는 포괄적 노조 정책은 노동조합에 몇 가지 함의를 갖는다. 이런 정책은 노동조합이 조합원들의 삶을 향상시킬 뿐 아니라 사회와 현재의 경제 체제를 전환하는 것을 목표로 하는 사회운동으로서 자신들을 (재)창조할 필요가 있다는 것을 의미한다. 이것은 이 책의 모든 필자들이 주장하듯 노동조합이 환경운동들과 동맹을 건설할 필요가 있다는 것을 의미한다. 실제로 그런 동맹들이 세계 여러 나라에서 만들어지고 있다.

미국에서는 시에라클럽과 전미철강노조USW가 협력해서 이른바 블루 그린 동맹BlueGreen Alliance이 시작됐다(드미트리스 스테비스, 스위니, 메그 깅그리치). 남아공에서는 어스라이프Earthlife가 조합원들을 위한 환경 문제 교육 과정을 개설하고, 백만 개의 기후 일자리 캠페인 속에서 남아프리카공화국노동조합회의COSATU 및 NUMSA와 협력하고 있다(콕과 램버트, 우젤과 래첼). 브라질에서는 환경 단체들의 우산 조직인 '브라질 환경개발 비정부기구와 사회운동 포럼FBOMS'에 전국 노조인 중앙노동총연맹CUT이 주도적으로 결합하고 있다. 아마존 지역의 산타렝농업노동조합STTR처럼, 어떤 노조들은 환경운동들과 동맹을 맺을 뿐 아니라 스스로가 풀뿌리 환경운동이기도 하다(주앙 파울루 칸디아 베이가와 스코트 비 마틴). 남반구의 많은 지역에서처럼 여기서 노동의 방어와 자연의 수호 사이의 긴밀한 연결이 명백히 드러나는데, 고무 농장 노동조합 활동가이자 환경주의자인 유명한 노동조합 지도자 치코 멘데스가 이것을 증명했다. 그런 열정과 노력은 목숨까지 잃게 만들었다(Revkin 2004).

노동조합 환경주의의 이런 전통은 브라질 노동조합 운동에, 특히 농업 노동조합들 사이에 면면히 살아 있다. 다른 나라들에서도 농업 노동자, 노동조합, 농촌 지역 사회 사이의 동맹이 발전하고 있다. 이를테면 남아공 사례에 관련해 앤드류 베니는 남아공의 제조업 노동조합과 광업 노동조합들은 농촌 지역 사회가 현대적 산업에서 노동할 기회를 위해 삶의 방식을 바꿀 필요성을 절박하게 느끼지 않을 수 있다는 점을 이해해야 한다고 지적한다. 좀더 향상된 생활이라고 전통적으로 간주되는 무엇이 약속되더라도 말이다. 베니가 연구한 농촌 지역 사회들은 빈곤이라는 딱지를 받아들이려 하지 않았다.

아시아에서 가장 빨리 산업화한 두 나라, 남한과 대만에서 노동조합과 환경운동은 사회적으로 자신들에 대한 지지가 하락하는 현상을 경험한 뒤 행보를 함께하고 있다. 화-젠 리우는 노동운동과 환경운동, 캠페인과 담론을 분석하면서 행보를 함께하기 위해서, 또한 자신들의 정치적 캠페인을 더 성공적으로 만들기 위해서 서로 배울 필요가 있다고 말한다. 오스트레일리아에서는 일찍이 1970년대에 노동조합과 환경주의자들이 '고용을 위한 환경주의자들' 같은 조직을 구성하며 함께해왔다(베리티 버그만). 오늘날 노동조합의 환경 정책들이 다변화되면서 관련된 동맹들도 오스트레일리아의 다양한 환경운동 및 정당들과 함께 다양하게 맺어지게 됐다(스넬과 페어브러더).

여기서 검토되는 어떤 나라에서든 적록 동맹이 마찰이나 다툼이 없는 경우는 없는데, 각각의 운동은 상이한 담론과 정치적 우선순위의 역사를 갖기 때문이다. 스위니는 동맹 내부의 두 교통 부문 노조(미국운수노조TWU와 통합교통노조ATU)가 키스톤 엑스엘XL 파이프라인 건설을 허용하지 않은 버락 오바마 행정부의 결정을 지지했다는 이유로 북미국제노동조합LIUNA이 동맹을 떠난 사례를 들며 이런 취약성을 지적한다. 저탄소 사회 이행을 가능하게 할 조치들을 통해, '녹색 경제'가 사라지는 것보다 더 많은 '녹색 일자리'를 제공할 것이라고 주장하는 여러 학자, 정치인, 노조 활동가들이 이제 '일자리 대 환경'이라는 딜레마가 잘못된 이분법이라고 간주하고 있는데도 불구하고, 이런 다툼은 이 딜레마가 여전히 해결되지 못하고 있다는 것을 보여준다.

'녹색 일자리'의 요청에는 모호함이 많다. 첫째, 올센과 켐터, 그리고 스테비스가 지적하듯 녹색 일자리가 반드시 급여 수준이 좋고 안전하고 안정된 일자리는 아니다. 특히 녹색 일자리와 녹색 경제 정책이 상대적으로 오랜 전통을 갖고 있는 오스트레일리아와 미국에 관련해, 필자들은 이런 개념의 한계를 논한다. 필자들은 '녹색 일자리'와 '정의로운 일자리just jobs' 사이의 관계에 질문을 제기할 필요를 주장하고, 당연한 것으로 여겨지는 성장주의 시각을 검토하고, 한 나라 또는 세계에서 상이한 생산 부문들 사이의 관계를 고려하고, 기후변화를 초래한 생산 체제를 다시 생각해보라고 주문한다. 이 질문은 녹색 일자리의 요청이 '피상적인 개혁shallow reform'으로 귀결될지, 아니면 현재의 생산 형태를 뛰어넘어(콕과 램버트) 성장 패러다임 다음의 경제 체제를 구상할지에 관련된다(배리). 하지만, 자본주의를 지구적 환경 파괴의 근원으로 보는 급진적 노동조합의 입장이 반드시 기후변화와의 투쟁에서 급진적 입장의 형성으로 이어지는 것은 아니다(Bennie).

버그만, 그리고 스넬과 페어브러더는 녹색 일자리의 조망이, 노동조합과 노동자들이 실업의 두려움 없이 기후변화 대응 조치들을 수용할 수 있는 길을 제공함으로써 일자리 대 환경의 딜레마를 극복할 수 있다고 주장한다. 이런 주장은 의제와 프로그램을 작성하는 더 추상적인 수준에서만 진실인 듯하다. 그러나 노동조합이 당장 일자리를 만들어낼 환경 파괴적 생산을 지지하는 대안을 받아들일지, 아니면 불확실한 미래의 녹색 일자리를 위해 그런 생산을 거부할지를 선택하는 문제에 직면하면 대부분은 전자의 대안을 택할 것이다(Räthzel and Uzzell 2011). 2009년 코펜하겐과 2011년 더반에서 열린 기후변화협약 당사국 총회에서 시위자들이 요구한 대로 '기후변화가 아니라 체제 변화system change, not climate change'를 위해 투쟁하는 급진적 의제는 기후변화의 근본 원천, 즉 이윤과 성장 지향의 생산 체제를 가리킨다. 이것이 노동조합 정책의 장기적 구성을 위한 조망을 제공할 수는 있지만(그리고 몇몇 필자가 주장하듯 제공하는 것이 분명하지만), 현시점에서 조합원들의 생계를 위한 투쟁도 벌여야 하는 지역 수준의 노동조합을 설득하기에는 충분하지 못하다. 남아공의 백만 개 기후일자리 캠페인 같은 전략들(콕과 램버트)은 지역 수준과 공공 영역의 노동조합 정책을 위한 인식, 주장, 행동을 발전시키는 데 핵심적이다. 그렇지만 그런 요청은 정부를, 때로는 기업을 향한다. 여기서 조합원과 노동자들은 자기 자신의 미래를 만드는 이들이 아니라 캠페인을 벌이는 이로서 참여하게 된다. 우리가 볼 때 이런 캠페인들은 헨릭손이 제안하는 대로, 말하자면 노동자가 생산의 새로운 형태를 설계하는 데 직접 참여하는 전략들과 함께할 필요가 있다.

공적인 토론에서 그러하듯 누군가는 이 책의 논의들 중 노동조합이 기후변화의 위험 속에서 실현 가능한 조망을 발전시킨다는 이른바 개혁주의 전략을 비판적으로 옹호하는 필자들(스넬과 페어브러더, 버그만) 사이에서 어떤 구분선을 찾을 수 있을 것이다. 다른 이들(쿡과 램버트, 베니, 배리)은 개혁주의를 좀더 의심스럽게 보면서 기후변화를 멈출 수 있는 효과적인 정책에 잠재적 위협이 된다고 여긴다. 스테비스는 이런 차이들을 약한 환경 현대화론과 강한 환경 현대화론이라 지칭하면서, 지금 미국에서 두드러지는 기후변화 조치에 맞선 반대는 강한 환경 현대화론 주장이 승리를 거둬야만 극복될 수 있을 것이라 예상한다. 로자 룩셈부르크(Luxemburg 1999)는 '혁명적 개혁주의revolutionary reformism'라는 개념을 정립했는데, 노동자 운동은 노동자와 사회의 현재 상태를 개선한다는 목표를 가지고 매일매일의 정치적 의제들 안에서 대안을 제출해야 한다는 의미였다.

그러나 그런 대안들은 동시에 가시적이고 성취 가능한 변혁적 의제를 만들어야만 한다. 그것들은 현실 속에서 노동하고 살아가는 대안적 방식들의 씨를 뿌리는 것이어야 한다. '녹색 일자리' 캠페인을 산업(그리고 관련된 서비스)이 전환될 수 있는 방식들을 탐구하고 설계하는 데 노동자들의 숙련과 지식을 활용하는 노동조합 프로그램에 연결하는 전략은 그런 '혁명적 개혁주의'의 전략을 구성하는 것으로 여겨진다. 이런 맥락에서 공식 노조 문서나 영향력 있는 노조 활동가들의 시각이 정치적이거나 때로는 학술적인 작업으로 제시되고 토론되는데도 불구하고, 노동자들이 공장과 사무실에서 기후변화에 대해 어떻게 생각하는지에 관한 양적 또는 질적 연구를 통해 우리가 믿을 만한 지식을 별로 갖지 않고 있다는 점을 지적해둘 만하다.

유럽연합위원회를 위해 필자들이 수행하는 로카우LOCAW 연구[1]를 제외하면, 우리가 아는 사례는 영국노동조합회의TUC를 대신해 노동연구소가 노조의 '녹색 대의원'을 대상으로 작업장에서 환경과 기후변화에 대한 노조의 활동과 노조 운동의 역할에 대해 조사한 것 정도다.

환경적 노동조합 정책의 성공을 가로막는 큰 장애물 중 하나는 각 노동조합들이 다양한 국가적 전통, 부문 고착성, 조합원 측면의 역량과 정치적 지향 등 때문에 출발 지점이 다르다는 것이다. 킹그리치는 미국과 스웨덴에서 드러나는 이런 차이들과 그 차이들이 노조의 기후변화 정책에 미치는 영향을 부분적으로 살펴본다. 정부나 정치 주체들과 긴밀히 관계를 맺고 있는지, 또는 동맹 세력을 선택하는 데에서 좀더 유연한지는 노동조합들이 환경운동들과 새로운 형태의 협력을 만들어낼 가능성과 적극성에서 큰 차이를 만든다.

---

1 LOCAW(Low Carbon at Work)는 저탄소 유럽으로 이행하기 위한 모델링 기구이자 조직이다. 유럽연합이 후원한 연구에서 필자들은 루마니아, 이탈리아, 스페인, 네델란드, 영국의 연구자들과 함께 중공업과 경공업 및 공공 서비스 분야에서 조사를 진행하고 있다. www.locaw-fp7.com(2012년 3월 22일 접속).

국제적 및 국가적 노조 연맹과 연합들 사이에서도 차이가 있다. 국제적 노조는 좀더 넓은 환경 정책적 조망을 발전시킬 수 있는 전망과 조직적 역량을 가질 수 있지만, 지역 노조는 조합원들의 직접적이고 일상적인 이해들에 좀더 단단히 묶이게 될 것이며, 이런 차이는 좀더 넓은 사회운동적 노조주의를 구상하거나 실천하는 데 심각한 제약으로 작용할 것이다. 노동조합의 역사와 전통은 노조들이 사회의 큰 맥락 속에서 자신들의 이해를 구현하는 방식에 영향을 끼쳤을 뿐 아니라 각국에서 국가 및 노동자 정당과 맺는 관계도 형성하게 했다. 북반구와 남반구는 가장 적절한 차이를 보여준다.

우젤과 래첼은 식민주의의 역사가 여전히 노동조합들 사이의 북-남 관계에서 반영된다고 지적한다. 남반구와 북반구 노조들 사이에는 다양한 차이들이 있지만, 북반구 노조의 우월한 자원과 조직력 때문에 남반구 노조가 북반구 노조의 지배 관계를 경험하는 측면을 갖는다. 북반구 노조들은 자신들의 자원과 지식을 가지고 남반구 노조들을 돕는 연대를 실천하지만, 이것은 종종 말하자면 북반구 노조가 남반구 노조들의 정치적 행위에 영향을 끼치려는 열망이라는 대가를 치른다. 이런 역관계는 기후변화에 맞서는 일국적이고 국제적인 환경 정책들을 발전시킬 가능성들을 가로막는다. 포괄적인 국제적 노동조합 정책이 갖는 잠재력의 사례를 들자면, ITUC는 153개 국가와 영토에 308개의 가맹 조직을 갖고 있으며, 조합원의 총수는 1억 7500만 명에 달한다. 이런 조직체의 잠재적 영향력과 소속 조합원은 거대해서, 만약 집합적 행동으로 조직될 수 있다면, 우리가 기후변화의 치명적 결과를 늦추거나 되돌리고자 할 때 지구의 북반구와 남반구 모두에서 필수적일 일정한 변화들을 기대할 수 있을 것이다.

새로운 연구 영역을 위하여 ― 환경 노동 연구

자연과 노동자가 서로 얽혀 있고 지구화하는 자본에 의해 똑같이 위협받는 방식이 이론적 논리를 제공한다면, 세계적 범위에서 환경적 노동조합 정책의 발전은 우리가 환경 노동 연구라 부르고자 하는 연구의 영역을 위한 경험적 논리를 제공한다. 우리는 이 책이 그런 새로운 연구 분야가 새로 생겨나고 있으며, 그 주제와 과제, 쟁점들은 다중적이며 긴급하고, 아직 풀리지 않은 채 남아 있다는 것을 보여준다고 생각한다. 이 책의 필자들이 사회학, 심리학, 정치학, 경제학, 경영학 등의 전공자라는 점은 환경 노동 연구가 다학제적인 기획이자 학제 간 연구가 될 수 있고 돼야 한다는 것을 보여준다. 이것은 또한 세계체제 이론 같은 거시적 연구에서 노동자의 정체성과 일상생활에 대한 미시적 연구에 이르는 다양한 이론적 접근과 다양한 연구방법론을 포함할 수 있다.

특히 새로운 연구 분야의 출판물에서 예상될 수 있는 여러 누락이 이 책에도 발견되지만, 가장 놀라운 사실은 여기서 주로 초점을 둔 사안들이 (대공장) 산별 노조의 정책이라는 점이다. 이 점은 어떤 면에서는 놀랍지 않을 수도 있는데, 이런 산업들이 탄소 배출, 지구 온난화, 기후변화에 큰 책임이 있다고 주장되며 환경주의자들의 비판에 취약하다고 느끼는 경향이 있기 때문이다(이를테면 교통, 철강, 화학, 시멘트 등). 한편으로 이런 문제는 산업화된 사회의 특징인 후기산업주의의 서비스 경제가 현저한 상황에 대한 흥미롭고도 중요한 대조 지점이다. 다른 한편 이런 문제는 서비스 산업과 사무실에서 일하면서 기후변화에 큰 몫을 하는 북반구의 노동자 다수를 배제하며, 종종 간과되는 부분이기도 하다.

환경심리학자인 데이비드 우젤을 제외하면 이 책의 모든 필자들이 이

러저러한 방식으로 노동 연구를 해온 이들이다. 앞으로는 환경사회학자들이 이 영역의 중요성을 인식해 노동 정책, 기후변화와 환경 파괴가 노동자와 노동 조건에 미치는 영향을 연구하도록 고취될 수 있기를 희망한다. 더위가 노동자의 건강과 안녕에 미치는 영향에 대한 몇몇 연구가 있지만(Kjellstrom 2009), 이 책에서 다룬 쟁점의 범위는 그런 분석 유형을 넘어선 것이며, 노동, 노동자, 환경 사이의 관계가 다면적이고 복잡하다는 점을 보여준다. 출발점으로서 우리는 특히 노동조합 정책들에 집중하고자 했다. 이런 견지에서 우리는 이 책이 연구자들이 환경과 노동 연구의 영역을 연결할 필요성을 이해하는 출발점이 되기를 바란다.

참고 자료

Bartlett, D. (2011) *Going Green: The Psychology of Sustainability in the Workplace*. Leicester: British Psychology Society.

Bramwell, A. (1989) *Ecology in the Twentieth Century*. New Haven, Connecticut: Yale University Press.

Castree, N. (2010) "Neoliberalism and the Biophysical Environment 2: Theorising the Neoliberalisation of Nature". *Geography Compass*, 4(12): pp. 1734-1746.

Collinson, D. L. (1992). *Managing the Shopfloor: Subjectivity, Masculinity and Workplace Culture*. Berlin: de Gruyter

Darnton, A. (2008) *Practical Guide: An overview of behaviour change models and their uses*. London: Government Social Research Unit, HM Treasury.

Foster, J.B. (2000) *Marx's Ecology. Materialism and Nature*. New York: Monthly Review Press.

Gallin, D. (2000). *Trade Unions and NGOs: A Necessary Partnership for Social Development*. Civil Society and Social Movements Programme Paper Number 1 June 2000. United Nations Research Institute for Social Development.

Gare, A.E. (1995) *Postmodernism and the Environmental Crisis*. London: Routledge.

Goldblatt, D. (1996) *Social Theory and Environment*. Boulder, Colorado: Westview Press.

Harvey, D. (1996) *Justice, Nature and the Geography of Difference*. Malden and Oxford: Blackwell http://www.nfi.at/index.php?option=com_content&task=view&id=3&Itemid=9 (accessed 10 March 2012).

Institute for Government (2009). *Mindspace: influencing behaviour through public policy*. London: Cabinet Office, available from http://www.socialsciencespace.com/2011/01/mindspace-a-simple-checklist-for-behaviour-change/ (accessed 23 March 2012).

Kjellstrom, T. "Climate change, direct heat exposure, health and well-being in low and middle-income countries". Global Health Action 2009. www.ncbi.nlm.nih.gov/pmc/articles/PMC2780846/ (accessed 24 July 2012).

Latour, B. (1993) *We have never been Modern*. Cambridge, CA: Harvard University Press.

Layfield, D. (2008) *Marxism and Environmental Crises*. Bury, St. Edmunds: Arena Books.

Leichenko, R.M and O'Brien, K. (2008) *Environmental Change and Globalization. Double Exposures*. Oxford/New York: Oxford University Press.

Luxemburg, R. ([1900] 1999) "Reform or Revolution". Available at: www.marxists.org/archive/luxemburg/1900/reform-revolution/index.htm (accessed 20 March, 2012).

Marx, K. (1875) "Critique of the Gotha Programme". Available from http://www.marxists.org/archive/marx/works/1875/gotha/ch01.htm (accessed 20 March 2012).

Merchant, C. (1992) *Radical Ecology. The Search for a livable world*. New York, London: Routledge.

Meyrowitz, J. (2005) "The rise of glocality. New senses of place and identity in the global village". in K. Nyíri (ed.) *A sense of place: The global and the local in mobile communication*. Vienna: Passagen: 21-30.

O'Connor, J. (1998) *Natural Causes: Essays in ecological Marxism*. New York: The Guildford Press.

Pepper, D. (1993) *Eco-Socialism: From deep ecology to social justice*. London: Routledge.

Räthzel, N. and Uzzell, D. (2011) "Trade Unions and Climate Change: The Jobs versus Environment Dilemma". *Global Environmental Change*, 21, 1215-1223.

Revkin, A. (2004) *The burning season: the murder of Chico Mendes and the fight for the Amazon Rain Forest*. Washington: First Island Press, Sherewater Books Printing.

Smith, M. (2001) *An ethics of place: radical ecology, postmodernity, and social theory*. Albany. State University of New York Press.

Smith, N. (1996) "The production of nature. in: G. Robertson". M. Mash, L. Tichner, J. Bird, B. Curtis and T. Putman (eds) *Future Natural*. London: Routledge.

———. (2008) *Uneven Development: Nature, Capital, and the Production of Space*. Third Edition, Athens: University of Georgia Press.

Soja, E. (1996) *Thirdspace, journeys to Los Angeles and other real-and-imagined places*. London and New York: Blackwell.

Uzzell, D. and Räthzel, N. (2009) "Transforming Environmental Psychology", *Journal of Environmental Psychology*, 29(3): 340-350.

Vorst, J., Dobson, R. and Fletcher, R. (eds) (1993) *Green on Red: Evolving Ecological Socialism*. Halifax: Society for Socialist Studies. Fernwood Publishing.

Waterman, P. and Timms, J. (2004) "Trade Union Internationalism and a Global Civil Society". In H. Anheier. M. Glasius and M. Kaldor (eds) *Global Civil Society 2004/5*. London: Sage, pp. 175-202.

WWW-UK (2011) WWF-UK's Annual Report and Financial Statement. Godalming: WWF-UK.

1부

노동조합은
환경을
어떻게
바라보는가

2장

국제노동조합총연맹과 지구적 환경 노조 정책의 발전

아나벨라 로젬버그

1930년대 이래 최악인 경제 위기의 한가운데에서, 그리고 세계 노동자의 대다수가 공식적으로 실업 상태이거나 비공식 경제 영역에 머물면서 아무런 사회적 보호나 권리도 갖지 못하고 있는 세계에서, 환경 쟁점들은 노동조합이 작성한 우선순위 목록의 아래쪽에 자리한다고 생각하는 것이 당연할 수 있다.

들어가며

ILO는 위기가 시작된 때보다 2700만 명 이상이 더 실업 상태에 놓이게 돼 현재 실업이 전세계의 2억 2500만 명에게 영향을 미치고 있으며, 그중 7480만 명이 15~24세의 청년이라고 발표했다(ILO 2012). 그렇지만 실제로는 다중 위기들(식량, 에너지, 실업, 기후)을 서로 잇는 유기적 연관에 대한 인식이 증대되면서, 환경적 관심이 중요한 역할을 하는 통합적 대응을 통해 현재의 위기들에 맞서려는 노동조합들의 노력이 강화됐다.

일국적이고 지역적인 수준에서 노동조합들은 실질적인 진전을 보여줬다. 사회적 관심과 환경적 관심을 함께 명시적으로 연결하는 숱한 노조의 기획들이 지금 진행 중이다. 노조에 가혹한 폭력이 가해지는 조건을 뚫고 진행되는 두 기획을 일단 살펴보자. 콜롬비아에서 석유산업노조USO가 지도자들의 목숨을 희생해가며 오염 산업이 지역 사회의 건강에 미치는 영향을 투쟁 사안으로 다룬 사례와(ITUC 2010), 스페인 노조 연합인 노동자위원회CCOO가 화학 물질 누출이나 배출에 관련해 ISTAS 같은 권위 있는 정보원을 발전시킨 사례는 모든 수준에서 노동조합이 구체적인 행보를 취하고 있다는 것을 보여준다. 이 두 사례를 포함하는 수백 가지 기획은 다양성과 특성의 면에서 노동운동이 환경 영역에서 달성한 실질적 진전을 알려주는 표현으로 주목을 끌기에 충분하다.

여기서 더 나아가 우리는 노조들이 환경에 관련해 벌이는 활동의 국제적 차원과, 이 활동이 지역과 전국 단위 노동조합의 행동을 이끄는 데 기여하는 방식에 특별히 초점을 맞출 것이다. 특히 국제적 수준의 활동은 지역 노조들이 환경 문제와 노동자들의 이해 사이의 연계성을 이해하고, 미래의 캠페인을 구성하고, 자신들의 지역 현실에 기반해서 사회적, 경제적, 환경적으로 지속 가능한 대안적 경제 발전을 상상하고 촉진하도록 도왔다.

2006년 창립 이래 ITUC는 노동조합의 세계적 대의자이자 국제적 수준에서 괜찮은 일자리의 촉진자로서, 환경 쟁점을 자신의 좀더 광범한 과제 속에 포함시켰다. 이런 결정은 국제적인 지속 가능 발전 의제의 전개와, 전신인 국제자유노련ICFTU 때 기후변화를 논의하기로 한 결정에 연결될 수 있다. ITUC의 환경 관련 활동은 환경 쟁점이 노동조합 운동의 우선순위 가운데에 굳건히 자리잡을 수 있게 큰 구실을 했다.

이 글의 목적은 ITUC에서 환경 정책의 최근 발전(나는 ICFTU의 역사적 자료들도 인용할 것이다), 내부에서 조직된 토론들과 새로이 대두하는 도전들을 살펴보는 데 있다. 이 글은 세 부분으로 구성된다. 첫째, ITUC의 환경 정책의 전개를, 특히 기후변화 정책과 정의로운 전환이라는 틀의 위상 강화를 중심으로 검토한다. 둘째, 대안 경제의 구상에서 환경 보호의 역할에 관련해 새로 시작되는 논쟁들과, 그런 논쟁들이 국제적 노동운동에 어떻게 받아들여지고 있는지에 대해 논의한다. 셋째, 마지막으로 환경 쟁점을 다룰 때 국제적 노동운동 앞에 놓이는 도전들을 설명한다.

ITUC의 환경 정책의 역사와 발전

의제 21에서 ITUC 빈 창립대회까지

1992년 리우에서 열린 유엔환경개발회의^{UNCED}는 지속 가능한 발전을 향한 행동 계획으로서 '의제 21'을 채택했다. 의제 21은 각국 정부, 유엔 체계, 조직된 노동자(이것은 '노동자와 노동조합'이라는 주요 그룹으로 재편됐다)를 포함하는 시민사회에 의한 좀더 의욕적인 정책 작성을 향한 실질적 진전으로 널리 인식된다. 노동조합을 국제적 개발 논의에서 주요 이해관계로 인정하면서, 리우 회의는 지속 가능한 발전 의제에 대한 노조의 인식을 제고함으로써 국제적 운동 내부에서 환경 문제가 단단히 뿌리내리는 데 간접적으로 기여했다. 또한 노동조합의 차별적 관점을 형성하는 데도 기여했다. 이제 노동조합들은 진행되는 토론에서 유력한 행위자^{game-changer}로 인식되며, 노동조합이 전통적으로 적극적이던 지속 가능한 발전의 사회적 차원과 노동 관련 정책들이 절실히 요구되는 환경적 차원 사이의 유용한 연결 고리로 고려된다.

29장의 내용을 보자.

노동자들의 대의자로서 노동조합은 산업 변화에 대처한 경험을 가지며, 노동 환경과 그것에 관련된 자연 환경의 보호에 매우 높은 우선순위를 두고, 사회적으로 책임성 있고 경제적 발전을 추구한다는 점에서 지속 가능한 개발을 촉진시키는 중요한 행위자다.

이런 이유에서 의제 21에 따르면, 노동자들은 의제 21에 관련된 행동들의 '실행과 평가에 온전히 참여'할 수 있어야 한다(UN 1992).

의제 21은 노동조합들이 지속 가능한 발전을 함양하기 위해 취할 수 있는 행동들의 출발 목록을 제공했다. 이것은 주로 직업 보건 및 안전과 환경 사이의 연계성에 관련된 것들이었고, 작업장 행동에 큰 강조점을 뒀다. 국제적 수준에서는 유엔 체계 내에서 노동조합의 역할에 대해서만 언급되었을 뿐이다. 지난 20년간, 그리고 국제적 수준에서만 보더라도 노동조합들은 이런 제한된 과제를 뛰어넘었고, 역량 구축, 훈련, 선전, 정책, 캠페인 등 많은 영역에서 활동을 시작했다. 이런 영역들에서 나타난 진전은 2006년 케냐 나이로비에서 처음으로 열린 '노동과 환경에 관한 노동조합 총회'의 결과에 반영됐다. 여기서 노동조합들은 일련의 정책과 이해관계의 목록뿐 아니라, 앞으로 ITUC가 창립 총회에서 제시할 활동 프로그램 속에 담게 될 내용들을 미리 나열하고 검토했다.

'윌^{WILL}'('오래도록 이어질 노동자 기획^{Workers Initiatives for a Lasting Legacy}'이

라는 뜻에서)이라고도 불린 '노동과 환경에 관한 노동조합 총회'는 환경 쟁점에 노동조합이 개입할 수 있는 모든 측면을 포괄하는 결의문을 채택했는데, 노동조합이 '빈곤 감축, 환경 보호, 괜찮은 일자리 사이의 연계를 강화'하는 운동에 헌신하며, 여기에 더해 '괜찮은 그리고 안정된 일자리의 창출은 환경적 지속가능성이 확보될 때에만 가능하다'는 내용을 추가했다는 점이 특히 중요하다(UNEP 2006). 총회는 ITUC가 창립하기 몇 달 전에 조직됐고, 따라서 환경적 관심이 ITUC의 과제에 포괄되는 방식에 큰 영향을 미쳤다. 그전까지는, 이를테면 ICFTU의 과제 같은 경우 환경 쟁점에 대해서는 별다른 언급이 없었다는 점을 지적해둔다.

각국을 대표하는 노동조합 연맹들이 오스트리아 빈에서 만났을 때, 총회는 ITUC가 '지구화를 근본적으로 변화시킬 것'을 요청했다.

…… 총연맹의 영속적 목표를 달성하기 위해서는, 자유시장 신자유주의 정책과 현재의 지구화 과정에 대한 세계 공동체의 대응에서 드러난 명백한 실패와 비일관성이 지속 가능한 발전의 경제, 사회, 환경이라는 세 기둥을 결합시키는 세계 경제의 거버넌스로 대체돼야 한다는 점이 핵심이다. (ITUC 2006, 1)

총회는 또한 이런 요청도 했다.

…… 세계 공동체가 지속 가능한 발전을 위한 종합 전략을 이행할 필요를 강조한다. 이것은 ITUC가 보건과 환경 사이의 연계를 자신의 활동으로 완전히 통합할 것을 요청한다. …… 나아가 지속 가능하지 않은 소비 행태를 중단하고 유엔기후변화협약UNFCCC의 교토 의정서 이행을 위한 협력을 요구한다. (ITUC 2006, 3)

정책 수준의 진전

환경 쟁점들이 ITUC의 과제로 포함되면서 새로 창설된 이 조직 내에서 환경 관련 정책 쟁점들을 논의하는 계기가 만들어졌다. 이런 결정 이전에 ICFTU가 지속 가능한 발전과 화학 물질의 지속 가능한 관리에 대해 여러 차례 공식적 언급을 한 점은 주목할 필요가 있다. 이 부분은 지속가능발전 세계정상회의^{WSSD}, 지속가능발전위원회^{CSD}, 화학물질 국제적 관리에 관한 유엔의 전략적 접근^{SAICM} 등 유엔의 다양한 회의와 절차들에서 감독과 참여가 진행됐다.

빈 총회 이후의 시기는 내부 정책의 발전이 두드러졌는데, 좀더 많은 노조 참여와 전통적인 노동자 요구에 대한 일반적 요청을 넘어서는 경우가 많았다. ITUC의 입장은 기후변화에 관한 특정한 정부적 실천의 요청 같은 환경적 문제들을 포함했다.

이를테면 폴란드 포즈난에서 열린 UNFCCC 제14차 당사국 총회^{COP} ¹⁴를 위해 채택된 성명서는 ITUC가 고용 및 노동 쟁점과의 연계성이 충분히 탐구되지 않은 측면들(적응이나 기술이전 같은)을 포함해 기후 정책의 모든 측면에 분명한 입장과 결의를 갖고 있다는 것을 보여준다 (ITUC 2008). 당시 ITUC의 관심은 노동운동이 기후 논의에서 정당한 주체로 고려될 수 있다는 것을 세계에 보여주는 데 있었다(이것이 노동운동을 기후 협상의 성공에 위협으로 바라보는 이들과의 대면을 의미한다 하더라도). 기후변화에 대한 진보적 노동의 접근은 UNFCCC에 알려져 있지 않았다고 이야기할 필요가 있겠다. 환경 엔지오들과 협상의 주요 주체들은 기후변화에 대한 노동조합의 관련성을 교토 의정서를 둘러싸고 미국에서 벌어진 논쟁을 통해서만 듣고 있었는데, 다수의 미국 노동조합들은 의정서에 반대했다.

2008년의 성명서는 노동조합이 사업이나 경제 발전과의 관련성 때문에, 그러나 최초의 그리고 최우선의 이유로, 연대와 정의라는 노동조합의 역사적 가치와의 연계성 때문에 기후변화에 전면적으로 대응해야 할 필요성을 인정한 첫 사례였다. 이 문서에는 이런 구절이 있다. "기후변화는 국가와 세대를 가로질러 사회 정의, 평등과 인권에 관한 중요한 질문들을 제기한다. 이제는 행동에 나설 때다. 노동조합들은 지금의 기후 협상에 헌신, 연대, 행동의 메시지를 가지고 참여한다"(ITUC 2008). 이런 정신에서 녹색이고 괜찮은 일자리에 관련된 정책들이 채택됐으며, 여기에는 기후 논쟁에 관련되지만 그 논쟁을 넘어 지속 가능한 발전 정책들이 실행되기 위해 노동조합이 바라는 것들을 대표적으로 포함됐다.

ITUC의 창립 총회부터 2차 총회(2010년 밴쿠버)에 이르는 시기에는 (지속가능노동재단이 조직한) 의욕적 훈련과 역량 건설 프로그램도 두드러졌다. 3년도 되지 않는 기간 동안에 이 프로그램에 90개국 202개 노동조합 조직이 참가했다. 이 프로그램에 포함된 프로젝트는 훈련 코스와 매뉴얼의 작성(회의 구성, 기술적 세미나, 노동조합 대상 컨설팅과 노조 조직이 요구하는 특별한 역량과 훈련 수요에 대응해서 만들어진 이벤트 등), 환경 보호를 다루는 지역 노동조합의 강화, 라틴아메리카와 카리브 해 지역, 아시아 태평양 지역, 아프리카와 중유럽 지역 노동조합에 대한 기술적 지원 방안을 비롯한 국가와 소지역 수준의 추가적 회의 등으로 구성됐다.

지속 가능한 발전 논쟁에 ITUC가 가장 크게 기여한 바는 '정의로운 전환' 개념의 개발과 대중화였다.

정의로운 전환[1]

'정의로운 전환'은 1990년대 말 캐나다 노동조합을 다룬 글에서 '노동자들에게 괜찮은 일자리를 제공하려는 노동조합 운동의 노력과 환경 보호의 필요를 화해시키기 위한 시도'로 처음 언급됐다(Rosemberg 2010, 141). 이 개념은 노동자의 이해 방어와 지역 사회의 환경 보호 필요 사이의 연계성에 대한 더 큰 인식을 향한 커다란 발걸음을 의미했다.

그 뒤 10년 동안 환경 쟁점에 대한 노동운동의 접근이 발전했고, 더불어 '정의로운 전환'의 정의와 경계와 범위도 발전했다.[2] ITUC는 이 개념을 '모두를 위한 괜찮은 일자리와 생계'를 유지하기 위해서 좀더 지속 가능한 사회를 향한 변화를 순탄하게 하고 '녹색 경제'의 역량을 제공하도록 '노조 운동이 국제적 공동체와 공유하는 수단'으로 정의했다(ITUC 2009a, 2009b).

'정의로운 전환'은 기성의 환경 정책을 대체하기보다는 보완한다는 점이 중요하다. 정의로운 전환의 명확한 목적 중 하나는 환경 정책과 사회 정책이 모순되지 않으며 오히려 서로 강화한다는 생각을 분명히 하는 것이다. 이 점은 정의로운 전환이 국제적 노동조합의 핵심 주제 중 하나가 됐다는 사실을 고려할 때 특히 중요하다. 수십 년 전만 하더라도, 사회 정의를 환기하면서 환경 보호까지 수용하는 노동조합 슬로건을 상상할 수 있었을까? 환경 파괴의 영향과 여기에 따른 거대한 대중

---

1 이 부분은 다른 글에서 요약한 것이다. 'Building a Just Transition: The linkages between climate change and employment', published in 'Climate changes and Labour: the need for a Just Transition', *International Journal of Labour Research*, Geneva, International Labour Office, 2010, 125~162.

2 정의로운 전환에 대한 초기적 언급은 다음에서도 볼 수 있다. ICFTU, *Plough to Plate Approaches to Food and Agriculture*(2000); ICFTU, *Fashioning A New Deal — Workers and Trade Unions at the World Summit for Sustainable Development*(2002).

적 캠페인뿐 아니라 이 주제에 대한 노동조합의 적극적인 역할을 고취한 노력이 변화에 기여했다는 점은 의심의 여지가 없다.

'정의로운 전환' 개념에 대한 이런 접근은 2010년 ITUC 2차 총회에서 만장일치로 채택됐고, 총회는 '정의로운 전환'이 기후변화에 맞서 싸우는 '특별한' 접근이라고 선언했다.

총회는 사회 진보, 환경 보호, 경제적 필요가 민주적 거버넌스의 틀로 함께 수용되고, 여기서 노동자의 권리와 다른 인간의 권리가 존중되며 성평등이 실현되는 정의로운 전환을 통한 지속 가능한 발전을 지향하는 통합적 접근을 고취하도록 노력한다. (ITUC 2010, 1)

특정 경제 부문의 노동자들을 대변하는 다른 세계노조연맹Global Union Federation도 이런 정책 접근에 합류했다(Rosemberg 2010, 142).

간단히 말해 '정의로운 전환'은 괜찮은 일자리를 창출하고, 적극적 훈련과 기술 개발 정책을 제공하고, 노조와 사용자 및 다른 이해관계자들과의 사회적 대화를 보장하고, 기후 정책이 사회와 고용에 미치는 영향을 빨리 평가하고 연구하자고 주장하며, 사회 보호 체계 개발과 지역 경제의 다양화 계획을 위한 조건을 만드는 장기적으로 지속 가능한 투자의 필요성을 말한다. 이것은 노동자와 지역 사회가 갖는 취약성의 여러 측면들, 이를테면 일자리 영향에 관련된 불확실성, 일자리 상실의 위험성, 비민주적 의사 결정 과정의 위험성, 광역 경제와 지역 경제의 황폐화 위험성을 다루는 정책 제안의 패키지다.

소수 활동가에게만 알려져 있던 개념에서 출발해, '정의로운 전환'은 국제적 수준에서 천천히 뿌리를 내렸다. 가장 최근의 성과는 UNFCCC

에서 이 개념이 인정받은 것이었다. 2010년에 ITUC가 조직한 강도 높은 캠페인에 뒤이어, 16차 당사국 총회 기간 중에 모든 정부가 이 개념을 결정문에 포함하는 데 동의했다. UNFCCC는 이 개념을 다음처럼 합의안에 넣는 데 합의했다.

기후변화 대응은 혁신적 기술과 좀더 지속 가능한 생산과 소비 및 라이프스타일에 기반해, 실질적 기회를 제공하고 높은 성장과 지속 가능한 발전을 보장하는 저탄소 사회를 건설하고, 동시에 괜찮은 노동과 질 좋은 일자리를 창출하는 작업장의 정의로운 전환을 보장하는 패러다임 전환을 요구한다는 것을 인식한다. (UNFCCC 2011, 4)

노동운동이 환경 쟁점에 관련한 활동을 시작한 지 몇 년이 흘렀다. 국제적인 지속 가능 발전 논쟁에서 노동운동이 진지한 파트너라는 인식이 커진 것은, 우리의 현대 사회가 직면하고 있는 다양한 도전들, 특히 우리 행성이 가진 제한된 자연자원의 경계 안에서 사회 정의, 권리, 좀더 평등한 세계를 보장할 필요 사이의 균형을 맞춘다는 일관된 의제를 확립하기 위한 지속적인 노력을 기울인 결과다.

빈에서 밴쿠버까지

2011년의 맥락에서 보면, ITUC 창립 총회에서 채택된 프로그램은 조금 소극적인 입장문으로 여겨진다. 그렇지만 이 프로그램은 그 뒤 몇 년간 ITUC의 환경 정책을 수립하는 데 핵심 기반을 제공했다. 이 과정이 정책 토론과 분리될 수 없는 특성을 지닌다면, 새로운 지반을 열어젖히고 환경 쟁점에 관련해서 열정적으로 일하는 노동조합 활동가 그룹에 정당성을 부여하는 것이 중요했다. 이런 실천은 ITUC를 비롯한 가맹 조직들이 환경 쟁점에 대한 입장을 크게 진전시키게 만들었고, 결국 2010년에 ITUC가 지속 가능한 발전과 정의로운 전환이라는 수단을 통해 기후변화에 맞서 싸울 필요성을 처음으로 밝힌 결의문을 채택하는 변화를 이끌어냈다.

이 결의문은 국제기구들과 각국 정부들에 대한 ITUC의 입장과 정책 권고를 담고 있었다. 환경 파괴와 경제 위기 및 사회 위기 사이의 연계성은 이제 분명해졌다. "(현재의 경제 모델은) 사회적으로 부정의하고, 환경적으로 지속 가능하지 않고, 경제적으로 비효율적이고, 수백만 명의 사람들에게 괜찮은 일자리와 좋은 삶을 제공할 수 없다"(ITUC 2010, 1). 역사상 최초로 ITUC는 당장 실행되는데다가 일자리에 관련된 측면의 환경 정책을 넘어서는 기후 정책을 채택했다.[3]

그 결의문의 첫 절이 성취와 진보의 느낌을 주는 것이 사실이라고 하더라도, 노동조합 운동 내부에서 중요한 논쟁들이 지금 진행 중이라는 점을 잊지 않는 것이 중요하다. 이런 논쟁들은 대안적인 경제 모델을 발전시킬 필요성과 능력에 대한 운동의 믿음, 그리고 어느 정도나 새로운 모델이 환경 관련 쟁점들을 포용해낼 것인지를 둘러싼 지속적인 논쟁들에 관련된다.

---

3 이것은 "이를테면 세계 온실가스 배출을 2050년까지 85퍼센트 감축하는 IPCC 시나리오에 강력한 지지를 표현하며, 이것을 실현하기 위한 중간 목표의 필요성을 강조한다." 또한 "개도국들이 적절한 적응 행동을 위해 쓸 수 있는 공적 자금을 위해 유엔이 필요하다고 간주하는 금액인 2013년에서 2017년까지 매년 850억 달러 조성을 주장한다"(ITUC 2010, 2~3).

노조 기반의 패러다임 전환과 환경 쟁점 — 국제 노동운동의 긴장과 도전

현재의 위기의 맥락 속에서, 노조 운동은 우리의 현재 경제 모델이 갖는 한계들을 인식했다. 노동조합의 국제적 활동 대부분에서 국제적 경제 위기와 환경 위기(특히 기후변화) 사이의 연관이 형성됐다. 기술적 진보가 우리의 생산 모델과 소비 모델의 필수적 변화들을 제대로 보장할 수 없다는 생각이 점차 확산되고 있다. 그만큼 집단적으로 '패러다임 전환'을 실행해야만 한다는 믿음이 자리하는데, 물론 이 전환의 범위는 여전히 정의될 필요가 있다.

이런 변화들에도 불구하고 어느 정도의 전환이 필요한지에 관련된 논쟁을 살펴볼 필요가 있다. 우리가 사회와 환경에 파괴적인 현재 경제 체제의 내재적 성격을 제대로 다루려면 그 경계 안에서 일정한 변화가 필요하며 그런 변화가 가능하다는 점을 대부분의 노동조합이 받아들이고 있지만, 그 변화의 수준이 어느 정도 필요한지는 열린 문제다.

노동조합들은 이런 토론에 개입하고 지구적 환경 노조 정책을 구축하는 공통의 정치적 지반을 발견해야 한다. 연구 공동체 안에서는 두 학파가 떠오르고 있는데, 둘 다 노동운동에 상당한 영향력을 미쳤다.

녹색 성장 대 탈성장이 논쟁거리일까

한쪽에는 이른바 '생태적 현대화론' 학파가 있는데, 이 학파의 핵심 가정은 현대화와 성장이 환경에 꼭 해로운 영향을 미치지는 않는다는 것이다. 이 이론에 따르면 현재의 환경 위기는 제도와 시장의 실패가 낳은 직접적 결과로 해석돼야 한다. '기성의 정치, 경제, 사회 제도들이 환경에 대한 염려를 내재화할 수 있기 때문에' 제도와 시장의 개혁이 환경 개선의 열쇠가 된다(Hajer 1995, 25). 시장은 경제적 생산과 과정이 환경에 대해 갖는 외부성에 가격이 매겨진다면 녹색화될 수 있다. 이 이론은 몇 가지 이점이 있다. 녹색 성장은 현상 유지적 성장보다 나은 대안이다. 경기 하락(일자리, 투자, 혁신의 하락) 시기에 경제를 재활성화할 수 있기 때문이다. 녹색 성장은 적응의 분야에서 시장과 투자에 긍정적인 효과도 가질 수 있다. 생태적 현대화론자들은 자원 효율성이 자연자원의 소비를 줄임으로써 좀더 저렴한 생산과 경제 성장을 추동할 수 있다고 생각하는데, 이것은 노동자의 시각에서 보면 노동 비용 감축에 대한 압력이 줄어든다는 것을 의미할 수 있다. 그러나 자원의 효율성은 우리 경제의 탄소 집약도를 줄이는 데는 충분하지 못하다(Jackson 2010, 64).

이 ('녹색성장론'으로 불릴 수 있을) 이론은 노동조합의 관점에서는 결함이 많다. 시장에 지나치게 의존하기 때문이다. "시장은 환경 문제 대응을 조정하는 데에서 국가보다 더 효율적이고 효과적인 메커니즘이다"(Mol 1995, 46~47). 또한 '사회 정의의 이슈와 사회적 포용과 배제 과정'을 경시하는 경향이 있다(Swyngedouw and Cook 2009, 12).

아래에 언급할 몇몇 나라에서 노동운동은 생태적 현대화론을 노동자의 이해와 현재 경제 모델의 변화라는 장기적 목표에 적용하기 위한 방식으로 변용했다. 이를테면 미국에서 USW는 생태적 현대화에 대한 특수한 접근법을 발전시켜서 여러 가지 방식으로 신자유주의에 직접 도전하고 녹색 부문에 대한 투자와 일자리 재훈련 프로그램을 통한 국가의 강력한 확장을 옹호한다. 유럽 수준에서 보면 유럽노총ETUC은 그린 뉴딜Green New Deal을 위한 틀을 개발했다. ITUC의 녹색 투자 정책 고취는 상당 정도 이런 틀의 한 부분으로 볼 수 있다. 그럼에도 불구하고 강력한 규제적 접근이 '괜찮은 일자리'의 당위적 요구와 함께 체계적 변화와의 연계성을 잃지 않고 존재한다.

녹색 성장에 대한 또 다른 비판들은 현재 경제 모델과 환경 보호의 필요성 사이의 내재적 모순을 지적한다. 이런 접근들은 '생산주의' 논리를 끝낼 것을 요구하며 더 단순하고 덜 물질주의적인 생활 방식을 수용한다. 이런 선상에서 진행된 연구들 중 일부는 좀더 짧은 노동 시간과 좀더 많은 여가를 포함하는 노동권과의 연계를 탐색한다. 그렇지만 일반적으로 노동운동은 이런 접근들을 종종 '반성장적' 또는 '반사회적'인 것으로 인식하며, 따라서 그렇게 우호적으로 보지 않는다.

녹색 성장 패러다임이 환경적 희소성의 문제를 소화할 능력에 대한 비판들은 노동조합에 의해 상이한 각도로 다뤄졌는데, 하나는 자연자원의 분배가 조직되는 방식에 초점을 맞추는 것이다. 노동조합에 우선순위는 이런 제한된 자원들의 불균등한 분배를 다루는 것이다. ITUC가 녹색 성장에 관한 국제적 논쟁에 개입하는 입장은 경제적이고 환경적인 자산들을 공정한(국가들 사이에 그리고 국가 내부에서) 방식으로 재분배하고 더 커다란 사회적이고 환경적인 정의를 성취하도록 하는 방식에 초점을 뒀다(ITUC 2011).

새로 출현한 접근들 역시 인정돼야 하는데, 그 사상들은 노동운동 내부에서 벌어진 논쟁의 기원에 자리잡고 있으며, 팀 잭슨의 '성장 없는 번영'(Jackson 2009)과 '온실 개발권Greenhouse Development Rights'(Baer et al. 2008)이라는 사상을 포함한다. 사회가 천연자원(이 경우에는 '탄소 여분')을 더 잘 공유하고 동시에 발전을 가능하게 할 방식들에 초점을 두는 것이다. 두 모델이 흥미로운 움직임을 알려주기는 하지만, 그것들이 얼마나 전통적 노동조합의 가치들과 요구들, 즉 새로운 권리들과 괜찮은 일자리를 소화하는지는 여전히 정식화돼야 할 부분이다. 그럼에도 불구하고 그 모델들은 친성장과 반성장 사이의 통상적인 대립 구도를 넘어서는 토론을 어느 정도 가능하게 한다.

'녹색 성장'의 옹호자들이 언제나 '사회적으로 책임 있는' 존재가 아니라면, '녹색 성장' 논의에 참여하는 것은 여전히 의미가 있다. 그렇게 하면서 우리는 사회 정의와 일자리 잠재력의 측면이 다루어질 것을 보장함으로써 우리가 어떤 종류의 '녹색 경제'를 원하는지를 정의하도록 희망할 수 있기 때문이다. 첫째, 그런 선택은 전환적 의제를 고취하는 이들과 지배적인 성장 모델의 선상에서 정책을 더욱 고취하는 이들 사이에서 잠재적인 다리로 기능할 수 있는 기회를 노동조합들에 제공한다. 이것은 환경 위기를 인식하는 노동조합 지도자들과 이런 쟁점들을 여전히 자신들의 '핵심' 책임성에서 주변적인 요소로 인식할지도 모르는 현장 간부들 사이의 잠재적으로 커가는 간극을 고려할 때, 특별한 중요성을 지닌다.

둘째, 이 논쟁은 환경적 지속가능성과 사회 정의 사이의 연계를 노동자들이 포착하도록 도울 수 있는 시기에 노동조합 운동에 실천적 이해관계를 갖는다. 우리가 성장 중심의 논쟁에서 벗어날 수 있어야 한다고 말해지는 바가 이것이다. 우리 사회가 자원이 제한된 세계에서 번영하면서도 좀더 사회적으로 정의롭도록 만들고자 한다면, '상자 바깥에서' 사고하기는 도전적이면서도 필수적인 과제다.

노동조합들이 직면한 가장 큰 도전 중 하나는 정의로운 전환의 예상되는 결과들, 특히 우리가 미래 세대들에게 물려주고자 하는 사회의 유형을 정의하는 일이다. 이 과제는 환경에 대한 노동조합의 접근이 새로운 지속 가능한 발전 모델로 더 잘 통합될 것을 요청한다.

장기적 도전들

노동조합 운동들 앞에 놓인 도전들은 벅찬 것처럼 보인다. 경제 위기는 끝나지 않았고, 신자유주의적이고 반노조적인 사고가 국가 수준과 국제 수준에서 다시 한 번 득세하며, 위기를 노동시장에 관련된 규제를 완화할 새로운 기회로 활용하려 하고 있다. 노동 쟁점에 환경 쟁점을 통합하는 문제에 관한 논의는 이런 현실에서 떨어질 수 없다.

이렇게 이야기가 나아가면 많은 도전을 대면해야 한다. 여기에는 몇몇 주제에 대한 국제적 노동운동의 의욕적 노력과 노동조합 활동 사이의 통합성을 보장할 필요, 새롭게 생겨나는 환경 문제들과 그 문제들이 노조 활동에 이어지는 연계 고리에 대한 새로운 사고를 발전시킬 필요, 초국적 기업들을 위시해 민간 부문의 문제를 다루게 될 때 자율적이고 일관된 태도를 견지하기, 다자간 거버넌스가 깊은 위기에 빠져 허우적거리고 있는 국제적 상황에 개입하는 일의 곤란함 등이 포함된다.

국제적 수준과 국가적 수준 사이 일관성의 견지

앞에서 본 대로 ITUC와 가맹 조직들은 의욕적인 환경 정책의 고취에 관련해 합의가 돼 있다. 이 합의가 한줌에 불과한 강력한 노조들 사이에 진행된 '은밀한' 협상의 결과가 아니라는 점을 지적해야겠다. 반대로 국제적 노동조합 협상에 대한 참가 수준은 매우 높았다(기후변화에 관한 ITUC 성명 초안에 의견을 개진한 중앙 조직 중 40퍼센트가량은 개도국 노조였다). 그런 높은 '열의 수준'도 추상적 성격 때문에 가능했지 문서의 국가적 특수성은 미미했다. 이런 특성은 환경적 주제, 특히 기후변화에서 단일하고 단호한 입장을 취하는 데 도움이 된 것이 분명하다.

노동조합들은 기후변화에 대한 ITUC의 결의에서 표명된 헌신의 결과를 알고 있었다. 이를테면 1990년 배출량을 기준으로 해서 2020년까지 선진국에서 25~40퍼센트의 배출 감축은 유럽 국가들(만약 이 국가들이 공정한 방식으로 감축 부담을 공유한다고 할 때)이 20퍼센트의 목표를 넘어서야 한다는 것을 의미했다. 마찬가지로 2도 온도 상승 한계를 지지하는 것, 또는 회의 결의에 언급된 대로 노동조합이 1.5도 상승 한계 지지를 모색하는 것은 일부 신흥국들에게는 향후 5년 안에 배출이 정점을 맞아야 한다는 것을 의미한다. 이것은 다가올 몇 년이나 몇 달간 어떤 도전들이 펼쳐지게 될지를 뚜렷이 보여준다. 국제 노동운동 내부의 추동력을 유지하면서 동시에 국가 수준에서 토론을 조직하고 노조의 중앙 조직들이 ITUC와 동료 노동조합들을 향한 국제적 노력을 존중하도록 만들어야 한다는 것이다.

물론 이런 목표는 하나의 국제 조직에 쉬운 일이 아니며, ITUC가 가맹 조직들의 행동을 판정하기 위해 설립된 것도 아니다. 그런데도 노동조합들은 자신들의 헌신에 대한 사후 이행을 보장할 방법을 함께 찾아나가야 할 것이다. 국가적 수준에서는 이 과제가 좀더 넓은 기후 의제에 거의 아무 관심이 없고, 그래서 중앙 조직에 직접 압력을 넣거나 정부에 간접적으로 압력을 행사(이것이 위임된 권한에 속하지 않는다고 하더라도)할 수 있는 부문 노동조합들의 반응 때문에 더 어려운 일이 된다. 이런 상황은 종종 기후 정책이 해당 산업에 가할 수 있는 현실적이거나 예상되는 위협 때문에 생겨난다. 그럼에도 불구하고 이것은 다른 노동조합원들 사이의 다툼에서 비롯하는 잠재적인 의견 불일치라기보다는, 그런 영향들에 대한 좀더 깊은 이해를 발전시키고 '정의로운 전환' 의제를 고취해야 할 이유다. 한 나라의 노동자 내부의, 그리고 부문들 사이의 응집력과 연대를 세우는 일은 국제적 수준에서 응집력을 달성하는 데 결정적인 요소다.

환경 정책에 대한 국제 노동조합 정책은 이제 시작일 뿐

기후변화, 정의로운 전환, 녹색/괜찮은green/decent 일자리 또는 심지어 지속 가능한 화학 산업 관리에 대한 노동조합의 입장들까지 점점 더 많은 이해를 얻어가고 있다. ITUC는 '최소공통분모' 접근의 덫에 빠지지 않고 운동의 다양성을 존중하는 노동조합의 입장을 발전시키느라 몇 년을 보냈다. 이런 정책들은 외부 세력이 아니라 노동조합 운동의 산물이라는 사실을 고려할 때 특별한 중요성을 갖는다. 노동조합원들 스스로 발전시킨 정책들이지만, 확인할 수 있는 데이터는 드물다. 또한 이런 노력은 우리가 첫 장에서 설명했듯이 중대한 쟁점들에 대한 노동조합의 인식을 증진시키기 위한 중요한 노력들이 나란히 만들어짐으로써 가능했으며, 다른 행위 주체들이 이제까지 탐구하지 않은 그런 주제들에 대한 연구가 막 시작되고 있다(이를테면 기후변화가 고용에 미치는 영향). 노동조합들이 자주적 시각을 갖도록 하는 일이 만만치 않았지만, 위에서 언급한 쟁점들에 대해 이런 목적들은 달성됐다고 생각된다.

그러나 우리를 둘러싸고 있는 환경적 도전들의 양과 다양성이 노동운동이 취한 쟁점들보다 훨씬 크다는 점은 두말할 나위가 없다. 생물종 다양성의 상실, 산림 파괴, 물 부족, 에너지, 채굴과 지속 가능한 소비 같은 '영역을 가로지르는' 쟁점들은 여전히 더 다뤄져야 한다. 노동조합들이 이미 논의한 쟁점들에서도 정책의 간극들이 존재한다. 이를테면 '녹색 조세' 같은 기후 관련 쟁점이나 상이한 국가적 맥락에 '정의로운 전환'의 틀이 적용될 때 나타나는 상이한 측면 같은 경우가 그렇다.

다른 쟁점들도 좀더 심화된 탐구가 필요하다. 이를테면 국제적 수준에서 단체 교섭과 권리 같은 '전통적인' 노동조합 의제들에 관련된 영역들의 작업이 필요할 것이다. 환경권에서 발전시킬 수 있는 부분, 또는 노동조합들이 단체 교섭 과정에서 환경 보호를 포함시킬 수 있는 방식에 대해 해야 할 많은 작업이 여전히 남아 있다.

이런 도전에는 또 하나의 측면이 있는데, 이것은 '정의로운 전환'이라는 아이디어의 전용 그리고/또는 탈정치화의 위험성에 관련된다. 노동조합들은 오늘날 이 개념을 지지하는 조직들의 규모를 통해 성공의 정도를 가늠할 수 있다. 그러나 이 성공은 다른 그룹들(다른 사회운동, 환경 엔지오, 정부)과의 열띤 토론을 보장하고 이 개념을 계속 '살아 움직이게' 하면서도 노동조합의 관점을 반영하게 만들 필요성을 수반한다.

다자간 거버넌스가 위기에 놓일 때 국제적 노동조합 동원을 유지하기

'낡은', 그리고 새로이 등장하는 환경 쟁점들에서 노동조합이 달성한 진전은 오늘날 너무나 의지가 박약하고 진전도 느린 다자간 체제에 의해 도전받고 있기도 하다. 국제 기후 협상은 딱 이런 사례다.

2009년 덴마크 코펜하겐에서 열린 제15차 기후변화협약 당사국 총회COP 15로 나아간 진전은 노동조합의 입장뿐 아니라 이 쟁점에 대한 가맹 조직들의 헌신을 공고히 하는 데 핵심적이었다. 그리고 가까운 미래에 협상에서 일정한 동력이 회복되지 않을 경우 국제 노동운동이 국제 기후 정치에서 '이탈diengagement'하는 순간을 맞이하게 되더라도 놀랍지 않을 것이었다. 또한 국제 기후 레짐의 답보가 지구상의 가장 빈곤한 이들에게 심각하게 부정의한 결과를 초래하게 될 것이라는 점도 언급돼야 한다. 거꾸로 이런 상황은 개도국에서 특정한 운동, 특히 기후정의 네트워크^{Climate Justice Network}라는 이름 아래 활동하는 운동의 급진화를 가져올
수도 있고 북반구와 남반구 노동조합 사이의 동맹을 잠재적으로 약화
시킬 수도 있다.

새로운 패러다임 아래서 새로이 생각해야 한다는 도전

환경적 관심들을 '대안적' 노조 접근에 포함하는 일은 운동에 중요한
도전을 구성하며, 이 도전은 노조 정체성의 특정한 측면을 재정의한다
는 것을 의미한다. 노동자들의 인식뿐만 아니라 전통적으로 노동조합
이 조직된 특정 경제 부문에서 일어난 발전은 국제 노동조합의 환경 정
책이 취하는 길에 큰 영향을 미치게 될 것이다. 우리가 두 번째 장에서
소개하는 것과 같은 다른 성장 패러다임은 다른 생산 모델을 함축하며,
따라서 노동자들과 노동자의 대표자들도 다른 역할을 부여받게 될 것
이다. 지속 가능한 경제가 노동자와 노동조합들이 이해할 수 있는 새로
운 전망을 세우고, 그 새로운 전망을 통해 오늘날의 진보를 촉진하는
것은 아마도 국제적인 노동조합 연맹 조직에 가장 큰 도전일 것이다.

결론

환경 쟁점들에 대한 노동운동의 국제적 입장을 정립하는 과정에서 큰
진전이 있었다. 이런 견지에서 ITUC는 국가들 사이의 연대에 기반해 부
문과 지역을 가로지르는 시각들을 한데 모아내는 핵심적 역할을 수행
했다. 이것은 선진국들에 기후변화에 맞서 선제적 행동을 취하도록 요
청할 뿐 아니라, 국가들 내부에서는 '정의로운 전환'의 틀을 통하는 조

율된 노력을 함의했다.

이런 발걸음들은 좀더 긴 과정의 일부로 이해될 수 있을 뿐인데, 여기서 노동운동은 이미 관여하고 있는 특정한 쟁점들에 대한 개입을 강화하고, 좀더 많은 쟁점을 소화하며, 그런 쟁점들을 다룰 정책을 발전시키고, 가장 중요하게는 환경적 관심들을 노동조합이 만들고자 하는 대안적 경제 모델에 포함시키도록 해야 할 것이다.

참고 자료

Baser, P., Athanasiou, T., Kartha, S. and Kemp-Benedict, E. (2008) *The Greenhouse Development Rights Framework. The right to development in a climate constrained world.* Publication Series on Ecology – Volume I. Published by the Heinrich Boll Foundation, Christian Aid, EcoEquity and the Stockholm Environment Institute. Revised Second Edition. Berlin, November.

Hajer, M. A. (1995) *The Politics of Environmental Discourse: Ecological modernization and the policy process.* Oxford: Oxford University Press.

International Labour Organisation (ILO) (2012) *Global Employment Trends 2012.* Geneva: International Labour Office.

International Trade Union Confederation (ITUC) (2006) Programme of the ITUC, Adopted by the Founding Congress of the ITUC Vienna, 1-3 November.

_____ (2008) 'Trade unions and climate change: Equity, justice & solidarity in the fight against climate change', www.ituc-csi.org/IMG/pdf/climat_EN_Final.pdf (accessed 24 July 2012).

_____ (2009a) *Green & Decent Jobs. Making the 'Green Economy' work for Social,* available from: http://actrav-courses.itcilo.org/en/a352647/copy3_of_a352647-presentations/ituc-green-gobs/at_download/file (accessed 31 May 2011)

_____ (2009b) *A Just Transition: A fair pathway to protect the climate,* available from: htte://cc2010.mx/assets/001/5253.pdf (accessed 31 May 2011)

_____ (2010) *Resolution on combating climate change through sustainable development and just transition,* available from: www.ituc-csi.org/resolution-on-combating-climate.html (accessed 31 May 2011)

_____ (2011) 'Submission to the UN Conference on Sustainable Development (Rio+20)', available from: www.unscd2012.org/rio20/index.php?page=view&type=510&nr=42&menu=115 (accessed 31 May 2011)

_____ (2012) *Oil Union Leader Assassinated in Colombia.* ITUC Online, available from: www.ituc-csi.org/oil-union-leader-assassinated-in.html?lang=en (last accessed 31 January 2012).

Jackson, T. (2010) 'Poussé au bord du gouffre écologique'. *Rue 89,* 3 October, 64.

_____ (2009) 'Prosperity without Growth', Sustainable Development Commission, March.

Mol, A. P. J. (1995) *The Refinement of Production.* Utrecht: Van Arkel.

Rosemberg, A. (2010) 'Building a Just Transition: The linkages between climate change and employment'. *International Journal of Labour Research,* 2(2): 125-162.

Swyngedouw, E. and Cook, I. R. (2009) *Cities, social cohesion and the environment. Social Polis Survey Paper,* available from:

www.sed.manchester.ac.uk/geography/staff/documents/Cities_social_cohesion_and_environment.pdf (accessd 4 October 2010).

United Nations (UN) (1992) *Agenda 21*, available from: www.un.org/esa/dsd/agenda21/res_agenda21_00.shtml (accessed 25 May 2010).

UNEP (2006) 'Final resolution of the Trade Union Assembly at its first meeting', Trade Union Assembly on Labour nad the Environment, First meeting, Nairobi, 15–17 January.

UNFCCC (2011) 'Cancun Agreements: Outcome of the work of the Ad Hoc Working Group on Long-term Cooperative Action under the Convention', Bonn, Germany, http://unfccc.int/files/meetiongs/cop_16/application/pdf/cor16_lca.pdf (accessd 24 July 2012).

3장

지속 가능 발전에서 녹색 공정 경제로
— 환경을 노조의 쟁점으로 만들기

로라 마틴 무리요

최근 수십 년 동안 노동과 환경 영역은 전에 볼 수 없을 정도로 가까워졌고, 노동조합 조직들은 이제 점점 더 본격적으로 환경 정책을 논의하거나 제안하고 있다. 노동조합 운동은 자신의 역사적 유산을 조금씩 조금씩 극복한 것처럼 보인다. 산업혁명과 내연 기관에서 태어난 운동, 탄광과 제강 공장과 제조업에 중심을 두고 시작해 지금까지 이어오고 있는 운동 말이다. 이 유산은 노동운동과 환경운동 사이의 분리를 유지하고, 경제적 의사 결정 앞에서 많은 사회 문제와 환경 문제에 대해 그러하듯 이해관계를 둘러싼 다툼들을 만들어왔다.

노동과 환경 양자 모두의 이런 근접은 어느 정도는 경제 문제를 해결하는 과정에서 환경적 도전들을 무시하기 어려워진 지금의 지구적 맥락 덕분이다. 앞으로 살펴보겠지만 이런 의미에서 노동조합들은 자신들에게 낯설던 의제들에 대해 입장을 취할 것을 요구받았다. 현재의 사회경제적 의사 결정들은 그 방정식 안에 환경적 한계들을 포함해야만 하게 된 것이다. 그렇지만 이런 변화가 외부의 흐름들이 부과한 강제 때문이라고만 전제한다면 공평하지 못한 처사일 것이다. 노동조합들이 환경 쟁점을 수용하는 흐름은 중요하고도 혁신적인 결과들을 가져왔다. 환경 의제들의 공정성 차원에 대한 좀더 적절한 접근, 녹색 경제로 향하는 이행에서 일자리를 창출할 필요성, 또는 단지 최종 목표가 아니라 이 목표들을 어떻게 달성할지를 결정할 중요성 등에 대한 새로운 논의를 열어젖혔고, 이것을 노동조합들은 '정의로운 전환'이라는 성공적인 개념으로 요약해냈다. 특히 2008년에 시작된 금융 위기에 뒤이어 세계의 노동조합들은 좀더 녹색의 성격을 갖고 일자리를 중시하며 지속 가능한 경제에 대한 요청에 합류했다. 이런 요청들이 실현된 것은 아니지만, 정부들과 국제기구들의 담론 속에 자리를 차지하게 됐다. 환경 보호를 통합하는 노동조합의 제안들은 조합원의 이해 방어를 넘어서서 전체 사회와 지구를 먹여 살리는 다른 종류의 사회를 위한 제안을 제시하기 위한, 그리고 더 나아가 지구화가 야기한 어려움들을 극복할 포괄적인 발전 제안들을 제시하기 위한 노동조합주의의 중요한 한 부분이다.

이 글은 1992년 리우 정상회의 이래로 20년간 펼쳐진 환경 쟁점에 대한 노동조합 활동의 최근 발전사를, 국가와 지역 수준뿐 아니라 특히 국제적 수준에서 살펴본다. 이 역사적 정상회의에 쏟아진 노력을 살펴봄으로써, 노동조합의 제안들이 지닌 특수성이 제공하는 흥미로운 통찰을 발견할 수 있다.

지속 가능한 발전 ― 우리 공동의 미래, 우리 공동의 틀

지속 가능한 발전이라는 용어는 세계환경개발위원회의 활동 결과로 만

들어진 일명 브룬트란트 보고서(United Nations 1987)에서 공식적으로 사용
됐고, 미래 세대의 필요를 충족할 역량을 훼손하지 않으면서 현세대의
필요를 만족시키려는 발전으로 정의됐다(United Nations 1987; Smith and Rees
1998). 이 보고서에서 지속 가능한 발전은 경제적, 사회적, 환경적 발전이
라는 세 기둥으로 구성되는 발전으로 정의됐다. 이 정의는 오늘날에도
대체로 유효한 것으로 남아 있다(WHO 2005).

　의제 21이라고 알려진 리우 정상회의의 실행 계획에 필요한 9개 주요
그룹의 하나로 노동조합이 인정된 사실이 곧 노조 조직들을 이 틀의 일
원이 되도록 촉진했다(UNDESA 1992). 의제 21은 지속 가능한 발전에 대
한 참여적 접근의 필요성(Allen 2001), 그리고 노동조합을 포함해 가장 중
요한 사회 그룹들이 의사 결정과 합의의 실행에 함께할 필요성을 인정
했다. 또한 의제 21은 노동조합 참여를 증진할 필요성에 관한 한 개의
장을 포함했는데, 이런 사례는 유엔의 합의에서는 흔치 않은 것이었다.

　지속 가능한 발전의 새 지평에서 노동의 세계를 위한 행동은 다음 같
은 핵심 영역들, 곧 의제의 사회적 차원의 강화(ILO 2003)를 포함했다.

- 지속 가능한 발전 의제의 핵심적 부분으로서 고용의 권리와 괜찮은 일자리
를 포함하기. 노동조합 조직들은 지속가능발전위원회를 감독하기 위해 국제
적 지평과 동시에 정부들이 설립한 각국의 지속가능발전위원회에도 참여했고,
괜찮은 일자리의 원칙들을 이런 토론장에 제시하고 사회적 기둥의 비중을 높
이도록 압력을 가했다.
- 지속 가능한 발전을 모든 수준에서 노동조합 활동에 포함하기. 각국의 본부
와 산별 조직에서 산업 보건과 환경 부서들이 이런 활동 영역의 담당 주체가
돼 조직 내부에서 확산시킬 책임을 졌다.

10년 후 2002년 요하네스버그 정상회의는 이런 움직임들을 감독하고 돕기 위해 준비됐다. 이 정상회의는 이론적 틀을 공고히 하기도 했지만, 특히 그 실행력을 보장하게 만들고자 했다. 이 틀을 이행하기 위한 노력의 하나로 요하네스버그 이행 계획의 목표들이 합의됐다. 많은 노동조합들이 이 정상회의에 참석했다. 대략 300명이 참석했고, 특히 ILO의 기본 원칙들, 산업 보건 쟁점, 그리고 일자리와 생산 및 소비의 변화 사이에 좀더 긴밀한 관계를 설정할 필요성에 관련된 몇몇 노동 쟁점들이 최종 텍스트에 포함됐다(ICFTU/TUAC/ITS 2002).

지속 가능한 발전을 위한 노력이 진행된 이 기간 동안 아마도 가장 긍정적인 발전은 이 쟁점에 대한 일관되고 통합적인 접근의 필요성을 인식하게 된 것이었다. ETUC와 ICFTU는 지속 가능한 발전 모델을 매우 중요시했고, 지속 가능한 발전에 대한 매우 역동적인 워킹 그룹을 만들어냈다. 2006년 11월의 창립 이래로 ITUC는 지속 가능한 발전을 자신의 지구적 조망을 관통하는 핵심 패러다임으로 삼았다.

연맹의 영속적 지향을 성취하기 위해서는, 신자유주의적 자유시장 정책과 현재의 지구화 과정에 관련해 국제 공동체가 명백한 실패를 드러낸 부적절한 정책 대신 세계 경제는 다음을 실현하는 적절한 거버넌스를 필요로 한다.

- 지속 가능한 발전의 세 기둥, 즉 경제, 사회, 환경을 결합하기
- 노동 기본권의 보편적 존중을 보장하기
- 모두를 위한 괜찮은 일자리를 창출하기……. (ITUC 2006)

그러나 가장 부진한 부분은 지속 가능한 발전이 '현실에 대한 이론적

접근'에 머물고 구체적인 노조 정책으로 만들어진 것은 많지 않다는 사실일 것 같다. 세 변수의 통합은 중대한 방법론적 난점들을 초래했다. 이를테면 서로 다른 측면들의 상호 관계와 통합된 접근의 적절성을 인정한다고 해서 그런 상황이 우리가 우선순위를 설정할 역량을 가졌다는 것을 의미하지는 않는다. 모든 것이 필수적이라면, 대체 어디에서 출발해야 할까? 사회적 필요와 환경적 필요 사이의 대립이 발생한다면 어디에 우선순위를 설정해야 할까?

때때로 이런 난점들은 안타깝게도 지속 가능한 발전이 균형 잡힌 특수한 제안들을 만들어낼 수 있는 공간으로 활용되기보다는, 사회적, 환경적, 경제적 향상을 추구하는 이들 사이의 전장이 되게 했다. 리우+20 협상에서 다수의 엔지오와 정부들은 여전히 지속 가능한 발전이 근본적으로 발전에 대한 사안이라는 점을 환기하며 발언했고, 다른 한편에서 일부 엔지오들은 리우가 세계 정상회의였고 지속 가능한 발전은 환경에 초점을 둘 때만 가능하다고 강조했다.

지속 가능한 발전을 촉진할 뿐 아니라 환경을 의제로 올리기

지속 가능한 발전에 관한 노동조합의 활동의 일환으로, 두 영역의 행동이 핵심적이었다. 하나는 노조 조직이 환경 보전에 참여하는 것이고, 다른 하나는 노동자의 이해관계를 환경 논쟁 안에 결합시키는 것이다.

특히 2007년 이후로 기후변화는 우리가 맞닥트린 도전의 규모와 함께 그 실상을 알게 되면서 우리 사회의 지속성을 상징했다. 이것은 아마도 야심적인 합의와 지대한 영향을 갖는 패러다임 변화의 가능성이 존재하는 다자간 협상 중 유일한 사례였을 텐데, 코펜하겐에서 결국 이런 예상들이 어그러지고 말기는 했다. 문제의 심각성과 다자간 합의 예상이라는 두 요인이 환경운동 영역 외부에 있는 다수의 사회적 행위자들(종교 그룹, 발전 조직 등)에게 촉매로 작용해서 전례없는 동원으로 단결하게 만들었다.

환경 쟁점을 국제 노동운동의 의제로, 그리고 ITUC의 창립 강령으로 포함하는 데 영향을 준 핵심적 사건 중 하나는 유엔환경계획UNEP과 서스테인레이버가 조직한 노동과 환경에 관한 제1차 노동조합 총회였다(UNEP 2006). 이 회합에는 노동조합 조직의 최고위급 대의자 104명이 참여해 빈곤 감소, 환경 보호, 괜찮은 일자리 사이의 연계를 강화하는 결의를 통해 합의를 도출했다. 회합은 특히 환경에 초점을 맞추면서 기후변화, 화학 물질의 위험, 물 관리, 기업의 사회적 책임 같은 구체적인 영역을 다뤘고, 국제 노동운동을 향후 ITUC로 단결시킨다는 맥락에서 조직됐다. 이것은 단지 새로운 국제 노동조합 구조로 변화하는 문제뿐 아니라 환경 보전과 지속 가능한 발전이 실질적 역할을 행사하는 새로운 노동조합주의를 만들어내는 문제였다(Nieto 2007).

기후변화 — 지구적 위협과 노동조합 행동의 구체적 사례

2007년 12월 ITUC는 기후변화를 전체 노조의 의제에서 핵심적인 행동 노선으로 중시하기로 결정했다. 나이로비의 회합과 기후변화의 점증하는 영향은 ITUC의 의제에서 중대한 변화를 나타냈다. 그것은 기후변화의 실재에 관한 과학적 증거와 개인적 경험뿐 아니라 취해지지 않은 조치들에 따른 극적이고 잠재적인 재앙의 결과들에 대한 인식이 잠재적 의제를 급격히 전환시킨 방식을 여실히 보여줬고, 이제 기후변화는 ITUC의 우선순위의 하나로 자리매김하게 됐다(ITUC 2007을 보라).

국제적 기후변화 의제를 위한 노동조합의 동원은 발리 정상회의(2007년 12월)에서 크게 증가했는데, 여기서 노동조합들은 유엔 회의의 업저버 조직이라는 지위를 '획득'했다. 22개국에서 60개 국제 조직을 대표해 75명의 노동조합 활동가가 이 회합에 참석했다. 이 모임은 이 회의에서 성공적인 마지막 회합이었고, 여기서 미래의 코펜하겐 합의를 위한 기반이 마련됐다고 믿어졌다(Rosemberg 2010).

또한 이 회합에서는 의욕적인 배출 감축 목표에 관한 합의를 수반하는 중요한 노동조합 선언이 제출됐는데, 각국 노동조합들의 많은 의견을 받고 여러 달 동안 협의된 결과물이었다. 선언의 최종 판본은 2007년 ITUC의 총평의회에서 승인됐다. 발전이 지속 가능한 것이어야 한다는 인식을 넘어서 ITUC는 기후변화에 관한 분명한 정책도 갖게 됐고, 이 과정의 환경적 통합성과 사회적 통합성에 부합하는 특별한 제안을 함께 내놓게 됐다(ITUC 2007). 이 시기부터 노동조합 조직들이 기후 협약에서 옵저버 중에 점점 중요한 자리를 차지하게 됐고, 마침내 코펜하겐에서 열린 지난 정상회의에서 주요 행위자가 됐다고 말할 수 있다. 이때는 400명 이상의 노조 활동가들이 덴마크에 모여서 야심적인 합의를 지지하고 새로운 텍스트에 노동 쟁점들, 특히 정의로운 전환에 관련한 쟁점들이 포함되도록 촉구했다(ITUC 2009).

이런 대중적 운동은 성과를 거뒀다. 비록 공식 텍스트가 채택되지 않았다는 사실에도 불구하고 회의에서 정부들이 교섭하고 모든 국가의 그룹들이 지지한 텍스트는 2010년 회의에서 계속 논의됐으며, 기후 정상회의에 대한 노동조합의 주요 요구, 즉 노동자에 대한 정의로운 전환의 필요성에 대한 고려를 포함했다. 이것은 ITUC와 여러 국가 및 국제 노동조합 활동가들의 노력이 거둔 인상적인 결과였다. 이 성공은 부분적으로는 기후 위기의 다양한 경제적 측면과 사회적 측면들을 감안해 노동조합이 협상을 위해 채택한 입장 덕분이었다.

기후변화 대응은 지속 가능한 발전에 대한 노동조합 운동의 기여에서 큰 진전을 수반했다. 그 특수성과 직접성은 구체적인 정책들(온실가스 감축의 구체적인 목표 설정 같은)을 제안하고 발전시키며, (감축에 관련한 정의로운 전환의 조치들을 통해) 해법을 통합하고 갈등을 해소하며 이해관계를 타협시킬 수 있는 기회를 제공했다. 지속 가능한 발전이 틀의 확립이었다면, 기후변화에 대한 강조는 이 목표를 향해 어떻게 나아갈 것인가 하는 현실의 실천을 대표했다. 특수한 쟁점들에 대한 작업은 필연적으로 고유한 난점과 모순들에 직면하게 된다는 것을 의미하기도 했는데, 이것은 통합적 접근이라는 명목 뒤로 숨는 대신 긴장들을 정직하게 바라보는 것이었다. 갈등을 직접 대면하지 않는다면 의미는 공허해지게 될 것이었다.

기후변화를 넘어서 — 공정한 경제와 녹색 경제를 향하여

기후변화에 대한 노조의 대응은 새로운 선상의 연구를 또 하나 열어젖혔으니, 이른바 녹색 일자리 조사다. 사실상 ITUC가 주도해 UNEP와 ILO가 녹색 일자리에 대한 최초의 연구를 수행했는데, 최근의 경제 위기와 회복 전략에 관한 논의에서 중요한 공간을 발견했다(UNEP 2008).

2007년 이래 목도된 기후, 식량, 금융, 고용의 다중적 위기의 맥락은 이 새로운 아이디어들이 우리가 직면한 다양한 도전들을 해결하는 데 도움이 되도록 검토되고 있다는 것을 의미한다. 금융권의 위기는 우리 경제 체제의 기초 여건을 재검토함으로써 지속가능성의 실재를 만들어 낼 더 심화된 기회를 창출했다(Rosemberg and Verheecke 2011). 회복의 수단을 위한 특수한 조처가 제안돼야 했고, 녹색의 괜찮은 일자리에 대한 투자가 요구됐다. 빈곤을 몰아내기 위해서는 괜찮은 질의 일자리를 창출하는 좀더 깨끗한 녹색의 경제라는 수단을 통해 위기가 극복돼야 했다.

이런 맥락에서 경제학자, 연구자, 노동조합, 정치인들로 구성된 광범한 그룹이 그린 뉴딜을 요청하게 됐다(Lovell 2008; Friedman 2007a; 2007b). 그린 뉴딜과 녹색 경제를 향한 이행은 여러 나라와 부문의 노동조합들이 널리 호응했다(ITUC 2009; FNV and Natuur und Milieu 2009; AFL-CIO 2008; CCOO 2009; ACTU 2008).

녹색 경제를 요청하는 노조 전략이 가져온 가장 중요한 결과의 하나는 그전까지는 다뤄지지 않던 괜찮은 고용이라는 의제를 국제적 지평에 올려놓게 만든 점이었다. 노동조합들이 이 지구를 지키는 녹색의 신경제를 정의하는 주역의 하나가 되면서 노동권을 존중해야 할 필요성이 **논의의 시작부터 포함됐다.**

녹색 경제가 이른바 리우+20 정상회의라 불리는, 2012년 브라질에서 열린 리우 합의를 검토하는 과정 속에서 핵심 쟁점으로 선정된 점도 고려돼야 한다. 이런 사실은 이후 몇 년간 이 쟁점에 중요한 생명력을 부여하게 될 것이다.

이미 살핀 대로 ITUC는 이 쟁점을 수용하기 위해 결연한 노력을 기울였다. 최근에 밴쿠버에서 열린 대회에서(ITUC 2010), 21세기를 위한 공정하고 지속 가능한 발전에 대한 틀의 결의와 마찬가지로 지속 가능한 발전과 정의로운 전환을 통한 기후변화 대응에 대한 결의가 승인됐다.

국가별 의제를 진전시키기

이 이론을 노동조합 활동의 실천으로 바꾸어내기 위해서 환경 또는 지속가능발전 담당 부서가 여러 노조 조직들에 만들어졌다. 1990년대 초반에 여러 가지 이유에서 처음에는 직업 보건 부서의 일부로 설치됐다. 첫째, 직업 보건, 지역 공동체 보건, 환경 조건 사이에 명백한 연계 고리가 있기 때문이며(Foster 2010), 둘째, 직업 보건 부서들이 작업장 내부 환경을 살필 책임이 있었으며 내부 환경에 대한 관심을 외부 환경에 대한 관심으로 전환하기가 상대적으로 용이했기 때문이다. 끝으로, 이런 직업 보건 부서들은 부서의 성격상 종종 복잡한 환경 쟁점들을 도입하는데 필수적인 기술적 지식들 또한 가졌기 때문이었다(Nieto 2007).

이런 조직 구조들을 통해 대부분의 경제협력개발기구[OECD] 국가들, 유럽을 핵심으로 해서 캐나다, 미국, 일본, 오스트레일리아에서도 환경과 지속 가능한 발전을 담당하는 이들은 조합원들에게 문제를 인지시키고 노조 활동에 환경 정책이 갖는 함의를 규정하는 기본 훈련과 인입 프로그램을 제공할 기본적 책임을 가졌다. 시간이 흐름에 따라 브라질, 아르헨티나, 우루과이 같은 개발도상국들도 합류했다. 이제는 점점 더 많은 노조 조직들이 환경과 지속 가능한 발전을 책임지는 부서 또는 최소한 인력을 가지고 있다.

이런 조직 구조들은 노조의 조직망에 포함된 주요한 오염 산업들의 비중이 갖는 결과인 노동과 환경 사이의 전통적 대립을 넘어 나아갈 필요성을 노조 활동가들에게 인식시키려는 시도 속에서 활용됐다.

환경을 노조의 쟁점으로 만드는 데에서 접근법은 부문마다 다양했다. 화학 산업이 직업 보건과 환경위원회와 환경 쟁점에 관한 노동자 참여에 결합하는 길을 개척했고, 그럼으로써 노동자의 환경권을 인식하는 첫 사례가 됐다. 철강, 알루미늄, 구리, 납 제련 등 가장 더럽고 위험스러운 산업의 노동자들을 대표하는 노동조합들이 강력한 행동을 취했는데, 모두 직업병으로 잘 알려진 산업들이기도 했다(Foster 2010). 그렇지만 서비스업이나 금융업 같은 다른 산업들은 환경에 미치는 영향이 크지 않은 탓에 이런 쟁점들에 기울이는 관심이 적었다(Sustainlabour 2010).

상이한 지역들은 특히 이런 부분들의 활동이 포함되는 쟁점들과 맺는 관계 속에서 또한 상이한 접근법을 취했다. 선진국들에서는 생산 활동의 환경적 영향을 줄이고 일자리 보호를 환경 관련 법제도와 조화시키는 데 기반해 행동이 추진됐다. 반면 개도국들의 행동에서는 발전 모델을 정의하고, 지역 공동체를 보호하고, 천연자원의 주권을 협상하거나 다국적 기업들의 이중 잣대에 맞서 싸우는 것에 더 큰 강조점이 주어졌다(Martin Murillo 2011).

인식 제고를 넘어서 — 재구조화, 녹색 산업화, 정의로운 전환

노조 활동과 환경 파괴 사이의 관계에 관련된 또 하나의 중요한 문제는 다름 아니라 생산 활동에서 환경 관련 법제화가 더욱 큰 중요성을 갖게 된 것에 관련이 있다. 좀더 깨끗한 생산으로 변화할 필요성은 노동자들이 행하는 산업 생산의 형태 변화를 포함한다. 이를테면 새로운 숙련이 요구되거나 산업 입지의 이동이 일어날 가능성 등이다. 일자리의 장기적 지속 가능성을 염려하는 노동조합 조직들은 예상되는 변화가 무엇인지를 이해하고, 미래의 일자리를 보장하기 위해 내부에서 생산 체제에 영향을 미칠 수 있는 능력을 키우고, 이런 일자리들이 환경적이고 사회적으로 지속 가능하도록 보장해야만 한다.

오랜 세월 동안 노동자의 대표자들이 접근할 수 있는 환경에 관련된 정보는 회사가 제공하는 것이 다였다. 이 쟁점들에 대한 기술적 숙련의 결여와 관심의 부족은 일자리가 위협받을 수 있다는 회사의 경고 전술에 노동자들이 손쉬운 희생양이 되게 했고, 많은 경우 환경 관련 법제도의 향상을 위한 투쟁에 대해서도 활용된 수법이었다. 그렇지만 현실에 대한 더욱 진전된 이해를 통해 노동자들은, 이를테면 전환이 수행되는 도구가 될 필요한 노동력 숙련에 대한 투자를 요구하는 행위 또는 의사결정에서 민주주의와 투명성을 요구하는 행위를 통해 필수적인 변화들에 참여할 수 있게 됐다.

오늘날 노동조합은 이런 견지에서 자신들의 의제를 상당히 발전시켰다. 일부 선진국에서 산별 노조들은 재산업화의 기회를 고려해 좀더 깨끗하고 탄소 배출이 적은 산업으로 생산 체제를 변화시키라고 요구했다. 이미 살핀 대로 오랫동안 제조업 노조들은 일부 회사와 함께 자신들의 일자리가 임금이 더 낮고 노동 규제와 환경 규제도 더 허약한 개도국으로 옮겨가는 모습을 근심 어린 시선으로 바라봤다. 사용자의 가장 중요한 교섭 전술은 생산을 다른 곳으로 옮긴다는 위협에 기반했다.

그러나 기후변화에 맞서 싸우는 수단들은 새로운 기술과 새로운 제조업을 불가피하게 만들었고, 몇몇 노동조합 조직들은 여기서 자국 내에서 새로운 산업 고용을 창출할 수 있는 기회를 발견하기 시작했다. 이 기회는 녹색 일자리라는 용어로 뚜렷한 모습을 갖췄다. 2009년에 USW 의 지도자는 말했다. "노동과 환경 활동가들은 미국을 재산업화하는 방식으로 녹색 일자리 창출을 강력히 요구하고 있다"(Steelworkers 2009).

특히 미국의 USW, 영국의 TUC, 오스트레일리아의 ACTU, 일본의 렌고RENGO 등은 모두 환경 친화적 부문들, 주로 청정 에너지 프로젝트에 대한 직접 투자를 요구하는 캠페인을 전개했다. 그렇지만 녹색 일자리 캠페인에 노조가 참여하는 목적은 이 새로운 부문들에서 유리한 출발점에 서고자 하는 것이기도 했다. 녹색 일자리를 창출하라는 압력을 행사하면서 노동조합은 처음부터 신규 부문이 노동조합으로 조직되도록 보장할 수 있었다.

앞에서 말한 대로 전환의 관리가 중요하다. 최근 몇 년간 ILO는 저탄소 경제로 전환하는 과정을 관리하기 위한 사회적 대화에 관해 연구했다. 그중 하나가 스페인의 사회적 대화에 관한 사례 연구다(ILO 2010).

이런 측면에서 정의로운 전환 개념이 결정적이다. 생산 방법이 변화해야 한다면, 노동조합들은 의사 결정 참여, 결정의 정의로움, 변화에 대응한 보호와 지역적 필요에 대한 적응을 요구한다. 앞서 언급한 대로 정의로운 전환은 기후 협약에서도 인정됐을 뿐 아니라 기성의 발전 모델에서 변화를 숙고하기 위한 매우 중요한 이론적 개념이 되고 있다. 아마도 이 개념은 최근 몇 년간 새로운 발전 모델에 관한 논의에서 노동조합이 한 가장 중요한 기여의 하나일 것이다.

다른 한편 개도국의 많은 노동조합들은 공적 유산으로서 천연자원을 복구하기 위한 운동을 주로 펼치고 있다. 개도국 노조들은 '공통의' 자원에 대한 관리를 좀더 투명하고 참여적으로 만들고자 요구하며, 그런 자원들의 공평한 분배를 위해 싸운다. 기후 정의와 환경 정의 캠페인은 이런 핵심 영역들에 하나의 응답을 제공한다. 라틴아메리카와 아프리카에서 많은 조직들이 이런 방향 아래에서 활동을 펼치고 있다(Martin Murillo 2011).

작업장 행동 도구를 활용하기 — 노동자의 환경권

환경권의 인정은 이런 활동을 촉진할 수 있는 수단의 하나가 될 수 있다(ISTAS/CCOO 2006). 몇몇 지역(스페인, 영국, 아르헨티나, 브라질 등의 일부)에서는 노동자들이 환경 쟁점에 참여할 권리를 획득했다. 몇몇 회사에서는, 무엇보다 화학 부문, 그리고 어느 정도는 금속 산업에서 환경 관련 조항들이 도입된 합의가 맺어졌다(Fiteqa 2004). 국제적 연맹들과 다국적 기업들 사이에 조인된 국제적 틀에 관한 협약에서도 지속 가능한 발전과 환경에 관한 조항들이 많이 들어 있다(이를테면 국제적 틀 협약 중 30.5퍼센트가 환경에 관한 특별 조항을 포함한다). 이런 조항들은 여러 나라의 기준을 균일하게 하기 위한 것이지만, 목표를 모니터링하는 데 노동자 참여를 인정하기 위한 것이기도 하다(ILO 2010).

여러 나라의 노조 중앙 조직과 연맹들도 단체 협약에 환경 조항을 도입하는 과정에 관한 안내를 제공하고 좋은 관행을 확산하고 있다. 이를테면 스페인, 영국, 미국, 캐나다에서 노동조합들은 신규 조합원을 확보하는 방법으로 환경에 관한 활동을 활용한다. 그전까지 노동조합에 접근한 적이 없는 노동자들에게는 자신을 위해 전개된 활동이 노동조합에 합류할 새로운 이유를 부여하고 있는 셈이다(ISTAS/CCOO 2006; TUC

2008; SEIU 2008; CUPE 2007). 이를테면 CUPE의 녹색 교섭 가이드는 녹색 언어의 사례를 제공하면서 산하 지부들에게 단체 협약에 환경 관련 조항을 둘러싼 교섭을 고려할 수 있는 핵심 영역들을 보여준다. 작업장의 녹색화는 다음 같은 이유로 의미가 있다.

- 온실가스 배출 감축은 기후변화에 맞서 싸우는 데 도움을 주며, 우리가 숨 쉬는 대기의 질을 개선한다. 또한 이것은 다가오는 세대의 미래를 지키는 데도 도움이 된다.
- 녹색 노동조합과 작업장은 좀더 환경 친화적인 인식을 하고 활동적인 경향을 지닌 젊은 노동자에게 호소력 있게 다가갈 것이다.
- 녹색 작업장은 노동 조건을 향상시키기 위해 작업장에 재투자될 수 있도록 돈과 자원을 절약한다. 녹색 조건들을 둘러싼 협상은 CUPE에게는 새로운 방향이다. 전통적으로 협상은 임금, 노동 시간, 일자리 안정, 고충 해결, 작업장 민주주의 같은 문제에 초점을 맞췄다. 이 모든 것들이 노동자들의 삶의 가치를 더해준다. 녹색 언어도 마찬가지일 것이다. 녹색 언어는 캐나다가 탄소 기반의 집약적 경제를 벗어나면서 도래할 변화들 속에서 노동자들을 보호하는 데에도 기여할 것이다. (CUPE 2007)

리우+20을 향해 ― 지속 가능한 발전 의제를 갱신하는 노동조합들

흥미로우면서도 역사적인 1992년 유엔환경개발회의가 열리고 20년 후, 리우+20은 성취된 것들을 모두 평가하고 진전시킬 새로운 의제들을 설정하기 위해 마련됐다. 원래 사전 예방의 원칙, '오염자 부담'의 원칙, 공동의 그러나 차별화된 책임, 의사 결정에서 시민사회의 필수적 참여 등 리우 정상회담의 원칙들은 모두 우리 사회의 진보를 위한 틀뿐 아니라 매우 중요한 유산을 대표한다.

환경 문제에 대한 독창적 기여를 제시한, 노동조합이 달성한 진전들은 지금 그 어느 때보다 더 적절하다. 지속 가능한 발전의 틀 속에서 통합된 해법을 제시하기를 원한다면 노동운동과 환경운동은 더욱더 함께해야 할 것이다. 녹색 경제를 둘러싼 논의는 고용 위기의 해법과 결합돼야 하고, 좀더 녹색인 경제뿐 아니라 더 공정하고 평등한 경제도 제안해야 할 것이다.

이런 맥락에서 노동운동은 한편으로는 문제에 대한 통합적 접근을, 다른 한편으로는 조율된 방식으로 위기를 해결하는 특수한 정책들을 제안할 필요성을 옹호한다. 리우+20을 준비하면서 노동조합 조직들은 녹색이고 괜찮은 일자리의 창출, 환경 정책과 공정한 재정 정책의 강화와 통합, 사회 보호 체계의 강화를 위한 목표 수립과 촉진처럼, 사회적, 경제적, 환경적 목표들을 충족하는 특별한 수단들을 제안하고 있다.

참고 자료

ACTU (2008) *Towards a Green New Deal: Economic stimulus and policy action for the double crunch,* Melbourne: Australian Council of Trade Uions, www.actu.org.au/Images/Dynamic/attachments/6265/Green%20New%20Deal%20statement%20-%20081202.pdf (accessed 26 February 2012).

AFL-CIO (2008) *AFL-CIO Executive Council Statement on Greening the Economy, American Federation of Labor and Congress of Industrial Organizations,* www.aflcio.org/aboutus/thisistheaflcio/ecouncil/ec0342008m.cfm (accessed 26 February 2012).

Allen, W. J. (2001) *Working together for environmental management: the role of information sharing and collaborative learning.* PhD thesis (Development Studies), Massey University, http://learningforsustainability.net/research/thesis_ch2.html#lin (accessed 27 February 2012).

CUPE (2007) *Green bargaining guide*. Ottawa: Canadian Union of Public Employees, http://cupe.ca/undir/ONLINE_Green_Bargaining_Guide-0.pdf (accessed 26 February 2012).

Fiteqa, CCOO (2004) *La nueva politica de productos Quimicos y el Sistema Reach*. Una Cuestion estrategica para el Sindicalismo Europeo. Departamento de Medio Ambiente. Fiteqa, CCOO.

FNV and Natuur und Milieu (2009) *An agenda for green investments*. Utrecht: *Natuur und Milieu*, www.natuuremilieu.nl/pdf/140.202.01_sociale_en_groene_investeringsagenda.pdf (accessed 27 February 2012).

Foster, D. (2010) 'Blue Green alliance: building a coalition for a green future in the United States'. *International Journal of Labour Research*, 2(2): 233-244.

Friedman, T. L. (2007a) 'A Warning From The Garden', *New York Times*, 19 January, http://query.nytimes.com/gst/fullpage.html?res=9B06E5DD1E30F93AA25752-C0A9619C8B63 (accessed 27 February 2012).

Friedman, T. L. (2007b) 'The Power of Green', *The New York Times Magazine*, April 15, www.nytimes.com/2007/04/15/magazine/15green.t.html?_r=1&pagewanted=11&ex=1176868800&ei=5087&em&en=6d53d735b961773d&oref=slog in (accessed 27 February 2012).

ICFTU/TUAC/ITS (2002) *Framework for Action, Trade Union Priorities for the WSSD*, paper presented to the Commission on Sustainable Development, World Summit on Development (Fourth Preparatory Session) 27 May-7 June, www.earthsummit2002.org/public/enflish/standards/relm/gb/docs/gb286/pdf/esp-4.pdf (accessed 27 February 2012).

ILO (2003) *Outcome of United Nations conferences: World Summit on Sustainable Development*, Committee on Employment and Social Policy, International Labour Office, Genova, www.ilo.org/public/english/standards/relm/gb286/pdf/esp-4.pdf (accessed 27 February 2012).

_____ (2010) *The impact of climate change on employment, Management of transition through social dialogue*. Genova: International Labor Organisation, www.ilo.org/wcmsp5/groups/public/@ed_emp/@emp_ent/documents/publication/wcms_158730.pdf (accessed 27February 2012).

ISTAS/CCOO (2006) *La participaión de los trabajadores y sus representantes en la protección del medio ambiente en el centro de trbajo*, Madrid: ISTAS www.istas.ccoo.es/descargas/Guina%20EGP02%20Participacion%20de%20los%20trabajadores.pdf (accessed 27 February 2012).

_____ (2007) 'Declaración sindical a la COP13', www.ituc-csi.org/IMG/pdf/COP13_Statement-FLT455-PdC-ES.pdf (accessed 27 February 2012).

_____ (2010) *Now the people: from the crisis to social justice*, Second World Congress of the ITUC, Vancouver, 21-25 June, www.ituc: Adopted by the Founding Congress of the ITUC Vienna', 1-3 November, www.ituc-sci.org/IMG/pdf/Programme_of_the_ITUC.pdf (accessed 27 February 2012).

_____ (2006) 'Programme of the ITUC: Adopted by the Founding Congress_theme_EN_FINAL.pdf (accessed 27 February 2012).

Lovell, J. (2008) 'Climate report calls for green "New Deal"', July 21, *Reuters*, www.reuters.com/article/2008/07/21us-climate-deal-idUSL204610020080721 (accessed 27 February 2012).

Martin Murillo, L. (2011) *Observatorio Regional de Centroamérica y República Dominicana (OLACD)*, www.empleo-foil.ort.or.cr/clacd/images/stories/publicationes/ApuntesII)_2011_5.pdf (accessed 27 February 2012).

Nieto, J. (2007) 'The trade union movement and environmental participation: shaping the change, renewing trade unionism.' *Lagour and the environment: A natural synergy*, Nairobi: UNEP, 24-24.

Rosenberg, A. (2010) 'Building a Just Transition. The linkages between climate change and employment'. *International Journal of Labour Research*, 2 (2): 125-161.

Rosenberg, A. and Verheecke, L. (2011) 'Green growth and the need for a paradigm shift: challenges for achieving social justice in a resource-limited world'. In D. Coats(ed.) *Exiting from the crisis: toward a model of more equitable and sustainalbe growth*, ETUI, 235-242, www.tuac.org/en/public/e-docs/00/00/09/A2/document_doc.phtml (accessed 24 July 2012).

SEIU (2008) *Environmental Labor Management Committee Collective Bargaining Agreement Language*. Washington, DC: Service Employeees International Union, www.seiu.org/a/ourunion/environmental-labor-management-committee-collective-bargaining-agreement-langauage.php (accessed 27 February 2012).

Smith, C. and Rees, G. (1998) *Economic Development*. Basingstoke: Macmillan.

Steelworkers (2009) Radio interview, www.radio-4all.net/index.php/program/46466 (accessed 24 July 2012).

Sustainlabour (2010) *Occupational Health and Safety and Environmental Clauses in International Framework Agreements*. Madrid: Sustainlabour, www.sustainlabour.org/IMG/pdf/ifas_study_report-eng.pdf (accessed 27 February 2012).

TUC (2008) *Go Green at Work: A Handbook for Union Green Representatives*. London: Trade Union Confederation, www.tuc.org.uk/extras/gogreenatwork.pdf (accessed 2 July 2012).

UNDESA (1992) *Agenda 21*. New York: UN Department of Economic and Social Affairs, www.un.org/esa/dsd/agenda21/
  res_agenda21_29.shtml (accessed 27 February 2012).

UNEP (2008) *Green jobs, towards decent work in a sustainalbe low carbon world*. www.unep.org/laour_environment/PDFs/
  Greenjobs?UNEP-Green-Jobs-Reprot.pdf (accessed 27 February 2012).

_____ (2006) *Final Resolution of the Trade Union Assembly on Labour and the Environment*, Nairobi, Kenya, 15-17 January,
  www.unep.org/labour_environment/publications/index.asp (accessed 27 February 2012).

WHO (2005) *World Summit Outcome*, World Health Oraganization, 15 September, www.who.int/hiv/universalaccess2010/
  worldsummit.pdf (accessed 27 February 2012).

4장

국제노동기구와 환경
— 노동자를 위한 사회적으로
정의로운 전환으로 가는 길

레네 올센, 도릿 켐터

1919년 창립 이래 ILO는 사회 정의를 위한 투쟁의 선두에 서왔고, 국제적으로 인정받는 인권과 노동권을 고취해왔다. ILO의 역할은 괜찮은 일자리와 자신이 관계하는 주체들(정부, 노동자, 사용자)이 평화, 번영과 진보의 지속에서 응분의 역할을 제공하는 경제 조건과 노동 조건의 창출을 진전시키는 것이다. 주요 목표는 노동의 권리를 고취하고 노동 관련 쟁점들에 대한 대화를 강화하는 것이다(ILO 2011a). 이 목표를 위해 ILO의 삼자 구조는 모든 여성과 남성을 위한 괜찮은 일자리를 촉진할 독특한 플랫폼을 제공한다.

들어가며

이런 권한과 임무는 세계가 직면한 깊은 경제적, 금융적, 사회적, 환경적 도전들을 고려할 때 오늘날 무척 중요하다. 사회 정의의 영역에서 ILO

의 활동은 많은 이들에게 잘 알려져 있다. 반면 환경 쟁점에 대한 역할은 그다지 알려져 있지 않다. 2008년 이래 ILO는 녹색 일자리를 다루는 광범한 프로그램, 즉 녹색 일자리 프로그램을 발전시켰다. 그렇지만 과거에도 많은 일들이 진행됐고, 그런 일들이 오늘날 진행되는 작업들의 초석이 됐다. ILO는 1972년 스톡홀름에서 열린 유엔인간환경회의부터 다가오는 리우+20, 그리고 UNFCCC와 교토 의정서까지 계속되는 협상과 이행의 진전에 이르기까지 유엔 체제 안에서 환경과 지속 가능한 발전 행동의 오랜 사슬에 적극 참여해왔다.

이 글은 ILO의 활동을 스톡홀름 이래 주요한 유엔 회의들에 관한 활동에 연결시켜 환경 쟁점들에 대한 이 기구의 관여를 보여줄 것이다. ILO의 논의와 결의들은 이런 회합들에 개입을 제공했을 뿐 아니라 적절한 회합에 대한 효과적인 참여와 함께 특별 프로그램, 프로젝트, 행동을 포함하는 후속 활동에 대한 지지를 뒷받침했다. 이런 기간을 통틀어 볼 때 크게 세 묶음의 활동을 파악할 수 있다. 이 세 묶음의 활동은 유엔 체제 내부와 다른 국제 및 지역 기구들을 상대로 한 조정과 협력, 관련 주체들의 역량 건설, 노동 조건을 외부 환경에 연결하기로 각각 구성됐으며, 이 모든 것은 ILO의 기본 권한과 임무에 속한다.

국제 노동 기준에 대한 중요한 작업은 이 글에서 다루지 않을 것이지만, 특히 환경에 관련되는 기준들은 선별해 부록 1에 실었다.

유엔인간환경회의, 스톡홀름, 1972

1972년 스톡홀름에서 유엔이 개최한, 환경에 관한 최초의 주요 국제 회의는 ILO도 그 반향을 감지하게 만든 행사였다(Ghebali 1989). 같은 해에, 그리고 노동자 그룹의 기획에 기반해 국제노동회의International Labour Conference·ILC[1]는 'ILO가 노동에 관련된 환경의 보호와 향상에 기여할 바에 관한 결의'(ILO 1972)를 채택해서 노동 환경에 관한 국제적 토론에 ILO가 기여할 수 있는 내용을 정리했다.

이 결의는 노동 환경이 인간 환경 전체의 중요하고 통합적인 일부라는 점을 강조했는데, 노동 환경에 해로운 요인들은 자연과 인간 생활 환경을 어지럽히는 주요 오염원의 하나이기도 했기 때문이다. 이 결의는 ILO의 연구를 다양한 경제 부문에서 노동 환경의 보호와 향상 같은 새로운 영역들로 확장할 것과 함께 ILO의 산업위원회들이 이런 문제들을 고려할 것을 요청했다. 또한 ILO의 이사회가 초창기 회의의 의제에 직업 안전과 산업 재해 예방 문제를 새로운 기준 채택의 관점에서 올려두도록 했다.[2]

노동 환경과 환경 일반의 연계 고리 만들기

따라서 이런 과정의 초기 국면에서 ILO의 초점은 노동 환경과 환경 일반에 관련된 ILO의 활동 사이의 연계 고리에 놓여 있었다. 회의에 내놓은 ILO의 제출문(ILO 1971)은 '특별 5장special section V'과 '발전과 환경'이 포

---

1 ILO 회원국들은 매년 6월에 스위스 제네바에서 열리는 국제노동회의에서 만난다. 각 회원국은 두 명의 정부 파견자, 한 명의 사용자 파견자와 노동자 파견자, 각각의 자문단으로 구성되는 파견자들로 대표된다.
2 주요 산업 재해 예방에 관한 174호 협약은 1993년 6월의 국제노동회의에서 채택됐다.

함됐는데, 인간 환경을 보전하는 활동에 사용자 조직과 노동자 조직들을 비롯해 다른 사회 기구들의 참여를 강조하는 내용이었다. 구체적으로는 관련 주체들이 계획과 정책의 발전, 입법 활동, 대중 홍보, 교육, 연구와 훈련, 모니터링에 참여하는 것이 중시됐다. 그리고 세계의 몇몇 노동조합 조직들이 수행한 활동이 사례로 제시되기도 했다.

이를테면 미국의 전미자동차노조^{UAW} 내부에는 보전과 자원 발전 부서가 설치됐다. UAW는 미국의 자연뿐 아니라 인간 환경을 향상하는 노력 속에서 다른 조직들과 공동의 대의를 만들고 오염의 물결을 저지하기 위해 국가와 세계 범위의 운동을 조직했다. 1970년 4월에 열린 UAW의 제22차 대회는 산업이 '생산 과정과 생산물이 만들어낸 오염과 폐기물을 처리할 책임을 받아들일 것'을 강제해야 할 임박한 필요성을 강조했다. UAW는 1970년 6월에 열린 1972년 스톡홀름 유엔인간환경회의의 사전 대회를 유엔과 공동 후원하기도 했다. 이 행사는 노동조합이 유엔의 공식 활동을 유치한 최초 사례로 기록됐다.

ILC와 1972년 스톡홀름 회의에 이어 ILO는 노동 환경으로 관심의 방향을 돌렸고, 그 뒤에 열린 ILC들에서 이 쟁점을 포함시켰다. 1974년의 ILC는 이를테면 ILO가 '노동 환경의 문제들에 대한 포괄적이고 밀도 있는 접근을 수행'할 필요성을 확인하는 결의를 채택했다. 이 문제의 지구적 성격을 고려해 회의는 긴급한 사안으로 'ILO의 일관되고 통합된 행동 프로그램'을 준비할 것을 요청했다(Ghebali 1989, 97f).

다음해인 1975년, 이 영역에서 새로워진 ILO의 행동을 고취하려는 사무총장의 관심은 '더욱 인간적인 노동으로^{Making work more human}'라는 제목으로 출간된 보고서에 반영됐다. 이 보고서는 노동 조건에서 향상이 거의 없는 현실이 주로 전략의 부재 탓이라는 점을 보여줬다. 회의는

'노동 조건과 환경의 개선과 노동자의 복지는 여전히 ILO의 최우선이자 영속적인 임무'라고 엄숙히 재확인하고 이런 목적을 위한 회원국들의 행동을 촉진하거나 지원하는 새로운 국제 프로그램을 개시하는 사무총장 계획을 승인했다. 이런 조치는 노동 조건과 환경 개선을 위한 국제 프로그램(프랑스어 약칭으로 '피악트PIACT'로 불린다)으로 이어졌고, UNEP하고 좀더 긴밀히 협력하게 된다.

1975년 11월 ILO 이사회에서, 노동자 대표들은 환경 보호를 위한 기준의 중요성을 강조했다. 노동자 대변인에 따르면, 이런 기준들은 특히 새로운 산업의 형성 시점에서 고려되고 적용돼야 하는 것이다. 이런 시각을 같이 하는 사용자의 대의자들은 신산업 측면에서 환경과 관련한 자신들의 의무를 받아들인다고 선언했다. 노동조합과 사용자 조직 둘 다 생태적 요소들에 대한 이해가 발전과 산업화에 기여할 수 있다고 생각했는데, 그것들이 인간적 배려와 관련될 뿐 아니라 경제적 필요조건을 구성하기도 하기 때문이었다(ILO 1979를 보라).

UNEP와 협력하기, 그리고 지속 가능한 발전

1977년에 ILO와 UNEP 사이에 체결된 양해 각서(ILO 1977)는 두 가지 중요한 쟁점을 인정했다. 하나는 모든 곳에서, 특히 가장 빈곤한 집단에 대해 인간의 기본적인 요구를 지속 가능하게 충족시키도록 고취할 필요성, 빈곤과 발전에 주의를 기울일 필요성이다. 이 쟁점은 1972년 스톡홀름에서는 제한된 관심만 끌었다. 브룬트란트 보고서《우리 공동의 미래》가 출간되고 나서야(UNWCED 1987) '지속 가능한 발전'이라는 개념을 통해 환경적, 경제적, 사회적 발전이라는 세 기둥 사이의 본질적 연계 관계가 가시적인 관심을 끌었다(Kohler 2010). 또 하나의 쟁점은 ILO의 지속적인 교육 프로그램과 훈련 프로그램, 그리고 노동자 조직들 사이에서 환경적 고려에 대한 인식을 촉진할 필요성이다. 이것은 '인간과 노동 환경'이라는 제목의 ILO/UNEP 공동 노동자 교육 매뉴얼로 이어졌다. 매뉴얼은 '노동조합의 세계와 특히 노동자 교육에 종사하는 이들이 조합원들에게 환경 문제를 총체적으로 파악할 수 있게 할 광범한 지식 전달을 돕고자' 기획됐다(ILO 1979, V).

1980년에 ILO는 UNEP와 협력해 '환경에 대한 노동자 조직 대회'를 개최했다(ILO 1980a; 1980b).[3] 여기에는 21명이 참여했고, 세계보건기구WHO, ICFTU, 세계노동자총연맹WCL, 세계노동조합연맹WFTU, 국제아랍노동조합연맹ICATU은 옵저버를 파견했다.

이 회의는 노동조합 대표자들이 ILO/UNEP의 맥락 속에서 최초로 노동 조건, 즉 노동자의 생활 환경과 자연 환경에 직접 영향을 미치는 문제들에 대해 자신의 관점을 이야기할 기회를 부여했다. 회의는 노동 조건과 환경 사이의 전체적인 연계 고리를 강조했지만, 유독성 화학 물질, 우라늄 찌꺼기, 핵폐기물, 산성비, 대기 중 이산화탄소, 해양 오염과 수산 자원 남획 등 긴급한 행동이 요구되는 환경 문제에도 주의를 기울였다. 이런 문제들은 오늘날 노동자 조직들과 ILO가 여전히 관심을 쏟고 있는 쟁점이다.

회의에 제출된 보고서는 '대기 중 이산화탄소가 점차 증가하고 있으

---

3 이 대회의 문서는 환경 정책의 조망을 가지고 인간 환경을 향상시키는 과정에서 UNEP의 구조와 목표, ILO와 노동조합의 역할을 기술하고 있다. 대회는 1980년 5월 12~16일 제네바에서 개최됐다.

3. 산업 단지의 입지와 설계에 관련된 개발 계획의 진행과 결정에서, 노동자의 대표 조직과 완전하고 계속적인 대화가 있어야 하며, 이 대화는 노동 환경이나 일반적 환경의 영역에서 일어나는 의사 결정에 정보 습득과 참여의 권리를 포함해야 한다.

4. 정부는 적극적 환경 정책을 채택하고 이행해야 하며, 여기서 노동자와 사용자를 상대로 대화가 진행되고 적절한 감독, 조사, 집행을 위해 충분한 자원이 할당돼야 한다.

5. 환경 기준을 이행하는 과정에서, 특정한 분야와 기업들에 대한 경제적 영향과 함께 필수적인 변화를 잘 관리함으로써 손실을 방지하는 적절한 방식에 충분한 주의가 기울여져야 한다. 오염 관리 때문에 실업 상태에 놓인 노동자들은 소득 유지, 대안적 고용을 보장하는 훈련과 지원을 받을 수 있어야 한다.

1980년에 ILO는 UNEP와 협력해 환경에 대한 노동자 조직 대회를 개최했다. (ILO 1980a, 1980b, 39)

며, 그런 흐름이 제어되지 않을 경우 세계 기후에 큰 변화를 끼칠 수 있는 평균 기온 상승을 가져올 수 있다는 점'에 대한 염려가 커지고 있다고 지적했다. 정의로운 전환 개념은 아직 언급되지 않았지만, 전환 조치들의 필요성이 강조됐다. 해로운 영향을 받는 노동자들에게 금전적 벌충, 이사 비용의 보전, 다른 일자리를 구할 때까지 급여 유지, 수당 등의 손실 없는 조기 퇴직을 비롯한 여러 조치를 제공하는 것이 환경 정책의 핵심 요소로 포함돼야 한다는 점이 적시됐다. 대화의 중요성과 더불어 이런 요소들 역시 회의의 권고에 포함됐다. 또한 회의는 빈곤이 개도국에서 환경 파괴의 주요한 원인이자 결과라는 점을 강조했다. 노동자 조직들이 넓은 시야와 긴 안목을 갖고 환경 문제들을 바라봐야 한다는 점이 동의됐다.

유엔환경개발세계위원회, 1983

1983년에 유엔은 환경개발세계위원회WCED를 열어 환경 문제가 성격상 지구적이며 지속 가능한 발전을 위해 정책을 수립하려는 모든 국가들의 공통 이해라는 관심의 증대를 논의하면서, 환경적, 경제적, 사회적 발전이라는 세 기둥의 본질적인 연결을 고려했다. 이 위원회의 주요 목표는 2000년과 그 이후까지 지속 가능한 발전을 달성하기 위한 장기 환경 전략을 제안하는 것이었다. 제안들은 위원회의 작업물인《우리 공동의 미래》에 기반했다(UNWCED 1987; Kohler 2010). 지속 가능한 발전과 환경을 생각하는 이해와 관심이 증대한 결과, 1990년 6월 ILC 77차 회의에 제출된 사무총장 보고서의 제목은 '환경과 노동 세계Environment and the World of Work'로 붙여졌다.

비록 ILO가 1990년대 이전에 전통적인 직업 훈련, 관리 개선, 노동자 교육과 사용자 조직들의 훈련 프로그램 같은 많은 환경 훈련 활동을 수행했지만, 환경 활동에 전례없이 많은 비중이 두어졌다.

지속 가능한 발전을 세계 노동자의 가슴속에 심어주기 위한 노력의 일환으로, ILO의 ACTRAV는 1989년에 환경 쟁점과 노동자 교육에 초점을 두는 '노동자 교육과 환경' 프로그램을 시작했다. 2년 단위의 지역 간 프로젝트가 카리브 해 지역, 아프리카와 아시아의 일부를 포괄해 진행됐다. 프로젝트의 목적은 선별된 지역의 노동자 조직들에게 환경 보호와 지속 가능한 발전 쟁점에 관한 노동자 인식을 고양하는 수단을 제공하는 것이었다. 이 프로젝트는 의사 결정 과정에서 노동조합의 적극적인 참여를 고취하고 환경에 특화된 쟁점이나 관련 쟁점들을 교육 프로그램에 포함시키려 했다.

이 보고서는 환경, 발전, 고용, ILO의 역할에 대한 결의의 채택으로 이어졌다. 여러 사항 중에서 보고서는 노동조합들이 다음 같은 사항을 위해 고무되고 강화돼야 한다고 지적한다.

- 새로운 고용을 자극하고 기성의 고용을 보호하거나 고용의 상실로 이어질 수도 있는 환경 정책과 프로그램의 설계와 이행에 관여하기 위해.
- 기업의 환경 전략 또는 정책의 수립, 공장 안팎에서 화학 물질 배출을 감시하는 신기술의 도입, 환경 규제와 기준의 충족에 관한 조사와 보고 등에서 정보에 대한 접근과 참여를 위한 활동을 위해, 여기서 여성이 환경에서 갖는 역할에 특별한 주의가 기울여져야 한다.
- 기성의 공동위원회(이를테면 보건안전위원회)의 권한을 환경 일반을 포괄하도록 확대해 일반적인 환경 쟁점들을 다루는 특별공동위원회 설치를 촉진하기 위해.
- 노동조합들, 특히 노동자 교육이 노동자들에게 환경적 인식과 필수적 숙련을 제공하고, 노동자 보건 안전 분야의 대의자들이 적절한 환경 훈련을 받도록 보장하는 특별한 노력으로 환경적 목표들을 달성하도록 훈련 프로그램과 훈련 자료를 고안하고 발전시킬 수 있도록 하기 위해. (ILO 1990, 75f)

유엔환경개발회의, 리우, 1992

ILO는 1992년 리우에서 열린 유엔환경개발회의의 준비 과정 속에서 매우 적극적으로 움직였다. 협상 과정에서 ILO 의제 21를 준비하고 광범위하게 배포하는 것이 당시 ILO 전략의 핵심 요소였는데, UNCED 정상회의에서 채택될 최종 의제 21 AGENDA 21 문서에 ILO의 우선순위에 놓은 쟁점들을 포함시키도록 협상 과정에 작용하게 하려는 목적이었다. ILO는 의제 21의 40개 장 중 여러 장의 준비뿐 아니라 환경과 개발에 관한 리우 선언의 준비에도 기여했다. 1992년의 의제 21과 리우 선언에 '고용' 같은 핵심 용어를 집어넣는 것은 ILO에 특별한 도전이었다.

정상회의가 끝난 후 1992년 11월, ILO는 '환경과 노동의 세계'에 관한 3자 자문회의를 조직했다. 이 회의는 UNCED의 의제21에 대한 대응 속에서 환경과 노동의 세계에 관련한 미래의 ILO 행동을 위해 다음 네 개의 우선 주제를 채택했다.

- ILO는 노동자와 노동자들의 조직을 포함하는 **주체를 지원**해서 적절하게 환경적이고 지속 가능한 발전의 문제를 효과적이고 직접적으로 다룰 수 있도록 해줘야 한다.
- ILO는 노동 조건과 교육 활동, 훈련 활동 같은 **주요 프로그램** 안에 적절한 **환경과 지속 가능한 발전의 고려를 통합**해야 한다.
- ILO는 기술적 협력 활동을 작성하고 이행하는 데 적절한 환경과 지속 가능한 발전의 고려를 포함해야 한다.
- ILO는 특히 UNCED와의 관계에서, 환경과 지속 가능한 발전에 관련한 다른 국제 조직과 지역 조직들, 그리고 유엔 **체계 내부의 다른 기구들과 협력**해야 한다. (ILO 1993a, 4)

회의는 ILO가 이 네 개의 우선 주제를 이행하는 과정에서 다음 같은 권고를 했다. "훈련, 정보 교환, 정책 조언을 통해 노동자 조직을 지원하는 능력을 향상시켜 …… 노동자 조직들이 자신의 환경 프로그램과 우선순위를 촉진할 수 있도록 하고 …… 노동자 조직들이 환경과 노동의 세계에 관해 좀더 효과적으로 기여할 수 있게 환경적 역량을 향상시키도록 도와야 한다"(ILO 1993a, 4).

ACTRAV는 리우 회의의 후속 사업으로 1993년에 노동자 교육과 환경에 관한 격년제 심포지엄을 개최했다(ILO 1993a). 22개국의 노동조합 대표자 22명이 참석했고, 국제 노동조합 조직들의 옵저버들도 함께했다. 심포지엄의 결론(ILO 1993a)은 환경적 관심이 경제 및 사회 발전, 빈곤, 소비와 삶의 질 등 좀더 넓은 쟁점들을 포괄해야 한다는 점을 강조하는 것이었다.

또한 사회 발전을 지향하는 조직인 노동조합이 사회 변화의 촉진자이자 환경과 지속 가능한 발전의 옹호자로서 고유한 역할을 갖고 있다는 점을 중시했다. 이 역할은 정부와 사용자들이 실천으로 받아들이고 이행해야 하는 것들이다. 심포지엄의 결론에는 다음 영역에서 노동자와 노동자 조직의 권리에 대한 참조 사항이 포함됐다.

- 환경 친화적이지 않은 작업 수행을 거부하고, 오염 공장을 폐쇄할 것.
- 회사의 환경 관련 성적에 관련된 정보 권리.
- 교육에 대한 권리.
- 법적 보호에 대한 권리.
- 작업장에서 쓰이는 물질과 그런 물질들의 위험성에 대한 정보 권리.
- 작업장 환경 감사에 대한 참여 권리.
- 작업장에서 노조/경영진 공동 환경위원회 또는 유사한 제도에 대한 권리.

(ILO 1993b, 47)[4]

---

4 이 대회는 결론이 나왔지만 협약은 아니었다. 그러나 이런 권리들 중 일부는 OSH를 다루는 ILO 협약에 포함돼 있다. 1977년의 노동 환경(대기 질, 소음, 진동)에 관한 148호 협약이 한 사례다. 148호 협약의 13조는 이렇다. "관련된 모든 이들은 적절하고 충분하게 (a) 대기 질, 소음, 진동에 따른 노동 환경의 잠재적인 직업적 위험들에 대해 알 수 있어야 하며, (b) 그런 위험들의 예방과 통제, 보호를 위해 필요한 수단들에 대해 교육받아야 한다."

요하네스버그 정상회의에 참석한 ILO의 삼자 파견자에는 ILO 이사회의 정부, 사용자, 노동자 대표들이 포함됐고, 후안 소마비아 사무총장이 이들을 이끌었다. 정상회의의 결과가 2003년 3월 이사회에서 논의되는 와중에 노동자 부의장은 다음같이 언급했다.

유엔 체계 속에서 ILO는 결과에서 다뤄진 다수의 사회적 쟁점들, 작업장에 초점을 두고, 특히 ILO의 주체들이나 다른 국제기구들과 함께 파트너십을 통해 접근할 수 있는 쟁점들을 잘 다룰 수 있다. 이것은 무엇보다 다음 영역들에 적용된다. 지속 가능한 발전의 고용 영향 평가, 환경의 사회적 영향 평가와 지속 가능한 영향 평가 및 작업장 평가, WEHAB(물, 에너지, 건강, 농업, 생물 다양성의 머리글자 — 옮긴이) 평가 절차, 노사 관계를 포함해 지속 가능한 생산과 소비 패턴으로 이동할 경우에 사회와 고용에 미치는 영향에 대한 연구, 지속 가능한 발전의 사회적 축을 향상하는 접근법 발견, 특히 HIV/AIDS와 노동의 세계에 관한 ILO의 행위 준칙을 통한 HIV/AIDS 관련 국제적 협력, 특히 기술 이전과의 관계에서 역량 강화, 이 결과들의 실행에 필수적인 훈련과 교육. (ILO 2003, 29)

또한 심포지엄은 ILO 노동자 교육 프로그램이 환경 보호와 지속 가능한 발전 영역에서 초점을 둬야 할 우선순위 분야를 개략적으로 설정했다. 인식 제고부터 작업장 녹색화까지 몇 가지 사례 연구가 발전됐다. 이런 사례 연구들은 환경적으로 지속 가능한 발전의 쟁점들이 어떻게 노동조합 활동으로 통합됐는지를 보여준다(ILO 1999).

지속가능발전 세계정상회의, 요하네스버그, 2002

ILO는 2002년 요하네스버그에서 열린 지속가능발전 세계정상회의^{WSSD}의 준비 과정에도 능동적으로 참여했다. 정상회의에 대한 ILO의 기여는 요하네스버그 실행 계획과 요하네스버그 선언 안에 고용과 사회적 쟁점들이 많이 포함되도록 만들었다. 선언은 정부들이 'ILO의 노동에 대한 기본 원칙과 권리 선언을 고려해, 수익을 창출하는 고용 기회를 증진하는 지원 제공에 동의했다'고 언급하고 있다(28째 문장). 괜찮은 일자리 의제에 관련된 ILO의 역할과 지속 가능한 발전을 달성하는 과정에서 ILO의 삼자 주체가 특별히 강조됐다.

기후변화와 정의로운 전환에 대한 관심의 증가

2006년에 ILO는 다시 한 번 UNEP와 함께 국제 노동조합 회의의 조직을 나눠 맡았다. 나이로비의 UNEP 본부에서 열린 '노동과 환경에 관한 노동조합 총회'(UNEP 2006)에 이어, 남아프리카공화국과 상파울루에서도 지역 회의가 열렸다.

첫 회의는 유엔 글로벌컴팩트의 지원에 힘입어 서스테인레이버, 바르다 그룹Varda Group, ILO가 협력해 조직했다. 애초에 이 회의는 2002년 요하네스버그의 지속가능발전 세계정상회의 동안 열린 고위급 회담에서 UNEP, ILO, ICFTU, OECD의 노동조합자문위원회가 지속 가능한 고용 관행과 환경 관리 사이의 연계 고리를 확인하고자 한 노력을 반영했다. 지속 가능한 발전 원칙의 통합, 기후변화 대응 행동, 이행과 노동자 참여를 위한 정책 등 1980년의 ILO/UNEP의 노동조합 회의가 한 권고들 중 다수가 다시 언급됐다. 총회는 아래 사항들을 포함하는 몇 가지 목표에 합의했다.

- 지속 가능한 발전의 환경적 차원과 사회적 차원들을 권리 기반의 접근과 통합할 것.
- UNFCCC와 교토 의정서를 지원해 기후변화에 대응하는 긴급한 행동에 나설 것.
- 환경 보호의 중심에 정의로운 고용 전환 정책을 도입하고 변화 때문에 손해를 보는 노동자들에게 안전하고 괜찮은 고용 대안을 제공하기로 보장할 것.
- 노동자와 경영자 사이의 대화, 지속 가능한 발전에 관한 작업장 차원의 협의와 교섭, 그리고 공공 영역과 민간 영역 모두에서 부문적, 국가적, 국제적 수준의 사회적 대화를 증진할 것. (UNEP 2006, 25)

녹색 일자리

2007년에 사무총장은 ILC에 제출하는 보고서의 초점을 '지속 가능한 발전을 위한 괜찮은 일자리'에 맞추기로 했다. 이 보고서는 '괜찮은 일자리 의제Decent Work Agenda'가 발전에 핵심적인 기여를 할 수 있는 매우 중요한 정책 패러다임으로서 지속 가능한 발전의 전망이 굳건히 서야 할 필요성을 주장했는데, 이유는 작업장에서 사회적, 경제적, 환경적 차원들이 서로 떼려야 뗄 수 없이 함께 결합되기 때문이었다. 이 보고서는 녹색 일자리로 나아가는 사회적으로 정당한 이행을 ILO의 주요 과제 중 하나로 규정했다. 각각 2007년 11월과 2008년 11월에 이사회에서 기후변화 대응, 그리고 기후변화가 고용과 노동시장에 갖는 함의에 대한 두 번의 심화 토론이 진행됐다.

2007년의 내부 논의에 따라, 그리고 2006년의 노동조합 총회의 후속 과정으로, ILO는 UNEP, 국제사용자조직[IOE], ITUC와 함께 이른바 '녹색 일자리 계획[Green Jobs Initiative]'을 촉진하는 파트너십에 참여하게 된다. 이 계획의 목적은 지구적인 환경 도전들, 무엇보다도 기후변화에 대응하는데 필요한 환경 정책에 따른 결과로서 괜찮은 일자리 창출을 평가, 분석, 촉진하는 것이다. 이런 과정은 기후 도전을 경험하는 세계에서 모두를 위한 녹색 일자리와 괜찮은 일자리를 제공하는 녹색 경제를 낳게 할 일관된 정책과 효과적인 프로그램을 촉진하기 위한 상호 조정의 노력을 지지하는 것이다.

2008년에 와서 계획은 국제적 보고서 〈녹색 일자리 — 지속 가능한, 저탄소 세계의 괜찮은 일자리를 향하여〉(ILO 2008)를 펴냈다. 이 보고서의 주요 내용은 다음 같다.

- 재생 가능 에너지, 건설업, 교통, 기반 산업, 농업, 임업에서 이미 있는 녹색 일자리의 특징을 제시하기.
- 노동시장 정책과 사회보장의 역할을 강조하고 이런 수단들의 활용을 위한 토론을 진전시키기.
- 녹색 정책의 핵심 도구로서 다른 무엇보다 보조금, 조세 개혁, 탄소시장, 에코-라벨링의 역할에 대해 논의하기.
- 녹색 노동력을 훈련하고 교육시킬 필요성과 평등의 관심을 결합시키는 정의로운 전환을 추구할 필요성에 대한 인식을 제고하기.

이 보고서는 국가 내부, 그리고 국가 사이의 불평등이 만성화되고 악화되는 것이 녹색 일자리의 확대에 중요한 걸림돌이 된다는 사실을 확인했다. 괜찮은 일자리와 지속 가능한 발전을 위한 노력은 세계 전체에서, 특히 개도국에서 녹색 일자리를 창출하는 데 결정적일 것이다.

2009년 5월 ILC 와 이사회의 가이드라인에 근거하여, 사무총장은 모든 지역, 본부의 많은 부서들, ILO의 국제훈련센터[ITC] 그리고 국제노동연구소가 참여하는 전 기구 차원의 전략 작성을 시작했다. 이 결과로 만들어진 ILO의 녹색 일자리 프로그램은 세계 범위에서 녹색 일자리 창출을 촉진한다. 프로그램은 두 개의 목적을 가졌는데, 하나는 환경 정책의 고용과 사회적 차원을 다루면서 현재와 미래 세대들을 위한 괜찮은 일자리를 보장하는 것이고, 다른 하나는 환경적 관심을 노동의 세계에 주류화하고 장기적인 소비와 생산의 양태를 변화시키는 것이다.

녹색 일자리는 괜찮은 일자리를 창출하는 동시에 환경적으로 지속 가능한 경제 발전과 사회 발전을 달성하는 방식을 제공한다. 녹색 일자리는 기업과 경제 부문의 환경적 영향을 궁극적으로 지속 가능한 수준으로 줄인다. 녹색 일자리는 에너지와 원료의 수요를 감소시키고, 온실가스 배출을 회피하며, 폐기물과 오염을 최소화하고, 깨끗한 물 같은 생태계, 홍수 방어 기능과 생물종 다양성을 회복하는 데 기여한다. ILO에 녹색 일자리 개념은 경제, 기업, 작업장, 노동시장을 괜찮은 일자리를 제공하는 지속 가능한 저배출 경제로 전환하는 것을 함축한다.

녹색 일자리 프로그램은 다음 같은 특징을 지닌다.

- 기후변화를 포함해 환경 변화들의 사회적 차원에 대한 세계적 범위의 연구를 수행한다.
- 국가 수준에서 녹색 일자리의 잠재력과 노동시장 영향을 분석할 도구를 개발한다.
- 관련 지식 기반을 계속 확장하고 이해관계자와 파트너들하고 공유한다.

- ILO의 관련 주체들에게 역량 형성을 제공한다.

- 녹색 일자리를 위해 요구되는 숙련을 파악하고 연구한다.

- ILO 회원국들을 정책 자문과 실천적 접근을 통해 지원한다.

- 국제적인 정책 논의에 적극 참여한다.

- 폐기물 처리, 재생 가능 에너지, 지속 가능한 농업, 건설을 비롯한 여러 부문들의 접근에서 녹색 일자리 창출의 가능한 방법들을 분석한다. (ILO 2011b, 1)

2009년에 개시된 이래 이 프로그램은 급속히 성장했고, 지금은 20개국 이상에서 가동되고 있다. 프로그램은 지원 워크숍과 역량 구축, 녹색 일자리 잠재력에 대한 조사, 정책 자문과 전략 계획 등을 통해 국가 수준의 계획을 지원한다. 또한 녹색 기업가 정신, 기업의 녹색화, 기후변화 적응을 위한 지역적 발전으로 지역 수준의 계획들도 지원한다.

'녹색 일자리', 괜찮은 일자리, 지속 가능한 발전이라는 주제는 2011년 11월의 이사회 회의에서 다시 논의됐다. 이 회의에서 노동자 대변인은 프로그램이 전략적 방향, 관련 주체들에 대한 지원과 역량 구축의 측면에서 큰 진전을 보였다고 언급했다. 녹색 일자리는 노동 조건, 직업 안전과 보건, 결사의 자유, 단체 교섭과 임금 등 괜찮은 일자리의 모든 차원에서 반영돼야 한다. 이 연결 고리는 좀더 면밀히 분석되고 정의로운 전환을 위한 활동의 기반이 돼야 한다.

유엔기후변화협약

지속 가능한 발전으로 가는 길을 만드는 데에서 ILO 관련 주체들은 국제적인 정책 일관성을 높이는 것이 핵심이라고 생각한다. 주체들과 협력하면서 ILO는 UNFCCC의 협상에서 기후와 고용, 노동 정책 사이의 정책 일관성을 증진하는 데 진전을 보여줬고, 지난 몇 년간 당사국 연례 총회에 적극 참여했다. 개도국과 선진국의 지원 속에 2010년 칸쿤 합의는 기후변화의 사회적 차원과 노동시장의 차원을 인정했다. 나아가 노동자 대표자들과 ILO의 공동 노력 덕에 합의문은 노동자를 위한 정의로운 전환[5]을 고려할 것도 포함하게 됐다.

프로그램에 관한 고위급 위원회[HLCP]의 기후변화 워킹그룹의 주관 하에 만들어진 기후변화의 사회적 차원에 관한 태스크팀[SDCC]은 유엔 범위의 중요한 파트너십이다. 이 팀의 목적은 기후변화 대응에 사회적 차원을 포함시키는 중요성에 대하여 이해당사자들의 인식을 제고하는 것이다. 태스크팀은 세계보건기구[WHO], 유엔 경제사회국[UN-DESA], ILO가 함께 이끌고 있다. 태스크팀을 구성하는 19개 유엔 기구의 공동 비전을 반영하는 워킹페이퍼가 2011년 12월 남아프리카공화국 더반에서 열린 COP 17에서 발표됐다.

지난 몇 년 간, 노동조합들은 노동의 세계를 위한 기후변화 행동 이행의 도전들에 관한 토론을 심화할 필요성을 점점 더 강조해왔다. 괜찮은 일자리를 창출하는 정의로운 전환 보장은 노동조합 의제의 주요 이슈들 중 하나다. 이런 움직임들에 부응하여 그리고 2011년 12월 초 더반에서 열린 협상을 준비하면서, ITUC는 노동자 이슈에 관한 특별 유엔

---

5 ITUC는 '정의로운 전환'을 사회 진보, 환경 보호, 경제적 요구가 민주적 거버넌스의 틀 안으로 들어오고, 그 안에서 노동권을 포함하는 인권이 존중받으며 성평등이 실현되는, 지속 가능한 발전을 향한 통합된 접근으로 정의한다.

기구로서 ILO의 지원을 요청하도록 UNFCCC가 결의할 것을 요청했다. ILO는 정의로운 전환 보장에 관하여 국가별로 진행되고 있는 바를 주기적으로 보고하고, UNFCCC가 결의 내에 정의로운 전환을 보다 잘 반영하도록 권고를 제공해야 한다.

유엔지속가능발전위원회, 2012 — 리우+20

리우 세계정상회의 20년 후, 정부 사용자와 노동자 조직들은 시민사회와 함께 2012년 6월에 다시 만난다. 짧게 줄여 리우+20이라 불리는 이 회의는 지속 가능한 발전을 위한 정치적 노력을 갱신하고, 국제적으로 합의된 노력을 향한 진전을 평가하며 새로이 출현한 도전들을 다루기 위해 준비됐다. 지속 가능한 발전과 빈곤 축출이라는 맥락 속의 녹색 경제, 그리고 지속 가능한 발전을 위한 제도적 틀이라는 두 핵심 주제가 논의될 것이다. 리우+20의 맥락 속에서, ILO는 지속 가능한 발전의 환경, 사회, 경제라는 기둥의 중요성에 대한 인식을 제고하려 한다.

ILO는 고용과 사회 문제들에 대한 ILO의 고유하고 보완적인 권한을 촉진하려 한 지난날의 유엔 회의들을 지속 가능한 발전 개념의 '사회적 기둥'을 강화하기 위한 시각과 연결하는 광범한 '후속' 활동을 지속해 왔다. ILO의 권한, 삼자 구조, 유엔 체제 내부의 '사회적 기둥'과 관련한 잠재적인 지도력 역시 리우+20에 대해 ILO가 기여하는 초점이다. 다가오는 회의의 준비 과정에서 녹색 일자리 프로그램은 여러 보고서와 논문들에 기여했으며, 〈녹색 경제 전환을 지원하기〉라는 유엔 공동 보고서와 다른 지역별 유엔 공동 입장 문서들에서 나타나게 될 것이다.

지속 가능한 발전에 관한 유엔 회의의 결과물의 초초안^{zerodraft}을 준비하는 기반이 될 문서 모음집에 대한 ILO의 기여는 세 개의 핵심 메시지를 포함한다(ILO 2011c).

- 이행의 간극

  지속 가능한 기업과 녹색 일자리를 촉진함으로써, 그리고 사회적 보호를 확장하면서 노동자와 사용자 조직들을 참여시키면서 고용을 창출하고 빈곤을 축출하기 위한 정책 일관성의 보장.
- 지속 가능한 발전과 빈곤 축출의 틀

  녹색 경제를 향한 정의로운 전환의 보장. 사회적 보호, 녹색 부문의 기업가 정신과 지속 가능한 기업 발전, 그리고 정의로운 전환 정책의 틀이 구조 조정에 직면하거나 기후변화에 적응해야 하는 노동자들을 위해 채택돼야 한다.
- 녹색 경제와 지속 가능한 발전을 위한 제도적 틀

  지속 가능한 발전 정책의 작성과 이행을 위해 국제, 국가, 부문, 지방 정부 구조 안에서 정부, 사용자, 노동자의 3자 참여 보장. 국제 노동 기준은 중요한 규범적 틀과 가이드를 제공한다.

결론

환경 쟁점들에 대한 ILO의 관여를 역사적으로 일별하니, 노동 환경을 외부 환경에 연결시키고 노동자 참여와 개입을 고취하는 것, 환경 정책이 노동자에게 미칠 수 있는 부정적 결과에 대처하는 특수한 조치들을 발전시키는 것이 크게 중시됐다. 더 공정하고, 더 녹색이고, 더 지속 가능한 발전 모델의 추구는 대부분의 국가에서 국가적, 준국가적, 지역적 수준에서 확연히 동력을 얻고 있다. 녹색 경제를 향한 전환은 새로운 녹색 일자리와 기업, 특히 중소기업을 창출할 잠재력을 지닌다. 더 많은 나라가 이 이점을 활용하려 하지만 산업과 지역 수준의 숙련 부족 같은 이행의 제약 요인을 경험하고 있다.

관련 주체들은 특히 저고용과 높은 실업 수준 아래에서 녹색 일자리에 점점 많은 관심을 보인다. 또한 성장과 일자리 창출을 위한 새로운 기회가 있는지, 그렇다면 사회 통합과 빈곤 추방을 향상하기 위해 그 기회가 어떻게 가장 잘 실현될 수 있을지 묻는다. 오늘날의 환경적 도전들을 다루는 데에는 노동자와 노동자 대표자들의 참여가 핵심이다. 연구는 사회 통합, 경제적 성과, 지속 가능한 발전에서 모두 참여가 긍정적 영향을 미친다는 점을 보여준다.[6]

노동자의 권리와 우선순위를 주도적으로 다루는 유엔 기구인 ILO는 창립 이래 그래왔듯 노동자 참여와 정의로운 전환을 국가적이고 국제적으로 촉진하고 있다. 유엔 체제의 회의들을 돌아보면 ILO가 자신의 권한과 관심을 표명하는 등의 방식을 통해, 협상의 논의와 결과들에 영향을 미칠 수 있었다는 점이 분명해진다. 앞으로 열릴 환경 정상회의와 회합들은 정부들이 국가 수준에서 제대로 이행되지 않던 과거의 노력들

---

6 유럽노조연구소(ETUI)의 연구자들은 유럽에서 노동자 참여와 사회 통합, 경제적 성과와 지속 가능한 발전 사이의 관계를 검증하기 위해 유럽참여지수(EPI)라 불리는 새로운 도구를 개발했다. 이 지수는 노동자들에게 좀더 큰 참여적 역할을 인정하는 나라들에 자리한 회사들이 사회적 목표와 생태적 목표에 더해 더 많은 통합성을 갖고 운영되며, 이것이 유럽 사회 전반에 긍정적 효과를 미친다는 점을 보여준다. 유럽은 일자리 상실의 공포 없이 경쟁력과 품질 향상이라는 목표와 자신을 동일시할 수 있는 숙련된, 기동적인, 헌신적인, 책임감 있는 노동자를 필요로 한다. '강한 권리(strong rights)' 국가 그룹은 일인당 국내총생산, 노동생산성, 전체 고용률, 노년 노동자 고용률, 청년 교육 수준, 연구개발비 지출, 온실가스 배출 감축 진척과 에너지 소비 등 광범한 주요 지표들에서 다른 나라들을 앞섰다(ETUI 2009).

을 그저 갱신할지, 아니면 좀더 구속력 있는 행동을 포함하는 합의에 충실하려 할지를 보여줄 것이다.

녹색 일자리 프로그램은 국제적인 수준과 일국적인 수준에서 모두 지원을 제공하기 위해 노력할 것이다. 이 프로그램은 혁신 프로그램에 따라 정책 권고를 결합시켜 교차 수정 효과를 얻으려 한다. 동시에 이 프로그램은 녹색 일자리의 지표와 측정을 발전시키고 젠더와 녹색 성장 같은 쟁점들을 분석함으로써 지식 지반을 확장하게 될 것이다. 다른 부서나 사무국들과 함께 프로그램은 녹색 일자리 창출에 깊이 관련된 몇 가지 쟁점들을 탐색하려 한다.

여기에는 이를테면 기업의 녹색화에서 보건 안전 접근을 좌우하는 요인의 탐색, 재생 에너지 부문에서 녹색 일자리 창출에 초점을 두는 파일럿 프로젝트, 지역 경제 발전 프로그램에서 녹색 일자리 전략의 포함 등을 포함한다. 이 모든 것을 통해 점점 많아지는 지식과 경험은 훈련 목표에도 도움이 될 상호적 도구 또는 플랫폼도 마찬가지로 개선하게 될 것이다.

부록 1 ─ 환경에 관련된 국제 노동 기준

ILO가 창립 이래 채택한 다수의 국제 노동 기준들도 외부 환경을 언급하거나 외부 환경에 대해 의미를 갖는다. 화학 물질과 살충제는 대기, 물, 토양을 오염시킬 수 있으며, 노동 환경뿐 아니라 외부 환경에도 영향을 준다. 그 밖에, 특히 거버넌스 기준은 지속 가능한 발전에 요구되는 정책 통합성에 관련해 정부, 노동자, 사용자들에게 지침을 제공하기 때문에 유용하다. 아래 목록이 전부는 아니지만, 환경에 관련한 여러 국제 노동 기준 중 일부를 보여준다.

- 독성 물질/화학/오염
  - 협약 13호 백연(白鉛) (페인트) (1921) (instrument to be revised)
  - 협약 136호 벤젠 (1971) (instrument to be revised)
  - 협약 148호 노동 환경 (대기 오염, 소음, 진동), 권고 156호 (1977)
  - 협약 170호 화학 물질 (1990)

- 방사선
  - 협약 115호 방사선 방호 (1960)

- 해양 환경 보호
  - 협약 147호 상선 (최저 기준) (1976)
  - 선원의 훈련, 자격 증명, 당직 근무의 기준에 관한 협약 (1978)
  - 선원 노동 협약 (2006)

- 산업 안전 보건
  - 협약 155호 산업 안전 보건 (1981)
  - 협약 184호 농업 안전 보건 (2001)
  - 협약 187호 산업 안전 보건 증진 체계 (2006년)

- 사고 예방
  - 협약 174호 중대 산업 사고의 예방 (1993년)
  - 협약 148호 노동 환경 (대기 오염, 소음, 진동), 권고 156호 (1977)

- 거버넌스
  - 협약 144호 3자 협의 (국제 노동 기준) (1976)
  - 협약 87호 결사의 자유와 단결권 보호 (1948)
  - 협약 98호 단결권과 단체교섭권 (1949)

European Trade Union Institute (ETUI) (2009) *Benchmarking Working Europe*, Brussels: EIUI.

Ghebali, V-Y. (1989) 'The International Labour Organization. A Case Study on the Evolution of U.N. Specialized Agencies', *International Organization and the Evolution of World Society*, Volume 3, the Graduate Institute of International Studies, Genova, http://books.google.co.uk/books?id=wVtlwasWzr4C&pg=PA97&lpg=PA97&dq=1972+Stockholm+conference+ILO&source=bl&ots=qlyM75Ck5G&sig=pXmE3CRQB_mwr_YYPHWZFLOxx4U&hl=en#v=onepage&q=1972%20Stockholm%20conference%20ILO&f=false, (accessed 5 December 2011).

International Labour Office (ILO) (1971) *ILO Basic Paper for the United Nations Conference on the Human Environment Related to Work*, Genova, www.ilo.org/public/libdoc/ilo/P/09734%281972-57%29.pdf (accessed 15 December 2011).

_____ (1977) 'Memorandum of Understanding Concerning Co-operation between the International Labour Organization and the United Nations Environment Programme', *Officail Bulletin of the ILO*, Vol. LX, 1977, Series A, No. 4, Genova, www.ilo.org/public/english/bureau/leg/agreements/unep/htm (accessed 5 December 2011).

_____ (1979) *Man and his Working Environment*, Geneva, www.ilo.org/public/lobdoc/ilo/1980/80B09_181_engl.pdf (accessed 13 December 2011).

_____ (1980a) *Workers and the Environment*, Conference paper, Genova, www.ilo.org/public/libdoc/ilo/1980/80B09_181_engl.pdf (accessed 5 December 2011).

_____ (1980b) *The ILO/UNEP Meeting of Workers' Organisations on environment*(Conclusions and Recommendations), in Labour Education (44), Genova, www.ilo.org/public/libdoc/ilo/P/09707/09707%281980-44%29.pdf (accessed 9 March 2012).

_____ (1990) 'Environment and the World of Work', Report of the Director-General to the Internal Labour Conference 77th Session 1990, Genova, www.ilo.org/public/libdoc/ilo/p/09605/09605%281990-77-part-1%29.pdf (accessed 12 March 2012).

_____ (1993a) *The Practical Role of Trade Unions in Improving Environmental Protection and Sustainable Development*, Background Report, EDUC/SWEE/D.1, Genova, www.ilo.org/public/libdoc/ilo/1993/93B09_183_engl.pdf (accessed 14 December 2011).

_____ (1993b) *Special Issue: Workers' Education and the Environment*. Labour Education 1993/4, Genova: ILO.

_____ (1999) *Trade Union Actions to Promote Environmentally Sustainable Development*, Genova, www.ilo.org/wcmsp5/groups/public/ - ed_dialogue/ - actrav/documents/publication/wcms_122116.pdf (accessed 5 Dcember 2011).

_____ (2003) *Report of the Committee on Employment and Social Policy*, Genova, www.ilo.org/public/english/standards/relm/gb/docs/gb286/pdf/gb-15.pdf (accessed 14 December 2011).

_____ (2008) *Green Jobs: Towards Decent Work in a Sustaiinable, Low-Carbon World*, Genova, www.ilo.org/empent/units/green-jobs-programme/about-the-progamme/WCMS_158727/lang-en/index.htm (accessed 24 July 2012).

_____ (2011a) *About the ILO. Mission and Objectives*, www.ilo.org/global.about-the-ilo/mission-and-objectives/lang - en/index.htm (accessed 5 December 2011).

_____ (2011b) *Green jobs becoming a reality. Progress and outlook 2012*, Genova, www.ilo.org/empent/units/green-jobs-programme/about-the-programme/WCMS_168068/lang-en/index.htm (accessed 24 July 2012).

_____ (2011c) *ILO contribution to the Compilation document to serve as a basis for the preparation of zerodraft of the outcome document of the UN Conference on Sustainable Development*, Geneva, www.ilo.org/empent/units/green-jobs-programme/about-the-programme/WCMS_169000/lang-en/index.htm (accessed 24 July 2012).

Kohler, L. (2010) *Draft Strategy Note ILO and RIO + 20*, working document, not published, Geneva.

United Nation Environment Programme (UNEP) (2006) *Report of the Trade Union Assembly on Labour and the Environment on the work of its first meeting*, Nairobi, www.unep.org/labour_environment/PDFs/TUAreport.pdf (accessed 5 December 2011).

United Nations World Commission on Environment and Development (UNWCED) (1987) *Our Common Future*, New York: UNWCED.

5장

저탄소 농업과
식품 노동자의 권리

피터 로스만

기후변화에 대한 노동조합의 접근은 대부분 '녹색 일자리'의 촉진, 그리고 필연적으로 사라지게 될 산업/부문들에 고용된 노동자들의 권리뿐 아니라 새로이 창출되는, 기후 친화적 일자리 노동자들의 권리를 보장할 필요성에 초점을 둔다('정의로운 전환').

이런 접근에는 두 가지 결점이 있다. 첫째, 현재의 기술들이 권력 관계에 어느 정도로 배태돼 있는지를 과소평가하는데, 이 측면은 전환의 합리적 주장 이상을 요구한다. 기술은 결코 사회적으로 중립이 아니다. 흔히 쓰는 '그린 뉴딜'이라는 이야기는 프랭클린 루스벨트의 뉴딜이 어느 정도나 예기치 않은 사회 붕괴에 맞선 대응이었으며 대규모 공적 투자로 충당됐는지를 흐릿하게 한다. 시장 메커니즘은 우리가 필요로 하는 것을 가져다주지 못할 것이며(지구 온난화는 분명한 '시장 실패'다), 세계적 금융 멜트다운에 뒤이은 금융시장의 압력 때문에 각국 정부는 대안 에너지에 관련된 여러 보조금과 지원을 포함하는 공적 지출을 공격하게 됐다. 둘째, '정의로운 전환' 접근은 권리가 결코 그냥 주어지지 않고 언제나 쟁취해야 하는 것이라는 점을 간과하는 경향이 있다.

세계 식량 체제, 그리고 그 체제가 지구를 뜨겁게 만드는 과정에서 하는 두드러진 역할에 대한 차별적 접근은 식량 노동자 자신의 권리를 위한 자신들의 투쟁을 통해 좀더 기후 친화적인 식량 생산 체제로 나아가는 길을 보여준다. 이런 방식으로 쟁점들에 접근하면 가상적인 전환의 끄트머리에서 노동자를 아무 역할도 행사하지 않는 수동적인 부속물로 남아 있는 존재로 보는 것이 아니라, 노동자들의 투쟁이 식품 부문의 환경 발자국을 변화시키는 핵심 추진력으로 자리매김하게 된다. 이런 관점에서 보면 전환은 노동조합의 권리 투쟁에 뿌리내리고, 그런 투쟁에 추동되며, 운동 자체가 전환의 한 구성 요소가 된다.

세계 식량 체제는 영속적이고 심화되는 위기에 처해 있으며, 이 위기는 세계적 기아, 기후와 물의 위기가 서로 교차하는 행렬을 보여준다. 위기는 남용되는 단어인데, 여기서는 유기체의 생존을 위협하는 조건이라는 엄격히 의학적인 의미로 쓴다. 대략 12억 명의 인구가 영양실조와 기아에 시달리고 있다. 한편에서는 보조금을 통한 과잉 생산이 지역과 국가의 식량 생산 체계가 파괴되도록 부추긴다. 우리의 식량 체제는 점점 더 비싸지고 고갈되는 화석연료 자원에 중독돼 있으며, 저렴하고 안전하고 영양가 높은 식품에 대한 보편적 인간 권리를 충족시킨다는 핵심 임무는 달성하지 못하면서, 오히려 온실가스를 배출해 온난화에 크게 기여하는 생산 방식을 통해 물과 표토를 고갈시키고 파괴한다.

최근까지도 식품과 지구 온난화에 관한 논의는 대부분 운송('푸드마일')에 초점을 맞춰왔지만, 식량 체제가 온실가스 배출에 가장 크게 기여하는 것은 식품이 농장 정문을 떠나기 **이전**에 일어난다.

스턴 보고서(The Stern Review 2006)에 따르면(다른 연구 보고서들도 비슷한 결론을 보여주는데), 농업과 토지 이용(주로 농업과 임업)을 합치면 온실가스 배출량의 32퍼센트를 차지한다. 이런 비율은 다른 어떤 단일 산업이나 부문보다 훨씬 큰 것이다(스턴 보고서는 공업과 운송을 각각 14퍼센트로 잡으며, 비료와 농약 같은 농업용 생산물은 공업으로 계산한다). 만약 가공, 운송, 포장, 폐기 등까지 포함하면, 식량 체제는 모든 온실가스 배출의 40퍼센트에서 57퍼센트까지 해당하게 될 것이다.

스턴 보고서에는 이런 내용도 있다(부록 7.g. 농업 부문의 배출).

비료는 농업에서 가장 큰 단일 배출원(38퍼센트)이다. 농업 부문 배출은 2020년에 대략 30퍼센트로 올라갈 것으로 예상된다. …… 전망되는 배출 증가 중 절반가량이 농지의 비료 이용에서 나올 것으로 보인다. 아산화질소는 이산화탄소보다 296배 더 온실 효과가 크다.

농약 제조만으로도 곡물에 투입되는 에너지의 16퍼센트를 차지한다. 수확 체감에 대응해 농화학이 더욱 복잡해지고 독성을 띠게 되면서 생산에 투입되는 에너지가 늘어난다. 더욱이 **농약이 전체 생애 주기 동안 온실가스 배출에 기여하는 총량에 대한 분석은 수행된 적이 없다.**

유전자 조작^{GM} 기술이 농화학의 이용을 줄일 것이라는 주장은 얼토당토 않다. 유전자 조작 옥수수, 대두, 목화의 재배 면적 증가는 제초제 사용을 늘렸다. 한 통계에 따르면 미국에서 1996년에서 2008년 사이 17만 3725톤이 늘어났다(Benbrook 2009).

이런 다양한 농화학 유기화합물들(이를테면 몬산토의 글리포세이트 glyphosate)이 수확 체감에 대응하기 위해 더욱 독성을 갖게 된 것만이 문제가 아니다. 온실가스를 더 많이 배출하는 화학 물질들로 대체되는 현상도 시나브로 일어났다. 2009년 초 다우애그로사이언스^{Dow AgroSciences}는 토양 '비옥화'를 위해 미국 네 개 주의 농장에 엄청난 양의 황화불소 살포 허가를 신청했다. 원래 흰개미 방제용 실내 훈증제에 쓰이던 황화불소는 오존층을 파괴하는 브롬화메틸 축출에 대응해 식품 훈증제로 널리 쓰이게 됐다. 농약행동네트워크^{Pesticide Action Network}의 브라이언 힐 박사에 따르면, 황화불소는 이산화탄소보다 4780배나 많은 온실 효과를 낸다.

기후변화 비용을 포함해 비용을 외재화하는 고투입, 수출 주도, 화석연료 집약적 단일작 생산의 확대와 심화가 농업에서 온실가스 배출을 추동한다. 온실가스 배출의 18퍼센트를 차지하는 산림 벌채는 대부분 단일작의 확대에 관련되는데, 아마존 유역의 대두 재배 증가는 가장 잘 알려진 사례일 뿐이다.

높은 온실가스 배출에 더해 단일작은 생명과 식품의 원천인 생물종 다양성의 급속한 상실을 가속한다. 이것은 토양 유기물 파괴를 촉진하고(토양 비옥화?), 표토 침식, 홍수, 지하수 고갈로 이어진다. 질소 비료의 유출물은 부영양화의 주범이며, 물의 죽음은 더 많은 온실가스를 의미한다. 단일작이 더욱 집약화될수록 기후와 생물학적 충격에 대한 식량 체제의 취약성은 더욱 커진다. 이런 충격들은 식품 생산자의 절반 이상에 해당하는 빈민과 기아 인구에 가장 큰 영향을 준다.

우리는 말 그대로 기름을 먹고 있는 셈이기 때문에, 농업은 화석연료의 가격 상승 곡선에 사로잡혀 있다. 이를테면 2007년에 석유 가격이 배럴당 50달러에서 140달러로 상승하면서 미국 농부들이 쓰는 암모니아 비료 가격은 톤당 200달러에서 1300달러로 뛰었다. 축산업과 양계업에서도 비슷한 양상을 보였는데, 동인도 비슷하고 사회적 또는 생물학적 결과도 그러했다. 동물 생산이 더 적고 더 많은 고투입 집약적 생산 거점들로 집중된다는 것은 더욱 많은 화석연료에 의존하기 때문에 생물 다양성이 줄어들고 온실가스 배출(이 경우에는 메탄)도 통제하기 어렵게 된다는 것을 의미한다.

온실가스 집약적 단일작에 대응한 해독제는 기발하거나 값비싼 기술적 해법이나 특허로 보호되는 처방전이 아니다. 단일작에 대한 증명되고 필수적인 대안은 잘 알려진 대로 다종작polyculture이다.

다작, 가축과 곡물의 혼합 생산, 곡물을 거둬들이고 덮어둬 해충을 막아내는 순환 시스템을 통해 온실가스 배출을 크게 줄이면서도 같거나 더 많은 수확을 얻을 수 있다. 지속 가능한 저집약형 투입 기술은 토양 유기물을 풍부히 하고, 생물 다양성을 유지시키며, 표토와 물을 보존한다. 그리고 여기에 적절한 지원이 더해지면 사회적이고 환경적으로 지속 가능한 농촌 고용을 창출할 수 있다.

지속 가능한 발전을 위한 농업 지식, 과학, 기술에 대한 유엔 국제평가IAASTD에 따르면 다음 사실을 알 수 있다.

가장 빈곤한 사회의 농생태계조차 생태적 농법과 통합 병충해 관리IPM를 통해 관행농이 생산한 양과 같거나 더 많은 수확을 올리고, 농지 전환 수요를 줄이고, 생태계 서비스(특히 물)를 복원하며, 화석연료에서 추출되는 합성 비료의 활용과 수요, 강한 살충제와 제초제 이용을 줄일 수 있는 잠재력을 지닌다. (IAASTD 2009, 52)

앞에서 언급한, 국제적 종자, 농화학, 가공 기업과 유통 기업의 핵심 그룹들이 한가운데에 똬리를 틀고 있는 바로 그 권력 관계 때문에 여러 해 동안 여러 분과 학문이 합쳐서 진행된 이 거대한 학습에 응축된 경험과 연구들은 간단히 무시됐다. "식량 안보의 도전은 만약 시장과 시장 주도 농업 생산 체계가 '현상 유지BAU 방식'으로 계속 성장한다면 더욱 악화될 것으로 보인다." 여기에다 '기후변화의 도전' 역시 현상 유지의 결과로 악화되리라고 덧붙여도 좋을 것이다.

현상 유지는 '상쇄offsets'를 통해 거래 체제를 뒷받침하는데, 이 상쇄 때문에 집약적인 온실가스 배출 농업의 확대가 고취된다. 현상 유지는 세계은행의 '농업을 위한 뉴딜'을 뒷받침하며, 지구적 공급 사슬로 '통합'시킴으로써 단일작의 확장을 재정적으로 지원하고 '시장 접근성'이라는 잘못된 약속을 제공한다. 그리고 식량 생산을 수출용 단일작 토지 수취를 늘려서 이윤을 얻는 투자자들에게 큰 보상을 만들어주는 '전략적 자산'으로 전환시키는 금융적 추동력을 뒷받침한다.

탄소 발자국을 줄이면서 환경적으로 지속 가능한 식량 생산으로 전환하기 위한 기술적 기반은 오래전부터 알려져 있다. 그런 기술은 이용 가능하고, 접근 가능하며, 비싸지도 않다([실은 이런 장점들이] 특허로 보호받는 농산업 거인들의 세계에서 그런 기술의 적용 가능성을 줄이는 모든 요인들이다!). 변화의 장애물은 사회적이고 정치적인 것이지 기술 기반의 요인은 아니다. 이런 것들은 내가 처음에 언급한 권력 매트릭스에서 발견될 수 있으며 다음의 것들도 포함한다. 지구적 농식품 초국적 기업들의 권력과 장악력, 지구적 공급과 가공과 소매 사슬에 대한 통제력 확대를 통해 권력을 체계적으로 강화하는 세계 무역 체제, 고집약, 고탄소, 온실가스 다생산 투입에 대한 의존성을 강화하는 지적 재산권 체제, 통제되지 않는 지구적 금융, 지속 가능한 식량과 농업을 위한 공공 이해에 기반한 연구, 지원과 서비스 확대를 체계적으로 파괴하는 다자간 대부 기구들FIs, 토지와 물을 비롯한 다른 주요 자원들에 대한 불공정한 접근성 등.

이런 요인들은 지구적 식량 체제에 대한 비판들 속에서 광범하게 분석되고 강조돼왔다. 그러나 '현상 유지'를 강화하는 또 하나의 요인인데도 제대로 부각되지 않은 것이 있었다. 농업 노동자의 권리에 대한 체계적 침해다. 일반적으로 세계 식량 체제는 '농부'(또는 종종 '소작농')만이 유일한 행위자인 것처럼 논의되는데, 이 범주는 그 단어가 밝히는 것보다 더 많은 것을 흐린다. 많은 농부들이 생존을 위해 임노동에 의존하며, 농부들의 규모는 매우 다양하다. 농업에 고용된 사람이 13억 명(세계 노동력의 절반가량) 정도인데, 그중 4억 5000만 명 정도가 임노동자이고 그중 절반 이상이 여성이다. 세계 아동 노동 중 70퍼센트가 농업 부문에 해당하며(이런 수치는 고질적 빈곤의 확실한 지표다), 농업에서 매년 17만 명 이상의 작업 관련 사망자가 발생한다. 농업 노동자들은 다른 부문에 견줘 일하다가 죽을 확률이 두 배가량 높은 것이다. 매년 300만 건에서 400만 건의 농약 중독이 일어나는데, 그중 4만 건 정도는 치명적이다. 세계 농업 노동자의 겨우 5퍼센트만이 일정한 노동 감독 체제나 건강과 안전할 권리에 관련된 법적 보호를 받는다. 농업 노동자들의 영양실조 비율은 만성적으로 높다. 세계를 먹여 살리는 데 기여하는 이들이 가장 큰 식량 불안정 상황에 처해 있는 것이다. 작업장 권리의 부재는 안전한 물을 제대로 공급받지 못한다는 것을 의미한다.

생활 임금, 단체 교섭권, 안전한 삶과 노동 환경 등 농업 노동자들의 가장 근본적인 요구는 이미 지속 가능한 농업이라는 방향으로 우리를 인도하지만('녹색 일자리들'), 그래도 노동자들은 세계 식량 체제의 위기에 대한 모든 정책적 분석에서 여전히 사실상 배제돼 있다. 그래서 우리는 노동자들이 대표되기는커녕 초대받지도 못하는 세계식량정상회의를, 저임금을 기아의 원인으로 언급하는 대신에 임금 상승의 위험을 경고하는 세계 식량 위기에 관한 유엔 고위급 태스크 포스 보고서를, 노동자나 기업을 언급하지 않는 전세계 기아에 관한 FAO의 브리핑 보고서를 목도했던 것이다. 심지어 '발전을 위한 농업지식과학기술 국제평가 IAASTD'는 '농업 노동자'에 대해 **겨우 한 가지 은밀한 참조를 포함한다.** IAASTD는 공정함과 국제적 인권 수단의 핵심적 중요성을 강조하지만, 4억 5000만 명에 이르는 노동자의 존재를 간과하는 탓에 농업 임노동자들이 갖는 잠재적으로 전환적인 역할과 함께 그런 노동자들의 집합적 권리를 규정하는 국제 인권법적 기구, ILO 협약을 깡그리 무시하고 있다.

ILO의 핵심 협약은 모든 노동자들이 조직하고 단체 교섭을 할 권리를 명시한다. 이 조항들은 강제 노동, 아동 노동, 차별 금지, 동일 임금을 다루고 있으며, 이런 문제는 농장, 플랜테이션, 과수원 등에서도 동일한 쟁점이다. 농업 분야 최저 임금에 관한 99호 협약은 농업 노동자들의 생활 임금을 결정하는 기반이 돼야 한다. 농업 분야 보건 안전에 관한 184호 협약은 살충제와 위험 화학 물질 이용에 대한 엄격한 절차를 설정한다. 농업 노동자 조직화에 관한 141호 협약은 정부가 '강력하고 독립적인 농업 노동자 조직의 설립과 성장'을 촉진하게 해 경제 발전과 사회 발전을 추구하도록 하고 있다.

이런 협약들은 빈국뿐 아니라 세계의 일부 부국에서도 수시로 위배되고 있다. 그렇지만 이런 협약들이 시행되고 강제되기만 하면 농업 노동자들의 지위가 급격히 향상될 수 있으며, 나아가 농업 자체가 사회적 측면이나 환경적 측면에서 진정으로 지속 가능하게 크게 바뀌어야 한다. 경제 발전과 사회 발전을 추구하는 '강력하고 독립적인 농업 노동자 조직'을 촉진하기 위해 정부는 무슨 과제에 매진했는가? 작업 환경과 생활 환경이 다르지 않은 농업 노동자들의 보건과 안전은 독성 화학 물질의 대량 사용과 결코 양립할 수 없다. 농업 노동자를 위한 정의는 고투입, 산업화, 온실가스 발생 단일작이 부추기는 토양 깎아 먹기와 양립하지 않는다. 권리의 획득은 생산의 전환과 궁극적으로 분리될 수 없다.

우리는 그저 '녹색 일자리'를 이야기하는 것이 아니다. 그런 과제는 농업 고용을 물과 토양 자원의 보전에서 핵심 요소로 지켜내는 문제이기도 하다. 한 가맹 조직은 브라질에서 혼작을 활용하는 소농이 경작하는 8헥타르마다 하나의 일자리가 만들어진다고 얘기한다. 대규모로 기계화된 단작은 67헥타르마다 하나의 일자리를 만들어낸다. 농업이 화석연료에 의존해 온실가스를 더 많이 만들어내게 될수록, 교외는 텅 비게 되고 주민들은 일자리가 드물거나 아예 없는 도시의 초슬럼으로 밀려들게 된다.

지구 온난화를 멈추고 역전시키는 일은 인권의 문제다. 식량권은 세계의 식량을 생산한 이들의 권리에 관한 것이기도 하다. 이 일은 농업 노동자들이 모든 수준에서, 농업 노동자들에 특화된 것들을 포함해 ILO 협약의 완전한 이행을 통해 좀더 큰 조직력과 교섭력을 얻기 위한 조직화 의제를 함의한다. 또한 이 일은 토지, 물, 생물 자원에 대한 평등한 접근권을 보장하기 위한 투쟁을 의미하기도 한다.

이런 조망에서, 농업 노동자들을 위한 노동조합의 힘을 키우고 이 힘을 소규모 농업 생산자들의 투쟁과 동맹하도록 하는 일은 농업을 온실가스 배출의 주요 원천에서 벗어나게 해 탄소 중립의, 나아가 영양과 자원을 보전하는 탄소 감축carbon-positive의 원천으로 바꾸기 위한 필수 불가결한 조건이다. 농업 노동자들의 권리, 그리고 노동조합 조직을 통한 교섭력은 이런 전환에서 결정적이다.

주(그리고 후기)

이 텍스트는 주로 COP 15를 맞아 2009년 12월 14일 덴마크 코펜하겐에서 열린 노동조합 회합의 패널 토론에서 발표된 자료를 번역한 것이다. 이 토론은 IUF가 조직했으며, 제목은 '저탄소 다이어트 — 지속 가능한 식량 생산과 식량권에 대한 노동조합의 전망'이다. 따라서 이 글은 함축적이고 도식적으로 구성돼 있으며 각주 같은 학술적 장치들이 붙어 있지 않다. '코펜하겐 협약'과 이후의 사건들, 특히 2010~2011년에 새로 불어닥친 식량 가격 인플레이션과 그것에 연관된 국제적 기아의 충격, 또한 단작 생산과 전문화를 위한 농지의 '땅뺏기land grabbing'의 가속화는 이 글의 분석을 뒷받침한다. 더 많은 관심을 가진 독자들은 참고 자료를 참조하면 좋을 것이다.

참고 자료

The Stern Review (2006) Available at: http://webarchive.nationalarchives.gov.uk/+/http://www.hm-treasury.gov.uk/stern_review_report.htm (accessed 3 March 2012).

IAASTD (2009) Agiculture at the Crossroads. Synthesis Report. Available at: www.agassessment.org/ (accessed 3 March 2012).

Benbrook, C. (2009) Impacts of Genetically Engineered Crops on Pesticide Use: the First Thirteen Years. The Organic Centre. Available at: www.organic-center.org/science.tocreports.html (accessed 3 March 2012).

IUF (2002) The WTO and the World Food System: A Trade Union Approach. Available at: www.iuf.org/cgibin/dbman/db.cgi?db=default&uid=default&id=307&view_records=1&ww=1&en=1 (accessed 3 March 2012), and related articles on the IUF website: www.iuf.org.

De Schutter, Olivier (2009) 2010 Report of the UN Special Rapporteur on the Right to Food. Available at: www. srfood.org/images/stories/pdf/officialreports/20100305_a-hrc-13-33_agribusiness_en.pdf (accessed 3 March 2012).

6장

생태-노조주의를 향해
— 스페인의 경험을 성찰하기

베고냐 마리아-토메 질(오귀스탱 곤잘레스 옮김)

그 어느 때보다 오늘날은 인간과 자연 사이의 평화로운 균형에 기반하는 노동조합의 철학과 실천을 낳고 성장시키며 공고히 할 조건을 만들어낼 요인들이 많다.

노동조합의 환경 실천을 위한 기회들

첫째, 환경적, 사회적, 금융적 위기는 이런 체계적 위기들을 초래한 발전의 모델을 되돌아보게 한다.

전세계적인 어획량 감소, 산림 파괴, 생물종 다양성의 회복 불가능한 손실, 대수층의 과도한 이용, 대기 오염과 토양 오염과 수질 오염, 석유 생산 시대의 몰락, 기후변화, 식량 위기는 천연자원의 고갈과 지구가 피해를 소화해낼 용량 초과에 따른 심각한 환경 위기의 분명한 징후들이다(Nieto 1998).

이 환경 위기는 전례 없는 경제적이고 사회적인 위기를 동반한다. 자본주의는 새로운 영토 점령을 통한 축적을 추구함으로써 이전의 위기들에서 살아남았다. 그렇지만 그런 모델은 신흥 경제에는 적용될 수 없는데, 새로운 전유의 자연 물리적 기반이 존재하지 않기 때문이다. 우리가 다른 생산과 소비 방식으로 정의롭고 조직화된 전환을 수행하지 못한다면 자원의 희소성은 새로운 형태의 사회적 배제와 불평등을 만들어내게 될 것이다.

둘째, 이 위기의 맥락은 영속적인 경제 성장이라는 허술한 사상에 기반한 지속 불가능한 체제의 가면을 벗기면서 우리 생산 모델의 약점과 취약성을 드러냈다. 이런 위기의 크기와 강도는 고용에 대한 엄청난 영향으로 측정될 수 있다(INE 2011). 이를테면 스페인에서 2011년 4사분기의 실업률은 22.8퍼센트였다. 이런 상황은 사회 안정성과 복지 시스템에 심대한 반향을 불러왔다.

지난 10년간 이어진 불안정성의 정치학은 유연화를 통해 일자리 불안을 증폭시켰다. 이런 정치학은 확장 국면에서는 고용을 급속히 늘렸지만 침체 동안에는 동일한 속도로 고용을 파괴하기도 했다. 이 위기의 해법으로 정부와 사용자들이 제안한 것은 노동 개혁, 그리고 경쟁력을 보장하기 위한 노동시장 개입과 사회보장 축소라는 익히 알려진 레시피였다(Gorriz 2010). 이런 해법은 대량 정리해고, 노동 시간 연장, 연금 축소와 불안정한 노동 조건을 초래했다.

이런 상황에서 환경 노조주의는 이 위기의 근원을 지구 자원의 이용과 분배에서 찾고, 이 사태를 환경적이고 사회적인 위기로 규정하는 도전을 맞닥트리고 있다. 우리가 이 중요한 과업을 달성하기 위해 무에서 출발할 필요는 없다. 전반적으로 높아진 사회적인 환경 인식의 수준은 노동자들의 사상과 인식에 긍정적인 영향을 미쳤다. 노동자들은 환경 관련 쟁점들을 노동과 생산 영역으로 통합하는 과정에서 더욱 책임감 있고 심지어 더욱 우호적이게 됐다.

더욱이 환경보전주의가 사회환경주의로 진화하고 노동운동이 환경 논쟁에 점차 끼어들게 되는 상황은 사회경제적 또는 환경적 쟁점들이 자본주의에 대한 대안들을 형성하게 하고, 이것을 통해 환경운동과 노동운동이 서로 영향을 미치는 점진적 발전을 돕고 있다.

모순과 해법

환경 노조주의가 맞닥트리는 도전들을 평가하기 전에, 우리는 지속 가능한 성장과 지속 가능한 발전이라는 공식 개념들에 대한 상이한 해석들을 분별해야 한다. 우선 우리는 이런 모순들을 알게 됐다. 불분명하고 모호한 목표들은 효과적인 행동을 가로막는다. 목표들에 대한 분명한 정의만이 적절한 지표를 선택하고, 우리가 그것들에 가까이 가는지 또는 멀어지고 있는지를 판별하며, 그것들을 달성하는 데 필요한 정책과 수단들을 평가할 수 있도록 해줄 것이다(Naredo 1996).

아래에서 우리는 지속가능성, 성장, 발전 같은 개념들의 용법을 재검토하고자 한다. 이런 재검토를 통해 우리는 현재의 경제 모델과 진보 같은 개념들뿐 아니라 경쟁력과 생산성 같은 목표들에도 질문을 제기하게 될 것이다. 이런 질문은 결국 자연에는 물리적 한계들이 있다는 점을 깨닫게 해줄 것이다. 이런 한계는 그 사실들을 무시하려 하는 우리의 근시안적 시도들에도 불구하고 기술들에 대해서도 마찬가지로 진실이다.

자연과 사람 앞에 경제를 내세우기

산업혁명과 함께 태어난 노동조합 운동은 전통적으로 **생산주의적**이었지만, 성장의 자연적 한계와 산업 사회의 환경적 영향들은 전통적 발전 모델에 질문을 던지게 만들었다(Nieto 1998).

시장경제의 끊임없는 이윤 추구는 실제로 무엇을 생산해야 하는지를 돌아볼 여지를 주지 않는 과도한 **생산주의**로 우리를 몰고 갔다. 지금의 시장 동학은 사회적 필요와 무관하게 소수자(자본 소유자)의 선택을 강요하기 십상이다. 시장이 주도하는 사회에서는 이윤이 생산 목표를 규정하고, 비용이 생산 모델을 결정하며, 수입(월급 또는 수당)이 우리의 소비 능력을 좌우한다. 시장 경제에서 우리는 더는 시민이 아니라 소비자, 즉 세계와의 연결이 화폐적 거래를 통해 결정되는 수동적 주체가 된다. 자원의 분별없는 소비와 폐기물과 오염 물질의 무제한적 생산은 환경 파괴, 지속 불가능한 행태, 인간의 소외뿐 아니라 나라와 사람들 사이의 부정의하고 상쟁적인 관계를 만들어내는 원인이 된다.

환경 노조주의는 물리적 세계를 화폐적 세계와 다시 연결하고 경제를 자연과학에서 발전한 지식과 다시 연결하는 새로운 형태의 경제적 관계 속에 자기 자신을 자리매김해야 한다(Naredo 1996).

영속적 성장의 비현실성을 인식하기

오늘날 노조가 만드는 문서들은 이미 지속가능성의 반대편에 있고 생명과 양립할 수 없는 발전을 방어하기 위해 이용된 '지속 가능한 발전'이라는 개념에서 따온 '지속 가능한 성장'이라는 용어를 종종 사용한다.

'성장'이라는 용어가 순전히 수량적 측면에서 드러나는 증가에 관련돼 있다면, '발전'은 전환, 변형, 자기 조직화에 밀접하다. 삶의 질과 집단적 안녕의 향상을 포함하는 과정들을 정의하는 데 발전이 더 적합한 이유가 이것이다(González et al. 2008).

게다가 자원이 제한된 지구에서 경제 성장 또는 영속적인 생산 성장은 비현실적이다. 최근 자원을 찾는 수요는 고갈까지 가지 않고 공급할 수 있는 생태계의 역량을 넘어서고 있다. 생물권biosphere은 산업 국가들의 수요를 지탱할 수 없으며 지난 수십 년 동안 우리는 지구의 **자본**을 소모해왔다. 성장의 경제학은 생명의 순환을 심각하게 교란하고 있고 인간 활동이 일으키는 물리적이고 환경적인 변화의 속도는 많은 이들이 우리가 새로운 지질 시대로 들어섰다고 믿을 정도로 뚜렷한 영향을 미치고 있다. 이런 변화를 지칭하는 인류세Anthropocene는 인간 활동과 그 활동이 생태계에 미치는 영향의 정도를 강조하기 위해 이용되는 개념이다 (Herrero et al. 2011). 환경 노조주의는 수량적 경제와 생산주의적 성장을 지지하는 대신 삶의 조건을 질적으로 향상하는 데 초점을 둬야 한다. 노동조합 활동가들은 인간이 자연 생태계의 일부이며 거기에 직접 의존하고 있기 때문에 생산을 자연 순환의 공간에 적응시켜야 한다는 점을 명심해야 한다.

기술에 대한 지나친 의존을 바로잡기

기술은 필수적이지만 환경 위기를 해결하는 데에는 충분하지 않다. 많은 경우에 기술은 효과적이지 않거나 지속가능성에 장애물이 되고 있다. 우리는 사전 예방의 원칙을 준수하고 사용 이전에 기술의 잠재적 위험성과 피해를 검증해야 한다. 그런 조치들은 기술이 시장이 아니라 사회에 의해 통제될 것을 요구한다. 기술은 그것 자체로 선한 것이 아니며 부정적 결과들을 가질 수 있다(Herrero et al. 2011). 기술에 대한 맹신은 유로바로미터Eurobarometer에 등록된 탄소 포집과 저장CCS 결과에서도 발견할 수 있다(European Commission 2011). 이 조사에서 질문에 답한 이들 중 43퍼센트가 CCS를 기후변화에 맞서는 효과적인 수단으로 생각했고 미래의 이산화탄소 저장을 위한 이상적인 장소까지 생각해보는 것으로 나타났다. 그렇지만 응답자의 79퍼센트는 그전까지 이 기술에 대해 들어본 적이 없으며 어떻게 작동하는지도 알지 못한다고 인정했다.

환경 피해의 금전적 보상 불가능성, 지구적 생산과 소비 양상의 변화 필요성

우리는 환경 보호의 재정을 확보하는 수단으로 성장을 고무하거나, 산업 국가들만이 환경을 보호하고 환경 피해를 치유할 수 있다는 생각을 거부해야 한다. 환경 보호의 일정한 질적 하락이 경제 수준이 낮은 나라들에서 목격되기는 하지만, 제한되지 않는 경제 성장이 점진적이고 돌이킬 수 없는 환경 피해를 가져온다는 것 또한 사실이다(이를테면 특정 종의 멸종). 생산과 경제가 일정한 수준이 돼야 환경 개선에 투자할 수 있게 돼서 개선이 일어날 수 있다는 생각은 지구적 범위에서는 받아들여질 수 없다. 이제까지 많은 나라에서 거둔 성취는, 다른 나라에서 원료와 에너지 수입은 늘리고 더 빈곤한 나라들로 폐기물, 오염, 힘든 일자리의 수출은 늘리는 지구적 모델에 기반하는, 특정한 지역적 또는 지방적 환경 개선이었다.

경쟁력 자체를 목표로 하기를 거부하고 다른 가치들의 구성을 모색하기

미래 시나리오에서 영속적 성장은 무한히 계속되지 않을 것이다. 자연의 물리적 한계들은 우리의 생태 발자국을 어떻게든 줄게 만들 것이다. 환경 노조주의자들은 (조직되고, 조정되며, 상호 지지적이고, 공평한) 정의로운 전환을 촉진하는 한편 통제되지 않고 변덕스러우며 경쟁주의적인 조정을 피함으로써 물질과 에너지 소비를 줄이도록 협력해야 한다.

노동조합의 대안은 낭비 대신 검약, 경쟁 대신 협력, 폭력 대신 평화, 성장 대신 지속가능성, 축적 대신 재분배, 속도 대신 느림, 개인주의와 희생양 찾기 대신 공동의 책임성, 수직적 위계 대신 수평적 관계를 포함하는 가치들의 새로운 구성 위에 만들어져야 한다.

환경 노조주의의 기본 원칙들

노동자들과 조합 활동가들 사이에서 환경적 인식이 커져가고 있는데도 불구하고, 스페인의 환경 논의에서 대체로 노동조합은 여전히 잘 보이지 않는다. 이것은 부분적으로는 정치 권력과 경제 권력의 장벽 때문이고, 부분적으로는 환경에 대한 노동조합의 역사적 무관심 때문이다. 여전히 많은 사람들은 노동조합들이 국제적 기후변화 협상에 모습을 드러내고 지속 가능한 교통을 위한 제안을 제출하거나 기업의 환경 경영에 적극적으로 참여하기를 원하는 노동자들을 보고 놀란다.

노동조합들은 환경 보호에 관련한 쟁점들에 대한 자기들만의 시각을, 그리고 사용자들의 시각과 독립적인 지속 가능한 발전에 대한 자기들만의 시각을 가질 필요가 있다. 우리는 공식적인 녹색 슬로건과는 다른, 그리고 환경 보호에 대한 노동자 참여를 충분히 인정하는 진보를 가능하게 하는 시각이 필요하다. 환경적, 사회적, 경제적 위기에 대한 노동자의 대응은 다음 같은 전략 노선에 따라 발전돼야 한다(Garí 2008).

- 인간 관계의 윤리적 가치들을 회복하고, **부유한 북반구**와 빈곤한 **남반구** 사이의, 그리고 현재 세대와 미래 세대들 사이의 불평등하고 지속 불가능한 관계들의 해법을 요구하기. 동시에 인간과 자연 사이의 관계는 인간 이해에 치우치지 않고 균형을 확보해야 한다.

- **환경에 관련**해 노동자는 인간 생존의 물리적이고 생화학적인 기반인 생물권 보호에 초점을 둬야 한다. 이런 전략은 자연적 경계에 대한 전문 지식과 존중을 요청한다. 자연은 생명과 노동의 기반이다.

- **사회적인 것에 관련**해 노동자는 안녕을 성취하고 사회 정의와 평등을 촉진하기 위해 노력해야 한다.

- **정치적으로,** 환경 노조주의는 새로운 목표와 요구들을 가지고 사회적이고 반자본주의적 동맹을 위한 새로운 가능성들을 열어젖힌다.

- **노동에 관련**해 환경적 실천의 발전은 직업적 위험 요소를 막고 노동자 건강을 보호하는 데 도움을 줄 것이다. 적절한 환경 규제와 실천은 더 강력하고 좀 더 지속 가능한 형태의 조건을 보호하고 작동시키게 할 수 있다. 그런 규제들을 사용자들이 준수하게 함으로써 제재의 위험과 일자리 상실을 피하도록 만들어줄 것이다.

환경 노조주의는 노동이 진정한 인간의 필요를 충족하도록 하려면 그런 노동이 무엇이어야 하는지를 재정의해야 할 것이다. 노동은 단지 생계를 위한 과정으로 환원돼서는 안 되며, 마찬가지로 현대의 노조주의도 자본주의 시장에서 노동력에 좀더 나은 급여를 주기 위한 교섭으로 제한돼서는 안 된다. 노동조합은 생산자, 소비자, 시민이라는 노동자의 세 차원을 고려하지 않는 전통적인 기업주의 접근을 통해 대응하면 안 된다(Serrano 2005).

현대 사회의 진정한 필요는 무엇인가? 사회에 진정으로 필요한 것은 교육, 보건, 민주화와 노동 조건의 인간화에 기반한 진보와 안녕이다. 사회가 필요로 하는 것은 부의 공정한 분배, 불평등한 젠더 관계와 인종 관계의 종식, 살기에 적합하고 오염되지 않는 환경이다. 사회는 레크리에이션과 레저의 여지를 지닌 문화적이고 과학적이고 예술적인 발전을 필요로 한다.

따라서 노동조합들은 산업 사회를 좀더 지역화된 경제 속으로 재조직함으로써 그 환경을 변화시키는 노동의 역량을 향상시키는 데에서 적극적인 행위자가 돼야 한다. 이것은 시장경제에서 교환가치를 갖는 유급 노동의 측면에서 특히 중요하다. 그러나 오늘날 주로 여성이 수행하는 재생산 돌봄 노동의 가치를 평가하고 재분배하는 과정에서도 그 중요성이 덜하지 않다(Riechmann 1998). 노동조합들은 또한 좀더 지속 가능한 생산과 소비 시스템으로 전환하기 위한 기본적인 요구 사항을 재정의할 필요가 있다. 이것은 다음 같은 내용을 포함할 것이다.

- 에너지 모델 변화를 통해 탈탄소 경제의 발전이 가능하게 하기. 이런 요구는 산업 국가들의 에너지 수요를 감축하고, 에너지 절약과 효율화 조치들을 시행하고, 화석연료와 핵에너지원을 탈집중화된 재생 가능 에너지들의 생산으로 대체함으로써 달성될 수 있을 것이다.
- 새로운 이동mobility 모델로 나아가는 방향 전환. 도시와 경제적 활동들은 교통의 필요성을 줄이며 승용차를 버리고 좀더 지속 가능한 교통 수단을 이용할 수 있도록 재설계돼야 한다. 교통은 석유 의존도를 점진적으로 줄이도록 재생 가능 에너지원을 이용해 전력화될 필요가 있다.
- 청정 생산으로 물질의 닫힌 순환closed cycle이 가능하게 해야 한다.

· 천연자원(물, 원료, 토양)의 이용을 최소화하고 합리적 관리를 통해 재생 가
능성을 촉진함으로써 자원의 지속 가능한 이용을 실현

· 효율적인 생산 과정, 청정 기술과 노동 조직화로 자원의 최적화

· 최적화된 상품과 서비스의 이용, 폐기물과 배출의 제거 또는 감축, 비효율적
생산의 배제 등

갱신된 노동조합 운동 — 새로운 형태의 조직화와 사회적 상호 작용

환경 노조주의의 정책은 부문과 국가 범위의 환경, 경제, 에너지, 산업
제안들뿐 아니라 작업장의 조건을 다루는 특별한 조치들을 담아야 한
다. 이것들은 전체적인 사회적 개입을 위한 핵심적 전제 조건이다.

우리는 환경 문제가 종종 작업장의 경계를 넘어 나아간다는 사실을
망각하지 않고, 사회와 회사를 전면적으로 녹색화하는 도전에 직면하
고 있다. 따라서 공동체에 연결되고 공장과 이웃 사이의 연결을 만들던
전통적인 사회적 노동조합주의를 되살리고, 동시에 지구적 수준에서 환
경 문제에 대응하도록 우리의 체계적 조망을 유지해야만 한다.

환경 노조주의는 다양한 수준에서 사회-노동의 과정에 개입해야 할
것이다. 이런 개입은 새롭고 좀더 참여적인 형태의 내부 조직, 덜 관료적
인 관행, 노조의 사회적 기반에 기반한 좀더 넓은 범위의 협의를 통해 정
당성을 보장하도록 해야 할 것이다.

이런 새로운 형태의 노조주의는 다른 사회적 그룹들과의 좀더 많은
상호 작용도 요구할 것이다. 이런 요구는 이를테면 정치적이고 환경적
인 페미니즘 같은 사회정치적 운동들과의 대화를 함축한다. 스페인에서

는 노동조합과 환경운동 및 사회운동들 사이에서 몇 가지 협력과 교류 기획들이 시작됐다. 이런 접촉들은 지속가능성을 달성하기 위한 공동 프로젝트의 초석이다. 이런 협력들의 최근 몇 가지 사례는 다음 같다.

CCOO, WWF 스페인 지부, 인터몬 옥스팜$^{Intermon\ Oxfam}$(옥스팜 스페인 지부), 소비자 그룹들은 기후변화에 대응하기 위한 시민 기획을 촉진하기 위해 기후운동$^{Movimiento\ Clima}$를 창립했다. 그 뒤 이 운동은 30개의 환경 엔지오, 노동조합, 연구자, 소비자 조직, 협동조합, 발전 문제 엔지오들을 포함하는 전국 범위의 플랫폼인 '기후연합$^{Coalición\ Clima}$'이 됐다. 기후연합의 창립은 회원 조직들을 대상으로 가장 당면한 공통 요구들에 대해 깊이 숙고하도록 자극하면서, 동시에 연합의 다른 조직들의 관심을 청취하고 이해할 수 있는 과정이 시작되도록 만들었다. 이것은 합의를 통해 집합적 제안의 발전으로 귀결됐다. 이런 제안들은 환경적 측면들을 강조하는 환경 조직들, 사회 보호의 이해(이를테면 정의로운 전환)의 촉진을 추구하는 노동조합들, 협동과 발전과 소비 등의 쟁점을 대표하는 다른 사회운동들의 개입을 통해 만들어졌다.

스페인에서 에너지 소비의 합리화를 위한 법제도 개선 계획의 발전과 제출은 또 하나의 중요한 활동이다. 이 계획은 CCOO, 환경 그룹들(그린피스와 WWF 스페인 등), 좌파 정치연합(녹색당 포함)에 의해 2007년에 초안이 작성돼 제출됐다. 초안은 세 개의 기초 법안으로 구성됐다. 하나는 2007년에 제출된 지속 가능한 교통에 관한 것이고, 다른 하나는 2008년에 제출된 에너지 절약과 효율화에 관한 것이고, 또 하나는 2009년에 제출된 환경세 정책에 관한 것이다. 몇몇 우익 야당뿐 아니라 사회주의 정부가 세 개의 기초 법안을 거부하기는 했지만, 이 경험은 다양한 그룹들이 공통의 이해 지점을 발견하고 각자의 목표를 특정할 수 있도록 했다는 점에서 가치 있는 것으로 드러났다.

끝으로 사회운동 조직, 노동조합, 환경 조직의 다수가 스페인의 '목재와 종이 바이오매스를 위한 지속 가능한 산림관리협의회Forest Stewardship Council·FSC' 인증을 촉진하고 지속 가능한 산림 경영 기준을 발전시키기 위해 참여했다는 점을 언급할 필요가 있겠다. 이것은 스페인에서 산림 경영 정책의 측면에서 투명하고 참여적이며 민주적인 과정을 발전시키기 위한 중요한 도전이었다. 이런 도전은 스페인에 적용돼야 할 지속 가능한 산림 경영 기준에 관련된 합의가 창출될 수 있게 했다. 다양한 사회적 행위자들은 공동의 목표를 규정하고 고용과 지속 가능한 목표를 경제적 목표와 타협시킬 수 있었다.

새로운 책임성, 참여의 형태, 작업장에서 지켜져야 할 노조의 권리

환경 관련 논의에 노동자들이 참여하는 것은 회사에서 환경적 영향을 예방하고 최소화하는 동시에 법률적 기준과 사회적 기준을 맞출 수 있는 최선의 기술적 조처들을 실행하는 데 본질적인 요소다. 또한 일자리의 숫자와 질을 지키고 노동 조건을 향상시키는 데 핵심적인 요소이기도 하다. 회사 안에서 새로운 생산 기술과 과정의 도입은 많은 경우에 노동 조직의 변화, 새로운 훈련의 요구, 일상적 관행의 변화를 의미하게 될 것이다.

환경 개선을 위한 이러한 행동들이 수용 가능하고 효과적으로 이행될 수 있다는 것을 보증하려면 노동자와 노동자들의 대표자들의 참여를 필요로 한다. 환경적 참여의 개념은 노동운동에 기본적 민주주의에 연관된 쟁점에 관한 질문들을 제기한다. 회사 정보에 대한 모니터링, 특정한 훈련, 새로운 노동조합의 권리, 노동조합 대표의 역량 강화를 통해 노동조합이 환경 경영에 개입할 수 있도록 만들어야 할 것이다.

지난 15년 동안 유럽과 스페인의 법제는 시민들에게 공적 기관들을 통해 환경 정보에 접근할 수 있는 권리를 부여했다. 그러나 지난 10년 동안 시민권 측면에서 목도된 중대한 진전은 주로 오르후스 협약Aarhus Convention[1]으로 만들어진 틀 덕분이었다. 협약의 세 기둥은 환경 정보에 대한 접근, 의사결정에 대한 시민 참여,[2] 참여 권리의 위배를 초래할 수 있는 결정들을 뒤집을 수 있는 법률적 절차에 대한 접근권이다.

시민권의 중요성이 여러 공적 기관과 공식 문서에서 널리 인정되고 있다고 하더라도, 이런 사고는 노동자와 노동조합 권리라는 측면에서는 회사들에 충분히 전달되지 못했다. 노동자는 그런 권리의 완전한 인정과 새로운 권리의 행사, 작업장에서 노동조합의 개입 권한을 위해 싸워야 할 것이다. 여기에는 다음 같은 것들이 포함된다.

- 작업장의 환경 조건에 관련한 의사 결정에 대한 참여의 권리. 이것은 새로운 환경 평의회 또는 작업장의 보건 안전 대표자를 통해 행사될 수 있다. 이 권리는 일부 대기업에서, 일부 자발적 지역 협약과 일부 부문의 단체 협약에서 점차 인정되고 있는데도 불구하고(이를테면 스페인의 화학 산업 협약), 아직까지 전국 법제도 체계에는 포함되지 않고 있다.

---

1 오르후스 협약은 정보 접근권, 의사 결정에서 대중 참여, 환경 정의 문제 접근권에 관한 유엔 유럽경제위원회(UNECE) 협약이다. 이 협약은 '유럽을 위한 환경' 제4차 장관급 회의가 열린 덴마크 도시 오르후스에서 1998년 6월 25일 채택됐다.
2 대중적 행동의 세 영역은 행동의 승인, 계획의 승인, 법안과 규제의 초안 작성이다.

- 작업장 차원의 배출, 기술적 옵션 또는 환경적 위험 같은 환경 정보에 대한 권리. 이런 위험들은 파악되고 평가돼야 하며, 제품 라벨, 화학적 안전성 데이터 시트, 훈련 코스를 통해 노동자들에게 전달돼야 한다.
- 소송인의 보호. 노동자들은 환경적 위험을 포함할 수 있는 관행을 보고하는데 따른 책임을 지거나 처벌을 받지 않을 것이다.
- 위험하거나 환경적으로 유해한 작업 수행을 거부할 권리. 노동자들은 자신의 건강 또는 환경에 직접적이거나 심각한 위험을 수반할 수 있는 작업을 거부한 것에 대해 책임을 지거나 처벌을 받지 않을 것이다. (Olano et al. 2010)

유럽연합은 노동자와 노동조합에 환경 쟁점들에 대한 완전한 참여 권리를 부여하는 문제에서 비교적 짧은 시간에 중요한 걸음을 내디뎠다. 2010년 9월 유럽 의회가 채택한, 새로운 지속 가능한 경제의 일자리 잠재력을 발전시키기 위한 결의안(European Parliament 2010)은 하나의 좋은 사례인데, 다음 사항들을 요청하고 있다.

- 작업장, 회사, 산업을 좀더 지속 가능하게 만들기 위한 국가적 실천에 따라, ILO가 정의한 대로, 작업장을 녹색화하는 과정에 종업원 대표자의 참여.
- 사회적 파트너들은 자기 자신을 조직해 위원회에 참여함으로써 유럽연합 범위의 최선의 실천 사례 교환을 촉진하고, 특히 노동자들에 대한 정보 제공과 협의를 강화하며, 유럽노동자평의회를 창립하기.
- 위원회에 관해서는, 유럽연합 회원국들과 사회적 파트너들이 모든 수준의 협의에서 사회적 대화[3]의 핵심 환경 쟁점들을 포함하도록 하기. 부문 협상에 강조점이 주어져야 하며, 전환이 사회적으로 정의롭기 위해서는 노동자들이 그 과정에서 참여적 파트너십에 걸맞은 지위를 가져야만 한다.

- 노동자들이 일자리를 잃지 않도록 심화 훈련을 받고 새로운 기술에 적응할 수 있도록 필수적 조건을 창출하기. 변화를 예상하고 실업을 피하도록 단체 협상을 촉진하고 지원하기. 사회보장, 수입 지원 체계의 강화 등.

더 좋은 일자리를 위한 투쟁과 환경 노조주의의 양립 가능성

더 지속 가능한 사회는 고용 안정과 양립 가능한가? 생산의 '녹색화'는 불가피하게 고용 상실로 이어지게 될까? 또는 반대로 지속 가능한 경제와 사회로 나아가는 전환은 새로운 일자리를 만들게 될까?

지구화된 생산과 소비가 노동, 사회, 환경에 미치는 부정적 결과를 피할 수 있는 유일하게 가능한 방법은 인간 착취와 자연 소모에 대항하는 투쟁에 기반한 국제적 노동조합 전략 아래 이 쟁점에 대응하는 것이다.

오늘날 스페인의 노동조합 활동가들은 오염 유발 부문을 좀더 깨끗하고 지속 가능한 활동들로 대체함으로써 오염 부문에서 고용이 상실되더라도 재생 가능 산업과 지속 가능 산업에서 일자리가 창출될 것이라고 믿는다. 딜레마는 고용 상실과 일자리 창출이 부문과 장소에 따라 다르게, 그리고 긴 시간에 걸쳐 영향을 미칠 것이라는 사실에 있다. 이런 상황은 오염 유발 생산 모델에서 지속 가능한 경제로 전환하는 동안에 정의로운 사회적 조건을 창출한다는 측면에서 노동조합과 정부에 도전을 제기한다. 이 과정은 국제 노동조합 운동에 의해 '정의로운 전환'이

3 사회적 대화는 스페인에서 2005년 만들어진 원탁회의를 말한다. 3차 사회적 대화의 목적은 국가 배출권 할당 계획(NAP)의 설계와 점검에 사회적 파트너(정부, 노동조합, 사용자 조직)들의 참여를 보장하는 것이다.

라고 불린다(ITUC 2009).

이런 사실들을 인식하면서 CCOO는 6차 총회에서 '환경 보호를 산업 정책에 [최우선 순위로] 통합하고 깨끗한 생산을 지향하도록 촉진할 것'을 결의했다. 또한 다음 같은 점을 강조했다. "노동조합은 이런 결의가 일부 산업 활동에 어떤 제한을 가하고 종식하게 된다는 것을 의미할 수 있다고 하더라도, 지속 가능한 경제로 나아가는 전환은 좀더 많은 고용 보장과 안정성을 제공하게 될 새로운, 더 큰, 더 지속 가능한 산업 네트워크를 만들어 낼 것이다"(Olano et al. 2010, 15).

청정 생산에 기반한 새로운 부문과 활동들은 집약적일 뿐 아니라 특히 젊은이들을 위한 일자리 보호에서 기회의 창을 대표하기도 한다. 새로운 녹색 일자리들은 고도로 훈련된 노동력을 요구하며 새로운 과학적이고 조직적이고 기술적인 도전들을 나타낸다. 이를테면 재생 가능 에너지 부문 노동자의 55퍼센트가 기술자 또는 고등교육 이수자다. 새로운 녹색 부문 노동력 중 거의 4분의 1이 고숙련 노동자다(Arregui 2010).

ISTAS는 새로운 경제 부문(재생 가능 에너지, 폐기물 재활용)과 전통적인, 비대해져 있고 지속 가능하지 않은 부문들(건설과 자동차 산업)의 일자리 잠재력을 파악하기 위해 스페인에서 여러 연구 프로젝트를 수행했다. 스페인에서 녹색 일자리의 잠재적 고용 영향력은 상당하다. 이를테면 2010년 현재 스페인에서 재생 가능 에너지에 관련된 일자리의 규모는 직접 고용 7만 152명과 간접 고용 4만 5341명을 합쳐서 11만 5493명으로 집계됐다. ISTAS는 재생 가능 에너지 수요가 30퍼센트에 이르면 재생 가능 에너지 부문의 일자리가 2015년에 11만 9678명에서 2020년에 20만 4200명으로 늘어날 것으로 추산했다(Arregaui 2010).

건설 부문에서 주택과 건물의 에너지 개선(이를테면 주택 에너지 효율화)은 실업 해법으로서 또 다른 기회를 제공한다. 주택 2500만 호 중에서 3분의 1이 지속가능성에 대한 아무런 고려 없이 지은 부거주지 second residences 또는 빈 건물이다. ISTAS는 한 해에 56만 5000호의 단열 개선(재생 에너지와 설비 장착) 계획을 통해 2020년에 10만 5000개의 안정적 일자리를 창출할 수 있다고 추산한다. 이런 규모는 한 해에 석유 2000만 배럴을 절감하고 이산화탄소 1000만 톤을 줄이는 셈인데, 에너지 수요와 온실가스 배출에서 상당한 기여가 될 것이다(Dalle 2011).

지속 가능한 교통 체계 속에서 대중교통의 일자리 잠재력도 상당하다. 도로 교통에서 철도, 전기 자동차, 공공 교통 서비스와 집합적 교통 서비스의 발전, 카 셰어링과 자전거 이용 촉진으로 나아가는 수단 전환 modal shift은 기반 시설 건설보다 훨씬 효과가 좋고 자동차 산업의 점진적 일자리 감소를 상쇄할 수 있을 장소 이동성이 없는 일자리 틈새다. 29만 7109명의 노동자가 철도, 지하철, 트램, 버스, 택시, 카 셰어링, 자동차 임대, 자전거, 주차 통제, 교통 관리 등 지속 가능한 교통 일자리에 고용돼 있다. 만약 당국에서 새로운 관리 도구, 적절한 교통/국토 계획, 정보, 회계 수단, 재정으로 이런 지속 가능한 교통 모델을 촉진한다면 일자리는 2020년에 두 배가 될 수 있을 것이다. 일자리 숫자는 44만 3870 개까지 많아질 텐데, 이것은 현 추세 유지 시나리오와 비교하면 12만 명의 일자리가 추가로 생기는 것이다(Ferri 2011).

끝으로, 폐기물 관리는 자원과 에너지 소비, 부적절한 관리 탓에 발생하는 오염과 독성 배출을 감소시키는 것과 같이, 폐기물 처리에 관련된 환경 영향 때문에 '녹색' 부문으로 간주된다. 더욱이 폐기물의 운송은 환경 영향을 가중시킨다. ISTAS가 수행한 연구는 소매점의 예치금 환불 시스템의 개발과 시행이 재생 물질의 질과 양, 그리고 용기 가치를 증가시킨다는 사실을 보여준다. 또한 폐기물 처리 사이클의 모든 과정에서 새로운 일자리의 창출을 촉진한다. ISTAS의 연구는 스페인에서 그런 시스템의 개발과 시행이, 교통, 물류, 건설, 재활용 같은 관련 부문들의 긍정적 지연 효과 때문에 첫 발전 단계에서 1만 4200개의 새로운 직접 일자리와 간접 일자리를 창출한다는 것을 보여준다(Pérez 2011).

생산 시스템의 녹색화는 새로 출현하는 활동과 전통적 활동들 사이의 부문적 조정을 의미할 테지만, 이것은 또한 특히 자원과 에너지 효율, 노동 조직, 노사 관계, 노동조합 참여, 부의 분배 등의 측면에서 다른 생산 형태를 요구하게 될 것이다.

그렇지만 지속 가능한 경제를 향한 전환은 여러 가지 난관에 봉착한다. 경제 위기와 유럽의 국제기구들, 국제통화기금IMF이 보인 정책적 반응은 사회적 조건을 악화시켜 노동자들에게 재앙 같은 결과를 만들고 있다. 사회적 측면에서는 긴축, 공공 서비스(교육, 사회 서비스, 보건 등)의 전반적 삭감, 사회보장 시스템의 파괴, 퇴직 연령 상향 등이 가장 공통된 수단들이다.

환경적 관점에서 보면 위기 동안 유럽에서 탈규제와 행정 절차의 '간소화'를 도입하기 위해 몇 가지 조치가 시행됐다. 이전까지 공공 행정의 승인을 거치던 일들이 회사들의 '사회적 책임'과 소통에 관한 선언으로 조금씩 대체되고 있다. 유럽의 '산업 배출에 대한 훈령'은 환경 감시가 민간 부문을 통해 불균형하게 진행된다는 맥락에서 특정 설비에 대한 공기와 물 배출 통제를 완화했다.

이런 지구적 전략의 뚜렷한 목표는 비용을 삭감하고 유럽을 경쟁적 경제로 바꿔서 일자리를 창출하고 지키겠다는 것이다. 그러나 이런 오류투성이이며 효과적이지도 않은 개혁들은 노동자, 노동조합, 공동체들에는 피해와 제약을 의미하며, 우리의 영토와 생물종 다양성에 부정적인 영향을 미친다. 이런 정책들의 주된 수혜자는 자본, 자본 시장, 은행들이 될 것이다.

지난 11월 이래 보수당 정부가 집권한 스페인은 유럽연합의 지도부와 독일 정부가 설정한 가이드라인을 따르고 있다. 정치적 결정과 정부 정책들은 경제적 결과라는 기반 위에 취해지는 결정들 때문에 점차 대체되고 있다. 금융 권력이 민주적 기구들과 정책들을 장악했고, 헌법상의 변화들이 그 결과로 고통을 겪게 될 시민들과의 아무런 사전 협의 없이 부과되고 있다. 스페인에서 최근 진행된 가장 심대한 노동 개혁이 바로 이것에 해당한다(Real Decreto-ley 2012). 이런 개혁은 단체 교섭을 침식하고 새로운 일자리들을 만드는 대신에 실업을 더 악화시키는, 노동권의 전례없는 후퇴를 대표한다. 다음은 노동 개혁이 가져오는 가장 심각한 결과 중 일부다.

- 더 쉬운 대량 해고와 비용이 더 저렴해진 감원. 집단적 해고에 대한 공식적 승인이 더는 필요 없게 됐다.
- 단체 교섭의 권리가 심각하게 하락했다. 사용자들은 임금, 노동 시간, 노동 조건에 관한 단체 교섭의 합의를 준수하지 않아도 되게 됐다.
- 고용 계약이 더욱 취약해졌다. 이를테면 새로운 중소기업 계약은 자유 해고를 도입했다.
- 노동자 건강권에 대한 심각한 제약. 노동자들은 병가를 쓰더라도 두 달이라는 기간 안에 노동 시간 중 20퍼센트를 출근하지 않으면 해고될 수 있다.

정부가 민간 부문의 빚을 떠맡는 동안, 노동자와 시민들은 임금 삭감, 공공 서비스의 민영화, 사회 지출의 축소를 겪고 있는 것이다.

환경 정책에 관련해서 신임 에너지부 장관이 처음으로 내린 결정은 (화석 에너지에 대한 지원은 유지하면서) 재생 가능 에너지에 주던 공적 보조금을 철폐하는 것이었다. 더욱더 나아간 방침들을 환경부 장관이 이미 공표했다. 최악의 시나리오는 다음 내용을 포함한다.

- 효과적인 강제 수단을 보장하는 대신 보호 수준은 줄임으로써 환경 규제를 간소화.
- 의사 결정에서 광범한 사회적 참여와 정보 공유를 줄임으로써 환경 행정 절차 시간을 단축.
- 산업 조직과 기업 조직들의 자발적 합의들이 더욱 강제됨으로써 법률적 요건의 충족은 미뤄짐.
- 자연 보전 지역에서 진행되는 경제 활동과 집단적 여행을 고무해 취약한 생태계를 위험에 빠트림.
- 망가진 해안 지역(이를테면 주택 거품의 영향 때문에)은 더는 공공의 자산이 아닐 것이고 보호 구역이라는 지위도 잃게 돼, 무분별한 민간 투자와 경제 활동이 허용되게 될 것이다. 이런 상황은 사유지로 만들기 위해 자연적 주거 지역을 파괴하는 분명한 유인을 대표한다. 이것이 스페인 정부가 경제를 고양한다며 즐겨 쓰는 레시피다.
- 배출 감축 목표는 정부 의제의 가장 끄트머리 자리에 오게 될 것이다.

이런 상황 전개에 맞서서, 지금 노동조합 운동은 새로운 사회 모델을 촉진하고 자본과 정부의 퇴행에 저항할 독특한 기회를 만나고 있다. 지금은 노동조합들이 자기 자신을 혁신하고 평화, 정의, 평등, 인간 생존

을 보장하기 위해 새로운 지속 가능한 사회를 위한 투쟁에 적극적으로
참여해야 할 때다. 이것은 필수적이고도 가능한 일이며, 노동조합들은
이 투쟁 속에서 결코 혼자가 아니다.

참고 자료

Arregui, G. (2010) 'Estudio sobre el empleo asociado al impulso de las energías renovables en España'. Instituto Sindical de Trabajo, Ambiente y Salud. Madrid. www.istas.net/web/abreenlace.asp?idenlace=8317 (accessed 25 March 2012).

Dalle, M. (2011) 'La generación de empleo en la rehabilitación y modernización energética de edificious y viviendas'. Instituto Sindical de Trabajo, Ambiente y Salud. Madrid. www.istas.net/web/abreenlace.asp?idenlace=8317 (accessed 25 March 2012).

European Commission (2011) 'Eurobarometer sobre el conocimiento de tecnología de captura y almacenaje de CO2'. http://ec.europa.eu/public_opinion/archives/ebs/ebs_364_en.pdf (accessed 25 March 2012).

European Parliament (2010) 'Resolution on Developing the Job Rotential of a New Sustainable Economy'. 7 September. www.europarl.europa.eu/sides/getDoc.do?type=TA&reference=P7-TA-2010-0299&language=EN (accessed 25 March 2012).

Ferri, M. (2011) 'La generación de empleo en el transporte colective en marco de una movilidad sostenible'. Instituto Sindical de Trabajo, Ambiente y Salud. Madrid. www.istas.net/web/abreenlace.asp?idenlace=8778 (accessed 25 March 2012).

Gari, M. (2008) 'Opiniones, actitudes y contradicciones de los trabajadores en materia ambiental', recopilado en Riechmann, Jorge (coord.)'¿En qué estamos fallando? Cambio social para ecologizar el mundo'.

González, L. Ferriz, A. and Bárcena, I. (2008) 'El ecologismo y el sindicalismo como luchas integradas'. Curso deformación Secretaría de la formación de CGT y Ecologistas en Acción'. Mardrid. www.ecologistasenaccion.org/IMG/pdf_ecologismo_y_sindicalismo.pdf (accessed 25 March 2012).

Gorriz, R. (2010) 'Las relaciones laborales en el desarrollo sostenible', pp. 67-77: incluido en la obra Gaceta Sindical 'Reflexión y Debate' nº 14. 'Desarrollo sostenible y políticas públicas en España', Madrid. www.ccoo.es/comunes/temp/recursos/1/504199.pdf (accessed 25 March 2012).

Herrero, Y., Cembranos, F. and Pascual, M. (2011) 'Cambiar las gafas para mirar el mundo. Una neuva cultura de la sostenibilidad'. Libros en Acción. Madrid.

Instituo Nacional de Estadística (INE) (2011) 'Encuesta de población activa'. Tercer trimestre do. www.ine.es/daco/daco42/daco4211/epa0311.pdf (accessed 25 March 2012).

ITUC (2009) 'Trade unions and climate change: equity, justice & solidarity in the fight against climate change'. Trade Union Statement to COP15, United Nations Framework Convention on Climate Change, UNFCCC, COpenhagen, Denmark (7-18 December).

Naredo, J. M. (1996) 'Sobre el origen, el uso y el contenido del término sostenible'. Re-edited by Gaceta Sindical, 'Reflexión y Debate'.

Nieto, J. (1998) 'Ecosindicalimo', included in Riechmann, Jorge and Fernández Buey, Francisco. 'Trabajar sín destruir. Trabajadores, sindicatos y ecologismo'. Ediciones HOAC. Madrid.

Olano, I.; Ferrer, A.; Pérez, J. (2010) 'Actuación ambiental en la empresa. Guía para la intervención de los trabajadores'. Informa Ambiental. Instituto Sindical de Trabajo, Ambiente y Salud. Madrid.

Pérez, J. (2011) 'Estimación del empleo potencial en la implantación y desarrollo de la primera fase del SDDR en España'. Instituto Sindical de Trabajo, Ambiente y Salud. Madrid. www.retorna.org/mm/file/Documentacion/ResumenEjecutivoEmpleo.pdf (accessed 25 March 2012).

Real Decreto-ley (2012) 3/2012, de 10 de febrero, 'de medidas urgentes para la reforma del mercado laboral'. www.boe.es/boe/dias/2012/02/11/pdfs/BOE-A-2012-2076.pdf (accessed 25 March 2012).

Riechmann, J. (1998) 'Trabajar sin destruir. Trabajadores, sindicatos y ecologismo'. Ediciones HOAC. Madrid.

Serrano, L. (2005) 'Sindicalismo y medio ambiente'. pp. 161–176, included in Gaceta Sindical de la Conederación Sindical de Comisiones Obreras 'Reflexión y Debate'. no. 6. Desarrollo sostenible, medio ambiente y sindicato. ISSN 1133-035X, Madrid.

7장

자동차, 위기, 기후변화, 계급투쟁[1]

라르스 헨릭손

2008년 금융 위기의 난장판이 벌어지자, 자동차 산업의 과잉 생산이 금세 가시화됐다. 특히 스웨덴 자동차 산업에서는 위기와 난장판의 크기가 모두 곤란한 지경이었다. 둘 다 당시에는 거대하지만 문제 많은 미국 회사들이 소유하던, 세계에서 가장 작은 대량 생산 업체 중 두 곳은 대형 모델로 연료를 많이 쓰는 중고가형 차량을 생산했다. 물론 이런 상황은 인구 900만 명인 나라에서 자동차 산업의 위기를 커다란 정치적 쟁점으로 만들었으며, 3년이 지나서도 이 회사 중 하나에 대해서는 여전히 그러하다.

다른 곳에서도 그렇지만 스웨덴에서, 위기에 어떻게 대응할지에 대해 주류적 논의는 두 개의 노선을 따라 전개된다.

---

1 이 글은 2009년 9월 12일 런던에서 녹색좌파(Green Left)와 사회주의자 저항(Socialist Registance)이 주최해 열린 기후와 자본주의 학술회의에서 한 연설을 간추린 것이다.

1. '창조적 파괴'라는 시장 자유주의적 접근 : 간단히 말해 이렇다. 시장이 판결에 도달한 것이며 회사 중 일부는 사형 선고를 받은 것이다. 시장을 어쩌라고 하지 말라! 상황을 악화시킬 뿐이다.[2] 나는 이것의 녹색 변종들도 여럿 접할 수 있었다. 우리는 자동차 또는 자동차 만드는 회사들을 필요로 하지 않는다. 자동차 산업이 사라진다면 좋은 것이다.

2. 산업 지원 : 다른 하나의 입장은 정부가 이 고난의 시간을 이겨내도록 지원해야 하며, 그래서 사태가 정상으로 회복되면 다시 성장할 준비를 하도록 해야 한다. 그 수단에는 대부, 폐차 보조금, 세금 감면 등이 있다. 이것은 사회민주당, 자동차 산업 자체, 많은 애널리스트와 노동조합의 노선이었다. 내가 속한 노동조합도 이 과정에 힘을 보태거나, 조합원들이 급여와 노동 시간을 일시적으로 삭감하는 계약에 서명하도록 함으로써 거들었다.

내 대답은 이 두 노선이 모두 틀린 입장이며, 장기적으로는 재앙적이라는 것이다. '산업 지원' 노선은 방어될 수 없는 가정에 기초한다. '정상으로 회복' 따위는, 적어도 그 '정상'이 자동차 생산의 끊임없는 확대를 의미한다면 불가능할 것이다. 여기에는 몇 가지 이유가 있다. 도로 교통은 유럽연합 15개국에서 온실가스 배출분 중 20퍼센트가량을 차지하며 교통 부문은 배출이 점점 더 가속되는 부문이다. 설령 우리가 기후변화를 중단시키고 싶어하지 않더라도, 자동차의 시대는 끝났다. 자동차의 샴쌍둥이인 석유 생산이 가까운 미래에 정점에 다가서고 있으며, 지금 같은

2 이를테면 사용자 조직인 스웨덴 기업연맹의 수석 경제학자 스테판 푈스터는 말한다. "다수의 자동차 회사들이 문을 닫는 것은 좋은 일이다"(Fölster 2008).

값싼 에너지는 더는 얻기 어려울 것이다. 실제로 자동차에 기반한 교통 시스템은 더는 선택지가 아니다. 업계의 대답은 연료 효율이 높고, 재생 가능 에너지 연료로 움직이는 '그린카'다. 그렇지만 이것은 환상이다.

새로 나온 차는 주행 거리당 평균 이산화탄소 배출이 줄어들고 있다. 1995~2002년 사이에 유럽연합에서 신차의 연료 소비는 평균 13퍼센트 줄어들었다. 그렇지만 같은 기간에 전체 연료 소비는 7퍼센트 늘어났다. 교통량이 늘어났기 때문이다(Holden 2007, 107). 곡물 연료 '해법'은 결코 해법이 될 수 없다. 이 문제의 심각성을 보여주는 몇 개의 수치가 있다. 산림이 풍부한 스웨덴에서 몇 년 전에 정치인들이 산림 부산물(주로 목재)로 만들어지는 합성 디젤인 디메틸에테르^{DME}에 미래가 있다고 말했다. 현재 교통이 소비하는 석유의 양을 대체하려면 세계에서 60억 헥타르의 숲이 매년 소모돼야 할 것이다. 이 시나리오에 따르면 한 그루의 나무도 가구, 건설, 제지, 난방 등 다른 용도로 쓰여서는 안 되며, 그것도 지구에서 숲의 면적은 40억 헥타르에 불과하다는 (게다가 줄어들고 있다는) 사실에 직면하게 될 것이다.

2005년에 곡물 연료는 도로 교통 연료 소비에서 1퍼센트를 차지했다. 낙관적인 추산은 2050년에 이 비율이 13퍼센트에 이를 수 있다고 제시한다(Dornboech and Steenblik 2007). 이런 온건한 전망에 대해서도 이미 FAO는 그 결과를 이렇게 묘사한다. "수출 주도 산업 정책을 감안할 때, 농업, 축산업, 임업의 수요, 그리고 점차 많아지는 바이오 연료 수요의 지속적 증가는 숲에 가해지는 압력을 증대시킬 것이다"(FAO 2009, 46).

에탄올 같은 대안적 유형의 연료들은 똑같은 문제에 직면한다. 우리가 연소시키는 석유를 대체할 만큼의 경작지와 물이 존재하지 않는다는 간단한 문제 말이다. 그리고 옥수수로 만드는 에탄올이나 콩으로 만드는 디젤의 경우, 이런 연료들은 세계 민중을 위한 식량 생산과 직접 충돌하게 된다(Cotula et al. 2009; Dornboech and Steenblik 2007).

그럼 전기차는 어떤가? 아니면 수소 엔진은? 내연 기관(주변 공기를 데우는 효과를 내는 기관)이 전기 모터로 대체되면 효율성이 크게 향상 되겠지만, 마찬가지로 해법은 아니다. 수소나 전기 모두 에너지원이 아니다. 어딘가 다른 곳에서 생산돼야 할 에너지의 운반자일 뿐이다. 오늘날 세계 전기의 3분의 2가 화석연료 발전소에서 생산되며, 이것은 재생 가능 에너지원으로 시급히 교체돼야 할 대상이다(IEA 2009, 24).

유럽연합 환경국의 집행위원장 재클린 맥글레이드는 이 문제 전체를 간명하게 요약한다. "우리가 교통 분야 배출 문제에서 벗어날 길을 만들어내는 것은 불가능하다"(European Environment Agency 2007). 오늘날 세계 도처의 자동차 공장에서 트렁크에 부착된 모든 '녹색', '에코', '바이오' 등의 딱지가 하는 기능은 환경을 구하는 것이 아니다. 도로 교통의 환경 문제가 고려되고 있다는 느낌으로 우리를 유혹해 자동차를 팔기 위한 것일 따름이다. 우리가 늘 하던 대로 도로를 건설하고 자동차를 사서 운전하기를 계속하면 만사형통일 것이다. 이런 문제는 전기차의 경우 가장 뚜렷하다. 막대한 공적 자금과 사적 자금이 미래에 대한 모호한 희망을 발전시키는 데 투입되는 동안, 기능이 우월하고, 에너지 효율적이며, 전기로 추진되는 수단들(기차와 경전철 등)이 교통에서 차지하는 비중은 세계적으로 줄어들고 있다.

내가 볼 때 승용차에 기반한 교통 시스템에는 미래가 없다. 모든 자동차가 퇴출돼야 한다는 의미가 아니다. 지속 가능한 교통 시스템에서 자동차의 자리가 존재하지만, 교통 시스템의 주요 지지대로 기능하지는 않는다. 그것은 가장 크게 봐도 좀더 지속 가능한 교통 방식 위에 만들어진 시스템에서 '틈새를 때우는' 것일 수 있다. 특히 도로 교통의 양은 장기적으로 볼 때 지속 가능한 수준에 맞춰져야 한다. 그리고 이런 상황은 우리가 아는 바와 같은 자동차 산업의 종말을 의미할 것이다.

더욱이 경제 위기와 변화하는 국제 관계는 자동차 산업을 극적으로 재구성하고 있다. '이제껏 하던 대로as usual'라는 말은 빨리 잊을수록 더 좋다. 그렇지만 이 산업이 죽어가도록 두는 것은 보조금을 통해 살려두는 것보다 더 나쁜데, 사회적, 현실적, 정치적인 세 가지 이유 때문이다.

첫째, 사회적 효과의 문제가 있다. 적어도 스웨덴에서는 '창조적 파괴'가 절반만 작동할 것이다. 즉 파괴적이기만 할 것이다. 산업들은 흥하고 또한 저물어 간다. 1960년대에는 스웨덴의 섬유 산업이 퇴출됐고, 1970년대와 80년대에는 조선소에서 똑같은 일이 일어났다. 다른 부문들, 무엇보다 자동차 산업과 특히 공공 서비스 부문은 성장했다. 이런 '구조 변화' 촉진은 노동조합과 사민당의 공식 정책이 됐다. 오늘날 다른 어떤 산업도 성장하지 않고 있으며 공공 부문은 삭감에 직면해 있다. 스웨덴 같은 자동차 의존 경제에서 자동차 산업의 파괴는 재앙을 의미하게 될 것이다. 둘째, 자동차 산업 같은 산업은 그저 기계와 건물의 묶음에 불과한 것이 아니다. 무엇보다도 그것은 사람들의 조직이다. 만약 그 조직을 해체한다면 이런 행동은 자동차를 분해해 바퀴, 크랭크샤프트, 배선, 차축을 폐차장에 각 덩어리로 나눠 던져버리는 것과 같다. 부품이나 사람이나 마찬가지겠지만 그것은 더는 기계가 아닐 것이고, 산업은 더는 하나의 산업이 아닐 것이다. 따라서 인류가 지금까지 겪은 가장 가혹한 도전에 직면하게 되면서 250년 동안 화학 에너지를 둘러싸고 건설된 경제와 생산을 변화시키기 위해 우리는 가능한 모든 자원을 활용할 필요가 있다. 한 세기 가까이 건설하고 발전시켜 온 산업 복합체를 파괴하는 행위는 무책임한 자원 폐기가 되고 말 것이다. 대신에 나는 자동차 산업에 '제3의 길'을 제안하고자 한다.

여기서 내 기술적 출발점은 자동차 산업이 석탄 광업이 아니라는, 말하자면 단지 한 가지의 생산에 국한된 산업이 아니라는 것이다. 그것은 복잡다단한, 유연한 장치로서 고도화된, 고품질 기술재의 대량 생산 체제다. 초대형 유조선이나 휴대폰 생산을 먼저 선택할 수도 있겠지만, 그 사이에 있는 매우 많은 여러 가지 것들도 생산할 수 있다. 자동차가 단지 프레임 위에 엔진 하나를 얹고 바퀴 네 개를 단 기계일 뿐이던 때는 오래전이다. 오늘날 자동차는 고도화된 연구와 생산 과정의 결과로 각 부분들이 만들어진 많은 복합적 체계로 구성된다. 자동차의 생산과 발전은 모든 분야의 기계와 금속학뿐 아니라 음향이나 행동과학 같은 다양한 영역의 전문 지식을 요구한다.

이런 과학적 기술보다 더욱 중요한 것은 자동차 산업의 가장 중요한 특징, 즉 효율적인 대량 생산에 전문화돼 있다는 점에 있다. 때로는 극단적인 정도로, 그리고 거기서 일하는 우리 일부를 희생하면서, 자동차 산업은 물류, 생산 기계공학, 생산 설계, 물량 조절 등에 능통한 전문가들을 가지고 있다. 이런 시스템은 많은 종류의 생산에 적용할 수 있다. 물론 효율적인 대량 생산은 우리가 화석연료 경제를 대체하려 할 때 필요로 하게 될 바로 그것이다. 대량 생산은 복잡한 기계 장치들을 저렴하게 만들며, 풍력 터빈 생산이나 다른 재생 가능 에너지 생산 장치들, 그리고 트램과 기차 등 지속 가능한 교통 체계를 위한 차량과 시스템 생산에 적용돼야 한다. 가장 낮은 수준이더라도 우리 노동자들이 일하는 곳에서는 심오한, 그러나 종종 암묵지에 속하는 대량 생산 기술과 방식이 활용된다. 그리고 우리가 변화와 전환에 익숙하다는 점도 마찬가지로 중요하다.

최근 몇 십 년 사이 자동차 산업의 유행은 아주 빠른 속도로 새 모델들을 도입했다. 기계 재편성, 재구축, 재훈련 등은 우리 일상의 일부다.

이런 전환 능력은 억지로 상상한 전망이 아니라 실제로 역사적으로 이미 일어난 것이다. 진주만 공습 이후 몇 달간, 미국 정부는 승용차 생산을 금지하고 자동차 산업에 전시 생산으로 전환할 것을 주문했다. 확실히 자동차 산업은 전환에 용이했고 그동안 만들지 않던 제품을 생산해냈다. 포드 등 생산자들은 대량 생산 지식을 탱크와 폭격기를 만드는 데 적용함으로써 이런 요구를 따랐다(그리고 떼돈을 벌었다). 미국의 자동차 산업은 전시 생산으로 완전히 전환한 유일한 분야였다. 그리고 이 배경에는 특히 대량 생산에 관련한 자동차 산업의 유연성과 지식이 있었다. 포드의 전설적인 생산 기술자 찰스 소렌센은 이렇게 말했다.

포드 V-8을 엔진이 네 개 달린 폭격기 해방자호Liberator bomber와 비교하는 것은 차고를 마천루와 한데 묶는 것과 같을 테지만, 그 거대한 차이 뒤에는 둘 다의 대량 생산에 적용되는 동일한 근본 원리가 있다는 것을 나는 알았다. 전기 부화기나 손목 시계에 대해서도 마찬가지일 것이다. (Sorensen 2006, 281)

요약해보자. 자동차 산업은 자동차 생산에 기술적으로 국한되지 않는, 뛰어나고 범용성을 갖춘 조직이다. 이 산업은 우리 사회를 지속 가능한, 탄소 중립적 사회로 전환하는 데 중요한 구실을 할 수 있다.

그러나 위에서 언급한 두 가지 이유, 즉 사회적인 이유와 기술적/실용적인 이유가 자동차 산업이 죽도록 내버려두지 않을 충분한 이유가 된다면, 그것들은 내가 자동차 산업에 대한 자본주의적 쌍둥이 제안에 반대하는 가장 중요한 근거가 아닐 것이다. 기후 문제는 기술에 관한 것이 아니다. 기후는 정치에 관한, 말하자면 계급투쟁에 관한 문제다.

인류가 온실가스 배출을 감축해야 한다는, 그것도 빨리 감축해야 한다는 데에는 (일부 '평평한 지구' 논자들을 제외하면) 공통적 이해가 있는 듯하다. 그렇지만 우리도 알다시피 이런 목표는 실현되지 않고 있다. 192개국 정부가 유엔 기후변화협약에 서명한 1992년부터 지금까지, 온실가스는 협약의 목표이자 점점 더 한목소리로 염려를 더하고 있는 과학자 공동체가 요구한 필수적 하락 대신 오히려 40퍼센트 증가를 보였다. 이런 결과는 책임질 위치에 있는 사람들이 뭘 모른 탓이거나 인류를 절멸시키려 하는 악인들이어서가 아니라, 취해져야 할 조치들이 자본주의의 근본 작동 원리나 우리 사회와 세계를 지배하는 기업의 권력을 문제삼을 것이기 때문이다. 다른 많은 쟁점들에서 그렇듯, 기후 문제에서 이성은 거대한 물질적 이해의 권력과 대척점에 선다. 이성과 물질적 이해 사이의 투쟁에서 물질적 이해는 백전백승이다. 이런 상황은 노동운동에서도 새롭지 않다. 우리가 경험한 어떤 개선이라는 것이 있었다면, 그것들 중 저절로 일어난 경우는 없었다. 8시간 노동, 휴가 제도, 건강보험, 보통선거권, 노동조합을 조직할 권리 등은 공손한 상상의 결과가 아니라 격렬하고 끝없는 투쟁의 결과였다.

따라서 우리가 이성이 승리하기를 바란다면, 이성을 무장시키고 권력에 도전할 수 있도록 사회적 근육을 붙여줘야 한다. 이것이 우리, 위협받는 자동차 산업의 노동자들이 맞닥뜨린 순간이다. 우리 일자리를 위한 싸움은 건강한 반사 작용이며, 시장이 우리 문제를 풀어주기를 수동적으로 기다리며 포기하는 것과는 반대의 태도를 의미한다.

우리가 뭔가에 맞서 제대로 싸울 수 있으려면 공동체의 결속을 유지해야만 한다. 이것이 '산업을 죽게 내버려두기' 전략이 심지어 산업 지원 요구보다 더욱 나쁜 선택인 또 하나의 이유다. 출발점은 계급 연대, 말하자면 우리 일자리를 위한 단결과 투쟁이어야 한다. 그렇지만 그런 투쟁은 매우 힘든 싸움이며 한 회사 또는 부문 내에 갇히면 이길 가능성은 거의 없다. 우리는 사회 전반의 지원과 개입을 도모해야 한다.

그렇지만 우리가 그저 납세자의 돈을 다국적 기업들에 쏟아부어서 계속 기계를 생산하며 지구를 파괴할 수 있도록 하라고 말한다면 대부분의 사람은 우리를 지지할 가치가 없는 특별한 이해 집단으로 간주할 것이고, 그런 생각은 당연하기도 하다. 성공으로 가는 길이라면 대신 이렇게 말할 것이다. 지금 국가의 도움을 구걸하는 기업 지도자들은 자동차 산업을 경영할 자격을 잃었다. 국가는 그 사람들의 권력과 파괴적 생산이 지속되도록 지원하면 안 된다. 대신에 사회가 개입하고 산업의 통제력을 장악해 이것을 사회가 직면한 도전들을 해결하는 데 활용해야 한다. 산업을 국유화하고 전환해 안전한 일자리와 생산을 창출하고 화석연료 경제에서 벗어나는 데 기여하게 하라. 이것이 내가 자동차 산업을 위한 '제3의 길'로 주장해온 것이다. 기후 쟁점과 당면의 일자리 보호 요청을 연결하는 것은 넓은 사회적 동맹을 위한 플랫폼이 될 수 있다. 그리고 이런 연결은 이성의 손에 엄청난 무기를 쥐여주게 될 것이다.

그렇다고 하더라도 이런 생각들을 어떻게 현실로 바꾸어낼 수 있느냐는 큰 문제다. 전환을 신뢰할 만하게 만드는 것은 중요한 방법의 하나다. 내가 일하는 공장에서는 집단적 자기 확신이 거의 부재하다시피 하다. 이 공장만 특별히 그런 상태는 아니며, 스웨덴의 노동계급, 그리고 여러 수위에 걸쳐 있기는 하지만 세계 전체의 노동자들에게도 가장 큰 장애물이다. 우리 공장에서, 점점 더 권위주의적이고 통제적으로 돼가는 공장 체제에서 경영진은 이런 약점을 최근 몇 년간 최대한으로 활용했다. 그래서 우리가, 하층에서도 최하층인 우리, 발걸음 하나하나와 일분일초를 통제당하는 우리, 자동차를 조립하면서 어떤 순서로 너트와 볼트를 집어들지도 결정할 수 없는 우리, 심지어 우리 자신의 노동조합조차 마음대로 못하는 우리가 공장을 운영할 수 있을 뿐 아니라 회사 전체를 운영하고 생산의 방향까지 변화시킬 수 있으리라는 생각은 내 동료 노동자 대부분에게는 마치 에스에프처럼 들린다. 좋은 생각이기는 하지만 현실성 바깥에 있는 것이다. 우리는 어디서, 그리고 어떻게 시작해야 할지 알려고도 하지 않는다.

첫 번째 걸음은 이 문제에 대해 이야기하고 글을 쓰며, 이 생각을 가능한 한 여러 방식으로 소개하는 것이다. 여전히 대부분에게는 에스에프일지 몰라도, 조만간 공장 폐쇄나 더 나쁜 상황이 다가올 때 최소한 이 에스에프를 읽은 몇몇 사람에게는 도움이 될 수도 있다. 내가 아직까지 도달해 있는 단계가 여기다. 나는 공적 논의의 장에서 무대를 만들기 위해 이 쟁점에 관한 책을 썼다(Henriksson 2011). 사실 이것은 결코 첫걸음이 아니다. 첫걸음은 필요한 것이 무엇이든 그것을 위해 함께 싸우는 방법을 배우는 일이다. 만약 우리가 매일의 작은 싸움들에 상관하지 않은 채 거창한 계획만 떠들고 있다면, 사람들은 우리를 허공에 성을 쌓으려는 수다쟁이로 볼 것이다. 따라서 나는 이런 '소소한' 투쟁들에 개입한다.

두 번째 걸음은 다양한 부문들을 어떻게 전환할지에 대해 구체적인 계획을 만드는 것일 수 있다. 1980년대에 우리는 스웨덴에서 핵 발전에 관련한 국민투표를 실시했다. 환경운동이 한 가장 중요한 일 중 하나는 대안 에너지 계획을 제출한 것이었다(Miljöverbundet 1978). 이 계획은 어떻게 핵 발전이 폐지되고 재생 가능 에너지로 대체될 수 있는지를 자세히 보여줬다. 이 계획은 캠페인에서 매우 중요한 도구가 됐고, 활동가들을 교육할 수 있었고, 운동에 나선 사람들에게 확신을 가져다줬다.

2009년 5월, 유럽 여러 나라의 환경운동가, 시민 그룹, 연구자, 노조 대표들이 독일 쾰른에 모여서 지속 가능한 교통 시스템에 대해 토론했다. 참가자들은 철도 민영화에 반대하고 지속 가능한 교통을 위한 쾰른 선언을 발표했다. 이 회의에서 '레일 유럽 2025'가 제출됐는데, 이것은 유럽의 교통 시스템을 15년 안에 전환해서 이산화탄소 배출을 75퍼센트 줄이려는 구체적인 계획이었다. 이런 종류의 계획은 노동조합과 다른 운동들이 정치적 압력을 형성하기 위해 활용할 수 있을 것이다.

영국에서는 노동조합 네트워크인 기후변화 대항 캠페인Campaign Against Climate Change이 '100만 개의 기후 일자리One Million Climate Jobs'라는 귀에 쏙 들어오는 운동을 시작했고, 이런 일자리를 어떻게 현실로 만들수 있으며 그런 변화가 온실가스 배출 감축 속에서 가능할지를 자세히 보여주는 팸플릿을 펴냈다(Neal 2010). 비슷한 캠페인들이 남아프리카공화국에서도 시작됐다(One Million Climate Jobs 2012).

세 번째, 그리고 내가 볼 때 가장 중요한 걸음은 이런 계획과 아이디어들을 발전시키고 구체적인 작업장들, 풀뿌리 수준의 생산에 적용하는 것이리라. 내가 알고 있는, 중요성을 지닌 유일한 사례는 1970년대 영국의 루카스 항공사에서 일어난 것이다. 이 회사는 주로 군수품을 생산했는데, 군비 삭감에 직면하는 동시에 항공 산업의 일부를 국유화하기 시작한 새 노동당 정부의 정책에 고무된 노동조합들은 일자리를 지키기 위해 군비 확충에 더 많은 재정을 투입하라고 요구하던 과거의 관습을 깼다. 그 대신 노조들은 여러 공장의 조합원들이 회사가 생산할 수 있을 사회적으로 유용한 다양한 생산품에 관련된 계획을 발전시키는 데 참여하게 했다. 비록 투쟁이 궁극적으로 패배하기는 했지만 그 계획은 지지를 조직하는 수단으로 활용됐고, 세계 곳곳에서 반향을 불러일으켰다(Wainwright and Elliot 1981, Räthzel, Uzzell and Elliot 2010).

반대로 이 아이디어를 지칭한 '대안적 생산'이라는 개념은 그렇게 단순치 않다. 1970년대에 스웨덴에서 조선 산업, 철강 산업, 섬유 산업에서 최후까지 남은 부분 등 몇 개의 산업 부문이 위기에 봉착했다. 한동안 '대안적 생산'이 루카스에서 얻은 영감과 더불어 희망적인 유행어가 됐다. 그렇지만 이 깃발 아래서 일자리를 지키려고 한 거의 모든 시도는 실패하고 말았다. 대부분의 사람들에게 '대안적 생산'은 '이윤이 되는 다른 제품'을 의미했기 때문이었다. 당신이 자본가들에 대해 할 수 있는 말이 많겠지만, 그 사람들이 자본가라서 나쁘다고 비난할 수 없는 한 가지가 있다면 이윤을 극대화하려 한다는 것이다. 우리는 그 게임 속에 들어가서 이길 수가 없다! 우리가 '대안적 생산'이라는 아이디어를 활용할 수 있는 방법은 우리가 우리의 숙련을 이용하려 하며, 그것들을 이용해서 자본주의적 의미에서 이윤이 되든 말든 간에 상관없이 사회적으로 유용하고 필요한 제품을 만들어내려 한다고 주장하는 것이다. 이것이 사적 이윤이 아닌 사회적 유용성을 이야기한 루카스 플랜의 힘이었다.

내게는 루카스의 경험에서 언제나 마음을 끌던 또 다른 측면도 있다. 우리가 매일매일 이어지는 쳇바퀴의 굴레에서 벗어날 때 일어나는 것 말이다. 18세기 말에 토마스 페인은 이것을 몇 마디 말로 표현했다.

혁명은 천재성과 재능을 창출한다. 그러나 이 사건들은 그것들을 앞으로 끌어내는 것 이상이 아니다. 사람 속에는 휴면 상태로 잠자는 감각의 덩어리가 있으며, 그러나 뭔가가 자극해 활성화되지 않는다면 그런 조건 속에서 그런 감각들은 무덤까지 그 사람 속에서 침잠하게 될 것이다. (Paine[1975] 2008, 201)

조립 라인에서 아무 생각 없는 작업을 하며 수십 년을 보내고 난 뒤에, 나는 이런 시각에 강력한 힘이 존재한다고 생각한다.

내가 볼 때 경제와 환경의 이중 위기에 맞선 대응으로 전환의 쟁점을 제기하는 가장 중요한 이유는 사회적 수준에서, 그리고 작업장에서 나타나는 그 집합적 본성에 있다. 공장 폐쇄나 정리해고가 발생할 때 노동조합들은 대체 일자리, 퇴직 수당 패키지, 또는 재훈련 요구로 대응한다. 그것 자체로 잘못은 없지만, 이런 방식은 노동자 집합체의 해체를 얼마간 수용하는 개별적 해법이다. 산업 전환의 아이디어는 이 집합체의 유지에 기반한다. 이것은 우리가 불확실한 미래라는 맥락에서 한 사람씩 싸우는 것이 아니라 함께 투쟁할 수 있는 구체적 요구다.

2008년 봄, 위기가 고조될 때 나는 스웨덴 국영 라디오에서 마련한 어느 토론에 참가했는데, 함께한 이들 중에는 산업에너지부 장관인 모드 울로손Maud Olofsson도 있었다. 내가 자동차 산업과 자동차 산업의 생산물을 비판하고 전환을 옹호하는 이야기를 하자, 한 언론인은 앉아 있는 나뭇가지를 자르고 있는 것은 아니냐고 내게 물었다. 이런 질문은 자동차 산업의 미래에 대해 토론할 때 내가 만나게 되는 가장 공통된 화제들 중 하나다. 환경주의적 비판에 직면할 때 산업에 속한 노동조합들의 공통된 반응은 조합원을 회사의 인질로 묶어두는 것이다. 우리 일자리에 대한 위협은 환경적으로 유해한 생산물에 관여하지 말라는 주장으로 활용됐다. 이런 때는 우리 일자리가 곧 위험에 처해 있는데 세계를 구하기 위해 자동차 노동자들에게 (또는 오염 산업의 다른 노동자들 누군가에게) 너무 큰 짐을 지우게 되는 것이 아니냐는 질문이 나온다. 이런 질문에 대한 내 대답은 라디오 토론 프로그램에서 그 언론인에게 한 것과 똑같다. 나는 자동차 산업에서 일하는 우리들이 세계의 다른 사람들보다 더 환경 의식을 갖고 있다고 생각하거나, 우리가 다른 누구보다 대량 자동차 교통의 파괴적 영향에 더 책임이 있다고 생각하지 않는다. 전환 전략은 우리에게서 희생양을 요구하지 않으며, 다른 방식을 모색하는 것이다. 만약 자동차 산업에서 일하는 우리가 우리의 미래가 자동차에 있다는 생각에 계속 매달리면, 결국 우리는 노동자는 물론 인간으로서 패배하게 된다. 이 산업이 전환돼야 한다고 요구하고 전환 계획을 작성하는 것은 우리의 일자리를 지킬 뿐 아니라 세계 또한 지키는 가능한 길이다.

참고 자료

Cotula, L., Vermeulen, S., Leonard, R. and Keeley, J. (2009) "Land grab or development opportunity? Agricultural investment and international land deals in Africa." IIED http://pubs.iied.org/12561IIED.html (accessed 5 March 2012).

Dornboech, R. and Steenblink, R. (2007) "Biofuels: is the cure worse than the disease?" Paper from the Round table on sustainable development, OECD, Paris, September, www.oecd.org/dataoecd/15/46/3934896.pdf (accessed 5 March 2012).

European Environment Agency (2007) *Transport – bottom of the Koyto class against*, Copenhagen: European Environment Agency. www.eea.europa.eu/pressroom/newreleases/transport-bottom-of-the-kyoto-class-again (accessed 5 March 2012).

FAO (2009) "State of the World's Forest". www.fao.org/docrep/011/i0350e/i0350e00.htm (accessed 5 March 2012).

Fölster, S. (2008) "Bara sunt att ett antal biföretag läggs ner", Newsmill 2008-12-04, www.newmill.se/node/2389%23comment-8095 (accessed 5 March 2012).

Henriksson, L. (2011) *Slutkört*. Stockholm: Ordfront förlag.

Holden, E. (2007) *Achieving Sustainable Mobility: Everyday and Leisure-time Travel in the EU*. London: Ashgate Publishing Ltd.

IEA (2009) "Key World Energy Statistics 2009". www.iea.org/publications/free_new_desc.asp?pubs_ID=1199 (accessed 5 March 2012).

Miljöverbundet (1978) *Malte 1990: förslag till miljörörelsens alternativa energiplan*. Huvudrapport. Industridepartmentet, Energikommissionen.

Neale, J. (2010) "One million Climate Jobs. Solving the economic and environmental crisis." Campaign against Climate Change. www.climate-change-jobs.org/sites/default/files/1MillionClimateJobs_2010.pdf (accessed 5 March 2012).

Paine, T. ([1795]2008) *The Rights of Man*. ReadHowYouWant. www.readhowyouwant.com.

Räthzel, N., Uzzell, D. and Elliot, D. (2010) "The Lucas Aerospace experience: Can Unions become environmental Innovators?" *Soundins*, vol. 46, 76-87

Sorensen, C. E. (2006) *My forty years with Ford*. Detroit, MI: Wayne State University Press.

Wainwright, H. and Elliot, D. (1981) *The Lucas Plan: a new trade unionism in the making?* London: Allison & Busby.

2부

전세계 노동조합들은 어떤 환경 정책을 펼치는가

8장

신자유주의적 세계 경제와 자연
— 노동조합의 역할을 재정의하기

재클린 콕, 로브 램버트

우리는 현재의 경제적이고 환경적인 위기에 대처하기 위한 노동자와 환경 활동가들의 초국적 연대 네트워크 구축을 주장한다. 이것은 노동자가 국가 수준의 전통적인 조직 형태에서 탈피하는 것뿐 아니라 일자리와 작업장에 대한 관행적인 초점을 환경 쟁점들을 포괄하도록 확대할 필요가 있다는 것을 의미한다.

들어가며

우리는 신자유주의 세계화의 현재가 갖는 두 가지 특징, 즉 환경 위기, 특히 기후변화, 그리고 생산의 지구화가 이런 변화를 절실하게 만든다고 본다. 우리는 이 두 가지 특징이 어떻게 새로운 정치적 공간과 함께 지역적 저항을 지구화하는 동력을 제공하는지를 살펴본다. 이것은 먼저 세계은행의 대부에 대항하는 기후정의 운동의 조직화 사례에서, 그리고 다음으로 초국적 동맹인 '아르셀로 미탈Arcelor Mittal 세계 행동'의 결성에서 분명히 드러난다. 남반구의 두 노동연합 조직인 COSATU와 ACTU에 대한 분석은 이제까지 등장한 사례들보다 더 크고 깊으며 강력한 새로운 유형의 초국적 연대가 출현할 수 있다는 것을 보여준다. 그렇지만 우리는 노동조합의 역할에 자연의 방어를 포함하도록 재정의하고 확장하는 데 존재하는 제약과 장애물들에 주목한다.

기후변화는 새로운 형태의 지구적 연대를 촉발시킬 수 있었다. 이해관계와 정체성에 기반한 연대들을 넘어 나아가기 위해 리처드 하이먼은 상호의존성에 기반하는 '차이에도 불구하고 존재하는 상호성'을 수반하는 연대를 강조한다. 하이먼은 이렇게 결론 내린다.

문제는 지역적, 전국적, 유럽적, 지구적인 것을 포괄하는 방식으로 연대를 재개념화하는 것이다. 노동조합이 살아남고 힘을 이어가기 위해서는, 연대의 원칙은 재정의돼야 할 뿐 아니라 재창조돼야 한다. 현장의 노동자들은 이런 재정의와 재창조에 적극적 참여자가 돼야 한다. (Hyman 2011, 27)

인간 생존을 위협하는 가장 분명한 경고로서, 기후변화의 담론은 이런 과정에 중요한 기여를 할 수 있다.

생태 위기에 대한 자본의 응답

기후 위기에 대한 자본의 대답은 시장의 효율성이 자연과 자연의 재생산에 작동하게 해서 새로운 '지속 가능한 자본주의'나 '녹색 자본주의'

를 창출함으로써 이 체제가 계속 확장할 수 있다는 것이다. 녹색 자본주의의 두 기둥은 기술 혁신과 시장의 확장이며, 자본주의의 현 제도들은 건드리지 않는다. 녹색 자본주의의 좀더 자세한 내용은 다음 같다.

- 교토 의정서에 포함된 탄소 거래제의 일부로서 탄소 상쇄carbon offsetting에서 이윤을 획득하기.
- 소비를 촉진하는 마케팅 도구로서 자연을 (심지어 그 위기를) 내세우기.
- 이산화탄소와 다른 온실가스를 포집해서 지하에 밀어 넣는 장치의 설치를 수반하는 CCS를 통해 제대로 검증되지 않은 청정 석탄 기술을 개발하기.
- 태양력, 원자력, 풍력 등 새로운 에너지원을 개발하면서 에너지 효율을 강조하는 새로운 시장을 창출하기.
- 토지를 식량 생산에서 바이오연료 생산으로 대규모 용도 전환하기.
- 환경 규제가 취약한 지역으로 생산을 이전하기.

이런 전략들 모두에는 상품화의 거대한 과정이 깔려 있다. 자연과 모든 사회적 관계들을 경제적 관계로 바꾸고 이것을 시장 논리와 이윤의 정언 명령에 복속시키는 것이다. 그렇지만 '녹색' 또는 '지속 가능한 자본주의'라는 개념은 점점 더 많은 비판에 직면하고 있다(Harris-White in Panitch and Leys 2006; Kovel 2007; Foster 2009).

이런 비판들은 **자본의 축적 논리**가 생명을 지탱하는 모든 생태적 조건들을 파괴하고 있다는 이해에 기초한다. "진지한 관찰자라면 이제 환경 위기의 심각성을 아무도 부인하지 않지만, 그 위기가 자본주의적 위기라고는 아직 널리 인식되지 못하고 있다. 이 위기는 자본의 지배에서 생겨나고 가속화된 것으로서, 자본주의적 틀 안에서는 해결될 수 없다"(Wallis 2010, 32). 이것이 형성 중인 기후정의 운동의 핵심적 관점이다.

생태 위기에 대한 노동의 응답

자연과의 관계를 자본 축적의 모순적 동학 안에 놓고 보는 이런 비판적 접근은 하나의 정치적 선택이다. 녹색 자본주의에 대한 이런 비판은 오스트레일리아에서는 담론의 일부가 되지 못하고 있다. 이 나라는 환경 쟁점들에 대해, 당 내부의 투쟁에서 형성된 기업(사업적 시각)과 노동(사회의 필요 시각) 사이의 타협을 반영하는 사회민주주의적 접근을 보여준다. 오스트레일리아 노동당ALP은 1983년에 선거 승리와 함께 신자유주의적 구조 조정에 압도적인 지지를 보냈고, 같은 선상에서 당은 탄소 거래 체제를 통해 탄소 오염에 대한 시장 기반 해법을 옹호했다. ACTU는 ALP 정부의 기후변화 정책을 승인하고 오스트레일리아 환경보전재단ACF, 오스트레일리아 사회서비스회의ACOSS, 남십자성기후동맹SCCC의 구성에 기반한 기후 기구와의 연합(운동이 아니라)을 통해 녹색 일자리 촉진에 주력하고 있다.

이런 동맹들의 활동은 로비에 기반한다. ALP 연정이 제안한 탄소세를 반대하는 여론이 높아지는 와중에 ACTU는 2011년 2월에 한 사업을 시작했는데, 이것은 5월에 가서 '세이 예스Say Yes'라는 이름의 캠페인이 됐다. ACTU와 환경 단체들은 5월 30일에 '전국 예스 주간'을 열었고, 세계 환경의 날인 6월 5일까지 전국 순회 행진이 이어지며 열기가 고조됐다. '예스'라 말하기는 ALP-녹색당 연정이 제안한 탄소세에 협소하게 초점이 맞춰졌다. ACTU와 ACF는 2010년에 추진한 합동 보고서에서 2030년까지 77만 개의 '그린칼라' 일자리를 창출할 잠재력이 있다고 주장했다(ACTU 2010). 선전, 청원, 주요 도시에서 벌인 행진을 포함한 '세이 예스' 캠페인은 넓게 봐서 '녹색 자본주의' 시각의 틀에서 전개됐다.

노동조합들은 2012년에 고정 가격으로 시작해 3년 또는 5년 안에 완전한 배출권 거래제로 나아갈, 효과적인 가격 메커니즘을 발전시키는 …… 과정의 합의를 환영한다. 오염에 대한 가격 책정은 세계에서 인구당 오염 유발이 가장 높은 오스트레일리아의 경제 행동을 변화시키는 데 기여할 것이다. 수익금은 미래에 일자리와 지역 공동체를 지원하는 데 쓰이게 될 것이다. (ACTU 2011)

그런 개입의 결과를 둘러싼 문제는 첨예한 논쟁거리인 것이 당연하다. 광업, 제조업, 건설업, 운송업 부문의 블루칼라 노동조합들은 저탄소 경제로 나아가는 전환이 일자리에 미칠 영향을 염려한다. 여기에는 오스트레일리아노동자조합[AWU], 오스트레일리아항만노동조합[AMWU], 전력노동조합[ETU], 건설·임업·제조업·에너지노동조합[CFMEU]이 포함된다. 이런 그룹 중 우파인 AWU는 이 영역에서 어떤 행동에도 격렬히 반대하면서, 대신에 청정 기술을 도입할 기업 보조금을 위해 로비를 벌인다(Snell and Fairbrother 2010, 87). AWU는 철강 기업들의 반대를 지지하면서 이렇게 주장했다. "AWU는 한 개의 철강 일자리라도 잃게 만드는 탄소세를 지지하지 않을 것이다"(AWU 2011).

CFMEU에서 정치적으로 진보적인 광업과 에너지 분과는 기술적이고 정치적인 시각에서 기후 논쟁에 개입했다. 광부 조합원이 다수를 차지하는 이 노동조합은 기후 정책 논쟁에 가장 활발히 참여하는 노조 중 하나다. 이 노조는 '정의로운 전환' 접근을 추구하고 있다. 이런 접근은 취약한 노동자들을 보호하기 위한 노력들을 포함한다. 오스트레일리아의 경우에 이것은 시장 해법이 영향을 받는 지역에 경제적 다양성과 회복력을 촉진하기 위한 직접적인 공적 투자와 민간 투자를 목표로 하는 녹색 산업 정책으로 보완된다는 것을 의미한다(Maher 2011). 탄소 포집과 저장에 대한 ALP의 정책을 지지하면서 노조는 석탄협회, WWF 오스트레일리아, 기후 기구와 힘을 합쳤는데, 이런 시도는 일부 기후정의 그룹에게는 '석탄 로비'의 다른 전선으로 비친다(Snell and Fairbrother 2010, 89).

AMWU와 ETU는 기후 위기에 대한 해법으로 시장을 넘어 바라보는 노동조합들로, 녹색 경제와 지속 가능한 산업을 육성하기 위한 국가 개입을 강조한다. AMWU의 서오스트레일리아 지부는 2010년 5월에 2020년까지 100퍼센트 재생 가능 에너지를 요구하는 정책을 채택했다(AMWU 2010). 기후정의 그룹들의 지지를 받는 이런 정책은 환경 시민사회 그룹들에 AMWU가 결합한다는 점을 보여준다.

전력, 통신, 발전 산업 노동자들을 대표하는 ETU는 우라늄 채굴 확대를 반대하는 적극적인 캠페인을 이어왔다. ETU는 환경 그룹들(오스트레일리아 기후행동네트워크)과 원주민 그룹들을 포함하는 광범한 반핵 그룹들과 동맹을 건설했다. CFMEU(E&md)는 탄광업에 종사하는 조합원들과 더불어 시장 해법에 의지한다. AWU의 실리적 노조주의business unionism은 일자리 손실 없는 시장에 대한 강조와 궤를 같이한다. 노동조합들 사이에 공유되는, 그리고 ACTU가 정리한 것은 좀더 에너지 효율적이고 재생 가능 에너지를 기반으로 작동하는, 저탄소 경제를 향한 '정의로운 전환'을 통해 일자리 숫자가 순증할 수 있다는 것이다(Snell and Fairbrother 2010, 90).

전체적으로 보면 오스트레일리아의 어떤 노동조합도 희미한 파국적 요구들에 급진적 조치들을 부과할 사회운동 전략을 내놓지 않는다. ACTU와 가맹 노조들은 기업의 목소리를 대변하는 보수파의 반대가 복지부동 전략을 효과적으로 수행하고 있는 적대적 정치 환경 속에서 ALP 정부의 탄소세를 지지하는 데 전념한다.

남아프리카공화국의 상황은 매우 다르다. 200만 명의 조합원과 20개의 가맹 조직을 가진 COSATU는 기후변화를 발전과 사회에 관한 쟁점으로 인식하고 급진적 해법을 추구하기 시작하고 있다. COSATU는 2009년 대회에서 기후변화에 관한 연구 역량을 확대하기로 결정했다. 10차 전국 대회에서 연맹은 기후변화는 우리 지구와 민중에게 가장 큰 위협 중 하나라고 확인했다. 노조 활동가 푼디 은지만데Fundi Nzimande는 말한다. "우리는 노동계급의 시각이라는 렌즈를 통해 기후변화를 이해하려 한다. 우리는 거대 기업의 관점에 맞서려 한다." COSATU를 비롯해 다른 두 연맹 NACTU와 FEDUSA가 이런 시각을 채택됐다.

우리는 지구적 자본주의 체제에 근본적으로 도전하지 않으면서 기후변화 문제를 다루려는 어떤 노력도 실패할 수밖에 없으며, 인류와 우리 행성을 위협할 새로우면서도 더 크고 더 위험한 위협들을 만들어내게 될 것이라고 확신한다. 기후변화는 자본주의의 지구적 사적 이윤 체제 때문에 야기된다. 온실가스에 대응하는 것은 단지 기술적이거나 공학적인 문제가 아니다. 그것은 현재의 생산과 소비 양상을 실질적으로 전환하는 근본적이면서도 경제적이고 사회적인 변혁을 요구한다. (*Labours' Initial Response to the National Climate Change*, Green Peper 2010, unpublished)

이런 입장은 노동자-환경의 관계를 일자리와 환경 사이의 트레이드

오프 관계로 묘사하는 잘못된 이분법에 도전하는 기후정의 운동의 접근과 일치하는 것이다. 이런 운동은 환경 보호가 일자리를 창출할 뿐 아니라 일자리를 보호하기도 한다고 주장한다. 임업, 여행업, 농업, 점점 커져가는 레저와 야외 레크리에이션 산업 등은 모두 깨끗한 물과 깨끗한 공기, 야생 동식물이 지속하고 자라는 환경에 직접 의존하는 중요한 일자리 원천들이다.

남아프리카공화국에서 기후정의 운동은 '기후 일자리climate jobs'라는 개념을 중심으로 조직화에 나서고 있다. '100만 개의 기후 일자리' 캠페인은 영국 노동조합 캠페인을 본 뜬 것으로 지역 노동운동에 자리를 잡아가고 있다. 이것은 우리가 석탄 대신 재생 가능 에너지를 이용하는 저탄소 경제를 향한 '정의로운 전환'에 들어서려 한다면 풍력, 파력, 조력, 태양력 설비들을 건설해야 할 이들은 노동자가 될 것이라는 주장에 근거한다. 우리의 주택과 건물을 개선하고, 단열 시설을 설치하고, 새로운 형태의 대중교통을 건설해야 할 이들은 노동자들이다. 이 캠페인은 노동 대중의 삶이 이런 과정 속에서 향상될 수 있다는 데 주목한다.

이런 기획들은 기후 일자리들이 평등과 정의를 고취하는 경제적으로 안정적인 일자리여야 한다는 점을 강조한다. COSATU 같은 진보적인 노동조합 연맹들은 설사 축적의 형태가 녹색을 띠더라도 자본 축적은 불평등을 낳게 된다고 주장한다. 이런 관점을 지지하는 목소리는 늘어가고 있다. 2011년 마드리드에서 열린 한 회합은 리우+20과 그 이후로 이어지는 새로운 발전 패러다임에 관해 토론했다. 스페인 환경부 장관은 정의로운 전환이 새로운 모델의 성장을 향해서 만들어지려면 사회적 의제와 환경적 의제가 어쩔 수 없이 함께 갈 수밖에 없다고 강조했다. 녹색 일자리와 녹색 경제에 대한 지지도 두드러졌다.

이런 움직임을 국제건설목공노조^{BWI} 사무총장 앰벳 유손^{Ambet Yuson}은 이렇게 전했다. "권리, 지속 가능성 원칙, 괜찮은 일자리에 기반한 녹색 경제는 우리 사회의 도전들에 적절할 수 있다. …… 노동조합이 요구하는 정의로운 전환은 모든 일자리를 지속 가능한 것으로 전환하는 데 바탕할 필요가 있다"(Sustainlabour 2011).

문제는 이렇다. 녹색 일자리가 시장 확대와 신기술을 강조하면서 근본적 변화는 회피하려 하는 새로운 녹색 자본주의의 한 구성 요소일까. 또는 녹색 일자리가 권리, 지속가능성 원칙, 괜찮은 일자리에 기반하는 녹색 경제의 일부로서, 정의로운 전환의 도전과 만날 수 있을까? 전체적으로 마드리드에서 진행된 논의는 노동조합의 기여가 지속 가능한 세계를 건설하는 데 필수적이며, 따라서 노동조합들은 다른 사회운동들과 맺는 광범한 동맹에 참여해야 한다는 점을 강조했다. 이것은 출현 중인 지구적 기후정의 운동의 틀 아래에서 시작되고 있는 일이다.

기후정의 운동

그런 운동은 지구적으로 (고르지는 않지만) 꾸준히 성장해왔다. 1991년에 70여 개국 500개 장소에서 많은 사람들이 국제 기후행동의 날 행사에 참여했다. 2009년에는 5000개 장소에서, 그리고 2010년에는 거의 모든 나라의 7000개 장소에서 행동이 벌어졌다(Bjork 2011). 코펜하겐의 COP 15 기간에는 기후정의를 위해 10만 명가량이 행진을 벌였고, 많은 참가자들이 '기후변화가 아니라 체제 변화'를 외쳤다. 이 새로 태어난 운동의 요구는 기후변화에 관한 행동에 협소하게 제한되지 않으며, 생태 위기의 근본 원인, 말하자면 자본 축적의 모순적이고 팽창주의적인 논리에 맞서고자 하는 저항이다. 결국 기후정의는 최근 세계 900개 도시에서 행동이 벌어지며 커져가는 '오큐파이 월스트리트' 운동에서 재현되고 있다.

이 발생 단계의 구성이 더 자라날지 사라질고 말지를 가리는 시금석은 노동조합들을 기후정의 운동으로 직접 끌어들이는 선택에 있다. 그렇지만 두 손바닥이 마주쳐야 한다. 노조 지도부가 이런 발전을 수용하고 자연에 대한 강력한 엄호 운동의 필요성 속에서 자신의 역할을 재규정해야 한다. 노동자와 그 조직들이 저탄소 경제로 가는 정의로운 전환에 필수 불가결한 힘인 것은 분명하다. "환경주의자들은 노동자들이며, 작업장 보건과 안전을 증진할 뿐 아니라 노동계급 공동체의 환경적 관심에 대응하는 노력 속에서 명백한 잠재적 동맹자들이다. 노동자들은 건강과 삶의 질 문제 모두에서 환경 파괴와 오염을 정면으로 감내하는 이들이다"(Jakopovich 2009, 75).

통합된 운동의 효과는 새로운, 행동 중심적 방식으로 세계화되고 있는 노동조합들에도 달려 있다. 출현 중인 기후정의 운동이 그런 변화를 수용하도록 압력을 가하는 만큼, 이 과정은 지구적 노조주의를 강화하고 노동조합을 지구적이고 지역적으로 재활성화할 수 있다. 이런 결과는 '기후정의'가 지구적 측면과 지역적 측면 모두에서 강조되기 때문에 가능하다. 지구적으로 보면 정의는 광범한 활동들이 남반구 국가들에 대한 생태 부채를 늘리고 있다고 주장하는 기후변화 활동가들 사이에서 강력한 호소력을 갖는 주제다. 천연자원의 채굴, 불평등한 무역 조건, 곡물 수출에 따른 토지와 토양의 오염과 생물종 다양성 상실 등. 지역적으로 보면 오염과 자원 고갈로 가장 부정적인 영향을 받고 기후변화의 타격을 받게 될 대상이 빈민과 힘없는 이들이라는 증거가 점차 늘어나고 있다.

기후정의 네트워크^{Climate Justice Now Network}는 비아캄페시나^{Via Campesina} 등 남반구의 다양한 여성운동, 환경운동, 민주적 대중운동의 흐름을 모아 2007년 창설됐다. 이 남반구의 기획은 종종 민주적 책임성을 결여하는 거대 환경 재단과 엔지오들의 지구적 동맹에 대한 대안적 시도에 해당한다. 이런 운동들은 가장 직접적인 영향을 받는 이들, 특히 기후변화를 야기하는 탄소 배출에 가장 책임이 없는 남반구 노동 대중의 목소리를 증폭하기 위해 힘을 쏟는다.

기후정의 운동은 풀뿌리 지역 공동체를 지구적 캠페인에 연결하는 비범한 능력을 보여주고 있다. 이를테면 2009년 남아공에서 어스라이프 아프리카^{Earthlife Africa}(요하네스버그)와 그라운드워크^{Groundwork}는 석탄 화력발전소를 추가 건설하려는 에스콤^{Eskom}에 57억 5000만 달러를 대부하는 세계은행에 맞서서 반대 행동을 조직했다. 북반구와 남반구의 조직과 풀뿌리 공동체들 사이의 연락망을 구축하고 대부 반대 운동을 개시했다. 불과 3개월 만에 전세계의 200개 조직(몇몇 노동조합을 포함하는)이 모여 비판 대열에 이름을 올렸다. 그 조직들은 이런 대부 행위가 빈민들이 낼 전기 요금을 인상시키고 남아프리카공화국이 탄소 배출과 기후변화에 끼칠 영향을 크게 할 것이라고 지적했다. 궁극적으로 성공하지는 못했지만, 대부 반대 행동은 출현하고 있는 초국적 연대의 유형을 보여준다.

이 운동은 지구적 엘리트들이 생태 위기를 해결하는 데 실패한 것도 부각시켰다. 코펜하겐, 칸쿤, 더반에서 열린 회의들에도 불구하고 탄소 배출 억제에 관한 구속력을 갖춘 지구적 합의는 존재하지 않는다.

UNFCCC의 의도는 자본주의 경제를 방어하는 것이지 기후를 지키려는 것이 아니다. 이런 실패에 대한 인식은 자연 보호에 대한 대안적인, 사회에 기반한, 운동적 접근의 필요성을 분명히 보여준다. 이제 할 일은 엄청난 긴급성 아래에서 이런 목적을 달성하기 위해 강력한 지구적 사회운동을 건설하는 것이다. 노동조합은 이런 노력에 동등한 파트너가 돼 운동이 사회와 경제(작업장)에 모두 기반하고 새로운 형태의 급진 행동을 취하도록 할 필요가 있다(Webster et al. 2008, 13). 지구적 구조 조정이 노동자들에게 미치는 극적인 영향을 생각할 때, 노동조합은 원칙적으로 기후정의 운동에 힘을 합칠 이해관계를 갖는다. 이것은 자연뿐 아니라 지구적 기업들이 부과하고 사적 자본, 실제로는 사모 펀드가 부추기는 끊임없는 구조 조정으로 유린된 지구 전체의 사회를 방어하는 운동에 합류하는 것이다.

그렇지만 아직 노동조합들은 지구의 곤경에 대한 희미한 인식을 **새로운 종류의 운동**으로, 지구적 범위를 지니면서도 지역 장소에 깊이 뿌리박아서 지구적인 것의 의미가 장소들 사이에 네트워크로 연결되는 운동으로 번역해야 한다. 데이비드 하비는 《자본의 수수께끼The Enigma of Capital》에서, 그런 운동이 '불만에 찬, 소외된, 박탈당하고 가진 것 없는 이들의 광범한 동맹'에 바탕해 구성된다면 에너지와 동원력을 가질 수 있으리라고 주장하면서 이 점을 분명히 지적했다(Harvey 2010, 240). 이 개념과 그런 운동에서 노조가 갖는 역할을 상세히 다루는 것은 이 짧은 글의 범위를 넘어서지만, 새로운 통합적 운동이 지구 곳곳의 다중적 기획들에서 출현하지 않는다면 기후 안정화의 희망은 암울할 것이라는 말만은 할 수 있다. 그런 운동의 특징은 실패한 기획들에 대한 가차없는 비판에서도 나올 것이다. 이어서 새로운 녹색 담론과 이 영역의 조직적 현실 사이의 간극을 파악하려 하는 기획을 간단히 검토해보자.

자본 축적과 자연 ― 아르셀로 미탈의 경우

60년이라는 짧은 시간 동안에 아르셀로 미탈은 벵골의 비교적 작은 지역 철강 생산자로 출발해 2010년에는 세계 최대의 철강 생산업체가 됐다. 이런 확장의 이야기는 하비가 말한 빼앗긴 자들의 운동이 지니는 필수적인 특징과 함께 그것이 나타내는 비범한 도전을 보여준다. 도린 마세이가 《공간을 위하여For Spaces》에서 강조했듯이 그런 기업 확장은 신자유주의적 지구화의 '새로운 권력 기하학'을 반영한다(Massey 2005, 85). 무역, 투자, 금융의 자유는 세계 전역에 걸쳐 미탈에 교섭 기반의 민간 철강 회사들의 인수 합병과 취득을 통한 급속한 축적 기회를 창출했다. 이런 자본 축적은 심각한 노동 착취와 자연 파괴를 부추기면서 지역 공동체들의 파괴를 가져왔다. 세계 곳곳에서 대기와 지하수 오염이 이 회사의 특질이 됐다. 남아프리카공화국 밴더바일파크Vanderbijl Park에서 미탈이 행한 작업은 이런 파괴의 인간적, 사회적, 생태적 비용을 보여준다.

이 파괴에는 차단막 없는 댐에서 흘러나온 독성 물질이 지하수를 오염시키면서 제강소에 인접한 지역 공동체에 다양한 형태의 암과 피부질환을 일으킨 사건도 포함된다. 지역 공동체는 이 기업의 환경 반달리즘에 맞서 뭉쳤고, 처음에 만든 철강계곡위기위원회에 이어서 발Vaal 환경정의동맹을 결성했으며, 미탈의 영향을 비슷하게 받은 다른 노동자들과 연락을 취하려고 시도하기도 했다. 그렇지만 지역 공동체에 대한 노동조합의 개입이 부족한 탓에 이런 운동들은 토대가 취약했다.

COSATU에 소속된 노동조합인 NUMSA는 미탈의 노동력 구조 조정 프로그램에 연관된 일자리 상실을 주로 염려하고 있었고, 이런 상황은 노동력 내부에 깊은 불안정성을 가져왔다. 남아공에서 국영 제강소는 8만 명의 노동자를 고용하고 있었다. 그렇지만 민영화 이후 수천 명의 일자리가 사라졌다.

2008년에는 새로운 활동가 연합이 '아르셀로 미탈 세계행동Global Action on Arcelor Mittal'을 결성했고, 여기에 미국 오하이오 주, 룩셈부르크, 체코, 카자크스탄, 보스니아와 헤르체고비나, 우크라이나, 인도, 라이베리아 등의 활동가들이 합류했다. 이렇게 강화된 네트워크는 아르셀로 미탈의 연례 정기 총회에 대응하기 위해 8개국에서 동시 저항 행동을 조직했고, 미탈이 저지른 세계적 환경 훼손을 면밀히 조사한 두 개의 보고서를 펴냈다. 지구화된 저항, 그리고 철강계곡위기위원회에서 VEJA로, 아르셀로 미탈 세계행동으로 점차 고조된 조직화는 지역에 뿌리박으면서도 지구적으로 연결된 기획들이 잠재력을 가진다는 것을 의미할 수 있다. 그렇지만 미탈의 이야기는 운동의 지구화에서 나타난 현재의 약점 또한 보여준다. 2006년 6월, 제네바에 본부를 둔 국제 노조 연맹인 국제금속노동조합IMF은 17개 노조를 대표하는 52명의 노조 활동가가 참가한 국제 회합을 조직했다. 그러나 유럽식 모델을 따라 회의는 경영진과의 파트너십 건설을 강조했다. 합의문의 첫 구절은 이렇게 시작된다.

회합을 마치면서 대표자들은 아르셀로의 노동조합 형제 자매들과 함께, 새로운 철강 거인 기업에서 노동권을 존중하는 문화를 만들고, 다른 모든 철강 회사들이 따를 기준을 설정하도록 함께 노력할 것을 결의했다. (IMF 2006)

이 회합은 미탈이 자연에 끼친 문제라는 중요한 쟁점은 전혀 논의하지 않았다. 여기에 일자리와 자연 사이의 이해 충돌이라는 관념을 뛰어넘으려 하는 새로운 종류의 운동을 건설하는 중대한 도전이 놓여 있다. 자본 축적의 논리는 일자리**와 함께** 자연을 파괴하는 독특한 과정이며, 따라서 둘 다를 지키는 운동이 요구된다. 그리고 이런 운동은 통제되지 않는, 금융이 주도하는, 사모 투자 축적에 대한 정치적 반대에 기반하는 것이어야 한다. 이런 관점에서 보면 자연을 위한 투쟁은 동시에 자신의 삶이 구조 조정으로 파괴돼온 노동자들과 함께하는 투쟁이기도 하다. 이런 규모의 투쟁은 간디의 독립운동, 미국의 시민권 투쟁, 아파르트헤이트 투쟁, 남반구의 군정 반대 투쟁 등의 역사적 운동들과 함께 **해방** 투쟁으로서 정치적 프레임을 가질 필요가 있다(Lambert 근간). 물론 이런 역사적 운동들은 일국적 목표를 가졌지만, 신자유주의적 자본주의와 행성 차원의 기후 재앙이라는 두 개의 서로 연결된 지구적 위협은 이런 자유와 투쟁의 전망과 이상들이 지구적 수준으로 번역돼야 한다는 것을 의미한다. 빼앗긴 이들의 해방 투쟁은 자연을 위해, 그리고 노동의 안정성을 위해 지구적 운동, 즉 조정되고 합일하는 지구적 수준의 행동이 돼야 할 것이다.

우리가 기대하는 운동의 출현은 '새로운 노동자 국제주의[NLI]'의 선택으로 진전될 필요가 있는데, 이것은 지난 20년이 넘게 지구화와 노동조합 권리에 관한 남반구 운동[SIGTUR]이라는 형태로 남반구(라틴아메리카, 아프리카, 아시아, 오스트레일리아)에서 전개돼왔다. 이런 지향은 새로운 권력 행태들, 특히 상징적이면서 실제 힘을 갖는 형태들의 적용을 실험하고 있다(Webster et al. 2008, 12f). 또한 SIGTUR 안에서는 노동조합의 정체성을 재정의해 신자유주의에 저항하는 좀더 넓은 범위의 저항을 포용하도록 하는 문제를 둘러싼 논쟁도 있는데, 동시에 이것은 생산과 금융의 사회적이고 민주적인 통제와 연결되는 자연에 대한 새로운 지위와 권리에서 발견될 수 있는 대안적인 새로운 전망 또한 진전시킨다.

결론

이 장은 생산의 지구화와 행성 차원의 기후 위기가 신자유주의적 지구화의 새로운 '계기'를 규정한다고 주장한다. 여기에 대응해 제기되는 근본적 질문은 기후정의 운동이 지구적 사회운동의 건설을 촉발할 새로운 정치적 공간을 창출할 수 있느냐는 것이다. 그런 운동은 사회를 위한(노동 구조 조정과 불안정성에 맞서는), 그리고 자연(이 행성의 파괴되기 쉬운 생태계와 기후)에 대한 새로운 태도를 위한 네트워크로 엮이는 투쟁에 기초하게 될 것이다. 그런 운동은 노동운동이 필수 불가결한 역할을 갖는 빼앗긴 자들의 운동이 될 수 있을까? 그런 운동은 노동 불안정성의 위기와 기후변화를 자본 축적의 논리에 연결시킬 수 있을까?

쉽지 않을 것이다. 생산의 지구화는 기업 권력을 크게 집중시켰다. 기업 권력과 그 권력이 환경에 미치는 영향에 관한 핵심 질문은 다음 같다. "물리적 환경은 최근까지도 자신들의 행위가 사실상 도전받지 않고 규제받지 않아온 초국적 거대 기업의 행위들에 맞서 어떻게 보호될 수 있을까? 언어, 정치, 민족성과 문화로 나뉘어 있는 사람들이 일국적 경계를 넘어 권력을 갖는 기업들에 맞서 어떻게 함께 도전할 수 있을까? 빈민들과 무권리자들은 어떻게 목소리를 가질 수 있을까?"(Markowitz and Rosner 2002, 2).

우리는 '시민사회 내의 다양한 종류의 협력적이고 자발적인 행동들을 위해 사람들을 동원할 역량'에 뿌리박은 사회 권력의 강화에 분명한 답이 있다고 주장한다(Wright 2006, 106). 해방의 이름 아래에서든 반자본주의 운동의 이름 아래에서든, 아르셀로 미탈 같은 기업이나 세계은행 같은 기구의 환경 파괴에 적극적으로 도전하는 노동자들과 환경 활동가들 사이의 지구적 동맹은 대항 권력의 중요한 원천이 될 수 있다. 하비는 우리가 어떤 새로운 순간에 들어서 있을지도 모른다고 인정한다. "확실한 것은 없지만, 지금 우리가 서 있는 곳은 거대하고 광범한 대안들에 대한 질문이 세계 이곳저곳에서 점진적으로 터져 나오는 오래 지연된 요동의 시작점일 수 있다"(Harvey 2010, 225).

하비는 '일관된, 반자본주의 변혁 운동의 절대적 필요성'을 주장한다(Harvey 2010, 228).

핵심 문제는 전체적으로 볼 때 자본가 계급의 재생산과 세계 질서에 대한 자본가 권력의 지속에 효과적으로 도전할 수 있는 굳건하고 충분히 통일된 반자본주의 운동이 존재하지 않는다는 점이다. 자본주의 엘리트들을 위한 특권의 보루를 공격하거나 그토록 어마어마한 화폐 권력과 군사력을 억누를 수 있는 확실한 방법이 있는 것도 아니다. …… 어떤 대안적 사회 질서를 향한 입구들이 있기는 하지만, 그것이 어디에 있고 무엇인지를 실제로 아는 사람은 없다. …… 지구적 반자본주의 운동은 무엇이, 그리고 왜 형성될지를 생생하게 그리는 전망 없이는 출현하지 않을 것이다. …… 이중의 장애물이 존재한다. 대안적 전망의 결여가 반대 운동의 형성을 가로막고, 다른 한편 그런 운동의 부재가 대안의 형성을 배제한다. (Harvey 2010, 227)

이 '이중의 장애물'은 스위니가 한 설명에서도 묘사된다.

최근 세계의 노동운동은 '현실 세계'의 역사적 선택지가 본질적으로 양면을 갖는다는 전제 위에서 활동해왔다. 인류가 경제 성장이 배출과 환경 파괴에 대체로 연결되지 않는 '녹색 자본주의'의 일정한 형태로 이행하거나, 또는 우리가 화석연료 기업과 주요 제조업, 농업, 운송업, 상업의 이해가 지금 추세 그대로 유지되도록 하는 '자살 자본주의' 시나리오를 만나게 될 것이라는 예상 말이다. (Sweeney 2011)

'녹색' 자본주의 또는 '자살' 자본주의 둘 다에 대한 대안을 논한다는 것은 노동조합들이 국가를 넘어서고 작업장을 넘어서야 한다는 것을 의미한다. 당면의 과제는 이것이다. 첫째, 시장화된 사회 관계들이 고무한 개인주의와 마이클 리보위츠가 '사리사욕의 감염'이라 부른 것에 대항하는 투쟁을 포함하도록 노동운동의 핵심 가치인 연대를 다시 규정하고 다시 강조하는 것이다(Leibowitz 2010, 144). 노동조합들이 지구화되는 세계에서 전반적으로 시대에 뒤떨어졌다는 생각에 맞서는 태도도 요구된다. 이런 주장은 새로운 엘리트와 늘어나는 '비정규직 노동자precariat'가 조직 노동자를 대체하는 등 계급 분화를 지적하는 마이클 부라보이의 '비타협적 비관주의'(Burawoy 2010)나 가이 스탠딩의 냉소주의(Standing 2009) 같은 다른 형태들로 모습을 드러낸다.

둘째, 우리는 대안적 사회 질서의 전망을 고취해야 한다. 리보위츠가 썼듯이, "만약 우리가 어디로 가고자 하는지를 모른다면, 그리고 우리를 데려다줄 길도 없을 것이다"(Leibowitz 2010, 7). "우리 위에 드리운 가장 깊은 그림자는 테러도, 환경 파괴도, 세계 경제 침체도 아니다. 그것은 자본주의 세계 질서에 넘어설 가능한 대안이 존재하지 않는다고 생각하는 내면화된 숙명론이다(Kelly and Malone 2006, 116).

다행스럽게도 남아공에서는 제3의 대안인 생태사회주의가 논쟁 중이다. 소규모 그룹인 민주좌파포럼Democratic Left Forum이 추동한 맹아적 생태사회주의 운동은 기후 일자리 캠페인에 결합하고 있으며, 식량 주권, 참여민주주의, 기후 위기에 관련된 풀뿌리 공동체들을 동원하고 있다. 이 과정에서 대부분의 정부가 투자된 이해에 끌려다니고 있으며, 따라서 정부도 자본주의도 기후변화의 위기를 해결하지 못할 것이라는 점이 점점 더 많은 사람에게 분명해지고 있다. 데이비드 하비는 주장했다. "모든 사람의 이익에 복무하는 윤리적인, 비착취적인, 사회적으로 정의로운 자본주의는 불가능하다. 그런 자본주의는 자본주의 존재의 본성 그 자체와 모순된다"(Harvey 2010, 239). 기후변화의 현실에 맞선 유일하게 합리적인 대응은 새로운 유형의 윤리적이고, 민주적이고, 생태적인 사회주의로 나아가는 변혁적 전환이다.

참고 자료

ACTU Austrailian Council of Trade Unions (ACTU) (2010) 'Creating Jobs — Cutting Pollution: The Roadmap for a cleaner, stronger economy'. www.actu.org.au/Media/Mediareleases/ActiononpollutionleadstomrejobsacrossAustralia.aspx (accessed 20 March 2012).

_____ (2011) 'Climate Change and Jobs'. www.actu.org.au/Campaigns/ClimateChangeJobs/default.aspx (accessed 20 March 2012).

Australian Manufacturing Workers Union (AMWU) (2010) 'Carbon Pricing: keeping workers' jobs'. The _Australian Worker._ http://www.awu.net.au/543925_5.html (accessed 20 March 2012).

Bieler, A. and Lindberg, I. (eds) (2011) _Global Restructuring. Labour and the Challenges for Transnational Solidarity._ London: Routledge.

Bjork, T. (2011) 'Social Forum Journey'. http://aktivism.info/socialforumjourney (accessed 11 March 2010).

Burawoy, M. (2010) 'From Polanyi to Pollyanna: The False Optimism of Global Labour Studies', _Global Labour Journal._ Vol. 1,

No. 2, 301-313. http://digitalcommons.mcmaster.ca/globallabour/voll/iss2/7 (accessed 11 March 2012).

Foster, J. B. (2009) *The Ecological Revolution*. New York: Monthly Review Press.

Harvey, D. (2010) *The Enigma of Capital and the Crises of Capitalism*. New York: Oxford University Press.

Hyman, R. (2011) 'Trade unions, global competition and options for solidarity', in Bieler, A. and Lindberg, I. (eds) *Global Restructuring. Labour and the Challenges for Transnational Solidarity*. London: Routledge, 16-27.

International Metalworkers Federation (IMF) (2006) 'Arcelormittal agreement on Health & Sagety'. www.imfmetal.org/index. cfm?C=14251 (accessed 20 March 2012).

Jakopovich, D. (2009) 'Uniting to win: labour environmental alliances', *Capitalism, Nature, Socialism*. Vol. 20, No. 2, 74-96.

Kelly, J. and Malone, S. (2006) *Ecosocialism or Barbarism*. London: Socialist Resistance.

Kovel, J. (2007) *The Enemy of Nature. The end of Capitalism or the end of the world*. London: Zed Books.

Lambert, R. (forthcoming) 'Agents of the Market or Instruments of Justice: trade union identity in the era of market driven politics', *Labor History*.

Leibowitz, M. (2010) *The Socialist Alternative*. New York: Monthly Review Press.

Maher, T. (2011) 'Why Abbott's jobs scare campaign is a sham', *Common Cause* 77 (2): 3, http://cfmeu.com.au/Commom%20 Cause%April%20-%20May%202011 (accessed 16 April 2012).

Markowitz, M. and Rosner, S. (2002) *Deceit and Denial. The deadly politics of industrial pollution*. New York: Basic Books.

Massey, D. (2005) *For Space*. London: Palgrave.

Panitch L. and Leys, C. (2006) *Coming to Terms with Nature. Socialist Register*. Toronto: Palgrave.

Snell, D. and Faribrother, P. (2010) 'Unions as environmental actors', *European Review of Labour and Research*. Vol. 16, No. 3, pp. 411-424.

Standing, G. (2009) *Work After Globalisation. Building Occupational Citizenship*. Cheltenham: Edward Elgar.

Sustainlabour (2011) 'How unions can help secure a binding global climate agreement in 2011.' www.labor4sustainability.org/ post/the-durban-challenge/ (accessed 11 March 2012).

Wallis, V. (2010) 'Beyond green capitalism', *Monthly Review*. February, pp. 32-47.

Webster, E., Lambert, R. and Bezuidenhout, A. (2008) *Grounding Globalization: Labour in the Age of Insecurity*. Oxford: Blackwell.

9장

땅, 생존, 일자리에 관해
노동조합에 던지는 질문들[1]

앤드류 베니

환경 노동 연구라는 새롭게 출현 중인 영역은 환경 위기의 맥락 속에서, 사회운동으로서의 노동이 좀더 정의롭고 지속 가능한 세계로 나아가는 전환에서 주도적인 사회적 행위자가 될 수 있는 방법을 탐구하고 제안하는 중요한 기회를 제공한다.

이 글은 노동조합들이 노동운동과 농촌 토지에 기반한 생계 사이의 가능한 연결을 모색할 수 있을지를 살펴본다. 이런 모색은 '발전'이라는 개념에 대한 재고를 함축한다.[2]

---

1 이 장은 Bennie(2010)와 Bennie(2011)에도 나온 주장과 경험 연구를 정리한 글이다.
2 필자는 '발전'이라는 용어가 매우 논쟁적인 성격을 지닌 점을 인정한다. 이 용어에 대한 논의는 Bennie(2010, 14~28)를 보라. 여기서 발전은 참여, 민주주의, 사회 정의에, 아울러 생태적 한계에 대한 고려에 기반하는 개념으로 이해된다.

들어가며

남아공에서 예정된 채굴 프로젝트의 사례 연구를 활용해서, 이 글은 노동운동이 현재의 기후변화 위기에 관심을 갖고 지속 가능한 일자리 창출에 집중하는 것이 중요하지만, 다른 한편으로 그 초점을 지역민 생계의 기반을 구성하면서 박탈 때문에 위협받는 환경과 천연자원에 대한 보호로 넓힐 필요가 있다는 점을 주장한다. 이 글은 발전 패러다임을 검토하면서 이런 연계를 탐색한다. 기후 위기와 환경 위기를 해결하기 위해 요구되는 사회적 변화들은 노동운동이 자본주의적 축적이나 경제성장에 담긴 발전의 개념을 넘어서는 자신들만의 발전 개념을 재구성할 것을 요구한다.

노동자, 환경, 농촌의 토지 기반 생계

기후변화와 환경 파괴로 대표되는, 지구가 직면한 현재의 세계적 환경상황은 발전이 의존하는 생태적 지반에 대해서는 거의 아무런 고려도 없이 집약적 자원 이용에 몰두하는 발전 모델에 기인한 것이라고 할 수 있다(Sachs 1999). 노동조합들은 생태 변화에 끼치는 영향에서 핵심적 사회 세력이 될 수 있는 잠재력을 지니고 있다. 그러나 전통적으로 노동조합들은, 노동자들을 위한 사회적 재생산의 가능성을 늘리는 방편으로 집약적 자원 이용을 강조하는 발전 모델에 참여하거나 지지를 보냈다. 그 결과 노동조합들은 모든 대가를 치러서라도 일자리를 촉진하는 경향을 띠었는데, 이런 일자리는 종종 환경 파괴형 일자리이기도 했고 노동자와 환경 사이의 잘못된 대립 구도를 부추겼다(Foster 2002, Uaid 2009). 오늘날에는 세계 곳곳의 노동조합 운동 안에서 환경 파괴와 기후변화의 계급적 차원에 관한 인식이 커지고 있다. 이런 인식은 일자리와 환경 사이의 이원론적 구분이 지탱될 수 없으며, 노동조합들이 더 지속 가능한 세계로 나아가는 이행에서 중요한 역할이 있다는 것을 인정한다.

그렇지만 남아공의 노동운동은 전통적으로 지역의 환경 분쟁에 관여하지 않았는데(Cock 2007, 2008), 이것은 지구적 환경 위기와 자원의 제약이 경제 성장과 발전에 미치는 의미를 포괄적으로 인식하지 못했다는 점을 드러낸다(Cock 2007). 남아공 노동운동의 다수가 이런 차원들을 깨닫게 된 것은 아주 최근의 일이다. 가장 큰 노동자 연맹인 COSATU는 2011년 중앙집행위원회에서 '자본주의적 축적이 과도한 온실가스 배출, 결국 지구 온난화와 기후변화의 기저에 있는 원인'이며 '괜찮은 일자리와 실업 해소의 필요를 보장하는 새로운 저탄소 발전 경로가 요구된다'는 점을 인정했다(COSATU 2011). COSATU의 가맹 조직인 전국광업노동조합NUM도 지구적 환경 상황에 대응할 필요성을 인정했다. 광업노조는 '지속 가능한 발전'과 '정의로운 전환'의 개념을 채택하면서, '지속가능성 문제를 일자리 대 환경이라는 구도를 피하는 대신 일자리와 환경이라는 견지에서 접근할' 필요를 주장했다(NUM no date a). 그런데도 남아공의 노동조합들이 지역의 환경 투쟁에서 대체로 물러나 있는 것과 구체적인 자체 정책을 거의 생산하지 않는 것은 여전히 문제다. 다만 2020년까지 30만 개의 '녹색 일자리' 창출을 목표로 하는 정부의 '녹색 협정 Green Accord' 같은 중요한 수단에 서명한 일이나 정부의 신성장 경로New Growth Path 정책에서 녹색 경제 부문을 지지한 사례가 있기는 하다.

동시에 농촌 원주민과 소규모 농민들은 기후변화의 영향, 그리고 바이오 연료와 탄소 상쇄 메커니즘을 통해 생태적 영향을 개선하려는 확장적 발전과 산업에 의한 토지와 천연자원의 박탈과 인클로저에 대항하는 투쟁에 참여했다(Joubert 2008; Daniel and Mittal 2009; McMichael 2010; Levidow and Paul 2010; Friends of the Earth 2010; Lohmann 2006).

그렇다면 지구적 생태 파괴가 지니는 장기적 의미를 인식하고 원주민과 남반구 농민, 그리고 세계의 조직 노동자들 사이의 연결을 만들어내는 과제가 대두된다(Socialist Resistance 2009). 데이비드 하비는 우리 시대의 두 핵심적인 저항 운동을 단결시키는 과제가 중요하다고 주장한다. 한편으로는 '약탈에 의한 축적'에 대항해서 생겨난 대체로 농민 기반인 운동들이 있다. 다른 한편으로는 '확장된 사회적 재생산'에 맞서 싸우는 이들이 있는데, 여기서 '임금 노동자에 대한 착취와 사회 임금을 규정하는 조건들이 주요 쟁점'이 된다(Harvey 2005, 48~49). 따라서 긴급한 과제는 하비가 주장하듯이 그런 노동운동 투쟁들과 대체로 농촌에서 벌어지는 생계 투쟁들이 어떻게 서로 연결을 맺게 할 것이냐 하는 문제다. 이런 과제는 정치적 과제이자 연구의 과제를 함의한다.

하트와 시타스는 이렇게 주장했다.

대부분의 연구자들은 '토지 문제', '노동 문제', '민생 문제'(대개 비공식 고용을 의미하는)처럼, 이런 요소들을 따로따로 추구했다. 몇몇 예외가 있기는 했지만, 그런 연구는 농촌과 도시의 경계들에 따라 확연하게 나뉘어온 것도 사실이다. 우리는 이런 주제들이 사회적이고 공간적인 **상호 연결성**들 속에서 연구, 정책, 사회적 행동의 중요한 도전을 구성해왔고, 구성하고 있으며, 향후 수십 년 동안에도 계속 그러할 것이라고 주장한다. (Hart and Sitas 2004, 32. 강조는 원문)

아래의 사례 연구는 지역 공동체의 초점이 천연자원을 채굴에서 보호에 맞추어지고 있다는 점, 그리고 일자리를 창출할 수도 있는 산업 확장이 동시에 생태적 파괴와 함께 소규모 생계형 농가 지역 공동체에게서 토지와 천연자원을 박탈하는 사태를 야기하게 되는지를 보여줄 것이다. 이것은 노동계급의 사회적 재생산을 확대하는 방편으로 국민 경제 발전을 받아들이는 노동운동의 관점에 여러 가지 함의를 지닌다. 이것은 농촌 생계의 기반을 구성하는 천연자원의 보호를 다시 생각하게 만들 수 있다.

사례 연구 — 남아공 와일드코스트의 솔로베니 미네랄 샌드 프로젝트[3]

솔로베니Xolobeni 미네랄 샌드 프로젝트가 예정된 장소는 항구 도시 더반에서 250킬로미터가량 떨어진 이스턴케이프 지역 와일드코스트의 폰돌란드Pondoland에 위치해 있다. 이곳은 아마디바 부족 거주지에 해당하며, 응군군들루Mgungundlovu로 알려진 해안 구역(24지구)과 내륙 구역(21지구)으로 나뉘어 있다. 아마디바 지역은 2만 8000명이 사는 거주지이며, 응군군들루의 인구는 대략 5000명이다. 폰돌란드 엔데미즘endemism센터PCE에 속하는 아마디아 지역은 생물종 다양성이 매우 높아서 남아공에서 둘째로 생물 종류가 다양한 지역으로 여겨진다. 응군군들루의 풍경 사이에는 다섯 개의 해변 마을을 구성하는 주택들(하나에서 여섯 개의 오두막들)이 점점이 박혀 있고, 북쪽과 남쪽의 협곡에 더해 동쪽의 해변으로 둘러싸여 있다.

---

3 이 연구의 방법론은 지역 공동체 성원, 지역 공동체 활동가, 주요 정보 제공자와의 광범한 인터뷰, 소규모 조사, 참여 관찰을 포함했다.

오스트레일리아 광물자원자재MRC의 남아공 지역 자회사인 트랜스월드 에너지광물자원TEM은 응군군들루를 따라 약 3억 6000만 톤에 해당하는 모래 언덕 채굴권을 신청했는데, 티타늄류 광물을 채굴할 수 있는 이곳을 이 회사는 솔로베니 채굴권 지역이라고 불렀다. 채굴권 지역은 북쪽의 응잠바Mzamba 강에서 시작해서 응텐투Mtentu River 강의 응군군들루 남쪽 경계까지 21킬로미터 정도 남쪽으로 뻗어 있다. 이곳 모래의 5퍼센트가 중광물을 포함하는데, 그중 65퍼센트가량이 상업적으로 가치가 있다(GCS 2007a). 모래 언덕의 주된 광물은 티탄석인데 류틸, 지르콘, 룩소신도 들어 있다.

그렇지만 채굴 제안은 큰 다툼을 불러일으켰고, 영향을 받는 지역 공동체들 안에서 갈등과 대립을 낳았으며, 다수의 주민은 이 제안에 반대했다.[4] 제안된 채굴을 둘러싼 동학은 협소한 이해 추구, 불평등한 권력 관계, 영향을 받는 지역 공동체의 참여 결핍 같은 특징을 보였다. 이를테면 채굴 회사는 지역의 '역량 부여 파트너empowerment parter'로 솔코Xolco를 설립했는데, 지역 공동체들과는 아무런 협의도 없는 상태였다. 이 회사는 구성원들의 개인적 이익만을 추구하는 도구로 봉사했다.

이 회사의 야심은 개발 담론의 틀 속으로 전개됐다. 채굴을 찬성하는 이들은 채굴이 폰돌란드 지역에 발전을 가져올 것이며 지속 가능한 발전에 기여할 것이라고 주장한다. 반면 채굴에 반대하는 핵심 인사들은 채굴 행위가 지역 생태계는 물론 채굴에 영향을 받는 주민들의 삶을 파괴할 것이고, 따라서 발전의 '잘못된 유형'이라고 주장한다.

---

4 '지역 공동체'라는 용어는 기술적인 것으로, 조화로운 단일성을 함축하려 하지는 않는다. 나는 지역 공동체의 본성 자체가 내적 분화와 다툼을 특징으로 한다고 본다(Bozzoli 1987).

2008년 7월, 채굴권은 지역 공동체나 관련 조직들이 알지 못한 채 부여됐다. 지역 공동체들의 반발이 심하고 이 사안에 관련된 아무런 협의를 거치지 못했다는 사실을 알고 난 뒤에야 광업에너지부 장관은 허가 유보를 발표했다. 2011년 6월, 신임 장관은 심각한 환경 쟁점들을 근거로 채굴권을 철회했다.[5]

채굴에 관련된 환경영향평가가 시행됐지만, 일부 문제들을 누락하고 다른 부분들은 겉핥기 식으로 처리해 여러 곳에서 비난을 받았다. 여기에 포함된 부정적 영향들 중 다수는 회사와 지방 정부의 채굴 제안 홍보물에서는 인정되지 않았다. 환경에 미치는 영향에는 토지를 885헥타르가량 파헤치는 문제도 포함되는데, 이 토지의 많은 부분은 목축에 이용되고 있었다. 따라서 많은 사람들[6]을 쫓아내게 될 것이고, 지역 공동체가 의존하는 지하수를 많이 소모할 것이며, 습지와 하구에 영향을 미치게 될 것이었다. 채굴 회사가 모래 언덕을 이전 상태로 복원하고 지역의 아름다운 특징들을 회복할 수 있는 능력이 논란이 됐다. 이웃 지역에서 온 식물학자가 말했다. "다시 식물을 키울 수는 있지만 예전 상태로 돌아갈 수는 없어요"(Abbott의 인터뷰).

채굴 지지자들과 환경관리계획[EMP]이 이 프로젝트를 지지하는 근거로 드는 직업 일자리 창출 측면에 미치는 긍정적인 사회적 영향은 매우 의문스러운 것이다. 채굴 회사 측과 채굴을 지지하는 정부 인사들이 앞세

---

5 장관은 환경적 염려가 충분히 다뤄지지 않았다고 곧바로 언급하면서 협의 수준이 적절했다고 덧붙였는데, 이런 언급은 실제하고는 거리가 멀었다.
6 채굴 예정 지역을 대상으로 수행된 환경영향평가(EIA)는 채굴이 처음으로 진행될 구역인 콴야나에 사는 335개 가구 중 대략 62가구가 영향을 받을 수 있으며 43가구가 채굴 경계 지역 바로 안에 위치한다고 예고했다. 따라서 주민들은 이주하거나 가옥 위치를 바꿔야 하는데, TEM은 이런 과정이 협상과 보상에 근거해 진행될 것이라고 주장한다.

우는 대중적 수사학에도 불구하고 EMP는 "제안된 개발로 가장 심각한 영향을 받게 될 지역 공동체는 채굴에 관련된 정규직 고용 기회를 통해 큰 이익을 얻기 어려울 것"이라고 인정한다(GCS 2007b, 3~52). 환경영향평가는 이 사실을 확인한다. "지역 공동체에 대한 잠재적인 직접 고용 기회는 제한적일 것으로 보인다"(GCS 2007a, 7~52).

개발의 필요성은 이 지역에 빈곤과 박탈의 그림을 그림으로써 개발을 지지하는 이들에 의해 정당화됐다. 그렇지만 이런 정당화는 빈곤과 빈곤 경험에 대한 지역의 인식을 부인하며, 잠재적으로 영향을 받는 지역 공동체들을 지속하도록 만들어 주는 과정에서 토지가 하는 중요한 역할도 무시한다. 이어지는 부분에서는 이 공동체들의 시각을 제시하고, 그 공동체들이 어떻게 개발에 대한 지역적 관점을 구성하는지를 살펴볼 것이다. 이것은 노동운동이 어떻게 환경, 경제 성장, 발전에 관한 좀더 넓은 문제들에 관계를 맺을지에 대해 중요한 함의를 갖는다.

환경/토지를 기반으로 하는 생계

남아공의 옛 홈랜드[흑인 자치 구역]의 상태는 여러 면에서 빈곤, 환경 파괴, 농업 같은 토지 기반의 생계에 기반한 생존 전망의 상실 등이 두드러졌다(Bank and Minkley 2005; Ngonini 2007). 그렇지만 응군군들루와 와일드코스트의 해변 지역은 지역의 생계라는 측면에서 조금 다른 경우를 보여줬다. 그렇게 된 한 가지 중요한 이유는 홈랜드의 아프리카인 농업을 '현대화'한다는 목표를 가졌지만 대개는 농업 몰락과 부정적 환경 영향을 초래한 아파르트헤이트 치하의 개선 계획이 트란스케이[코사족 자치국]의 해변 지역에서 강한 반대에 부딪힌 때문이었다. 결국 트란스케이의 45퍼센트가량이 개선 계획에 포함되지 않았다(McAllister 2003). 응군군들루 안에서는 안보 달성을 위해 임노동과 정부 수당 등 다양한 수단이 존재하고 지역 농업과 천연자원 수취가 수입 보장에 계속 중요한 지반을 제공했는데, 하드주(Hadju 2005, 236~238)는 이것을 '환경 안보'라 지칭했다. 와일드코스트 대부분이 그러했다(Shackleton et al. 2007; Palmer et al. 2002; Kepe 1997, 2001).

실제로 모든 가계가 자신의 옥수수밭이 있고 대부분의 가계는 채마밭이 있어서 바나나, 얌(아마둠베로 불리는 뿌리 채소), 고구마, 양파, 토마토, 양배추, 당근, 콩, 호박 등 다양한 식량을 재배한다. 한 주민이 말했다. "우리는 이 지역에서 우리만의 '황금'을 갖고 있다"(Farmers Weekly 2010에서 인용). 가계가 구입하는 식품은 자신들이 생산하지 못하는 쌀, 소금, 식용유, 차, 설탕 정도다. 모든 집에는 닭, 송아지, 염소 등 여러 종류의 동물과 가축이 있다.

가계들은 가까운 숲에서 요리와 난방에 필요한 땔감을 모으고 시내와 샘에서 마실 물을 얻는다. 해변에 가깝기 때문에 많은 가계들의 생존에 필요한 중요한 추출원도 갖고 있다. 토지 기반의 생계에 의존하는 삶은 거꾸로 토지에 대한, 그리고 인간과 지역 환경 사이의 관계에 대한 관점들에 연결된다.

토지의 중요성

천연자원에 대한 지역 공동체의 접근권 수호는 폰돌란드의 식민지 합병과 남아공의 아파르트헤이트 시기 내내 중요한 특징이었으며, 공동체들이 거의 통제력을 갖지 못한 더 넓은 사회 세력들에 대항하는 중요한 방어 수단을 제공했다는 점을 지적할 필요가 있다(Beinart 1982). 이런 천연자원 방어는 1960년대의 폰도족 반란에서 예증됐는데, 토지 접근권에 대한 1951년 반투 지역 법안, 그리고 그 법안과 폰도족의 관계에 대한 해석에 반대하는 넓은 범위의 저항과 폭력을 수반했다(Mbeki 1964; Southall 1983, 109~114; Turok 1960).

폰도족 반란에 참가한 한 노인은 땅의 중요성을 땅과의 연결뿐 아니라 그것을 보살핌으로써 얻어지는 보상을 표현하며 설명했다.

우리 자신을 파탄시키고 싶지 않을 뿐 아니라 우리가 키우는 가축들이 충분한 땅을 갖고, 우리 아이들이 자신들의 집을 지을 땅을 갖도록 해야 하기 때문이지. 그 아이들에게 물려줄 게 땅만 한 게 없기도 하고, 그 아이들에게 물려줄 게 땅밖에 없기 때문이야. 땅은 영원하지만 돈은 사라지고 말아. 땅을 팔아치우고 말면 그다음에는 무엇을 먹을 텐가? (무명씨 9 인터뷰)

많은 이들이 비슷한 정서를 표현했다. "광산은 없어지지만, 땅은 여기에 언제까지나 남아 있죠. 광산이 사라진 뒤에 무슨 일이 있어날까요?"(무명씨 3 인터뷰)

어떤 이들에게는 땅이 땅에 기반한 자신들의 생존에 대한 인식에 연결되는 자기 이해의 한 부분을 구성한다. 어느 응답자가 말했다. "나는 농부고, 그게 내가 하는 일입니다"(무명씨 1 인터뷰). 또 다른 이들은 이렇게 답했다.

땅은 내 일부입니다. 내가 쓰는 모든 것이 땅에서 나왔죠. …… 내 부모들도 이 땅에 묻혔고 내 가축들은 이 땅의 풀을 먹고 삽니다. 모든 것이 이 땅에서 나왔어요. 만약 누군가 이 땅을 파괴한다면, 그건 내 삶을 파괴하는 겁니다. (무명씨 10 인터뷰)

토지는 응군군들루 사람들의 생존에 중심축이며, 토지와 사람의 연결성은 장소 감각과 강하게 연계된 정체성의 중요한 원천을 구성한다.

빈곤과 개발의 문제

이 사례 연구가 진행되는 동안에 빈곤의 문제가 지역의 사회적 맥락을 이해하는 데에서 중요한 주제로 떠올랐다. 정부 정책과 지자체 계획으로 추진되는 개발에 대해 인터뷰에 응한 이들은 모두 일자리와 함께 도로, 의료 시설, 학교 같은 기본 서비스의 개선에 대한 욕망을 가운데 놓는 전통적인 이해를 보여줬다. 그렇지만 개발에 대한 사람들의 이해는 대체로 토지와 자신들의 생태적이고 사회적인 존재 조건에 대한 이해와 관계에서 얻어진 산물이다. 인터뷰에 참여한 모든 이들은 자신들이 원하는 개선은 자신들의 기존 생계와 삶의 방식을 위협해서는 안 되며, 천연자원에 대한 자신들의 접근권, 무엇보다 자신들의 토지에 대한 접근권을 위협해서도 안 된다는 점에서 단호했다. 한 응답자는 이렇게 말했다. "우리는 우리를 지워 없애버리지 않는 개발을, 우리 사이를 개발하기 위해 우리를 지워버리지 않기를 원합니다"(무명씨 2 인터뷰). 응답자들은 관광업 같은 일자리들, 즉 자신들의 지역 환경을 파괴하거나 천연자원과 토지에 대한 접근권에 부정적인 영향을 끼치지 않는 일자리들에 대한 욕구를 드러냈다.

인터뷰와 조사에 응한 이들은 전반적으로 채굴에 반대했는데, 왜냐하면 농업, 목축업, 그리고 다른 천연자원들에 대한 접근을 통한 생계를 보장하던 토지의 능력에 채굴이 영향을 끼칠 것이라고 느끼기 때문이었다. 그만큼 자연과 개발의 개념을 둘러싼 지역의 담론은 장소 감각과 일치하고 있다. 그래서 다수의 응답자는 '개발' 과정에 대한 참여의 중요성을 강조했다. 아마디바 부족회의 사무국장인 만들라 응도블라 Mandla Ndovela는 말했다.

부富는 우리의 삶을 바꾸는 것이 아니라, 우리가 통제할 수 없거나 좌우할 수 없는 뭔가로 곧장 뛰어넘어 가는 대신 선조들이 우리에게 남겨준 것을 가지고 개선한다는 것을 의미합니다. (50/50 2008)

이 인용은 빈곤의 문제를 잘 보여준다. 채굴 제안을 찬성하는 이들은 대부분 채굴이 빈곤뿐 아니라 빈곤에 명백히 연결된 환경 파괴를 해결하는 길이라고 주장했다. 이런 주장에 반대해서 인터뷰에 응한 이들은 모두 자신들이 빈곤하지 않다고 말했다. 이런 주장은 이 지역을 두 번 방문한 당시의 광물에너지부 장관에게도 설명된 이야기다. 첫 번째 방문은 채굴권 허가를 발표하기 위한 일정이었는데, 채굴이 광범한 지지를 받고 있다는 채굴 찬성 선전을 철석같이 믿고는 따뜻한 환대를 기대했다. 두 번째 방문은 2008년 8월에 있었는데, 채굴 계획이 불러일으킨 지역의 분노에 맞닥뜨려야 했다. 지역의 채굴 반대 핵심 활동가인 논레 응부투마Nonhle Mbhutuma는 당시 장면을 이렇게 묘사했다.

사람들의 말이 끝난 뒤에 장관이 일어서서 자기가 들은 이야기에 대답했다. 장관은 말했다, "네, 잘 들었습니다. 제가 처음 듣는 이야기들도 있네요. 문서를 통해 일하는 저로서는 당신들이 오늘 이야기한 모든 것을 다 듣지는 못했지요. 그렇지만 개발은 당신들에게 매우 중요합니다, 왜냐하면 당신들은 가난……." 저런! 여성 장관은 이야기를 마무리짓지 못했다. 사람들은 장관을 향해 소리쳤다. "누가 가난하다는 거죠? 당신이 고아원에서 하는 그 허튼소리를 하려는 건가요? 당신은 우리를 총으로 몰아내고 있어요. 우리 땅에서 우리를 내쫓으려고 이 경찰들을 다 불러들였죠. 우리를 가난하다고 얘기하고 있는 거예요? 누가 그러던가요?" 그리고 장관은 말했다. "아니, 아니, 아니에요. 미안합니다. 그런 이야기를 하려던 게 아니에요. 여러분들 중 일부는 가난하지만 다른 일부는 가난하지 않죠. 저는 알고 있어요." 그러자 사람들은 말했다. "누가 그러던가요? 일부는 가난하고 일부는 가난하지 않다고." 장관은 말했다, "좋아요, 당신들은 가난하지 않아요. 제가 사과하죠. 그런 말 더는 하지 않을게요." 허. 그리고 장관은 그저 가만히 앉아서 다른 이들의 이야기를 들었다. 사람들이 또 다른 사람들에게 말할 기회를 준 때문이었다. (옹부투마 인터뷰)

이 활동가가 다시 말했다. "부자가 된다는 것은 큰 차를 갖거나 커다란 집을 갖는다는 뜻이 아닙니다"(옹부투마 인터뷰).

이런 맥락에서 빈곤은 전통적인 지표들을 뛰어넘는 방식으로 이해된다. 위에 제기된 주장들을 해석하려면 빈곤에 대한 거부의 동기를 부여한 사회적, 문화적, 생태적 관계들에 대한 분석이 필요하다. 이런 상황은 매킨토시가 스코틀랜드 헤브리디스 제도에서 자란 자신의 생애를 묘사하는 구절에 반영된다. "우리의 '빈곤'은, 만약 이 상황이 빈곤이라면, 존엄한 **검약**이지, 엘리트가 인위적으로 유지되는 결핍에서 이윤을 얻기 위해 모든 자원을 틀어쥔 경제의 피폐와 결핍이 아니다"(McIntosh 2004, 29: 강조는 원문).

빈곤의 개념은 그것이 해석되는 담론에 크게 의존한다. 전통적인 지표들은 빈곤의 원인과 본성을 신화화하는 경향이 있어서 사회적 관계와 주체성이 갖는 복잡성을 담아내지 못한다. 지속 가능한 발전과 생태적 현대화의 지배적 담론 안에서는, 빈곤은 축적의 형태들이 진보로서 자연스럽게 간주되는 발전 담론 속의 '발전'이 없는 상태로 간주된다 (Hallowes and Butler 2002, 58). 퍼거슨(Ferguson 1994)이 보여주듯이, 발전의 담론은 빈곤을 탈정치화하고, 이것을 빈곤에 깔려 있는 무력감을 만들어 내는 사회적이고 정치적인 과정의 결과로 보기보다는 발전의 결핍으로 간주하도록 작용할 수 있다.

인터뷰 참여자들의 시각을 제시한다고 해서, 내가 남아공의 농촌 생활에 낭만적인 이미지를 덧씌우려는 의도를 갖고 있는 것은 아니다. 농촌 생활의 어려움에 대해서는 많은 기록들이 나와 있다. 퍼거슨(2006)이 주장하듯, 아프리카 분석가들이 문화적 차이의 문제와 아프리카 문화의 미덕에 초점을 맞추는 경향은 물질적 불평등의 분석을 배제할 위험성을 갖는다.

응군군들루의 사람들이 지역적 맥락에 뿌리박은 발전에 대한 욕망을 반영하고 급격한 사회적 변화를 도입하지 않을지라도, 트란스케이와 와일드코스트의 사회적 조건들은 역사정치적이고 경제적인 불평등의 반영이기도 하다는 사실을 놓쳐서는 안 된다. 그렇지만 여기에 대한 대답은 권력과 자원의 불평등을 재생산하는 '발전'의 과정을 부과하는 것이 아니다. 발전에 대한 참여적 접근은 응군군들루 사람들이 빈곤하지 않다는 것을 확인하고 '삶의 조건들, 즉 세계 속의 한 장소, 생활 수준, 움직이기를 원하는 방향 등을 변화시킬 기회에 대한 강력한 요구'의 기반을 놓도록 해주는 사회적, 정치적, 생태적 요소들을 고려해야만 한다(Ferguson 2006, 19).

노동자는 어떤 역할을 해야 할까

결국 2011년 8월 광물부는 환경 관련 이유들을 근거로 채굴권을 기각했는데, 아마디바 위기위원회ᴬᶜᶜ와 함께하는 지역 공동체와 남아공의 환경운동인 지속하는 와일드코스트ˢᵂᶜ가 감행한 효과적인 저항 덕분이기도 했다.

〈완전고용을 향한 성장 경로〉(2010)에서 COSATU는 '성장과 발전 경로' 안에서 농업에 대한 적당한 가격의 투입 제공, 농업과 농가공 사이의 연계 강화, 농촌 지역의 사회적이고 경제적인 인프라스트럭처 같은 중요한 농촌 발전 수단들을 요청하고 있다. 또한 "한편으로는 산업화, 다른 한편으로는 농업과 농촌 발전 사이의 적절한 균형 유지"를 요구한다(COSATU 2010, 쪽수 없음). 그 연장선상에서 COSATU와 NUM은 농촌 지역 공동체 개발에 따른 국가 지정 로열티나 채굴 사업에 대한 지역 공동체 참여 증진처럼 채굴 행위에 대응해 지역 공동체의 이익을 보장한 수단들을 요청했다(COSATU/NUM 2008; NUM n.d. a).

NUM은 경제 성장과 발전의 중심 과제로 광물 자원의 집약적 이용을 요청하면서, 천연자원을 '성장과 발전의 촉매'로 활용하는 전략인 '자원에 기반한 남아공의 민주적 발전 국가'를 제안한다(NUM n.d. b, 24). 국가는 이 발전의 핵심 추동자와 조정자로서 나타나며, 따라서 NUM은 '사회주의를 위한 벽돌을 쌓기 위한 이념적, 경제적 정책으로서 국유화' 정책의 일환으로 남아공의 광업 국유화를 지지한다(NUM n.d. b, 6). 그렇지만 그런 자원 기반 발전 경로의 환경적 영향은 충분히 고려되지 않으며, NUM 스스로 인정하듯이 생산력의 국가 소유는 민주적이고 평등주의적인 결과를 보장해주는 것이 아니라 다분히 '민주 국가의 계급적 성격'에 달려 있는 것이다(Ibid).

우리의 경우 다양한 수준의 국가, 지방 정부, 광물 자원 관련 부서가 아마디바 지역 공동체의 분명한 저항의 반대편에 서서 광업을 고취하는 핵심 행위자들이었다.[7] NUM의 대체로 성장 중심이고 생산주의적인 발전 패러다임은 구식의 '사회주의 현대화' 패러다임을 떠올리게 하며, 발전에 대한 지역 공동체들의 개념에 관련된, 그리고 어떻게 천연자원이 이용돼야 하는지에 관련된 사고와 충돌한다.

노동자는 현실 투쟁들의 맥락 속에서 아래에서 시작해 변혁적 패러다임을 정초해야 한다.[8] 채굴을 둘러싼 현실의 지역 공동체 투쟁들, 그리고 농촌 공동체들이 수탈에 맞서 어떻게 보호될 수 있는지 같은 문제는 다뤄지지 않는다. 여기 제시한 사례들에서 알 수 있듯이 남아공의 채굴을 둘러싼 농촌 공동체의 투쟁들에서 노동운동은 거의 아무런 역할도 하지 않았다. 이 사례 연구는 '수탈에 의한 축적'의 한가운데 있는 채굴 산업에서 노동조합들을 위한 일정한 잠재적 교훈들을 도출하도록 해준다. 우리는 노동자들을 농촌의 생계에 연결시키고 지속 가능한 사회로 나아가는 전환에서 노동자가 어떤 역할을 할 수 있게 만들 세 가지 핵심 주제들을 제시할 것이다. '발전'이라는 개념의 방향을 다시 설정하기, 더 넓은 사회운동 동맹 만들기, '정의로운 전환'이 바로 그것이다.

'발전'에 관한 사고와 관행의 방향 틀기

NUM의 2011년 사무국 보고서는 '모두를 위한 더 나은 삶a better life for all'을 보장하는 노동조합의 좀더 넓은 사회적 역할에 농촌을 포함시킨 것을 제외하면 농촌의 빈곤과 발전이라는 쟁점을 포괄적으로 다루지 않고 있다(NUM 2011, 169). 앞에서 본 대로 농촌의 빈곤과 발전에 대한 사고

---

7 다양한 국가 행위자들이 수행한 역할에 관한 자세한 연구는 Bennie(2010, 114~131)를 보라.
8 이 점을 지적한 비슈바스 사트가르(Vishwas Satgar)에게 감사한다.

는 기후변화, 생계, 천연자원 이용과 참여 등을 포함하는 넓은 범위의 요소들 사이의 관계들을 통합할 것을 요구하는 복잡한 문제다. 특히 빈곤의 재생산과 현재의 발전 관행 밑에 깔려 있는 권력 관계에 주의를 기울일 것을 요구한다. 채굴 프로젝트가 실현됐다면 빈곤을 초래할 뿐 아니라 그 결과 주민들도 지금은 그곳에 살지 않게 됐을지 모른다. 채굴은 천연자원과 토지에 대한 주민의 접근권을 가로막고, 일자리를 통해 벌충할 수 있는 생계의 터전도 제공하지 않았을 것이다.

광물 개발이 경제 성장과 일자리 창출에 중요하다고 보였기 때문에, 자원 채굴이 야기하는 토지에 기반한 생계의 파괴는 고려되지 않는다. 남아공 전역에 걸쳐서 채굴 사업이 확장됨에 따라 채굴의 궤적에서는 소유와 부의 집중, 그리고 지역 공동체의 인클로저가 여전히 두드러진다(ActionAid 2008; Benchmarks Foundaiton 2007). 이런 현실은 채굴 사업이 야기한 지구적 경향의 거울상이다(Kennedy 1998).

만약 우리가 환경 파괴와 소유권 박탈을 피하고자 한다면 발전의 과정과 추동력은 다시 짜여져야 한다. 즉 그 과정은 민주적이어야 하며, 발전을 이끄는 사회적, 정치적, 경제적 세력뿐 아니라 문제가 되는 지역 공동체의 필요를 이해하는 바탕 위에서 수행돼야 한다(Chodorkoff 2005; Payne and King 2008).

지배적 통제력을 시장과 국가에서 지역 공동체로 향하도록 만드는 발전 관행의 방향 틀기는 기존 권력 관계에 도전을 제기한다. 만약 노동운동이 지역 공동체-노동자 동맹의 발전이라는 문제에 천착하려면 발전에 대한 자신들의 시각을 다시 정리한 뒤에 질문해야 한다. 그 프로젝트는 누구의 이해에 기반하는가? 그 프로젝트는 누가 통제하는가? 그런 프로젝트는 노동조합, 노동자, 지역 공동체 사이에 어떤 종류의 관계를 만들어낼 것인가? 국내총생산^{GDP}와 경제 성장이라는 기준에서 그 프로젝트의 양적 결과는 어떠한가? 과정의 측면에서 질적 쟁점들은 무엇인가? 그 프로젝트는 삶의 질, 사람들 사이에 맺어지는 사회적 관계, 지역 공동체의 감각, 문화적 응집력의 유지에 어떻게 연관되는가?(Chodorkoff 2005)

노동자-지역 공동체 동맹을 확장하기

남아공에서 농촌 인구는 값싼 노동력의 주요 원천으로서 채굴 산업의 발전을 가져온 한 부분이었다. 동시에 농촌 공간은 남겨진 주민들과 이주 노동자들을 위한 사회적 재생산의 중요한 장소로 기능해왔다. 또한 도시 일자리에서 되돌아온 노동자들을 위한 중요한 보호원으로 작용하기도 했다. 이런 점들은 광범한 산업 공동화와 실업이라는 맥락 속에서 (Bank and Minkley 2005), 특히 고용률이 하락하는 광산업에서 여전히 사실이다(NUM 2011). 또한 이런 흐름은 실업 상승이라는 맥락 속에서 노동자들이 토지로 돌아옴에 따라 세계의 다른 부분들에서도 확연한 경향이 되고 있다(Bello 2009). 따라서 농촌 지역 공동체로 동맹을 확장하는 일은 광산 노동자들이 형성되던 바로 그 지역 공동체들에 개입하게 된다는 것을 의미한다.

지속 가능한 사회를 건설하려는 시도는 환경, 노동자, 도시와 농촌 지역 공동체의 투쟁들에 개입하는 운동들이 권리를 박탈당한 집단들의 지속 가능한 사회적 재생산과 그런 재생산을 달성하기 위한 전략에 관한 합일점을 발견할 수 있다는 것을 의미한다. 이것은 발전의 전통적 패러다임이 만들어낸 이분법들, 즉 전통 대 현대, 사람 대 자연, 농촌 대 도시 등의 이분법을 극복하게 된다는 것을 의미한다. 남아공을 비롯한 남반구의 대부분 지역에서 계속되고 있는 농촌의 저고용과 도시의 고실업이라는 맥락에서, 환경적 통합성을 갖는 지속 가능한 일자리의 창출과 농촌 발전은 중요한 문제다. 이런 과제는 상호 이해와 상대방의 필요에 대한 존중에 기초한 노동자와 지역 공동체 조직들을 가로지르는 사회적 동맹을 필요로 한다(이 책에 실린 Cock and Lambert의 글을 보라).

정의로운 전환

위의 두 요소들은 사회 변화에 관련되며 정의로운 전환에 대한 함의를 갖는다. 콕은 정의로운 전환 개념을 이해하는 데 중요한 개념적 기여를 한다. 콕은 이 개념이 '취약한 노동자들의 보호에 초점을 두는 얕은 변화를 요구'하는 범주 또는 '생산과 소비의 극적으로 다른 형태의 전망에 뿌리박은 깊은 변화' 둘 중에 어느 쪽으로든 될 수 있다고 주장한다(Cock 2011, 쪽수 없음). 남아공 정부의 〈국가 기후변화 대응 녹서〉에 제출된 NUM의 문서는 녹색 경제 개념에 뿌리박은 정의로운 전환 관점을 취하고 있다. 이 문서는 얕은 의미의 정의로운 전환을 대표하는데, 녹색 경제 전환의 주요 추동력이 정부 규제와 정책에 의해 통제되는 자본이기 때문이다. 생산과 소비의 대안적 관계에 기반한 아래에서 시작되는 변화라는 개념은 부재하다.

NUM은 채굴 산업의 전망에 대해 정의로운 전환과 기후변화의 맥락에서 모순적인 입장을 갖고 있다. 이를테면 NUM의 2011년 사무총장 보고서에 담긴 경제 보고는 채굴 산업에서 지난 20년간의 고용 감소와 미래의 감소 전망을 수록하고 있다(NUM 2011). 그렇지만 그런 감소 전망에 대응해서 조합원들을 위해 NUM이 어떤 행동을 해야 하는지는 제시하지 못하고 있다. 정의로운 전환 개념과 그 개념이 새로운 지속 가능한 생계 활동을 위해 열어줄 수 있는 기회들을 취하지 못하는 것이다.

이 문제에 관련된 또 다른 모순은 채굴 산업의 미래 역할 부분이다. 아브람스키(Abramsky 2010)는 지속 가능한 사회로 나아가는 정의로운 전환은 에너지 산업과 에너지 집약적 산업들을 집합적 통제 아래 두어 그런 산업들이 단계적으로 퇴출^{phase out}되거나 아니면 사회적 우선순위를 보장할 수 있는 수준으로 크게 줄어들 수 있도록 해야 한다고 주장한다. 이것은 두 개의 서로 연결된 발걸음을 수반할 것이다. 첫째, 환경적 이유들을 위해 감축하기, 둘째, 이윤보다 사회적 우선순위 아래에 이것들을 종속시키기. 대신에 NUM은 국가 기반의 국영화를 통해 더 큰 수준의 사회적 통제를 주장한다. 그렇지만 이것은 채굴 산업의 축소보다는 확장이라는 이해관계 속에서, '사양' 산업에서 '부흥' 산업으로 전환하자는 주장을 하는 것이다(NUM n.d. b, 5, 16). 이런 주장은 확장 때문에 초래될지 모를 농촌 생계에 미치는 영향이라는 문제를 제기한다.

모든 채굴 활동을 중단하라는 요구가 비현실적이라 하더라도, 에너지 집약적이고 환경 파괴적인 채굴 산업이 경제 성장과 일자리 창출의 주요 추동력이 되는 것이 장기적으로 타당한가 하는 질문을 제기할 필요는 있다. 산업은 이윤의 이해에 대비되는 사회적 목적과 생태적 요구들에 의해 인도돼야 한다.

지속 가능한 사회로 나아가는 정의로운 전환은 특정한 조건들 아래에서 정당한 것이 될 것이다. 첫째, 노동자들이 전환의 부담을 지지 말아야 한다. 둘째, 박탈을 통한 축적 과정까지 종식시키고자 하는 사회적 맥락 속에 생산을 자리하게 만들 가능성을 열어주고, 그리하여 노동운동을 자신의 토지와 천연자원에 대한 접근권을 지키려는 농촌의 주민들과 연결시킬 수 있어야 한다.

결론

이 글은 노동조합과 노동자들이 광업 같은 에너지 집약적이고 환경 파괴적인 채굴 산업이 제공하는 일자리에서 이익을 볼 수 있을지라도, 이런 경로가 사람과 생태에 미치는 단기적이고 장기적인 영향을 살펴볼 수 있도록 발전에 대한 차별적인 이해가 필요하다는 점을 주장했다. 환경정의의 관점에서 보면, 이것은 발전 과정과 생태적 위해 속에서 가장 영향을 받는 사람들의 욕구와 권리를 의사 결정의 중심에 놓는 것을 의미한다. 농촌의 사회적 재생산을 가능하게 하는 생태적 기반을 강조하는 시각은 현대 자본주의적 발전에 두드러지는 박탈을 피하고, 생태적 모순들을 극복하는 새로운 발전 경로를 상상하고 조직함으로써 도시의 재생산 필요에 연결될 수 있다.

COSATU 같은 노동운동들은 환경 위기의 원인으로 자본주의적 축적에 죄를 물었다. 이런 조망은 다음 같은 요소들을 포함한다. 첫째, 자본주의 경제의 확장을 노동계급의 안녕을 보장하는 길로 삼는 것에 대한 비판을 요청한다. 둘째, 산업 자본주의적 확장과 농촌의 박탈 사이의 연결을 살펴볼 것을 요청한다. 셋째, 그 확정적 경향을 고려하지 않는 녹색 자본주의로는 충분하지 못하다는 점을 인정한다. 대신에 경제 발전은 어떻게 노동자들에게 지속 가능한 일자리를 제공하고 농촌 주민들에게 박탈의 위협 없이 향상된 생활 조건을 제공할지를 검토하도록 재형성될 필요가 있다.

거꾸로 이것은 환경 파괴와 박탈에 기반한 축적에 맞서서 조직되는 더 넓은 사회적 동맹들을 요청한다. 필요한 것은 분명하다.

…… 집합적 행동은 집합적 결과를 만들어낸다. …… 직업 행동 그룹, 정치 그 룹, 캠페인 그룹과 노동조합으로 구성된 넓은 스펙트럼에 걸친 집합적 행동이 함께 말해야 한다. "이 행성은 우리가 사는 곳이고 살아갈 곳이다. 이 행성을 지키기 위해 싸울 가치는 충분하다." (Kearns 2009, 200~201)

참고 자료

50/50 (2008) Episode on proposed mining at Mgungundlovu, broadcast on SABC 2, 19h30, 1 December.

Abramsky, K. (2010) 'Sparking an Energy Revolution: Building New Relations of Production, Exchange and Livelihood', in K. Abramsky (ed.) *Sparking a Worldwide Energy Revolution: Social Struggles in the Transition to a Post-Petrol World*. Oakland, CA and Edinburgh: AK Press.

ActionAid (2008) *Precious Metal: The Impact of Anglo Platinum on Poor Communities in Limpopo, South Africa*. Johannesburg: ActionAid.

Bank, L. and Minkley, G. (2005) 'Going Nowhere Slowly? Land, Livelihoods and Rural Development in the Eastern Cape', *Social Dynamics* 31: 1, 1-38.

Beinart, W. (1982) *The Political Economy of Pondoland, 1860-1930*. Cambridge: Cambridge University Press.

Bello, W. (2009) *The Food Wars*. London: Verso.

Benchmarks Foundation (2007) *The Policy Gap: A Review of the Corporate Social Responsibility Programmes of the Platinum Mining Industry in the North West Province*. Benchmarks Foundation, www.sarpn.org/documents/d0002632/ Platinum_research_summary_Bench_marks.pdf (accessed 17 October 2009).

Bennie, A. (2010) 'The relation between environmental protection and "development" a case study of the proposed dynamics involved in the proposed mining at Xolobeni Wild Coast'. unpublished research report, University of the Witwatersrand.

_____ (2010) 'Questions for labour on land, livelihoods and jobs: a case study of the proposed mining at Xolobeni, Wild Coast', *South African Review of Sociology* 42: 3, 41-59.

Bozzoli, B (1987) 'Class, community and ideology in the evolution of South African society', in B. Bozzoli (ed.) *Class, Community and Conflict*, Johannesburg: Ravan Press.

Chodorkoff, D. (2005) 'Redefining Development', *Journal of Inclusive Democracy* 3, 117-128.

Cock, J. (2007) 'Sustainable development or environmental justice: questions for the South African labour movement from the steel valley struggle', *LABOUR, Capital and Society*, 40, 1&2, 36-55.

_____ (2008) 'Contesting a "just transition to a low carbon economy"'. http://rio20.net/en/documents/contesting-ajust-transition-to-a-low-carbon-economy (accessed 20 December 2011).

COSATU (2010) 'A Growth Path Towards Full Employment Policy Perspectives of the Congress of South African Trade Unions'. draft discussion document, 11 September, www.cosatu.org/docs/discussion/2010/cosatubooklet.pdf (15 December 2011).

_____ (2011) 'Press Statement: COSATU CEC, 22-24 August 2011'. http://www.cosatu.org.za/show.php?ID=5358 (accessed 15 November 2011).

COSATU/NUM (2008) 'Draft Submission on the Draft Mineral and Petroleum Royalty Bill 3rd Draft of 2007'. Submitted to Portfolio Committee on Finance on 12 March.

Daniel, S. and Mittal, A. (2009) *The Great Land Grab: Rush for World's Farmland Threatens Food Security for the Poor*. Oakland, CA: The Oakland Institute.

Farmers Weekly (2010) 'Protecting a meaningful way of life', 25 June.

Ferguson, J. (1994) The Anti-Politics Machine: 'Development', *Depoliticisation, and Bureaucratic Power in Lesotho, Minneapolis*: University of Minnesota Press.

_____ (2006) *Global Shadows: Africa in the Neoliberal World Order*, Durham, NC and London: Duke University Press.

Foster, J. B. (2002) *Ecology Against Capitalism*. New York: Monthly Review Press.

Friends of the Earth (Europe and Africa) (2010) *Africa: Up for Grabs: The Scale and Impact of Land Grabbing for Agrofuels*. Brussels: Friends of the Earth Europe.

Groundwater Consulting Services (GCS) (2007a) *Mineral Sands Resources (Pty) Ltd. Xolobeni Heavy Mineral Sands Project Environmental Impact Assessment Report*, December, Johannesburg: Groundwater Consulting Services (GCS) (Pty) Ltd.

_____ (2007b) *Mineral Sands Resources (Pty) Ltd., Xolobeni Heavy Mineral Sands Project, Environmental Management Programme (EMP)*, December, Johannesburg: Groundwater Consulting Services (GCS) (Pty) Ltd.

Hadju, F. (2005) 'Relying on jobs instead of the environment? Patterns of local securities in rural Eastern Cape, South Africa', *Social Dynamics* 31, 235-260.

Hallowes, D. and Butler, M. (2002) 'Power, Poverty, and Marginalised Environments: A Conceptual Framework', in D. MacDonald (ed.) *Environmental Justice in South Africa*. Cape Town: University of Cape Town Press.

Hart, G. and Sitas, A. (2004) 'Beyond the Urban-Rural Divide: Linking Land, Labour and Livelihoods', *Transformation* 56: 31-38.

Harvey, D. (2005) *Spaces of Neoliberalization: Towards a Theory of Uneven Geographical Development*. Hettner-Lecture 2004 with David Harvey. Stuttgart: Hettner-Lectures, Vol. 8.

Joubert, L. (2008) *Boiling Point: People in a Changing Climate. Johannesburg*: Wits University Press.

Kearns, T. (2009) 'Climate Change is a Trade Union Issue', in I. Angus (ed.) *The Global Fight for Climate Justice*. London: Resistance Books.

Kennedy, D. (1998) 'Mining, murder and mayhem: The impact of the mining industry in the South', *Third World Resurgence*, 93, May: www.twnside.org.sg/title/mine-cn.htm (accessed 5 August 2009).

Kape, T. (1997) 'Communities, Entitlements and Nature Reserves: The case of the Wild Coast, South Africa', *IDS Bulletin* 28: 4, October, pp.47-58.

_____ (2001) 'Waking up from the dream: The pitfalls of "fast-track" development on the Wild Coast', *Research Report* No. 8, Praogramme for Land and Agrarian Studies (PLAAS), Cape Town.

Levidow, L. and Paul, H. (2010) 'Global Agrofuel Crops as Dispossession', in K. Abramsky (ed.) *Sparking a Worldwide Energy Revolution: Social Struggles in the Transition to a Post-Petrol World*. Oakland, CA and Edinburgh: AK Press.

Lohmann, L. (2006) *Carbon Trading: A Critical Conversation on Climate Change, Privatisation and Power*. Development Dialogue No. 48, September. Uppsala: The Dag Hammarskjöld Foundation.

Mbeki, G. (1964) *South Africa: The Peasant's Revolt*. London: Peter Smith.

McAllister, P. (2003) 'Xhosa Agricultural Work Groups – Economic Hindrance or Development Opportunity?' Fort Hare Institute of Social and Economic Research, Working Paper No. 12.

McIntosh, A. (2004) *Soil and Soul: People versus Corporate Power*. London: Aurum Press.

McMichael, P. (2010) 'Food sovereignty in movement: addressing the triple crisis', in H. Wittman, A. A. Desmarais and N. Wiebe (eds.) *Food Sovereignty: Reconnecting Food, Nature and Community*. Halifax and Winnipeg: Fernwood Publishing.

Ngonini, X. A. (2007) 'Anxious Communities: The Decline of Mine Migration in the Eastern Cape', *Development Southern Africa* 24: 1, 173-185.

NUM (National Union of Mineworkers) (n.d. a) 'The National Union of Mineworkers' Response to Sustainable Development'. www.num.org.za/Speeches/the%20national%20union%20of%20mineworkers%20response%20to%20 sustainable%20development.html (accessed 27 November 2011).

_____ (n.d. b) *Nationalisation Discussion Papers*. Johannesburg: National Union of Mineworkers.

_____ (2011) *Secretariat Report 2011*. Johannesburg: National Union of Mineworkers.

Palmer, R., Timmermans, H. G. and Fay, D. (eds.) (2002) *From Conflict to Negotiation: Natuer-based development on the South African Wild Coast*. Pretoria: Human Sciences Research Council.

Payne, V. and King, N. (2008) 'The Wild Coast Mining Debate – A Broader Perspective', *Vision* 10, October/November.

Sachs, W. (1999) *Planet Dialectics: Explorations in Environment and Development*. London: Zed Books.

Shackleton, C. M., Timmermans, H. G., Nongwe, N. Hamer, N. and Palmer, R. (2007) 'Direct-use values of non-timber forest products from two areas on the Transkei Wild Coast', *Agrekon* 46: 1, 135-156.

Socialist Resistance (2009) 'The Three Decisive Forces that Can Stop Climate Change', in I. Angus (ed.) *The Global Fight for Climate Justice*. London: Resistance Books.

Southall, R. (1983) *South Africa's Transkei: The Political Economy of an 'Independent' Bantustan*. London: Heinemann Educational Books.

Turok, B. (1960) *The Pondo Revolt*. Johannesburg: South African Congress of Democrats.

Uaid, L. M. (2009) 'Class Struggle and Ecology', in I. Angus (ed.) *The Global Fight for Climate Justice*, London: Resistance Books.

10장

아마존 우림의 노동-환경 동맹 속에서 기후변화, 노동조합, 농업 노동자

주앙 파울루 칸디아 베이가, 스코트 비 마틴

2010년 8월, 파라^{Pará} 주 서부 아라피운스 강 유역에서 집단 부락민들과 시민단체들을 위한 훈련과 지원을 목적으로 하는 5개년 프로젝트의 현장 평가가 수행됐다.

들어가며

핀란드노동조합총연맹^{SASK}의 도움으로 핀란드의 노동조합연대센터가 재정을 제공했다. 핀란드 측의 개입은 환경 쟁점들에 초점을 두고 개발도상국 사회운동들과 연대하는 교류의 결과였다. 2005년에 프로젝트가 개시됐을 때 세운 주된 목적은 산림 파괴를 막고 지역 공동체를 강화하는 것이었다. 산타렝^{Santarém} 시 지자체에 기반을 둔 노동조합인 STTR이 프로젝트의 매니저 역할을 맡았다. 한 주 동안 이어진 평가 일정 속에서 연구자들은 아라피운스 강, 마로 강, 아루아 강을 따라 프로젝트에 참여한 지역 공동체들을 방문했다. 2005년 이래 프로젝트의 효과를 평가하기 위한 과정이었다. 지역 공동체, 노동조합 지도자, 산타렝 시와의 집단 인터뷰, 현장 방문이 진행됐다.

지역 평가는 공동체들이 일련의 중요 쟁점들을 다루면서 자신들을 어떻게 행위자로 인식하는지를 평가하기 위한 분석틀의 개발을 포함했다. 쟁점에는 토지 분쟁, 목재 무역, 기후변화, 연방 정부의 산림 관리 공공 정책이 지역에 미치는 복합적인 영향 등이 있다. 인터뷰에서 두드러진 주제의 하나는 지구 온난화와 온난화가 평가 대상 지역 가구들의 생계와 노동 조건에 영향을 주는 구조적 변화였다. 모든 지역 공동체들은 기후변화에 대한 염려, 그리고 타피오카 생산, 고기잡이와 과일 따기(채취 활동) 같은 전통적 활동을 통한 고용과 수입의 측면에서 산림 거주자들의 사회적 지속가능성을 지탱할 새로운 생계 조건들에 대한 사실상 '강제된' 적응을 커다란 도전으로 언급했다. 기후변화는 이 지역 가구들의 생존 조건에 영향을 미치고 있으며, 공공이든 민간이든 어떤 '산림파괴 및 산림황폐화로 인한 배출의 감축REDD' 지역 거버넌스 체계도 지역 공동체들이 지속 가능한 노동 조건과 환경 조건의 창출을 보장해야 한다.

아라피운스 강 유역 내 가구들의 노동 조건과 환경 조건들의 변화를 둘러싸고 목재상과 지주들을 한편으로 하고 소규모 활동으로 생계를 유지하는 지역 공동체들을 다른 한편으로 하는 사회적 갈등들이 전개됐다. 자영 노동으로 소규모 생계 활동에 종사하는 농촌 노동자와 가족들은 '라고 그란데Lago Grande'와 '노바 올린다Nova Olinda'의 '글레바glebas'(대토지) 주변에 살고 있다. 2009년에 그런 갈등이 하나 일어났는데, 지주와 목재상이 시도한 벌목에 저항하는 '노바 올린다' 글레바의 지역 공동체들과 목재상 사이의 긴장이 격화된 결과로 통나무를 실어

나르는 대형 뗏목에 방화로 의심되는 화재가 발생했다(SASK 2010).

STTR은 SASK의 지원을 받으며 '노바 올린다' 글레바의 거의 모든 지역 공동체를 조직하는 데 결정적 역할을 했고, 그 결과 목재상들에 대항하고 토지를 구매하려는 지주들의 '제의'를 거절할 수 있었다. 그렇지만 그중 일부, 즉 '누보 루가르', ' 프라이나', '페 엔 데우스', '소시에다데 도스 파렌테스', '셈프레 서브' 등의 지역 공동체들은 벌목권을 목재 회사에 매각했다. 다른 지역 공동체들도 실제로 불법 벌목을 하고 있는 목재 회사들에게서 강한 압력을 받고 있다(SASK 2010).

이 글은 STTR이 기후변화가 가구와 지역 공동체에 미치는 영향을 노동자의 관점에서 논의하기 시작하게 하는 과정에서 수행한 역할을 살펴보는 것으로 시작한다. 이것은 프로젝트 평가의 핵심 중 하나였다. 가설은 지역 공동체들이 산림 거버넌스 체계에서 핵심 행위자이며 향후 산림 경영에서 지역-지구와 공적-민간 다수준 파트너십의 일부여야 한다는 것이다. 지역 거버넌스는 산림 경영의 효과성을 향상하고 제도적 수단들의 정당성을 증진할 수 있다. 그렇게 되려면 지역 공동체들이 산림 경영 체계에 포함돼 특별한 임무를 맡을 필요가 있다. 이를테면 공동체들은 기후변화의 지표를 모니터링하고, 감시 기구에 참여하며, 산림 경영의 효과에 대한 정보를 제공할 수 있다(Ostrom and Moran 2009).

이어서 우리는 노동자와 노동조합 운동에 대한 상이한 이론적 접근의 맥락에서 노동 문제와 환경 문제를 분석한다. 우리는 노동과 환경 쟁점들 사이의 관계가 제대로 이론화되지 않았다고 주장한다. 노동 연구는 노동자의 행동을 의제 설정, 목적, 교섭의 장 같은 측면에서 분석하는 이해관계 기반 접근법에서 도출하며, 노동조합과 엔지오들의 전략적 역량과 전술적 역량을 분석한다.

반면 우리는 '이해를 공유하기', 즉 기후변화가 산림에 미치는 영향을 지역 공동체가 그 출발점으로 해석하는 방식을 취하는 것이 거버넌스 체계의 사회적이고 환경적인 지속가능성을 증진하는 길로 받아들여지는 인식론적 접근에 기반해 노동-환경 동맹을 이해하려 하는 새로운 틀을 제시한다. 우리는 이런 이해들을 포착하기 위해 담화 분석을 방법론으로 활용한다. 우리의 주요 결론은 노동운동이 기후변화 같은 환경 쟁점들을 인식하게 될 때 새로운 가치와 정체성을 발전시킨다는 것이다.

산타렝농업노동조합의 결정적 역할

STTR은 아마존 지역에서 가장 성공적이고 잘 조직된 농업노동조합 중 하나다. 1973년 창립 이래, 군부 독재 체제 동안, 1980년대에 '정통성을 지닌' 지도자들이 정부 통제에서 노조를 되찾은 이후, 강과 '이가라페 igarapés'(지천)를 따라 농업 노동자를 조직했다. 이 조직은 광범한 강 유역과 목재 회사들이 점차 황폐하게 만드는 원시림을 포괄한다.

이 노동조합은 1980년대에 무토지 노동자 운동의 선봉에 섰다. 노동조합 전 의장이자 무토지 운동의 전 지도자인 아벨리누 간저Avelino Ganzer는 1983년 8월 CUT가 창설될 때 핵심이었다. STTR의 지도자는 대부분 산타렝 지역 여기저기에 흩어져 있는 전통적 지역 공동체들에서 나왔다. 이 지역 공동체들은 대개 수십 년 동안 강과 '이가라페' 주변에 살아온 가구들로 구성돼 있다. 그중 다수는 원주민과 더불어 백인 포르투갈인 조상을 갖고 있다. 우리가 방문한 지역 공동체들 중 일부는 한 세기 이상을 살면서 카사바 가루 생산, 작은 가축 기르기, 사냥, 낚시, 소품 만들기 같은 생계 활동을 했고, 일부는 여행객을 받기 시작했다.

이런 넓은 영역, 지역 공동체 내부의 기본 활동들을 소화하기 위해, 그리고 산타렝에 근거를 두는 노조 지도자들 사이의 거리를 극복하기 위해, STTR은 지역 지도자들을 두고 있다. 이 지도자들 각각은 중앙 집중적 명령 구조 안에서 복잡한 지역 지도자들의 구성을 반영해 최소한 하나 이상의 농업 노동자 공동체를 책임진다. 이 체계는 지역 공동체의 참여를 유지하는 데 필수적인 정보 네트워크를 향상시킨다. 아라피운스강과 주변 지역 공동체들에는 공동체 속에서 살고 지역 수준에서 노조의 조직 활동을 수행하는 지역 지도자가 여덟 명이 있다.

이 지도자들은 산타렝의 노조 활동에 종종 참여하는 덕분에 노조에 대해 전략적 역할을 한다. 또한 가구들의 공동체와 직접 일하는 다른 지역 농업 노동자 집단들에게 각각의 생활 조건과 노동권에 관한 필요와 기대에 부응하는 방향을 제시한다. 여기에는 퇴직수당과 '볼사 파밀리아Bolsa Família'(빈곤 가구 대상 조건부 현금 지급) 같은 연방 공공 정책에 대한 접근권, 생산 활동을 위한 기계와 장비 구매를 위한 공공 대출 같은 문제가 포함된다. 교통은 농업 노동자에게 또 다른 중요 주제다. 근처에 고속도로나 철도 같은 다른 수단이 없기 때문에 모든 것은 선박으로 운송된다. '건기'(여름)에는 강과 이가라페를 활용하고, '우기'(겨울)에는 우림 일부가 물에 잠겨 뱃길이 된다. 먼 지역에서 열리는 모임이나 회의에 참석하는 이들은 선박으로 오고가야 하는데, 운임이 비싸다. 지역 공동체들이 법률적으로 집단 부락을 구성하고 공공 대출 신청을 위해 시민 결사체를 찾아야 할 때 모임이 조직되는 방식이 이것이다.

SASK의 프로젝트는 먼 지역 공동체를 가깝게 만들고, 회의를 진행하고, 퇴직하는 농업 노동자들에게 필요한 서류를 만들어주는 등 여러 서비스를 제공하는 과정에서 STTR의 중요한 역할을 활성화했다. SASK 프로젝트는 회의 조직 기간 중에 이 지도자들이 지역 공동체들 사이를 여행하는 일을 지원했다. 이것은 극심한 갈등 시기에, 특히 농업 노동자와 노동조합 조합원들이 모인 지역 공동체 속에서 STTR이 활동할 수 있게 하는 데 SASK 프로젝트가 결정적이었다는 것을 알려준다.

환경-노동 동맹 ― 이론적 접근

노동 조직과 환경 조직들 사이의 동맹은 노동조합 연구 문헌에 거의 알려지지 않은 주제다. 대략 네 가지 조망이 있다. 첫째, 주로 지역 수준에서 지역 공동체, 엔지오와 환경운동들, 노동의 동맹을 다루는 사례 연구들을 포함한다(조망 1). 둘째, 노사 관계, 고용 관계, 노동 입법 등의 체계에 관심을 둔다(조망 2). 셋째, 국제적 노동운동을, 그리고 국제적 노동운동의 도전, 장애물, 이점과 제약을 탐색한다(조망 3). 넷째, 여기서 우리는 가장 흥미로운 일련의 분석을 발견하는데, 왜냐하면 노동조합들이 국제 관계에서 다른 비정부 행위자들의 발흥이라는 맥락 속에서 사고되며 회사과 엔지오들과의 협력이 논의되기 때문이다(조망 4). 더욱이 노동조합들은 세계적 범위에서 노동 기준과 환경 기준을 조사하고, 평가하고, 모니터링하고, 강제하는 새로운 국제적 질서 속에서 규율을 설정하는 구조의 일부로 간주된다. 또한 이런 마지막 조망은 노동조합들을 좀더 큰 세계 정세 속에서 중요한 행위자로 인정한다.

조망 1에서는, 지역 수준의 더 넓은 범위의 공동체 안에서 노동조합들과 비노동조합 행위자들 사이의 개입을 탐색하는 '지리학적' 문헌이

나온다. 노동자의 전략과 노동조합의 갱신된 역량 속에서 좀더 넓은 지역 공동체의 이해에 기여하는 연합을 건설하는 과정이 지닌 함의가 강조된다(Sadler 2004). 지역 수준에서 그런 동맹들 내부의 의사 결정의 좀더 제도화된 형태들이 평가되며(Bartolini et al. 2010), 미국 내부의 역사적 노동자-소비자 동맹들 같은 특수한 사례가 검토된다(Frank 2003).

노동-환경 연합 내부의 협력과 갈등을 다룬 문헌에 나타나는 흐름의 하나는 '일자리 대 환경', 즉 '환경을 보호하기 위해 취해지는 조치들이 노동자의 생계를 위협한다고 이야기된다'는 논쟁을 살핀다. 좀더 낙관적인 접근은 '노동자와 환경주의자들이 공동의 목표를 공유하고 공동의 적 앞에서 단결하게 될 것'이라고 주장한다(Obach 1999, 48). 환경주의자들은 중간계급에 속한다고 여겨지는 반면 노동조합은 노동계급을 대표하므로, 둘 사이의 갈등은 상이한 계급적 지위의 결과로 여겨진다. 어떤 이들은 회사와 엔지오들 사이에서 이해가 더 잘 합치된다고 주장하는데, 환경 보호가 이윤이 될 수 있어서 기업 친화적일 수 있기 때문이다. 로즈는 "자원의 배분은 기업들과의 동맹 건설을 더 선호하게 하며 …… 노동조합과 환경주의자들은 이런 물질적 이익과 경합하기 어렵다"고 주장한다(Rose 2003, 58).

이런 분석들은 지구화라는 현상이 '경쟁의 한 요소로서 노동 비용의 배제'라는 노동조합의 전략을 무력화한 듯이 보인다는 의미에서 종종 비관주의적 전망을 취한다. '정보 공유', '관계의 심화', '노동조합을 위한 전략적 지식'의 발전을 통해 경계들을 가로지르는 노동조합의 조정 능력을 향상시키는 것이 성공적인 캠페인의 전제 조건으로 여겨진다(Brecher et al, 2006, 8). 노동조합은 국가 권력에 의존한다고 주장된다. 노동조합의 운명은 노동 기준을 강화하고 그런 기준들을 상향시키는 프로그램들을 발전시키는 국가 정책에 달려 있다. 몇몇 논자들이 결론 내리 듯, 국가의 효능이 줄어들면 노동운동은 쇠락한다(Boswell and Stevis 1997).

'노동자 국제주의'와 '노동자 연대' 같은 수사는 자본주의의 미래에 대한 구조적이고 체계적인 분석의 맥락 속에 있는 것으로 보인다. '단일한 노동계급'의 '낡은' 국제주의는 다양한 네트워크들로 구성된 일련의 조직이나 제도들의 구성과 대비된다. '새로운' 자본주의 내부의 노동자 네트워크의 지구화는 연합과 동맹의 정치를 노동조합주의와 노동자 국제주의의 미래에 결정적인 것으로 인정한다(Waterman and Wills 2001).

조망 4에서 문헌은 다음으로 나뉜다. ① 회사와 '시장의 세계화market globalism'에 맞서 싸우기 위해 여러 다양한 동맹을 포함하는 국제적 캠페인(Turner 2004), ② 노동조합의 새로운 임무를 규정하며, 노동자 조직들-엔지오들과 회사 사이의 협력 형태들에 초점을 두는 논쟁(Bartley 2007; Compa 2004; Hale 2004; Leather 2004), ③ 초국적 행동주의를 설명하기 위한 국내 변수들의 분석(Caraway 2006). 이런 문헌들은 노동자를 대변하는 국내적 형태가 지구화에 대한 노조의 대응에서 나타나는 다양성을 설명한다(Anner et al. 2006). ④ 지구화 과정에서 국제적 시민사회 조직들의 역할을 탐색하기 위해 발전된 개념인 '초국적 옹호 네트워크'(Keck and Sikkink 1998). 이런 접근이 활용하는 성공적인 전술적 도구는 '이름 까발리기name and shame'와 '부메랑 효과'다. 후자는 개도국 노동조합들이 초국적 네트워크를 활용해 회사에 대항하는 캠페인을 펼침으로써 본사의 정책까지 변화하게 만드는 전략에 붙은 이름이다. 이것들은 노동조합과 엔지오가 기업의 국제 본부에 접근해 개도국에 있는 지사들이 국제 노동 기준과 환경 기준을 준수하도록 압력을 가하는 데 활용된다(Caraway 2006). 브라질에 있는 사회감시연구소Social Observatory Institute는 여러 노동 연구 의제들을 통해서 남반구에 기반을 둔 노동조합과 노동자 총연맹들이 다국적 기업들을 공략해 핵심 노동 기준 측면에서 선진국에 있는 기업 본사에 압력을 가한 사례들을 다뤘다. 회사 대표자들이 현지 수준에서 규정 위반과 준수 의무 위배 행위가 있었다고 인정할 경우 성공을 거뒀다. '부메랑 효과'는 브라질에서 노동 기준 준수를 향상시켰고, 몇몇 경우에는 지역 노동조합을 강화했다(Barbosa et al. 2001).

놀랍게도 엔지오와 노동자 사이의 관계를 둘러싼 논쟁은, 노동조합들과 엔지오들 사이에 '공통의 의제'와 함께 '엔지오들과 노동조합들이 서로 돕기 위한 거대한 범위'가 존재하는데도 불구하고 오래 지속되는 동맹을 형성하기는 힘든 것으로 나타난다(Eade 2004, 5). 몇몇 학자는 이 역설을, '발전', '인권', '비공식 경제' 같은 일부 주제들에 대해 엔지오들과 노동조합들이 원칙적으로 이해를 공유한다는 사실과 별개로, 경합하는 의제의 문제로 설명한다. '이중의 분할', 즉 북반구-남반구뿐 아니라 상이한 유형의 조직들 사이를 가로질러 연결하는 문제의 어려움이 지적되기도 한다(Evans and Anner 2004).

노동조합과 환경 조직들 사이의 동맹의 어려움을 이해하기 위해 두 가지 주장이 발전했다. 첫째 주장은 국제 관계에 적용되는 제도주의 이론에 바탕한다. 노동조합은 엔지오들보다 이점을 누린다고 주장되는데, 국제 조직인 ILO의 지원을 받기 때문이다. ILO는 가장 오래된 국제 조직의 하나로, 유엔보다 앞선다. 그렇지만 국가들이 ILO에 아무런 강제력도 부여하지 않은 탓에 '이빨 빠진' 조직의 전형으로 묘사되기도 한다. 3자 기구 구성 때문에 ILO는 협약과 권고를 해도 강제력을 지닌 대행자가 아니라 의제 설정자로 기능한다. 1990년대 이후 '괜찮은 일자리' 의제를 통해 핵심 노동 기준을 채택하면서 ILO의 역할은 국가 수준에서 정부, 노동조합, 민간 부문의 행동에 영향을 미치고 있다.

올센과 켐터가 이 책 4장에서 보여주듯이 ILO도 환경 관련 쟁점에 관심을 가져왔지만 엔지오와 환경 쟁점들은 국제적 조직들의 집중적이고 비중 있는 관심을 받은 적이 없었다. 그런데도 환경 의제들은 에너지, 생물종 다양성, 오존, 기후변화, 산림 같은 다양한 핵심 쟁점들로 탈집중화되고 분할됐다. 환경 쟁점들은 UNEP, 정보기술 제공자와 지속가능발전위원회, 유엔 경제사회국 산하 지속가능발전부에 부속된 정치 의제 제안자 같은 서로 경합하거나 겹치는 기구들에서 다뤄진다.

엔지오-노동조합 동맹의 어려움을 설명하는 둘째 주장은 근본적으로 상이한 제도와 조직 논리를 다룬다. 노동조합은 조합원들에게서 위임을 받는다. 노동조합 지도자들이 누리는 권위의 배후에는 정치적 지반이 존재한다. 노동조합 활동가들은 비노조 행위자들과 파트너 관계를 맺을 때 자신들의 바람만큼 유연하게 움직일 수 없다. 노동조합 활동가들은 결국에는 '동료들 중 가장 앞서' 있는 것인데, 왜냐하면 엔지오와의 관계에서 보면 조합원을 대변하는 좀더 보편적인 조직이기 때문이다(Compa 2004, 212).

반면 엔지오들은 운영에서 좀더 유연성이 있다. 첫째, 어떤 특정한 유권자들을 대변하지 않기 때문이다. 둘째, 지구적 경제 통합의 복잡성이 전통적 캠페인, 옹호나 동원에서 거리가 먼 새로운 환경 쟁점과 노동 쟁점들을 채택할 더 많은 기회를 제공하기 때문이다. 이런 의미에서 엔지오들은 노동조합 운동과 동등한 지위를 부여해주는 국제 시민사회 안에서 행동함으로써 '동등한 조직들 중 하나'로서 수평적으로 활동한다. 엔지오들은 비공식 부문, 여성 노동자, 주로 개도국들에 기반한 노동 집약적 수출 주도 부문들에서 벌어진 노동권 위반 사례들을 노동조합의 아킬레스건으로 바라본다(Compa 2004, 212).

환경 그룹들과 노동 조직들 사이의 동맹은 노동 연구 영역에서 충분히 분석되지 못했다. 이것은 특히 개도국들의 특수한 조건 같은 경우에 더욱 그렇다. 상이한 '이유들'이 노동조합과 엔지오들의 행동을 각각 이끌었다. 전자는 생계, 권리, 노동 조건들의 보호를 강조하는 반면, 환경 조직들은 천연자원의 관리에 우선순위를 둔다. 이 둘은 출발점에서 타협할 수 없는 것이 분명하다.

오박은 물질적 세계가 조직되는 방식과 독립적으로 존재하는 '가치 배열'이 있다고 주장한다(Obach 1999). 그래서 동맹들은 자신들이 합일하는 그런 가치들과 정체성들 위에 형성될 수 있다. 동맹들은 그 주역들의 사회 구조들과 사회적 지위에 뿌리박은 계급투쟁이라는 개념에 기반하는, 노동운동에 대한 전통적인 마르크스주의와 베버주의적 설명을 극복하고자 한다(Frundt 2010). 가치와 정체성 같은 개념들은 사람들의 삶이 갖는 더 포착하기 어려운 차원들에 더 큰 중요성을 부여한다. 우리의 경우 이런 요소들은 지구 온난화 같은 환경 문제라는 맥락 속에서 우림에 사는 가족들이 어떻게 자기 자신과 자신들의 행동을 이해하는지 질문들 던질 수 있게 해줬다.

우리의 가설은 기후변화에 관련된 정체성과 가치를 형성하는 학습 과정 속에서 노동과 환경적 관심들이 단일한 차원으로 합쳐진 결과로 지역 공동체들이 새로운 '공유된 이해'를 창출할 수 있었으리라는 것이다. 우림을 보전하는 것이 지구 온난화를 멈추는 하나의 길이기 때문에 사람들은 자신들의 생산 활동을 적응시키거나 감축하는 전략들에서 기후변화의 중요성을 인식하기 시작할 수 있었다. 노동자가 하는 행위들과 생산의 해법들은 천연자원의 보존을 포함해야 하며, 지역 공동체들의 수입과 복지를 증진시킬 수 있어야 한다. 인센티브의 도움을 받고 노동조합에 의해 조직되는 지역 공동체들은 서로를 연결하고 '경제적 축적의 영역과 독립된' 공통의 정체성을 만들어낼 수 있다(Frundt 2010).

방법론과 배경 정보

우리의 연구는 반구조화 면접semi-structured Interviews에 기반한 질적 사례 연구 접근을 활용했다. 가족, 노동자, 아동, 여성, 노인, 노동조합 지도자들이 과정에 참여하는 지역 공동체의 집단 회합에서 개방형 질문들이 토의되도록 했다. 강들(아라피운스, 마로 그리고 아루아)을 따라 진행된 한 주간의 현장 연구 동안 우리는 11개의 지역 공동체를 방문했다. 우리가 조직한 집단 모임에 대략 400여 가족들이 참여했다. 우리는 지역 노조 지도자들과 개별 면접도 수행했다.

우리는 지역 공동체들이 기후변화 같은 쟁점 영역에 대해 어떻게 상이한 프레임과 설명 변수를 집합적으로 설정하게 되는지를 이해하기 위해 담론 분석을 이용했다. 이 주제에 대해 세 개의 일반 영역으로 구성된 일련의 질문들이 제공됐다. ① 가구들이 산림을 보전돼야 할 재화로 해석하는 방식은 무엇인가? ② 기후변화는 삼림 속에서 꾸려가는 생계에 어떻게 연결되는가? ③ 정확히 어떤 천연자원이 가장 보전할 필요가 있다고 여겨지는가?

다른 질문군들은 지역 공동체들의 구체적인 생존 조건과 관행을 파악하기 위한 것이었다. ④ 사람들은 기후변화의 변화하는 맥락에 관련된 자신의 물질적 이해를 어떻게 구조화하고 형성하는가? ⑤ 지역 공동체들 안에서 이용되는 천연자원은 무엇이고, 그 목적은 무엇인가? ⑥ 사람들은 지역 수준에서 천연자원의 이용을 어떻게 지구 온난화라는 환경 쟁점에 연결시키는가?

앞에서 말한 대로 아마존의 공동체들에서 지역 사회적 행위자들과 기후변화 같은 새로운 쟁점들의 만남은 의사 소통 과정의 하나로 조직된 것이고, 여기서 점진적인 '학습 과정'을 통해 새로운 지식이 발전된다. 기후변화는 쟁점의 새로운 배열을 대표하며, 지역 공동체들은 자신들의 생존 조건에 미치는 체감할 수 있는 영향을 통해 그 배열을 즉각적이고 직관적으로 간파한다. 그런데도 이런 쟁점들에 대한 대응을 형성하게 만드는 요인은 지역 공동체들이 외부의 동맹자들과 나누는 대화들을 통해 발전시키는 설명 프레임이다. 가구들은 채집 활동의 계절적 변화뿐 아니라 어획량을 통해서도 기온 상승의 영향을 경험한다. 가구들은 타피오카, 콩류, 채소가 수확되는 양상을 변화시키지 않으면 안 된다. 강을 따라 산림 가까운 곳에서 생활하는 이들에게는 이런 것들이 아마존 우림에서 겪는 기후변화의 가장 가시적이고 감지할 수 있는 영향에 해당한다.

주 정부가 공표하고 파라 주 토지연구소Interpa가 시행하는 것이든, 연방 정부가 공표하고 국립농지개혁연구소Incra가 시행하는 것이든 간에, 환경과 토지 이용에 관한 입법은 글레바의 점유와 공동체 내부의 토지 이용에 관한 쟁점들에서 지역 공동체들의 의견을 청취하도록 요구한다. 토지 이용 허가권이 주어지려면 각 지역 공동체의 필요가 존중돼야 한다. 지역 공동체에 의한 토지 소유권의 법제화 과정은 시간을 필요로 하며, 지역 수준에서 공청회 개최 같은 단계들을 거쳐야 한다. 소유권의 형태는 집단적일 수도 개인적일 수도 있으며, 궁극적인 결정은 지역 공동체에 달려 있다. 이 집단적인 법률성은 가구들이 천연자원을 산림 보전에 기여하는 방식으로 이용하는 등 유의하며, 지역 공동체들이 자산을 제3자에게 팔거나 양도할 수 없다는 것을 의미한다. 주 산하 기구들이나 연방 정부 기관들과 협력해 자원 이용 정책을 수립하고 프로젝트를 수행하기 위해 시민 결사체가 창립됐다. 개별적 방식에서는 영역이 더 작고 소유자가 토지를 팔 수 있다. 토지 보유권의 방식(즉 거주와 경제 생산의 유형)에 관한 지역 공동체 내부의 토론과 협의 과정에서 갈등이 일어난다. 결정은 각 지역 공동체의 수준에서 실행된다. 만약 지역 공동체가 개별적 경로를 취하기로 하면, 이런 결정은 각 가구가 개별 필지를 얻게 된다는 것을 의미한다(SASK 2010; Milanez 2010).

파라 주의 정치 엘리트들과 연계가 있고 현 주 정부의 직원들(이를테면 환경사무국SEMA)들과 긴밀한 목재 회사들은 관리 계획을 통해 합법적 벌목을 승인받는다. 이론적으로 주 정부는 이 사업의 시행을 점검한다. 결국 회사들은 SEMA가 승인한 '지속 가능한' 관리 계획 속에서 토지를 사들이고 목재를 벌목할 수 있게 된다. SASK가 후원한 프로젝트는 집단적 거주 형태의 선택과 이행을 촉진하기 위해 STTR을 지원함으로써 가구들과 지역 공동체들을 돕고자 한다. 결사체의 창립은 가장 지속 가능한 방식으로 조직돼야 하는 자원 관리 프로젝트의 집행을 촉진하며, 이것은 강 유역에서 살아가는 주민들이 연방 정부 프로그램의 지원에 다가갈 수 있도록 해준다(SASK 2010).

비영리 사회 조직인 STTR을 통해 자신들을 조직한 지역 공동체들은 벌목업자들의 반대편에 자리한다. 공동체들은 각자 태어난 지역 공동체의 토지 소유권과 토지의 전통적 이용을 보장하기 위해 싸우기로 결정을 내렸다. STTR과 SASK의 프로젝트는 지역 공동체들이 이런 목적을 달성하는 데 큰 도움이 됐다. 각 지역 공동체에서 열린 회합과 회의들에 자금원이 됐고, 여기서 환경 보전과 지속 가능한 천연자원 이용 같은 쟁점들이 다뤄졌다.

이런 회의들은 가구들이 연방 정부가 제공하는 새 프로그램과 정책들에 통합되도록 촉진했다. 프로그램들은 곡물 가루 생산, 야생 관목 과일 채취, 양계 같은 전통적 형태의 토지 이용에 기반했다. 또한 어류 양식, 에코투어리즘 개발, 뚜꾸마아^{Tucumã} 잎으로 만든 수공예품 생산 등 새로운 형태의 활동도 포함했다. 이런 전통적이고 대안적인 생계 활동을 통해 STTR은 라고 그란데의 지역 공동체들이 새로운 집단 부락과 지역 공동체 결사체를 만들도록 도왔고, 이런 과정을 통해 공동체들은 천연자원의 지속 가능한 관리 프로그램에 참여할 수 있게 될 것이다.

경험적 결과들

우리의 연구는 두 개의 중요한 전개를 확인했다. 첫째 전개는 2차 경험 연구 자료에서 얻어진 것인데, 왜냐하면 주로 STTR이 가입해 있는 지역 공동체들을 방문했기 때문이다. 그렇지만 이 지역 공동체 성원들을 만난 인터뷰에서 우리는 조합으로 조직돼 있지 않은 지역 공동체들에 관한 정보도 얻었다. 일부 정보원들은 벌목 회사들이 일자리와 함께 발전기 같은 '선물'을 제공하며 더 나은 생활 조건을 약속한다고 말했다. 그러나 회사들이 약속을 계속 지키지는 않는다. 만들어지는 일자리는 거의 없고, 생긴다고 해도 나무 자르는 일 같은 힘들고 급여가 적은 일자리들이다. 도로 건설은 산림 파괴를 확대했고 환경뿐 아니라 지역 공동체들의 생활 조건에도 해를 끼쳤다. 응답자들 모두 온도가 상승하고 후추 같은 일부 작물에서 변화가 일어나는 등 기후변화가 일어나고 있다고 말했다. 더위 때문에 해충이 늘어나고 수확물의 크기와 질이 하락한다는 것이다.

둘째 전개 상황은 집단 부락을 만들고 지속 가능한 형태의 생산을 관리하는 결사체를 만드는 데 성공한 가족들에서 볼 수 있다. 이런 경우들에서 지역 공동체 지도자들은 산림 보전이 온도 상승을 막는 최선의 길이라는 것을 확인하는 환경 인식을 보여줬다. 안정적인 기후가 동물상과 식물상, 생계 사냥subsistence hunting의 조건을 유지해준다고 주장한 것이다. 지역 공동체 지도자들의 다음 단계 일은 지속 가능한 생산을 위한 관리 계획의 실현이 될 것이다. 이 계획에서 요청되는 행동들은 기계화된 방아를 이용한 마니오카 녹말 생산, 오븐, 천연 생선 사료 생산, 후추 파종 개선 등이다. 아래에서 우리는 이 지역 공동체들의 활동을 좀 더 자세히 기술할 것이다.

산림 보전이 중요한 이유를 묻자 '봉푸투루Bom Futuro' 지역 공동체의 대표자들은 흥미로운 답변을 했다. 그 지역 공동체는 집이나 배를 만들 목재를 구하기 위해서든, (아싸이, 바까바, 빠따우아 같은) 열매를 따거나 소규모 사냥으로 동물을 잡거나 하기 위해서든 산림을 이용한다. 여기에서 산림 파괴에 연관된 문제들 중 하나로 지구 온난화를 말한 사람은 없었다. 그럼에도 불구하고 사람들은 SASK 프로젝트의 훈련 코스가 자신들이 그때까지 갖지 못한 환경 인식을 발전시킬 수 있게 도왔다고 말했다. 게다가 이 프로젝트는 지역 공동체의 조건에 더 잘 맞는 농업 추출agro-extractive 프로젝트를 논의할 동기를 부여했다. 봉푸투루 같은 경우에는 수경 재배, 지속 가능한 벌목, 가금류 사육, 공동체 텃밭, 양봉, 공동체의 가장 중요한 생산물인 마니오카 녹말 생산을 논의했다.

수경 재배에서는 너무 비싼 공업 비료를 사지 않을 수 있게 지역 공동체에서 만드는 대체 비료를 시험했다. 또한 가족농을 위한 국가 프로그램Pronaf[1] 아래에서 연방 정부의 자금을 받을 수 있는 가족생산센터들에 대해서도 논의했다. 이 프로젝트들을 맡으려면 지역 공동체 결사체(즉 지역 공동체가 통제하는 법인)의 창립을 승인해 이 결사체가 설비를 구매하고 계획된 프로젝트를 이행할 자격을 획득하는 것이 필요했다.

'아포디Apodi'의 지역 공동체는 건기와 우기마다 깊이와 유역 면적이 크게 변하는 이가라페 강의 지류에 둔덕을 따라 이제 더는 작물을 심지 않는다. 환경 영향이 분명해진 이후 그 방식을 포기했다. 특정한 부류의 그물, 폭발물이나 독성이 있는 띰보Timbó 덩굴을 이용한 고기잡이를 금지하기 위한 규칙들도 만들어졌다. 쓰레기 수거 문제에서도 진전이 있었다. 각 가구는 쓰레기를 처리하기 위해 각각의 땅구멍을 파고 재활용품을 분리해 쓰레기 배출을 신경쓰도록 했다.

'코로카Coroca' 지역 공동체의 시민 결사체는 지역 공동체가 이용할 수 있는 천연자원으로 일자리와 수입을 창출하는 데 필요한 지식을 습득하도록 도와서 주민들의 삶의 질을 향상시키기 위해 1996년에 창립됐다. 2002년에 프로젝트는 관광업을 위해 거북을 기르고 꿀을 얻기 위해 벌을 기르는 것을 포함했다. 담당 부서는 프로젝트에 피라미 생산을 위한 용수 공급 시스템과 실험실을 포함할 것을 요구했다. 지역 공동체는 연방 정부에서 선박 한 척을 기증받았다. 수로가 유일한 운송 통로이며, 보트는 매우 중요한 수단이기 때문이다.

---

1 '가족농을 위한 국가 프로그램'은 개별 및 집단 농촌 생산에 금융을 지원하기 위한 연방 공공 프로그램이다.

'산타루지아^{Santa Luzia}'의 지역 공동체는 주변 원주민 그룹들의 반대 때문에 프라이아 호수의 다른 변두리에서 이주했다. 결사체와 부락의 형성(2003~2004년)은 그 공동체의 정체성에 관한 토론, 원주민 그룹들과 빚어진 분쟁에서 비롯된 토론을 수반했다. 이런 맥락에서 브라질에서 원주민 공동체들은 자기 자신을 그렇게 정의하는 이들이라는 점을 언급하는 것이 중요하다. 어떤 지역 공동체들은 자기 규정이란 순전히 더 많은 권리에 다가갈 접근권을 부여하기 때문에 형성된다고 주장한다. 이용 계획에 대한 토론은 지역 공동체 성원들 사이에서 환경 인식을 크게 제고했다. 공동체 성원들은 싹쓸이식 어업, 산림 파괴, 산림 화전을 막을 방법을 토론했고, 이것은 지역 공동체 행동의 세 가지 초점이 됐다. 또한 물고기와 트라카자^{tracajá}(아마존에 사는 고유종 거북)의 양식을 논의했으며, 이웃들이 방대한 목초지가 필요한 수입종 물소 사육을 결정한 것에 대해 질문을 제기했다.

'우루쿠레아^{Urucureá}'의 지역 공동체는 아라피운스 강, 아루쿠레아 호수, 아마존 강 사이에 끼어 있다. 그래서 벌목할 나무가 없고 벌목업자와의 직접적이거나 잠재적인 갈등도 없다. 개별적으로 움직이는 가구들은 이전에는 물질적 이익만 생각했지만, 지역 공동체는 이제 좀더 큰 환경 인식을 발전시켰다. 과거에는 쓰레기를 아무데나 던졌지만, 지금은 각 가정에 쓰레기 수거 용기가 있고 지역 공동체 전체에도 전파돼 있다. 페트병과 금속 캔 같은 재활용 가능한 재료들은 선박에 실려 산타렝으로 보낸다. 어업에서는 주변의 모든 물고기까지 죽이는 띰보의 독성 뿌리를 이용했지만 이런 관행은 금지됐다. 과거에는 강둑의 나무들이 모두 베어졌지만 이런 일은 더는 벌어지지 않는다.

또한 지역 공동체는 뚜꾸마아 잎으로 만든 제품의 생산과 판매를 위해 우루쿠레아 지역 공동체 주민, 농민, 채취노동자연합ASMOPREURA**2**을 창립했다. 이 결사체는 '뚜꾸마제이로tucumãzeiro' 제품의 인증을 위해 이마플로라Imaflora(FSC)와 계약을 체결했고, 지금은 이 제품을 브라질과 해외의 여러 매장에 팔고 있다. 아마존 우림에 있는 천연자원에 기반해 고용과 수입을 창출한 성공 사례다.

'카초에이라두마로Cachoeira do Maró'의 지역 공동체는 '노바올린다Nova Olinda' 글레바에 가깝다. 마로 강의 오른편 강둑은 벌목업자와 동맹을 맺은 일부 지역 공동체를 포괄한다. 이 지역 공동체는 자신을 원주민으로 규정하고 토지를 원주민 공동 보유지로 선언하려 하는 이들과 여기에 반대해 집단 부락이 되는 편을 선호하는 이들로 나뉘어 있기도 하다. 원주민 공동 보유지가 받아들여지면, 이것은 집단 부락 부분을 포괄하게 될 것이다. 이것이 분쟁의 원인이다. 바로의 원주민들은 35~80헥타르의 토지를 요구했다. 목재 회사들은 이 지역에 원주민이 존재하지 않는다는 주장을 증명하기 위해 인류학자들을 고용했다. 원주민의 정체성을 취하려 하지 않는 지역 공동체 성원들이 존재한다는 사실은 지역 공동체를 분할하고 지역의 지속가능성에 더 많은 도전을 제기한다. 더욱이 사람들은 온도 상승을 벌목 회사들이 초래한 산림 파괴에 연결시켰다. 또한 기온 상승이 특히 노인과 아이들 사이에 열병, 구토증, 감기가 더욱 빈발하는 데 관련이 있다고 주장했다.

---

2 ASMOPREURA의 심사 보고서는 http://info.fsc.org와 http://www.rainforestalliance.org에서 볼 수 있다.

결론

아마존 우림에는 천연자원을 사용하는 이용자들이 많다. 재화를 보전하는 인센티브를 만들기 위해 제도적 장치들이 마련되지 않는다면, 최적 균형은 유지되지 못할 것이다(Keohane and Ostrom 1995; Ostrom and Moran 2009). STTR은 가구들과 지역 공동체들을 조직하는 데 중요한 역할을 했고, 천연자원의 지속 가능한 관리 형태를 발전시켰다. 환경은 지역 공동체들의 생존과 노동 조건에 핵심적이기 때문에, 그런 조직은 노동과 환경 쟁점들 사이의 종합을 가능하게 했고 산림을 다루는 방식에 대한 새로운 이해의 틀을 만들었다.

국제기구들과 정부 기관들에서 전문 지식과 형식적 지식을 끌어오는 대신에 상향식 접근이 채택됐다. 지역 공동체들은 기후변화, 그리고 기후변화가 자신들의 삶에 미치는 결과에 관한 이해를 둘러싼 토론에 참여했다. 이런 학습 과정 동안 기후변화에 대한 이해는 환경에 관한 세 가지의 상이한 사고 형태로 나눌 수 있다. 첫째 형태는 포괄적generic이라 불릴 수 있는 것으로, 지역 공동체들이 자신들을 정치적 공간의 행위자로 구성하며 그 공동체의 성공과 실패가 자신들의 노력에 달려 있는 방식이다. 여기서 기후변화는 거대한 도전을 의미하는 외인적 과정으로 나타난다. 산림 파괴는 농촌 가구들과 노동자들의 전통적 생계와 생활 방식에 대한 실제적인 위협을 나타내기 때문에 이런 위협을 막는 일이 우선순위로 인식된다.

둘째 형태는 이기적인 입장에서 나온다. 이 맥락 속에서 사람들은 지구 온난화의 쟁점을 기후변화를 줄이거나 적응하기 위해 지역 주민들이 취하는 방책들에 연결시킨다. 지역 공동체들은 생존 활동이 산림을 위협하지 않는다는 것, 불법 벌목자들과 목재상들을 적발하고 비난하기 위해 감시와 고발 행동들이 발전해야 한다는 것, 대기와 물의 온도는 산림 파괴 때문에 상승한다는 것을 깨닫게 된다.

어떤 사람은 아라피운스 강의 지역 공동체들에서 만들어진 성공적인 제도적 장치들이 다른 맥락과 조건에서 적용될 수 있을 것이라고 주장할 수 있다. 그렇지만 우리의 분석은 기후변화의 맥락에서 미래를 바라보는 과정에서 지역 공동체들 사이에 커다란 차이들을 드러냈다. 환경을 보전하려는 노력의 성공을 증진하고 지역 공동체들이 산림 보호 노력에 계속 매진하도록 하기 위해, 프로그램과 정책들은 지역 수준에서 존재하는 사고와 행동의 다양한 세계를 고려해야만 한다. 여러 유사성이 있기는 하지만, 각 지역 공동체는 다른 그림도 봐야 한다. 결국 지역적, 국가적, 국제적 기관들이 떠올리는 문제들의 어떤 '체크 리스트'를 고안하는 것은 가능하지 않다.

지역 공동체의 외부에서 만들어지는 프로그램들은 이런 프로그램이 발전하는 과정에서 주민들을 고려해야 하며, 정부 기관(국가적 또는 준국가적), 환경 엔지오, STTR 같은 시민사회운동을 연결하는 파트너십을 통해 가구 소득을 증진하도록 설계돼야 한다. 또한 앞으로는 집행력과 모니터링 기제를 갖는 좀더 정교한 제도적 거버넌스 장치들(REDD)도 이 상황을 공고히 하고, 지역 주체들이 우림 보전의 주역이자 자신들이 이 용어를 이해한 바에 따라 '지속가능성'의 집행자가 되도록 도울 수 있을 것이다. 동맹 세력으로서 노동조합과 지역 공동체들은 지역적 수준과 지구적 수준에서 브라질 우림의 지속 가능한 이용을 보장하는 이런 새로운 임무를 수행할 수 있을 것이다.

Anner, M., Greer, I., Hauptmeier, M., Lillie, N. and Winchester, N. (2006) 'The Industrial Determinants of Transnational Solidarity: Global Interunion Politics in Three Sectors', *European Journal of Industrial Relations* 12 (1), 7-27.

Barbosa, A. de F., Veiga, J. P. C. and Vilmar, M. L. (2011) 'Padróes Trabalhistas e Empresas multinacionais, Revista da Associação Brasileira de Estudos do Trabalho (ABET)', *Brazilian Journal of Labour Relations* 10 (1).

Bartley, T. (2007) 'Institutional Emergence in an Era of Globalization: The Rise of Transnational Private Regulation of Labour and Environmental Conditions', *American Journal of Sociology* 113 (3), September, 297-351.

Bartolinil, J., Biddle, J., Ekiyor, T., Kang, E., Oliveira, M. G. da R., Serrotta, R., Tumaleo, Brandão J., Donadelli, F. (2010) *Alcoa Brazil's New Sustainability Model for Mining – Na Independent Review*, School of International and Public Affairs (SIPA), Colimbia University and Institute of International Relations (IRI), University of São Paulo, Center for International Negotiations (Caeni).

Boswell, T. and Stevis, D. (1997) 'Globalization and International Labour Organizing: A World System Perspective', *Work and Occupations* 24 (3), 288-308.

Brecher, J., Costello, T. and Smith, B. (2006) 'International Labour Organizing: The New Frontier', *New Labour Forum* 5 (1), Spring, pp. 8-18.

Caraway, T. L. (2006) 'Political Openness and Transnational Activism: Comparative Insights from Labour Activism', *Politics and Society* 34 (2), 277-304.

Compa, L. (2004) 'Trade Unions, NGOs and Corporatate Codes of Conduct', *Development in Practice* 14 (1-2), February, 210-215.

Eade, D. (2004) 'Editorial Overview', *Development and Practice* 14 (1-2), February, 5-12.

Evans, P. and Anner, M. (2004) 'Building Bridges across a Double Divide: Alliances between U.S. and Latin American Labour and NGOs', *Development in Practice* 14(1-2), February, 34-47.

Frank, D. (2003) 'Where are the Workers in Consumer-Worker Alliances? Class Dynamics and the History of Consumer-Labour Campaigns', *Politics & Society* 31 (3), 363-379.

Frundt, H. J. (2010) 'Sustaining Labour-Environmental Coalitions: Banana Allies in Costa Rica', *Latin American Politics and Society* 52 (3), 99-129.

Hale, A. (2004) 'Beyond the Barriers: New Forms of Labour Internationalism', *Development in Practice* 14 (1-2), February, 158-162.

Keck, M. E. and Sikkink, K. (1998) *Activists Beyond Borders: Advocacy Networks in International Politics*. Ithaca, NY: Cornell University Press.

Keohane, R. O. and Ostrom, E. (1995) 'Introduction', in R. O. Keohane and E. Ostrom (eds) *Local Commons and Global Interdepedence*. London: Sage Publications, 1-26.

Leather, A. (2004) 'Guest Editorial: Trade Union and NGO Relations in Development and Social Justice', *Development in Practice* 14 (1-2), February, 13-18.

Milanez, F. (2010) 'Medo e Tensão no Oeste', *Rolling Stone Magazine* 49, October, Brazilian edition, 154-162.

Obach, B. (1999) 'The Wisconsin Labour – Environmental Network – A Case Study of Coalition Formation Among Organized Labour and the Environmental Movement', *Organization and Environment* 12 (1), 45-74.

Ostrom, E. and Moran, E. F. (2009) *Ecossistemas Florestais – Interação Hmem Ambiente*. São Paulo: SENAC e Edusp editora.

Rose, F. (2003) 'Labour-Environmental Coalitions', *WorkingUSA*, 6 (4), Spring, 51-70.

Sadler, D. (2004) 'Trade Unions, Coalitions, and Communities, Forestry, Mining and Energy Union and the Internaitonal Stakeholder Campaign Against Rio Tinto', *Geoforum* 35, 35-46.

Trade Union Solidarity Centre of Finland (SASK) (2010) *Project Evaluation: Farm Workers Union of Santarém (Pará\Brasil) and SASK (Finland)* (unpublished report).

Turner, L. (2004) 'Labor and Global Justice: Emerging Reform Coalition in the World's Only Superpower', *Industrielle Beziehungen, 11. Jg., Heft 1+2*, Hainer Hampp Verlag, pp. 92-111.

11장

'일자리 대 환경'에서 '그린칼라 일자리'로
— 오스트레일리아 노조들과 기후변화 논쟁

베리티 버그만

2009년 6월, 노동당 총리 케빈 러드^{Kevin Rudd}는 '더 낮은 탄소 경제로 향한 이행 때문에 일자리를 상실할 가능성이 있다는 유언비어를 계속 퍼트리는' 이들을 비난했다. 왜냐하면 그런 사람들은 미래의 탄소 오염 감축 체제, 재생 가능 에너지 목표와 에너지 효율화 조처의 도입을 통해 생겨나게 될 '미래의 새로운 청정 에너지 일자리'에 관해 말하지 못하는 실패를 거듭하기 때문이다. 러드는 노동당 전국대회에서 1억 달러를 들여 5만 개의 녹색 일자리 또는 훈련 기회를 만드는 결의안을 발의했다 (Illawarra Mercur, 30 July 2009). '일자리 대 환경'이라는 수사는 자본주의가 일자리와 환경을 모두 파괴한다는 사실에서 주의를 돌리기 때문에 기업의 이해에 따라 영속화된 것인데, 러드는 여기에 반대했다.

자본주의 경제학의 특징은 노동 자원의 과소 이용과 환경 자원의 과잉 이용이다. 기업은 노동 비용을 줄이는 동시에 생태적 영향이 어떻게 되든 가능한 한 가장 저렴한 생산 방식을 이용하려 하는 경향이 있다. 결국 지구 환경은 파괴되면서 동시에 고용의 선택지는 제한된다(Polanyi

1944; Schnaiberg 1980; O'Connor 1988; Benton 1989; O'Connor 1998).

자본주의의 이런 특징들은 여러 사회운동을 불러일으킨다. 노동 비용을 줄이려는 경향 때문에 노동자 운동이, 환경 파괴 경향 때문에 환경운동이 등장한다. 그래서 제임스 오코너는 적색 사회운동과 녹색 사회운동이 내건 목표의 본질적 양립 가능성^{compatibility}을 주장한다(O'Connor 1998, 314~319). 적색과 녹색의 관계는 종종 험악한 것이었지만, 최근에 와서 오코너가 한 정치적 상상의 '자연스러운^{natural}' 모습인 적록 동맹이 오스트레일리아에서 출현하기 시작했다. 노동조합과 녹색 그룹들이 점점 협력을 증대시키면서 그린칼라^{green-collar} 일자리를 둘러싼 새로운 담론을 생산하고 있으며, 이것이 '일자리 대 환경'이라는 과거의 헤게모니 담론을 대체하기 시작한 것이다.

그린칼라 일자리란 무엇인가? 2009년에 오스트레일리아와 뉴질랜드의 환경연구소는 복잡한 분류 체계를 발전시켰는데, 여기에서 그린칼라 노동자를 기술하는 세 가지 요소가 있다고 적시했다. 개인의 숙련과 책임성, 노동자들이 일하는 조직의 산업과 성격, 일자리와 조직이 녹색 스펙트럼의 환경적 목표 또는 지속 가능한 목표를 지향하는지 여부가 바로 그것이다(Connection Research 2009, 23).

ACF의 정의는 결과를 중시한다. "녹색 일자리 또는 그린칼라 일자리는 좀더 나은 환경적 결과 또는 향상된 지속가능성에 기여한다. 그린칼라 일자리는 저숙련의 견습생 지위부터 고숙련의 고임금 일자리까지 걸쳐 있으며, 숙련과 급여 모두 향상시킬 기회들을 포함한다"(Connection Research 2009, 14).

오스트레일리아 노동조합과 기후변화 — 전사

사용자들과 달리 노동조합이 노동력 이용 증대와 자원 이용 감소에 이해관계를 갖는다는 사실은 ACF와의 파트너십 아래 노동조합 활동가들이 창립한 '완전고용을 위한 환경주의자들Environmentalists for Full Employment'에 의해 1970년대부터 강조됐다. 1970년대 말 이 조직의 전국 의장을 지낸 잭 먼데이Jack Munday는 1971~1975년 사이에 건설 노동자들이 환경 파괴적 개발과 건설을 거부한 유명한 '그린밴green bans' 기간 중에 뉴사우스웨일스 건설노동자연맹의 사무총장이었다(Burgmann et al. 2002).

완전고용을 위한 환경주의자들은 '고용, 에너지 이용, 환경에 관련된 질문들에 관한 더 많은 생각과 행동'의 필요성을 이해하는 노동조합, 환경주의자, 그 밖의 다른 여러 사람들 사이의 협력을 촉구하는 캠페인을 전개했다. 먼데이는 세 개의 '이티[고용, 에너지, 환경의 머리글자]'가 양립 가능하지 않은 것처럼 보이는데도 불구하고, 사회는 모두를 위한 사회적으로 유용한 고용, 적절한 에너지와 자원의 가장 현명한 이용, 살 만한 환경의 보증을 위한 길을 찾아야 할 의무가 있다고 주장했다.

주로 이윤을 위해 이용되는 기술이 일자리를 잠식하고, 심지어는 미래 노동자들의 일자리 기회를 가로막는다는 인식이 증가하고 있다. 더욱이 가장 고도의 기술은 막대한 자본과 자원을 소비한다. 지금은 인류가 모든 경제 성장에 대한 맹목적 집착을 거부하고, 어떤 경제 성장이 사회적으로 바람직하며 이익이 되고 필수적인지를 자세히 검토할 전반적 필요성이 어느 때보다 크다. 문명이 21세기에 존속하려면 자연과 조화할 필요성이 핵심적이다. (Munday 1978, 1)

면데이는 완전 고용을 위한 환경주의자들의 새롭고 긴급한 과제를 요약했다. "건강한 환경을 위한 투쟁이 실업을 늘린다는 고의로 만들어진 신화는 분쇄돼야 한다." 면데이가 이끄는 조직은 더욱 증가하는 전력 생산 또는 우라늄 채굴 같은 환경적으로 해로운 프로젝트들에 책정되는 자본이 환경적으로 건전한 대안 행동들에 투입되면 더 많은 사회적 이익과 일자리를 제공할 수 있다고 주장했다(Munday n.d.).

환경 쟁점들에 관련해 육체 노동자들이 벌이는 캠페인의 전통은 1970년대 말에 우라늄 채굴 반대 운동으로 이어졌다. 여기서 운송 노동자와 항만 노동자들은 우라늄 작업을 거부했으며, 이런 시도는 우라늄 채굴과 수출 제한이라는 성공을 거뒀다(Nette 1989). 그린밴 운동의 정면 도전과 우라늄 채굴에 반대한 노동조합의 캠페인은 기업 조직들로 하여금 노동조합 활동가들과 환경주의자들을 서로 소외시키도록 의도된 선전을 시작하게 만들었다. 주제는 짐작할 수 있는 대로 환경 보호가 일자리를 희생시킨다는 것이었다(Burgmann et al. 2002, 4~6). 건설노동자연맹 조합원이자 환경 활동가인 데이브 케린Dave Kerin은 1970년대 중반부터 이렇게 주장했다. "사용자들은 노동자들을 환경론자에게서 분리시킬 기회를 살폈고, 노동자 운동 내부에서 문제를 '일자리 대 환경'으로 제시하는 내부 투쟁을 시작했다"(Kerin 1999, 19). 면데이는 이런 주장을 했다. "노동조합 운동이 계속해서 일자리 또는 환경 사이에서 선택을 해야한다는 잘못된 이분법에 사로잡혔고, 이것은 기회주의 정치인과 기업, 또는 정부 관료들이 부추긴 모순이었다"(Age, Extra, 19 August 1989, 20). 이런 관념에 맞서고 생태 위기에 대응하는 적극적 해법을 제공하기 위해, 면데이는 노동조합들이 사회적으로 책임 있는 일자리 창출 계획을 설계하는 데 창조적으로 개입해야 한다고 주장했다. "우리가 사는 이 지구는 너무 큰 피해를 입은 만큼, 그 피해를 복구하기만 하려 해도 수백만 명의 노동자가 필요할 것이다"(Munday 1988/89, 20).

여전히 '일자리 협박'이 지속 가능하지 않은 개발 사업에 참여하고 정부를 자신들의 의지에 복속시키려 하는 회사들의 효과적인 도구인데도 불구하고, 1990년대에는 '일자리 대 환경'이라는 관념에 맞서서 경합하려는 일정한 진전이 있었다. 오스트레일리아 노동조합들은 '녹색 자본가들'에 앞서 세계에서 처음으로 녹색 일자리 쟁점을 추동한 이들 중 하나였고, 1990년대에 재생 가능 에너지와 녹색 산업 기획들을 고양하는 데 적극적이었다(Burgmann et al. 2002, 23~26). 1991년에 최상위 노동 조직인 ACTU는 녹색 고용을 노동자 운동의 핵심 쟁점이라고 천명하고 온실가스를 감축하기 위해서 가능한 모든 저비용 수단들을 즉각 시행할 것을 촉구하는 '온실가스 정책Policy on Greenhouse'을 채택했다.

이 정책은 기후변화 협약에 관련된 국제적 협상에서 연방 정부의 주도적 계획을 지지했고, 정부들에 에너지 효율과 재생 가능 에너지 기술을 연구하는 데 재정을 투여하도록 요청했으며, 배출 감축이 요금 부과, 과세, 규제 수단들의 조합을 요구할 것이라는 점을 인정하고, 요금 수단 자체만으로는 저소득자들에게 역효과를 가져올 수 있으며 규제 수단과 계획 수단들이 변화를 가져오는 데 가장 효율적이고 효과적인 방법일 것이라고 주장하면서, 연방 정부와 주 정부들이 모든 에너지의 생산, 분배, 이용에서, 이를테면 발전소, 차량, 건물, 공장, 설비, 가내 장치 등에서 성과 개선을 고취하도록 하는 국가적 접근을 발전시킬 것을 요청했다(ACTU 1992, 뒷표지 안쪽).

1992년에 ACTU는《그린하우스 효과 — 오스트레일리아를 위한 고용과 발전의 문제》라는 매우 전향적인 소책자를 펴냈는데, 이런 제안이 실행됐다면 오스트레일리아는 기후변화 완화 분야에서 세계적 지도자로 자리매김되고 저탄소 경제 이행 비용을 크게 줄일 수 있었을 것이다. 이 소책자는 ACTU 환경위원회 산하 그린하우스 그룹의 성과였는데, 연구와 집필은 CFMEU의 피터 콜리Peter Colley가 맡았다. 소책자의 서문인 〈그린하우스 ─ 사회와 경제의 변화를 위한 인센티브〉(ACTU 1992)에서 ACTU의 사무부총장 제니 조지Jennie George는 선언했다.

더 커진 온실 효과가 이제 우리 앞에 와 있다. 그 결과들, 거기에 대항하는 수단들은 오스트레일리아 사회와 노동하는 인민의 일상생활에 점점 더 많은 영향을 미치게 될 것이다. …… 좀더 온실-친화적인 경제로 나아가는 이동에 관련되는 커다란 비용과 이익들이 존재한다. 특히 오스트레일리아에 이것은 화석연료 산업에 지나치게 의존하는 현실에서 좀더 다양하고 덜 자원 집약적인 경제로 시간을 두고 서서히 움직인다는 것을 의미한다. (ACTU 1992, 앞표지 안쪽)

오스트레일리아의 노동하는 인민과 노동조합들은 이런 과정 속에서 역동적으로 행동해야 한다. 온실가스 배출을 줄이는 조치들의 비용 중 많은 부분을 부담하고, 또한 작업장에서 필요한 변화들을 시행할 책임을 갖게 될 사람들은 노동하는 인민이다.

조지는 노동조합, 개별 노조 활동가, 더 넓은 지역 공동체들이 온실 효과가 던져주는 도전에 부응해야 한다고 권고한다. 미래를 전망하면서 조지는 이야기했다. "이 문제는 우리가 21세기로 접어들면서 오스트레일리아의 사회와 산업이 직면하는 가장 큰 과제의 하나가 될 것 같다"(ACTU 1992, 앞표지 안쪽). '노동조합의 핵심적 역할'이라는 제목을 단 결론 부분의 장은 정부와 산업 그룹들을 상대로 한 협의에 상급 노동조합이 결합할 것과 함께, 노동조합과 학자, 과학자, 연구 조직들뿐 아니라 소비자, 환경, 복지 그룹들과 좀더 긴밀한 작업 관계를 가지면서, '어떻게 이익을 극대화하고 희생을 최소화하며 최소한 사회적 평등을 유지하는 방식으로 조치들을 이행할지'를 결정해야 한다고 촉구한다(ACTU 1992, 25). 끝으로 노동조합원들이 온실 효과 문제를 정규적인 조합 활동의 일부로 만들고, 여기에 관련해 환경 그룹들과 협력하며, 동시에 '환경 그룹들 내부에 고용, 산업 발전, 사회적 평등에 관한 쟁점들의 중요성에 대한 인식'을 발전시키도록 해야 한다고 요청한다(ACTU 1992, 26).

1993년에 ACTU와 ACF는 함께 힘을 모아 '녹색 일자리' 프로그램을 만들면서 '환경적으로 이로운 일자리 창출에 공동의 이해'를 갖는다는 점을 알고 있다고 선언했다. 연방 정부 산하 고용교육훈련부와 환경·스포츠·준주부의 재정 지원을 통해 ACF/ACTU의 녹색 일자리 사업단이 멜버른에 설치돼 연구와 교육 프로그램을 수행하고, 특히 실업 노동자, 청년, 원주민, 장애인을 위한 직업 소개와 녹색 일자리를 촉진하도록 했다(Burgmann et al. 2002, 23~24).

1996년에 보수당의 하워드 정부가 들어서면서 녹색 일자리 기획들이 수그러들게 되자, 1997년에 멜버른의 빅토리아 직능협의회Victorian Trades Hall Council의 지지와 재정 후원 속에 지구노동자Earthworker라 불리는 노동조합/녹색 그룹이 창립했다. 지구노동자에는 세 개의 환경 조직과 함께 건설업, 제조업, 서비스업, 고등교육, 간호, 언론, 연예 등 다양한 산업의 노동자를 대표하는 14개의 노동조합과 지부가 참여했다(McNaughton 2000, 37~38; de Boehmler 2004). 지구노동자는 지속가능성과 지속 가능한 노동의 문제가 임금과 노동 조건만큼 노동조합 운동이 다루는 의제의 기본적인 부분이 돼야 한다고 주장했다.

이 프로젝트는 담론적 전환을 불러일으켜 지구노동자가 '일자리 그리고 환경 대화'라 부른 것을 만들어내리라고 기대됐다(McNaughton 2000, 44). '태양, 바람, 물, 대안 에너지 계획'은 이 프로젝트의 성공 스토리 중 하나로, 노동조합, 대안 에너지 활동가, 학자, 기업, 지방 정부와 주 정부가 모여 빅토리아 주에 풍력 산업을 창출하고, 값싼 태양열 온수 시설을 가정에 보급하고, 제조업을 비롯해 설치와 운영 부문에서 일자리 수천 개를 만들었다(Earthworker 1999; Age, 15 November 1999; McNaughton 2000, 44~45). 또한 이 계획은 ACF의 그린빌딩 프로젝트와 CFMEU 건설지회의 환경 보건안전 부서의 활동에도 포함돼 설계와 재료 이용에서 좀더 녹색인 건축 산업을 만들어내도록 노력하게 됐다(McNaughton 2000, 45).

'녹색파들greenies'과 노동자들을 서로 대립시키려는 기업과 미디어들의 쉼 없는 노력에도 불구하고, 녹색 일자리 기획과 노조 활동가들과 환경주의자들 사이의 연계는 새천년에도 이어졌다. 오늘날 녹색 고용 기획들이 만개하고 있다. 몇몇 노동조합들은 혼자서도 사업을 만들어 가고 있다. 지구노동자 사회적 기업Earthworker Social Enterprise은 조직된 노동자 스스로 녹색 일자리를 창출하고 오스트레일리아를 지속 가능한 미래로 이끌 수 있을 것이라 제안한다.

이 기획은 베네수엘라에서 노동자 통제하에 20만 개의 협동조합이 운영된 것에 고무받았으며, 깁슬랜드 노동직능평의회Gipplsland Trades and Labour Council의 지원을 받았다. 이 기획은 최신식 태양 온수 장치를 채택해서 더 좋은 제품으로 재설계해 주변 지역에 이 장치를 생산할 공장을 만들고자 했다. 라트로브 계곡La Trobe Valley의 또 다른 이들에게 기후변화는 석탄 채굴과 석탄 화력발전소에 주로 의지하던 지역 경제에 울리는 조종으로 들렸지만, 지구노동자 사회적 기업은 '녹색 경제로 향하는 길을 선도하는 노동자들'이라는 대안적 전망을 만들어냈다(Kerin 2010).

2007년과 2008년의 여론 조사는 대부분이 기후변화가 경제에 악영향을 끼친다는 반복되는 주장을 믿지 않는다는 현실을 보여줬다(Climate Institute 2007, 12~13; ARG 2007, 5, 20). 두 가지의 명백한 이유들 때문에 논점은 녹색 고용에 좀더 효과적인 방식에 관련된 것으로 이동했다. 첫째, 2006년부터 앨 고어가 만든 영화 덕분에 대중화되고, 스턴 보고서에서 지도적 경제학자들의 재가를 얻은, 권위적인 과학적 발표가 가져온 여파 속에서 기후변화에 관한 대중적 관심이 크게 고조됐다(Stern Review 2006). 오스트레일리아 사람들에게 기후변화의 실체는 지속적인 온도 상승과 물 부족으로 확인되고 있었으며, 21세기의 첫 십 년은 오스트레일리아에서 가장 더운 기간으로 기록됐다(Climate Institute 2007, 4; Garnaut 2011, 19). 둘째, 2008년부터 세계적 금융 위기와 침체가 노동시장의 밑바닥에 있는 이들의 생계 보호에 관심을 기울이게 했고, 자유로운 시장의 힘이 사회의 모든 계급들에게 번영과 안정을 가져올 수 있다는 신자유주의적 신념에 대한 회의론을 부추겼다. 2008년 미국에서 버락 오바마가 벌인 성공적인 대통령 선거 운동은 기후변화와 실업이 녹색 일자리의 적극적인 창출을 통해 동시에 해결될 수 있다는 '그린 뉴딜'에 대한 희망을 북돋았다. 기후 위기와 경제 위기 모두에 대한 대응으로서 녹색 케인스주의의 발흥은 영국 노동조합 운동이 펼친 '백만 개의 녹색 일자리[a] million green jobs' 캠페인 속에서 친숙해지기도 했다.

마침내 상황은 노동을 과소 이용하고 자원을 과잉 소모하는 자본주의의 경향에 도전하는 주장들을 위한 공간을 제공했다. 노동운동 활동가들과 녹색파들을 서로 대립시키는 데 이용되던 쟁점인 계급과 자연이 좀더 화해할 수 있는 상황이 될 것이다. 이런 화해는 기후변화와 세계적 금융 위기가 서로 관계없는 사건들로 여겨지지 않는다면 더욱 분명한 것이 되며, 환경운동가들과 노동조합 활동가들에게 각각의 '정치적 기회 구조'를 제공하게 된다. 확실히 지구 온난화와 세계 금융 위기는 기업 지구화와 그 과정에 연관된 신자유주의 정책들 때문에 초래됐으며, 기업 측에서는 금융적 무책임성과 생태적 무책임성을 부추기는 한편 정부 측에서는 기업들을 규제하지 않으려 한 태도를 부추겼다.

최소한 신자유주의적 기업 지구화가 지구 온난화 문제에 대한 해법을 크게 지연시켰다고 주장하는 것이 더욱 용이해진다. 온실 효과의 위험은 1980년대 동안 과학자들을 통해 알려지고 널리 공유됐다. 앞에서 살펴본 대로 노동조합들은 1990년대 동안 기후변화를 완화하는 중요 정책으로서 녹색 고용을 밀어붙였다. 지구의 역사상 중요한 순간이 신자유주의 시대의 시작과 맞아떨어지지 않았더라면 정부들은 좀더 적절히 대응했을지도 모른다. 신자유주의의 주창자들은 지난 몇 년 전까지 기후변화 논의의 대부분을 진압하는 데 성공했다. 또한 신자유주의는 사람들로 하여금 경제 성장과 개인 소비의 가치를 고무하고, 그 필요성이 인정될 때조차 기후변화 완화에 대한 지지의 기세를 꺾는 문화적 공세에 힘을 보태기도 했다.

아리엘 살레Ariel Salleh는 새로운 녹색 케인스주의가 그저 자본주의를 구하려 할 뿐인 지나치게 낙관적인 1990년대의 생태적 현대화 전략을 복귀시킨다고 비판했다. 살레는 그린 뉴딜에 가장 절실히 요청되는 바는 사람들이 지배적인 지구적 자본주의 체제가 자연의 오용과 노동하는 육체의 착취에 의존하는지를 이해하도록 돕는 것이어야 한다고 주장한다(Salleh 2010, 15). 이상적으로 말해서 그래야만 한다. 그렇지만 새로운 녹색 케인스주의는 적어도 '일자리 대 환경'이라는 과거의 헤게모니적 수사를, 자원보다는 노동력을 더 많이 이용함으로써 '일자리 그리고 환경'이라는, 기후변화의 완화를 강조하는 수사로 대체한다. 이런 변화는 적색/녹색 이분법을 초월할 수 있는 잠재력을 제공하며, 고용과 환경을 고려하지 않는 자본주의에 대한 좀더 효과적인 비판을 봉쇄하던 노동운동과 녹색운동 사이의 장벽을 넘어설 수 있는 긍정적인 결과다. 지난 몇 년 동안 ACTU는 1990년대의 창립 활동에 기반해, 그리고 오스트레일리아 노동조합들을 대변해, 지구와 민중의 삶을 모두 지키는 최적의 수단에 관한 선명한 정책들을 발전시켰다.

오스트레일리아노총 ― 최근의 기획들

2007년 2월 16일, ACTU는 지구 온난화와 지속 가능한 에너지에 관한 전국노동조합 포럼을 열어 기후변화의 해법을 발전시켰다. ACTU의 의장 셰런 버로우Sharan Burrow는 노동조합 운동이 이 쟁점에서 리더십을 제공하는 데 더 강력한 구실을 하게 하는 것이 주된 목적이라고 선언했다.

기후변화는 오늘날 세계가 직면한 가장 긴급한 문제들 중 하나로 우리는 10년이라는 시간 안이 아니라 지금 당장 행동해야 하며, 이 대회는 산업의 지속 가능성과 고용 안정성의 적절한 균형을 갖는 오스트레일리아의 에너지 미래를 보장하기 위해 내딛는 또 한걸음입니다. 오스트레일리아는 풍력과 태양력을 포함해 천연자원에 관한 한 정말 축복받은 나라이며, 우리는 재생 가능 에너지원에 투자하고, 더욱 지속 가능한 농업을 만들고, 청정 석탄과 가스 발전의 과학적 도전을 해결함으로써, 깨끗한 녹색 기술로 세계를 이끌어야 합니다.

버로우는 생태적 지속가능성과 고용 보호 사이의 연관성을 강조했다.

오스트레일리아의 노동조합들은 일자리를 보호하고 우리 산업들을 붕괴시키지 않는 기후변화와 지구 온난화 해법들을 찾고 실행할 책임이 있습니다. 실제로 재생 가능 에너지원과 더 깨끗한 기술의 발전은 일자리와 오스트레일리아 경제에 새로운 성장 영역이라는 전망을 제공하며, 이런 문제는 긴급하게 탐구돼야 할 부분이기도 합니다. (ACTU 2007a)

다음날 ACTU는 〈지구 온난화에 대한 원칙과 정책〉이라는 온라인 문서를 펴냈다. 이 문서는 지구 온난화가 '우리 시대의 가장 두드러진 정책적 도전'이라고 주장했다. 또한 인간의 행동이 지구 온난화를 일으키고 있다는 과학적 증거는 압도적이라고 언급했다. "온실가스 배출을 감축하기 위한 결정적 행동이 당장 취해지지 않으면, 우리가 미래 세대에게 물려줄 이 행성은 우리가 물려받은 것보다 훨씬 인간의 생존 조건에 혹독하고 적대적이게 될 것이다."

이 문서는 환경과 사회 정의라는 쟁점을 주의 깊게 연결시켰다. '빈곤을 줄이고, 생활 기준을 향상하며, 괜찮은 일자리를 창출하고, 모두에게 기회를 제공'하기 위한 ACTU의 노력을 재확인했고, '우리의 생산과 소비가 환경에 미치는 영향들은 산출의 효과성과 분배의 공정성을 고려해야 한다고 지적했다. 또한 문서는 지구적 배출을 줄이는 비용이 매우 높지만, 스턴 보고서는 배출을 줄이지 않아서 발생하는 비용이 더욱 높다는 점을 증명한 사실을 언급했다. 그 해법은 생태적 현대화론으로 규정될 수 있는 패러다임의 틀 안에 있다. "지속 가능한 경제 성장을 계속하려면 지구적 배출을 줄이기 위한 결정적 행동이 필수적이다." 배출 감축을 목표로 하는 조정된 국가적이고 국제적인 노력과 투자는 더 좋은 일자리와 더 높은 소득을 위한 더 큰 잠재력을 가져왔다.

새로운 기술, 에너지 효율, 수요 관리에 대한 투자로 지속 가능한 성장과 양질의 일자리를 가져올 수 있다. …… 산업은 지구 온난화를 직시해야 하며, 일자리 상실의 두려움을 제기하거나 정부 지원금을 기대하기보다는 지속 가능한 일자리에 대한 투자를 책임져야 한다.

　　지구 온난화는 지금 당장, 행동해야 할 사회적이고 경제적인 정언 명령을 제시한다. "오스트레일리아 노동조합들은 이 도전에 맞서는 데에서 건설적 역할을 수행하기 위해 노력한다"(ACTU 2007b). 2008년 7월, ACTU는 기후연구소, ACF, 오스트레일리아 사회서비스 평의회와 함께 SCCC를 창립해 기후변화에 대한 공정한 대응을 둘러싼 논쟁을 이끌었다. SCCC는 환경과 경제 둘 다의 이해관계에서 녹색 일자리가 가진 이점을 주장하고 정부가 녹색 일자리 창출을 위해 더 많은 구실을 하도록 로비를 벌인다(Austrailian, 14 September 2009). 사회운동, 노동조합, 환경 조직과 독립 연구 조직들의 동맹으로서, SCCC는 오스트레일리아 사회의 모든 부문에 걸친 협력이 기후변화에 대한 효과적이고, 공정하고, 지속적인 대응을 하는 데 중요하다는 점을 강조하기 위해 좋은 위치에 있다.

우리는 기후변화에 대한 효과적인 행동이 온실가스 배출 감축 이상의 것을 의미한다는 것을 이해하고 있다. 이것은 모든 오스트레일리아인들의 생활 수준을 공정하고 지속 가능하게 개선함으로써 새로운 경제적 기회와 일자리 창출의 기회를 모두 움켜쥐는 것을 의미한다. (Sydney Morning Herald, 6 July 2008)

2008년 후반 지구적 금융 위기가 닥치자, ACTU는 ACF와 협력해 《그린 골드러시 — 의욕적인 환경 정책이 어떻게 오스트레일리아를 녹색 일자리를 향한 지구적 경주에서 선두 주자로 만들 수 있는가》를 펴 내기도 했다. 기후변화에 대한 의미 있는 행동뿐 아니라 일자리 창출 기회라는 분명한 시각 아래 이 팸플릿은 새로운 '녹색 일자리'가 나올 수 있는 여섯 가지 산업을 적시했다. 재생 가능 에너지, 에너지 효율, 지속 가능한 수자원 체계, 바이오 소재, 그린빌딩, 폐기물과 재활용이 그것이 다. 이 보고서는 강력한 기후 행동과 산업 정책이 2030년까지 이 6개 분 야에서 50만 개의 일자리를 추가로 창출할 수 있으리라고 추산했다.

이런 경제적 불확실성의 시대에서 흔치 않은 좋은 소식 중 하나는 녹색 산업들 의 성장 전망이 이어지고 있다는 것이다. 기후변화에 맞선 강력한 행동은 녹색 일자리와 녹색 비즈니스를 촉진하고 오스트레일리아의 경제 번영을 보장하는 데 도움이 될 것이다.

적절한 정책을 통해, "우리는 우리의 환경적 도전들을 녹색 경제의 성 장, 미래를 향한 일자리와 산업의 보장으로 바꾸어낼 기회를 가지고 있 다"(ACTU/ACF 2008, 2). ACTU는 2050년까지 2000년 수준의 60퍼센트 아래로 온실가스 배출을 감축한다는 러드 노동당 정부의 목표를 지지 했지만, 정부가 낸 안보다 더 적극적인 중기 감축 목표를 촉구하면서 '주요한 기술적 혁신이나 라이프스타일 변화 없이도, 그리고 노동 인민 의 희생을 최소화하면서' 2020년까지 2000년 수준 아래로 30퍼센트 감 축이 가능하다고 주장했다. 또한 회사에 제공하는 모든 보조는 재생 가 능 에너지와 저탄소 기술에 대한 투자라는 조건에 연동돼야 한다고 주장했다(ACTU 2010). 버로우는 이런 주장을 2009년 3월 '지구 온난화에 맞선 투쟁은 공동의 임무다'는 제목을 단 글에서 구체화했고, 이 글에서 '보조를 극대화하기 위해 두려움을 팔고 다니는 이들에게 지배되는' 기업의 목소리를 문제로 지적했다. 버로우는 물었다.

확실히 이제 그런 사람들은 지구 온난화의 현실에 맞설 준비가 돼 있어야 하고 좀더 효율적인 방식에 투자할 책임을 가지고 있다는 것이 분명합니다. …… 기업 공동체가 일정한 성숙함을 보이고 모두를 위한 지속 가능한 미래를 건설할 좀더 현명한 경제를 창출하는 데 일정한 책임을 나눠갖는 것은 어떻습니까?

버로우는 2030년까지 녹색 산업에서 일자리 85만 개가 만들어질 수 있으며, 2020년까지 3조 달러에 이를 전세계 녹색 시장에서 큰 몫을 차지하기 위해 필수적인 투자를 보장하는 정책을 설계해야 한다고 주장했다. "세계 금융 위기와 고용에 끼치는 잠재적 영향은 우리가 경제, 환경, 일자리를 위한 녹색 투자를 할 수 있는 또다른 길을 보여준다"(Burrow 2009, 8). 2009년 6월 ACTU 총회에서 채택된 6쪽짜리 정책 문서 〈공정한 사회 — 환경과 기후변화 정책〉은 '오스트레일리아가 저탄소 경제로 전환하기 위한 긴급하고 결정적인 행동'에 대한 ACTU의 노력을 다시 확인하면서, 그런 행동이 경제에 손해를 끼칠 것이라는 관념을 거부했다. 오히려 이 문서는 기후변화 완화와 일자리 창출 사이의 강력한 연관 관계를 이끌어냈다.

우리는 세계 경제가 저탄소 미래로 전환함에 따라, 저탄소 에너지와 청정 에너지 활용 기술, 인프라스트럭처에, 그리고 결과적으로 생산 과정에 수조 달러의 시장을 창출하게 될 것이라는 점을 인정한다. 오스트레일리아는 현재의, 그리고 미래의 산업들이 이런 지구적 저탄소 경제에서 경쟁력을 갖도록 보장할 필요가 있다. (ACTU 2009, 1~2)

그럼에도 불구하고 기후변화 정책에는 얼마간의 뒷걸음질이 있었다. '연관된/새로운 산업과 서비스에서 녹색 일자리의 성장을 촉진'하기 위한 일반적인 노력에 더해, 이 문서는 '전환 과정이 탄소 집약적 산업들의 일자리를 보호하도록 보장'하고 '그런 산업들이 계속 경쟁력을 가질 수 있도록 부문별 최고 기준을 달성하도록 지원'하기 위한 노력이라는 표현도 포함시켰다(ACTU 2009, 1~2). 여기에서 어떤 사람은 엄청나게 큰 석탄 채굴과 석탄 화력발전 부문의 노동자들을 대표하는 CFMEU의 광업·에너지지부의 입김을 감지할지도 모른다. 그렇지만 이 노동조합은, 특히 토니 마허Tony Maher의 지도력 아래에서 지구 온난화의 과학과 저탄소 경제를 향한 전환의 필요성을 결코 부인하지 않았다(Maher 2007). 좀더 그럼직한 퇴행적 영향은 알루미늄 제련업과 기타 탄소 집약적 산업에서 일하는 노동자들을 대표하는 AWU다. 이곳 간부들은 2010년에 노동당 총리 케빈 러드를 줄리아 길라드로 교체하는 데 역할을 했으며, 길라드는 광업의 초과 이윤에 대해 제안된 부가세를 삭감했다.

이전의 ACTU 정책 문서는 '일자리를 보호'할 필요를 강조했으며, 일자리 보호는 녹색 일자리에서 증가하는 고용 기회를 통해 전반적으로 보장될 것이라는 점을 강력히 암시했다. 2009년에 나온 이 문서는 ITUC의 '정의로운 전환' 정책을 내용적으로 지지하지만, 탄소 집약적 산업들의 일자리 보호라는 조직의 입장은 그런 형태의 고용에서 전환할 것을 강조하는 ITUC의 입장과는 결을 달리했다. 이 문서는 준비 중인 배출권 거래 계획에 '강력한 배출 감축 한도' 설정을 촉구하기는 했지만, 이어질 배출 허가 경매에 대해 다음처럼 언급한 점 역시 흥미로운 일이다.

공정하고, 전환 과정에서 취약한 배출 집약적이고 무역 의존적 산업들을 지원해야 하지만, 모든 산업들이 오스트레일리아의 전통적 산업의 국제 경쟁력과 생존을 보장하도록 모범 경영 기준을 취하는 데 필수적인 변화를 확실히 요청하도록 설계돼야만 한다.

또한 이전에 ACTU는 다른 나라들의 행동에 무관하게 더 급격한 배출 감축 목표를 촉구했지만, 이 문서는 '450피피엠 또는 더 나은 수준으로 배출을 안정화하는 포괄적인 세계 협약이 체결될 경우 2020년까지 25퍼센트라는 탄소 배출 감축 목표'를 포함하는, 이 계획과 함께 정부가 발표한 수정안을 지지했다(ACTU 2009, 3). 다른 한편 이 문서는 시장 수단 자체만으로는 필수적으로 요청되는 환경적, 사회적, 경제적 변화를 달성할 수 없다고 지적하면서, 연구개발과 산업 정책에 대한 지원이 중요하고, 필요할 경우 직접적인 정부 규제로 보충돼야 하며, 새로운 녹색 일자리와 훈련 프로그램에 대한 투자 인센티브는 탄소 집약적 일자리가 위기에 처한 영역을 대상으로 포함해야 한다고 언급했다(ACTU 2009, 5). 따라서 ACTU와 가맹 조직들은 '저탄소 경제를 향한 전환을 달성하는 데 필수적인 산업 정책, 투자 그리고/또는 규제를 위한 산업 전반의 캠페인을 조율하도록' 노력했다(ACTU 2009, 7).

ACF와 함께 한 또 하나의 공동 기획 사업은 2009년 8월 출범한 노동조합 기후접속자Union Climate Connectors로, 조합원들이 기후변화 행동에 참여하고 이런 참여에 필요한 훈련과 자원을 제공하기 위한, 쉽게 접근 가능한 포럼이 되도록 했다(Reale 2009, 9). 기후접속자의 목표는 조합원들이 가정, 작업장, 오스트레일리아의 지역 공동체들에서 기후변화를 완화하는 행동을 취하도록 고취하고, 환경과 일자리에 모두 도움이 되는 기후 위기 해법을 지지하도록 하는 것이다(Climate Connectors 2010). 버로우는 오스트레일리아의 노동조합 활동가들이 기후접속자의 회원이 되도록 초대하는 이메일에서 노동조합의 구실을 강조했다.

노동조합은 환경 쟁점들에 관련한 자랑스러운 운동의 역사를 갖고 있습니다. 그렇지만 지금처럼 그 역할이 큰 때도 드물 겁니다. 이것이 이 나라 전역의 노동조합들이 조합원들에 기후 해법의 일원이 되도록 격려하는 이유입니다.

　이 이메일은 기후접속자 운동을 ACTU와 ACF가 함께 발전시킨 것으로 설명했다.

이 운동은 노동자들이 참여해 지구에 중요한 변화를 만들 수 있는 기회를 제공하기 위해 전개됩니다. …… 노동자로서 서로 접속함으로써, 우리는 저탄소 배출이라는 미래를 건설하고 위험스러운 기후변화의 끔찍한 결과에 맞서 우리 자신과 미래 세대들을 지킬 수 있습니다. 오스트레일리아의 노동조합들은 기후 위기에 맞선 해법의 일원이 되고 미래 세대에게 번영을 제공하게 될 깨끗한 경제를 건설하는 데 헌신합니다. (Sharan Burrow and the Union Climate Connector team, 2 September 2009)

　기후접속자 웹사이트는 '노동조합의 힘The Power of Unions'이라는 제목을 걸고 기후변화의 도전에 대응하는 데에서 노동조합이 하는 중심적 역할을 확인한다. "조합원들은 깨끗한, 녹색 작업장과 함께 청정 에너지 미래라는 전망을 가지며, 거기 도달하는 데 필요한 행동을 발전시키고 요청하도록 수행해야 할 지도적 역할을 갖는다." 이곳은 노동자들에게 긍정적 결과들을 강조한다. "우리는 이런 해법들이 청정 에너지 경제에서 수백만 개의 일자리를 만들 힘을 갖고 있다는 것을 안다. 우리를 위한 일자리, 그리고 미래 세대를 위한 일자리 말이다"(Climate Connectors 2010).

캠페인 활동에는 학습, 소통, 변화의 이행과 로비 활동이 포함된다. ACF는 키트, 웹 도구, 전화 안내, 교육 훈련을 제공해 작업장과 사회에서 모두 기후변화 완화를 위한 운동을 펼치도록 돕는다(Reale 2009, 9). 여기에는 네 종류의 행동 키트(에너지, 식량, 일자리, 물)뿐 아니라 코펜하겐 행동 특별 키트도 들어 있다. 일자리 행동 키트는 특정 산업과 직종의 녹색 일자리 잠재력을 자세히 제시하면서 다음처럼 이야기를 시작한다.

우리는 오스트레일리아를 오염시키고 지구를 파괴하는 일을 중단해야만 한다. 더욱 현명해짐으로써 우리는 기후변화에 대응하는 행동으로 오염을 막고 새로운, 더 좋은 일자리들을 만들 수 있다. 1000개의 태양광 패널을 세우는 데 49명의 기술자와 일꾼이 있어야 한다. 우리는 수백만 명이 필요하다! 풍력 터빈은 부품이 1만 개가 넘는다. 그걸 누가 만들고 설치할 것인가? …… 청정 에너지 기술은 …… 모든 산업에 영향을 미치는 폭발적으로 성장하는 분야다. 좋은 뉴스는 '일자리냐 아니면 환경이냐'가 문제가 아니라는 것이다. 오염 감축은 일자리를 창출한다. (Climate Connectors 2010)

2009년 말에 버로우는 코펜하겐 기후정상회의에서 오스트레일리아 노동조합의 대표자들을 이끌었다. 이 회의가 기대에 부응해 지구 온난화에 맞서기 위한 구속력 있는 지구적 협약을 만들어내지 못한 사실을 인정하면서, ACTU는 '새로운 청정 에너지 경제가 국내와 세계 전역에서 일어남에 따라 괜찮은 노동 기준과 양질의 일자리의 보장을 의미하는' 노동자들을 위한 '정의로운 전환'을 포함해, 좀더 강력한 기후 행동을 위해 전세계의 정부들을 상대로 로비를 이어가겠다고 밝혔다(ACTU 2010). ACTU는 ACF와 함께 2010년에 '일자리 창출, 오염 감축'이라는 보고서를 펴내면서 이렇게 지적했다. "오염 감축을 위한 행동은 일자리 창출, 그리고 번영하며 환경적으로 건강한 오스트레일리아와 함께 갈 수 있다. …… 오스트레일리아는 당장 오염 감축을 위한 강력한 행동을 취함으로써 2030년까지 77만 개 이상의 추가 일자리를 만들어낼 수 있을 것이다"(ACTU/ACF 2009). 2009년 정책 문서에서는 확연하던 기후변화에 대한 ACTU의 입장이 '희석'되게 만든 ACTU 내부의 목소리를 코펜하겐의 좌절이 강화시킨 것일지도 모른다. 2010년 중반까지 몇 년 동안 ACTU의 웹사이트에는 이런 언급이 걸려 있었다.

기후변화는 우리가 직면하고 있는 가장 압도적인 사회적이고 경제적인 도전이며, 우리가 기후변화에 긴급하게 대응하지 않으면 오스트레일리아 사람들은 가혹한 타격을 받게 될 것이다. 노동조합들은 이런 중요한 문제들에 대한 현실적이고 작동 가능하며 공평한 해법들을 가속하기 위해 국내 수준과 국제 수준에서 모두 노력해왔다. (ACTU 2010)

ACTU는 정부에 '새로운, 더 깨끗한 기술들, 그리고 새로운 산업들을 향한 정책을 발전시키고 투자를 촉진함으로써 오스트레일리아를 세계적 지도자로 자리매김하고 경제적 기회를 활용'할 수 있게 하라고 요청했다. 노조는 오스트레일리아의 자연적 경쟁력, 세계적으로 인정받는 기술, 전문 지식이 결합하면 현실적으로 산업 발전과 수출 확대의 기회를 잡을 수 있다고 주장했다. 노조는 오스트레일리아가 여전히 수십 만 개의 '그린칼라green collar' 일자리를 창출할 독보적인 기회를 갖고 있다는 것을 보여준다는, 직접 수행한 경제 연구 결과를 언급했다(ACTU 2010).

그럼에도 불구하고 현재 ACTU 웹사이트의 '기후변화와 일자리' 항목에는 이런 문구가 적혀 있다. "기후변화는 우리가 직면하고 있는 가장 압도적인 경제적, 사회적, 환경적 도전의 하나다." 여기서 중요한 변화가 있으니, 기후변화가 이제는 가장 압도적인 도전들 중 단지 하나일 뿐이라는 점이다. 다시금, 지금의 웹사이트는 2009년 정책 문서의 입장을 취하면서 석탄 채굴과 석탄 화력발전에서 전환할 필요성을 인정하는 문제에서 슬쩍 비켜나고 있다.

노동조합들은 저오염 경제로 나아가는 변화가 배출 집약적이고 수출 중심 산업들에 대한 지원, 기성의 일자리를 보호하기 위한 조치, 청정 에너지와 생산에 대한 투자를 유인할 프로그램, 저소득 가계들에 대한 보조에 초점을 맞춰야 한다고 확신한다. 일부 산업과 지역 경제들은 상대적으로 더 큰 영향을 받을 것이다. 이런 공동체들이 그런 산업에 성공적으로 적응하고 괜찮은 생계 기준과 일자리 기회와 서비스를 보장하는 새로운 사업을 건설해 각자의 영역에서 계속 번영할 수 있도록 돕는 것이 필수적이다. (ACTU 2011a)

다른 한편 현재의 웹사이트에 있는 강력한 메시지는 지난 수십 년간 강력하게 등장한 ACTU의 입장을 재확인한다. 기후변화 완화가 고용 기회를 제공한다는 것이다.

저오염 경제로 나아가는 전환이 일자리 상실을 초래할 것이라는 이야기는 진실이 아니다. ACTU와 ACF가 의뢰한 연구는 오스트레일리아가 여전히 수십만 개의 '그린칼라' 일자리를 창출할 수 있는 독보적인 기회를 갖고 있다는 것을 보여준다. (ACTU 2011a)

2011년 3월 4일 〈당신의 노동권Your Right at Work — 2월 뉴스레터〉에서 ACTU는 조합원들에게 정부가 탄소세 입법안을 제출함으로써 노동조합의 이해가 대변됐다고 재차 확인했다. ACTU는 탄소에 대한 가격 책정이 '기후변화에 대응하는 행동으로 나아가기 위한 결정적 걸음'이라는 자신의 입장을 다시 밝혔다.

모든 부문과 산업을 대변하는 노동조합들은 '정의로운 전환'을 위한 요구 사항이 확인되고, 상세히 점검되고, 적절히 다루어지는 한 저오염 경제를 향한 전환이 더욱 강력히 시작되기를 바라마지 않는다.

2011년 4월, ACTU는 〈기후변화는 노동조합의 일이다Climate Change is Union Business〉라는 컬러 팸플릿에서 일자리 창출과 기후변화 대응 행동은 긴밀히 결합돼 있다고 주장했다(ACTU 2011b).

결론

현재의 기후 위기와 경제 위기는 적색/녹색 이분법을 넘어서기 위한 중요한 조망을 제공한다. 미국의 노동과 환경운동에 관한 연구에서 프레드 로즈는 '대중들이 경제적 안정 보호와 환경 보전 사이의 비극적 선택에서 직면하는 분할의 정치'를 검토했다. 로즈는 시민들과 시민들의 정당한 쟁점들을 서로 맞걸리게 함으로써 강력한 이해관계가 지켜진다고 주장했다. "운동들과 사회 집단들을 가르는 것은 대립을 희석하고 대중적 관심을 권력과 공통 이해의 쟁점에서 떨어트리기 위한 잘 짜인 전략이다"(Rose 2000, 5, 8).

오스트레일리아의 노동조합들은 녹색 일자리 기획을 포함해 환경 쟁점들에 관한 오랜 행동의 역사를 갖고 있으며, '일자리 대 환경' 담론의 그릇된 이분법을 극복하기 위해 녹색 조직들과 함께 운동을 펼쳐왔다. 최근 ACTU의 지도 아래 이런 프로젝트는 노조 운동을 저탄소 경제 창출의 중심에 놓으려는 의도로 새로운 에너지를 가지고 추구돼왔다.

'녹색 일자리'라는 수사는 노동조합 활동가들 사이에서 광범하게 받아들여졌는데, 그것은 고용 안정에 대한 노동조합의 전통적인 강조에서 벗어날 필요가 없기 때문이다. 죽어버린 지구에서는 일자리도 존재하지 않을 뿐 아니라, 지속 가능한 녹색 경제에는 '갈색' 경제보다 일자리가 더 많다는 것이 점점 더 많이 받아들여지고 있다. '경제와 생태라는 쌍둥이 위기'를 겨냥하는 것은 필요하고도 가능하다(Butcher and Stilwell 2009, 121). 자원보다 노동력의 이용을 우선시함으로써, 지속 가능한 녹색 경제는 갈색 경제에서 고용 안정을 침식하던 전반적으로 유해한 경제 성장과 팽창의 필요성 없이 안정적으로 높은 고용 수준을 보장할 수 있을 것이다. 이런 '일자리 그리고 환경'의 기획들은 불완전하고 자본주의에 대한 어떤 근본적 도전을 제기하는 데에는 언제나 미치지 못하지만, 노동과 자연 모두의 착취에서 이윤을 얻어온 이들을 오래도록 강화시켜준 노동조합 활동가들과 환경주의자들 사이의 분할을 허무는 데 확실히 도움을 준다.

ACTU (1992) *The Greenhouse Effect: employment & development issues for Australians*, ACTU, Melbourne.

_____ (2007a) 'Unions to purse climate change solutions including carbon trading scheme, renewable energy sources and green building codes', 16 February, www.actu.asn.au/Media/Mediareleases/Unionstopursueclimatechagesolutionsincludingcarbontradingschemereneableenergysourcesandgreenbuildingcodes.aspx, accessed 19 May 2009.

_____ (2007b) 'ACTU's Principles and Policy on Global Warming', 17 February, www.actu.asn.au/AboutACTU/ACTUPublications/ACTUsPrinciplesandPolicyonGlobalWarming.aspx (accessed 19 May 2009).

_____ (2009) 'ACTU Congress 2009. A Fair Society. Environment and Climate Change Policy' 2-4 June, www.actu.asn.au/Tools/print.aspx (accessed 10 May 2011).

_____ (2010) 'Campaign: Clean Energy Jobs', www.actu.org.au/Campaigns/CleanEnergyJobs/default.aspx accessed 8 July 2010.

_____ (2011a) 'Campaign: Climate Change and Jobs', www.actu.org.au/Campaigns/ClimateChangeJobs/default.asp, accessed 12 May 2011.

_____ (2011b) *Climate Change is Union Business*, ACTU/ACF, Melbourne.

ACTU\ACF (2008) *Green Gold Rush*, ACTU/ACF, Melbourne.

_____ (2009) 'Creating Jobs - Cutting Pollution', www.actu.org.au/Images/Dynamic/attachments/6971/ACF_Jobs_reprorrt_190510.pdf (accessed 8 July 2010).

ARG (Australian Research Group) (2007) *Climate Institute Marginal Electorates Election Campaign Poll*, November, ARG, Melbourne and ARG, Sydney.

Benton, T. (1989) 'Marxism and Natural Limits', *New Left Review*, no. 178, 51-86.

Burgmann, V. et al. (2002) *Unions and the Environment*, ACF/ACTU, Melbourne.

Burrow, S. (2009) 'Combating global warming is a shared task', *Australian Options*, no. 56, 8-9.

Butcher, B. and Stilwell, F. (2009) 'Climate Change Policy and Economic Recession', *Journal of Australian Potions*, no.56, 8-9.

Climate Conecstors (2010) www.climateconnectors.org, accessed 3 March 2012.

Climate Institute (2007) *Climate of the Nation. Australians' Attitudes to Climate Change and its Solutions*, Climate Institute, Sydney.

Connection Research (2009) *Who Are the Green Collar Workers?* Environment Institute Australia and New Zealand, Sydney.

De Boehmler, T. (2004) 'Beyond the Wedge', *Workers Online*, 19 November, http://workers.labor.net.au/247/news9_dosh.html (accessed 3 August 2012).

Earthworker (1999) 'From Fossil Fuels to Renewables: A solar, wind & water industry plan', 15 November.

Garnaut, R. (2011) *The Garnaut Review 2011: Australia in the global response to climate change*, Cambridge University Press, Melbourne.

Kerin, D. (1999) 'Challenging the Myth of Jobs vs Environment', *Chain Reaction*, no. 80, 19-20, 42.

_____ (2010) 'Workers creating green jobs', lecture, Melbourne Trades Hall, 7 July.

Maher, T. (2007) 'Crib Rooms and Climate Change. Empowering Mine Workers', 16 August, http://chmeumin.pwsites.com.au/downloads/crib-rooms-and-climate-change-empowering-mine-workers (accessed 5 March 2012).

McNaughton, C. (2000) 'From Little Things Big Things Grow: The Greening of the Labour Movement in Australia?', BA Hons thesis, Politics Departmetn, Monash University.

Mundey, J. (1978) 'Compatibility of the 3 'E's' Vital to Survival', *Environmentalists for Full Employment*, Newsletter, no. 1, December.

_____ (n.d.) [c.1978] 'Covering letter for sending to prospective member-sponsor groups', *Environmentalists for Full Employment*, leaflet.

_____ (1988/89) 'From grey to green', *Australian Left Review*, no. 108, 19.

Nette, A. (1989) 'Digging uranium: the movement and the unions', *Arena*, no. 89, 103-15.

O'Connor, J. (1988) 'Capitalism, Nature, Socialism', *Capitalism, Nature and Socialism*, vol. 1. 11-38.

_____ (1998) *Natural Causes: Essays in Ecological Marxism*, Guildford Press, New York.

Polanyi, K. (1944) *The Great Transformation*, Farrar & Rinehart, New York.

Reale, E. (2009) 'ANF joins climate change campaign', *Australian Nursing Journal*, vol. 17, no. 4, p.9.

Rose, F. (2000) *Coalitions across the Class Divide*, Cornell University Press, Ithaca, NY and London.

Salleh, A. (2010) 'Green New Deal — or Globalisation Lite?', *Arena Magazine*, no. 105, pp. 15-19.

Schnaiberg, A. (1980) *The Environment, From Surplus to Scarcity*, Oxford University Press, New York.

Stern, N. (2006) *Stern Review on the Economics of Climate Change*, Cabinte Office/HM Treasury, London, http://webarchive.nationalarchives.gov.uk/+/http://www.hm-treasury.gov.uk/stern_review_report.htm (accessed 30 March 2012).

12장

오스트레일리아의 정의로운 전환과 노동자 환경주의

다린 스넬, 피터 페어브러더

'정의로운 전환'은 노동자들의 필요와 환경 보호의 필요 사이에 균형을 추구하는 노동자와 환경 그룹들에 새로운 주문呪文이 됐다. 기후변화 대응 행동의 긴급성이 더욱 절실해지면서 조직 노동자와 환경 조직들 사이에서 환경 규제를 둘러싼 긴장이 누그러지는 조짐이 커지고 있다. 환경주의자들과 노조 활동가들은 경제와 산업 활동에 대한 좀더 균형 있고 지속 가능한 접근을 위한 운동에서 더욱 긴밀히 활동하는 중이다.

들어가며

이 장은 '정의로운 전환just transition'의 이론적이고 실천적인 함의들을 살펴본다. 먼저 '정의로운 전환' 개념의 철학적이고 이론적인 기반과 그 개념이 정책적 접근과 갖는 관계, 그리고 그 개념이 노동자들과 환경에 미치는 실천적 결과를 검토한다. '정의로운 전환'의 아이디어는 산업과 환경 문제에 대한 좀더 주류적인 신자유주의 담론과 정책 접근의 반대편에서 비교되기에 적절하다. 이 장의 후반부는 오스트레일리아에서 노동자 환경주의의 출현을 살펴봄으로써, 이런 쟁점들을, 이론적이고 경험적으로 끌어내보려 한다.

'정의로운 전환' — 이론과 실천

기후변화에 관련된 불평등성의 문제는 잘 정리해놓은 논의가 많다(Page 2006; Vanderheiden 2008; Roberts and Parks 2007). 부유한 산업 사회들이 기후 관련 재해를 일으키는 누적 온실가스 배출의 대부분에 책임이 있는데도, 그 압도적인 영향은 개도국에 사는 가난한 민중들에게 미친다(IPCC 2007). 게다가 '세계에서 가장 큰 혜택을 누리는 나라와 사람들의 풍요'의 가격은 미래 세대들이 지불하게 될 것이다(Vanderheiden 2008, 12). 기후변화 완화를 목표로 하는 환경 행동은 환경 파괴와 함께 현상태를 유지하는 데 관련된 사회적 불평등을 해결하고자 한다.

기후변화 완화를 위한 정책적 접근은, 그럼에도 불구하고, 이런 정책들 때문에 영향을 받을 수 있는 산업, 조직, 노동자, 지역 공동체들에 관련된 공평성equity에 대한 염려를 제기한다. 기후변화 완화 정책들 때문에 초래되는 불평등한 결과들과 체감되는 취약성은 국가적 환경 정책과 국제적 환경 정책에서 의미있는 결과를 만들어내는 데 중대한 장애물이 된다는 것이 드러났다(Roberts and Parks 2007). 이를테면 온실가스 집약적 산업들을 상대로 배출을 규제하고 감축하려는 시도들은 이런 전통적 산업들에 연관된 노동자들의 처우에 관한 염려를 키운다. UNEP

가 인정한 대로 기후변화 완화 정책들은 불균등한 영향을 갖게 될 것이며, 탄소 노출carbon-exposed 지역들은 잠재적으로 더욱 큰 고난을 겪게 될 것인바, 정부의 특별한 개입이 필요해진다.

산업들이 한 지역 또는 일부 지역에 고도로 집중된 곳에서 이런 영향들은 지역 경제와 지역 공동체의 생존에 심각한 결과를 미칠 수 있다. 이런 지역들은 대안적 일자리와 생계 수단을 만들고, 새로운 기술을 습득하고, 새로운 산업들로 바뀌는 전환을 예보하는 과정에서 적극적인 지원을 필요로 하게 될 것이다. (UNEP 2007)

따라서 인류가 초래한 기후변화의 문제들을 효과적으로 다루려면 공평성에 대한 주의가 요청된다. 이런 주의는 기후변화의 차별적 영향에 관련된 불평등뿐 아니라 완화에 초점을 두는 기후변화 정책들의 사회적이고 지리학적인 영향들에 연관된 불평등을 다루는 것에도 모두 해당한다. 반데르하이덴이 지적한 대로 온실가스 감축과 기후변화 적응의 비용과 부담을 공정하게 할당하는 일은 분배적 정의의 기본 원칙에 대한 충분한 숙고를 수반한다(Vanderheiden 2008). 노동조합들이 옹호하는 대로, '정의로운 전환'은 기후변화의 차원들을 공평성의 원칙에 연결시킴으로써 그런 원칙들을 결합하려는 시도다.

'정의로운 전환'은 저탄소 경제에 기반하는 지속 가능한 사회로 나아가는 전환이 바람직할 뿐 아니라 필수적이며, 동시에 반대급부로서 비용의 공평한 분담이 요구될 때 계획과 적극적 정책 수립, 이행을 통해 성취되는 변화의 과정이다(TUC 2008a, 2008b). 그런 지적대로 '정의로운 전환'의 달성은 계획되고 계산된 일련의 정책과 실천뿐 아니라 윤리적이고 도덕적인 차원들도 포함한다. 이런 견지에서 '정의로운 전환'으로 표현되는 이상은 정책 개발이 따라야 할 지도적 규범을 구성하려 한다.

이런 이상들은 세계의 노동조합 운동들, 특히 미국의 노조 운동에 기원을 둔다. '정의로운 전환'의 아이디어는 1970년대 UAW의 레오나드 우드콕Leonard Woodcock이 한 다음 제안에서 비롯됐다.

사용자의 무분별한 오염 행위 때문에 일자리를 잃은 노동자들은 사용자들에게 집단 소송을 제기하고, 상실한 임금과 수당, 상실한 경력, 재훈련 비용, 이동 경비를 보전받을 권리를 가져야 한다. (Kazis and Grossman 1982, 226)

느리고 조금은 약화된 방식으로, 이런 아이디어들은 북아메리카뿐 아니라 아르헨티나, 스페인, 독일, 덴마크, 그리고 얼마간은 영국과 오스트레일리아의 노동조합들도 수용하게 됐다(TUC 2008a).

'정의로운 전환'은 이제 저탄소 경제로 나아가는 이동에 따르는 노동조합들의 다중적 관심을 결합하기 위해 활용되고 있다. 캐나다노동회의CLC는 이렇게 주장한다.

정의로운 전환은 많은 것들에 관련된다. 공평성과 환경정의에 관련된다. 지속 가능한 생산과 인프라스트럭처에 기반하는 경제에서 양질의 고용에 관련된다. 정의로운 전환 프로그램의 초점이 되는 지역 공동체들, 다양하고, 노동 집약적인 산업들의 핵심에 있고, 자신들을 지원하는 강력한 공공 부문을 지닌 지역 공동체들에 관련된다. 무엇보다도 지속 가능한 경제에서 **대안적 고용**에 관련된다. (CLC 2000, 2)

따라서 가장 기본적인 수준에서 정의로운 전환은 변화들을 직접 제어하지 못하는 개인과 집단들에 영향을 미치는 형태의 변화들이 도입될 때, 자유민주주의 사회에서 통용되는 사회 정의의 관념에 연결된다. 일의 맥락에서 보면, 정의로운 전환은 주요한 조직적 변화나 직무상의 변동이 도입되기 전에 그런 변화의 영향을 받는 노동자들을 대상으로 협의를 해야 한다는 원칙에 적용할 수 있다. 또한 공공 정책 계획들에서 발생하는 훨씬 광범한 환경적 변화에도 적용할 수 있다.

'정의로운 전환'은 정의가 결과뿐 아니라 그런 결과들을 실현하는 데 이용되는 수단들에도 반영돼야 한다는 과정상의 공평함이라는 입장을 지지한다. 그런 적용에 관련해서 '정의로운 전환'은 변화 과정에서 노동자, 지역 공동체, 노동조합의 역할이 확대되는 목표를 추구한다. 변화가 이미 일어났을 때 요구되는 필수적 행보에 초점을 두기보다는, 정의로운 전환은 변화 이전에 영향받을 이들의 참여를 옹호한다. 고탄소 경제에서 저탄소 경제로 나아가는 경제적이고 산업적인 변화라는 맥락에서 논의는 종종 녹색 경제와 녹색 일자리에 관한 논쟁으로 나아간다. 여러 나라에서 녹색 경제에 대한 적응이 적절히 다루어지기만 하면 노동시장에서 불리한 상황을 겪게 될 노동자들에게 다양한 기회를 열어줄 수 있다고 주장됐다(TUAC Secretariat 2008; ACTU and ACF 2008). 이를테면 미국에서는 아폴로 동맹Apollo Alliance과 블루그린 동맹BlueGreen Alliance이 더 깨끗하고 더 지속 가능한 경제를 만들며 불리하고 실업 상태에 놓인 도심 지역 노동자들에게 일자리를 제공하는 일자리 창출 프로그램을 통해 경제를 부흥하는 복합적 목적을 갖는 그린 뉴딜을 주장한다(Apollo Alliance 2009; BlueGreen Alliance 2007; Gould et al. 2004). 좀더 최근에는 영국에서 TUC가 비슷한 입장을 취했다.

정의로운 전환은 저탄소 경제로 나아가는 전환에 영향을 받는 노동자들의 직접적인 물질적 필요를 충족하기 위한 '녹색 일자리'를 창출할 뿐 아니라, 그런 일자리들이 괜찮은 일자리라는 점을 보장하는 것도 의미해야 한다. 환경적 전환은 그 결과 제공되는 새로운 일자리들이 생산적이고, 안전하고, 공정한 소득을 지불하고, 작업장에서 안정성과 공평한 기회를 부여하고, 가족을 위한 사회적 보호망을 제공하고, 개인의 발전에 더 나은 전망을 제공하는 노동을 보장하지 않으면, '정의로운' 것으로 의미 있게 설명될 수 없다. (TUC 2008a, 27)

'정의로운 전환'은 산업과 지역의 곤경에 대처하는 다른 좀더 일반적인 접근들과는 구별된다. 이를테면 정부들과 국제 대부 기관들이 널리 활용하는 구조 조정이 '정의로운 전환'과 혼동돼서는 안 된다. 그런 프로그램들은 세계 시장 근본주의의 강압에 노출된 지역 공동체들과 노동자들의 삶을 총체적으로 파괴하는 신자유주의 정책에서 나온 것이다(Harvey 2005; Frank 2000). 이런 정책들에 맞선 노동자와 지역 공동체의 저항 때문에 정부와 국제 대부자들은 주요한 경제적 재구조화의 결과로 고통받는 노동자와 지역들에 더 향상된 지원책을 제공해야 했다(ILO 2009; World Bank 2002, 2000).

구조 조정과 달리 '정의로운 전환'은 대안적 발전 모델을 옹호하는 한편 필수적이게 한다. 그런 대안적 모델은 신자유주의 패러다임의 정당성에 여러 면에서 의문을 제기한다. 첫째, '정의로운 전환'은 구조 조정을 옹호하는 이들이 허물어트린 접근법인 산업 계획industrial planning으로 복귀하는 것을 함축한다. 둘째, '정의로운 전환'은 역사적으로 사적 이해와 결탁해 일을 진행하는 정부의 영역으로 치부되던 산업 계획에 노동조합, 노동자, 지역 공동체가 기여할 것이라는 전제를 바탕으로 한다. 이런 지역 공동체 안의 노동조합과 노동자들은 적절하고 괜찮은 일자리의 창출을 보장하려고 노력할 것이다. 마찬가지로 노조와 노동자들은 밀려난 노동자들을 위해 훈련을 실시하라고 주장할 것이다. 셋째, '정의로운 전환'은 사기업을 포함하는 시장 기반 해법이 지역과 산업의 재활성화에 유일한 해법이라는 관념에 도전한다.

이런 주장들이 '정의로운 전환'에 대한 노동조합의 관점과 좀더 일반적으로 노동자 환경주의의 기저를 형성하게 됐다. 노동자와 지역 공동체가 '기후 위협' 산업들에서 빠져나와 '기후 친화적' 사업들로 성공적이면서도 공평하게 이행하는 것은 노조, 정부, 그 밖의 사회적 행위자들에게는 도전이다. '정의로운 전환'의 실현은 중요한 두 질문을 제기한다. 첫째, '정의로운 전환'의 조건들은 무엇인가? 둘째, '정의로운 전환'이 실현되는 경로에서 노동조합들이 경제적 조건과 정치적 조건들에 영향을 끼치기 위해 가져야 할 역량은 무엇인가? 이런 질문들에 답하기 위해 우리는 오스트레일리아의 기후변화 정치와 노동자 환경주의에 초점을 맞추려 한다.

오스트레일리아의 노동자 환경주의와 기후변화 정치

오스트레일리아의 풍부한 천연자원 개발과 여기에 연결된 일자리 창출, 조세 수입과 인프라스트럭처의 발전은 이 나라의 괄목할 만한 사회적 변화와 정치적 성취에 중요한 역할을 해왔다(오스트레일리아는 유엔 인간개발지수에서 2위를 기록하고 있다)(UNDP 2010, 144). 석탄은 이런 진전의 핵심에 있다. 석탄은 이 나라의 가장 수익성 좋은 수출 상품으로, 오스트레일리아 국제 교역의 30퍼센트를 차지한다(McNeil 2009). 더욱이 석탄은 이 나라의 저렴하고 안정적인 전력 산업에서 주 연료로 사용되며, 금속과 제조업 부문의 대량 에너지 소비자들을 끌어들이고 확대하는 중요한 동기 요소가 된다.

이런 발전이 환경적 비용을 수반한다는 인식이 점차 늘고 있다. 에너지 수요를 석탄 연소에 과도하게 의존하는 탓에 오스트레일리아는 일인당 최고의 탄소 배출량을 기록하는 나라에 속하게 됐다(Garnaut 2008). 저렴한 에너지 접근성, 책임 없이 오염시킬 수 있는 능력, 석탄 산업과 다배출 산업에 대한 정부의 관대한 보조금은, 이를테면 세계에서 가장 에너지 집약적인 알루미늄 공장 일부를 포함해 에너지 생산자와 주요 에너지 소비자들 사이에서 혁신이 결여되게 했다(The Age, 17 April 2011).

오스트레일리아는 온실가스 배출 추세를 누그러트리고 청정 기술 경제로 나아가는 국제적 이동에 동참하라는 국가적이고 국제적으로 고조되는 압력에 직면하고 있다. 여러 나라들과 마찬가지로 오스트레일리아에서 기후변화 완화는 연방 정부와 주 정부 수준 모두에서 작동하는 깊은 정치적 분할에 의해 휘청거렸다. 오스트레일리아 녹색당Austrailian Greens이 기후변화 완화 정책의 전선을 이끌어왔지만, 소수 정당이라는 지위 탓에 정부 정책을 결정하는 과정에서 주도적 역할을 할 기회를 갖지 못했다. 반면 연립 정부를 구성하기 위해 역사적으로 서로 연합한 보수파 국민자유연합National Liberal Parties은 기후변화 완화에 대해 매우 조심스러운 접근을 취하는 경향을 가지면서, 국제 사회가 움직일 때만 움직이려 했다. 내부 논쟁이 없지는 않았지만, 오스트레일리아 노동당ALP은 오스트레일리아의 경제적 이해를 보전하면서도 기후변화 관심에 대응하는 행보를 취하는 중립 지대를 찾는 수권 주류 정당이 됐다.

탄소 배출에 대한 오스트레일리아의 대응에서 최초의 중요한 변화는 야당인 노동당이 기후변화를 선거 강령의 중심에 놓은 2007년 연방 선거에서 감지됐다. 교토 의정서와 재생 가능 에너지 목표에 대한 노동당의 지지는 12년간 권좌에 있던 보수파 하워드 정부의 패배에 기여했다. 케빈 러드가 이끄는 노동당 정부는 곧바로 교토 의정서를 비준했고, 재생 가능 에너지 목표를 도입했으며, 이 나라 탄소 오염의 상한선을 두고 총량을 설정하고 거래 메커니즘을 활용하는 탄소 오염 감축 체계라는 이름이 붙은 배출권 거래제ETS를 도입하기 시작했다(Commonwealth of Austrailia 2008). 기업들, 특히 에너지 집약적 산업들은 이 입법에 관련된 매우 대중적이고 적대적인 캠페인에 착수했는데, 일자리 상실과 미래 투자 문제가 중심을 차지했다(Snell and Schmitt 2011). 기업 부문의 적대적 반대를 극복하기 위해 노력하고 하원만을 주도하는 상황에서 ETS를 입법하려는 시도를 거듭했지만, 2010년에 러드 정부는 입법을 포기하고 ETS 도입이라는 선거 공약을 폐기하는 정치적 결정을 하게 된다(Snell and Faribrother 2010).

여러 주 정부들도 온실가스 배출을 규제하고 에너지 효율을 향상하기 위해 노력했다. 이를테면 빅토리아 주 정부는 **녹색 투표**Green vote **지지에 대한 대응의 일환으로 주 정부 자체의 기후변화 행동 계획을 도입했으며, 점점 확대되고 있는 듯하다.** 이 계획 아래에서 빅토리아 주 정부는 2020년까지 이산화탄소 배출을 20퍼센트 감축하기로 하고, 이런 목표를 위해 갈탄 화력발전 산업 폐쇄분에 대해 직접 재정을 투입하기로 했다(Victorian Government 2010). 이런 정책들이 도입된 지 얼마 지나지 않아, 빅토리아 주의 노동당 정부는 보수당들로 표심이 이동한 2011년 선거에서 패배했다. 집권한 보수파 연립 정부는 이전 정부의 탄소 감축 목표와 발전 설비 폐쇄 제안에 거리를 뒀다.

　다수의 탄소 노출 산업들이 연방 정부와 주 정부의 탄소 감축 정책이 패배한 결과를 환영했지만, 탄소 배출 대응을 둘러싼 정치적 불확실성은 기업의 계획을 점차 어렵게 만들었으며, 비에이치피[BHP Plc][1] 같은 산업 거인들은 정책 투명성을 요구했다(Age, 14 October 2010, p.11). 2010년 연방 선거 직후 소수파 노동당 (지금은 줄리아 길라드가 이끄는) 정부는 무소속과 녹색당 의원들의 지원 속에서, 2012년 7월에 탄소에 대한 고정 거래 가격으로 구성된 새로운 탄소 감축 체계를 도입하겠다고 발표했고, 3년에서 5년 사이에 완전한 시장 기반 ETS로 나아갈 계획을 결부시켰다. 그 목적은 비교적 분명하다. 다배출 에너지 생산과 이용의 매력을 떨어트리고 재생 가능 에너지를 포함하는 좀더 청정한 연료에 향상된 시장 기회를 열어줌으로써 탄소 배출을 더욱 잘 모니터링하고 관리하며 감축하는 것, 에너지 영역과 에너지 효율 영역의 혁신을 자극하는 것, 정부에 새로운 세원을 창출하는 것, 오스트레일리아가 기후변화 관심에 대처하는 행보를 취하고 있다는 사실을 보여주는 것.

환경 행위자로서 노동조합

오스트레일리아의 노동조합들은 이 나라의 기후변화 완화 정책을 수립

---

[1] 빅토리아 주 멜버른에 본부를 둔 세계 최대 광업 및 철강 제조회사. 1885년 뉴사우스웨일스 주 브로컨힐에서 은, 납, 아연광 채굴을 위해 비에이치피(Broken Hill Proprietary)라는 이름으로 설립됐고, 2001년에 영국의 빌리턴(Billiton plc)을 인수하면서 비에이치피빌리턴이 됐다 — 옮긴이.

하는 데 지도적 역할을 수행했다. 이 노조들은 완화 정책에 대한 기업의 반대뿐 아니라 좀더 일반적으로 기업 행위자와 완화 정책에 대한 정부의 통제에도 도전하려 하는 주요한 사회 세력 중 하나를 대표한다. 오스트레일리아의 노동운동은 ACTU를 통해서, '기후변화는 노동조합의 일'이라는 점을 정부와 기업 지도자들에게 분명히 했다(ACTU 2011, 1). 개별 노동조합들은 산업의 특성, 정치적 성향과 조합원의 이해를 반영해 상이한 입장을 유지하지만, 전체적으로 오스트레일리아 노동조합들은 저탄소 경제를 향한 전환을 실현하기 위해 노동자, 조직, 지역 공동체들을 지원하는 방도를 찾기 위해 노력하고 있다(Snell and Fairbrother 2010). 다음에 살펴볼 세 사례는 '정의로운 전환'의 이상이 이런 노력들을 어떻게 구체화했는지를 잘 보여준다.

AMWU와 자동차 산업의 전환

기후변화는 우리가 더는 회피할 수 없는 문제다. 우리는 이미 그 영향 속에 살고 있다. 노동 가족들과 경제에 타격을 주지 않으면서 기후변화의 영향을 최소화할 해법을 우리가 함께 찾아야 할 이유다. (AMWU 2008a, 2)

이 과감한 선언은 '기후변화 완화를 위한 정의로운 전환'에 관한 AMWU의 정책적 입장을 알려준다(AMWU 2008b, 1). 식품과 제과류, 금속과 기계, 종이, 인쇄 포장, 자동차 조립 등 모든 제조업 영역의 노동자들을 대표하는 AMWU는 '정의로운 전환'으로 나아가는 실천적 접근을 구체화하는 데 지도적 역할을 했다. 이 노조는 온실가스 배출을 감축하는 메커니즘으로 탄소 대상 과금과 좀더 지속 가능한 에너지 기반을 수립을 지지한다. 이런 환경 정책은 환경 조직들에서 호평을 받았다. 더욱이 이런 입장은 이 노조를 제조업 노동자들의 또 다른 주요 노조인 AWU와 분리시키는데, 후자는 '하나의 철강 일자리라도 희생시키는 탄소세는 지지하지 않을 것'이라는 입장을 내세운다(AWU 2011).

AMWU는 환경 입법의 결과로 산업들이 재구조화되고 새로운 청정 기술 경제를 위해 일자리와 새로운 숙련들이 요구되면서 일자리 상실이 일어날 수 있다는 것을 인정한다. 노조는 조합원들에게 환경 행동을 취하는 것보다 현상태를 유지하는 것이 노동자와 가족들에게 갖는 위험성이 훨씬 크다는 점을 교육하고 설명하기 위해 노력해왔다. 노조는 탄소 과금을 통해 만들어지는 수입이 연방 정부가 힘들게 꾸려가고 있는 이 나라의 제조업에 재투자와 방향 전환을 할 수 있게 하며, 노동자들을 청정 기술 일자리로 재훈련하고 재숙련하는 중요한 기회를 제공한다고 주장한다. 시장 개입, 노동조합, 사용자, 정부가 참여하는 산업 계획, 그리고 특화된 산업과 기술 발전 체계가 AMWU가 '정의로운 전환'을 끌어가는 고유 마크다(AMWU 2011).

'정의로운 전환'에 대한 AMWU의 접근은 자동차 조립 산업에서 가장 잘 드러난다. 다른 서구 나라들처럼 관세 인하와 자동차 수입 증가는 오스트레일리아 자동차 조립 산업이 직면한 중요한 도전들이었다(Lansbury et al. 2008). 토요타, 제너럴모터스, 포드가 지배하는 오스트레일리아 자동차 산업은 2008년 금융 위기의 발발과 함께 붕괴할 것으로 예상됐다(*The Sydney Morning Herald* 2009).

AMWU는 자동차와 자동차 부품 부문을 포함한 자동차 산업 계획을 위한 캠페인을 오래도록 펼쳐왔다. 2009년 러드 노동당 정부가 출범하고 금융 위기의 영향을 둘러싸고 이런저런 염려가 떠돌면서 이런 아이디어들이 좀더 우호적인 대접을 받기 시작했다. 2008년 11월 10일, 오스트레일리아는 2020년까지 자동차 회사와 부품 회사들에 34억 오스트레일리아 달러의 긴급 구제를 제공한다고 발표했다. 긴급 구제는 연료 효율형 자동차로 나아가는 산업 전환을 지원하기 위해 만들어지는 '그린카 혁신 펀드'를 포함했다(Brunel and Hufbauer 2009). 러드 정부는 2009년에 토요타가 빅토리아 주 알토나 공장에서 하이브리드 차량을 생산할 수 있게 업그레이드하도록 '그린카 혁신 펀드'에서 3500만 오스트레일리아 달러를 투입한다고 발표했다(AMWU 2009a). AMWU의 지도부는 이런 전략 기획들이 '미래의 저배출 차량을 위한 산업 투자 조정'을 돕는 조치라며 환영했다(AMWU 2009a). AMWU의 사무총장 데이브 올리버 Dave Oliver는 말했다.

러드 정부의 기금은 …… 홀든[제너럴모터스]에 소형차 생산에 박차를 가할 수 있도록 확신을 줬다. 포드도 빅토리아 주의 4기통 자동차 생산에 주력했고, 토요타는 오스트레일리아형 하이브리드 캠리를 내년부터 생산하기 시작할 것이다. …… 실업률이 치솟고 오스트레일리아의 일자리 보호가 가장 중요한 시기에, 우리는 정부의 투자가 다가올 세대들에게 오스트레일리아인들을 위한 좋은 일자리를 제공할 산업들을 보장하는 데 도움을 줄 수 있다고 인정해야 한다. (AMWU 2009b)

AMWU는 이런 접근이 다른 산업과 부문들에서도 적용될 수 있을 것이라고 희망했다. 2011년에 노조는 '저탄소 산업과 기술 개발'을 위한 세부 계획을 내놓았는데, 오스트레일리아에서 다른 산업들의 전환을 위한 특별 제안을 제시한 계획이었다(AMWU 2011). 그렇지만 이제 금융 위기가 초래한 위협들이 누그러들자, 시장 근본주의에 이데올로기적으로 함몰된 연방 정부와 주 정부들은 다른 경제 부문들에서는 그런 개입주의 접근에서 뒷걸음질치기 시작했다.

CFMEU와 청정 에너지 전환

광부와 발전소 직접 고용 노동자들을 대표하는 주요 노조인 CFMEU는 오스트레일리아에서 기후변화에 개입한 가장 활동적인 노조의 하나였다. CFMEU의 광업·에너지지부$^{M\&E}$는 1990년대 초반부터 기후변화를 주요 관심사로 삼았다. M&E의 전국 의장 토니 마허는 오스트레일리아의 기후변화 정책에서 노동조합을 대표하는 주도적 대변인이었다. 마허는 발리(2007), 포즈난(2008), 코펜하겐(2009)에서 열린 UNFCCC 회의에서 ITUC를 대표했다. UNFCCC 발리 회의에서는 오스트레일리아 정부 파견단의 노조 측 자문으로 활동했다. 지금은 ACTU의 기후변화 그룹 의장으로 활동하면서 기후변화와 에너지효율부의 비정부 기구 라운드 테이블에서 CFMEU를 대표하고 있기도 하다.

　M&E는 국가가 지원하는 시장 접근을 주장했다. 한편으로 노조는 국가 탄소 배출 감축 실현을 위해 시장 기반 해법을 제안했다. 다른 한편으로 노조는 기업들이 연구개발 투자에 실패했다고 질책하며 산업에 더 많은 혁신이 필요하다고 주장했다. 이런 입장의 연장선상에서 노조는 정부와 산업이 탄소 포집 저장 파일럿 프로젝트에 재정을 투입하도록 강력한 로비를 펼쳤고, 뉴사우스웨일스 주에 좀더 효율적인 역청탄 화력발전소를 건설하는 방안을 지지하기도 했다. 따라서 발전 산업의 혁신을 자극하고 '청정 석탄' 연구 기금을 위해 정부 수입을 지속적

으로 유지하려면 탄소 과금이 필요하다고 봤다. 그렇지만 노조는 기후변화에 대응하기 위해 기후변화 정책과 감축 정책 접근, 기술적 혁신에 관련한 일련의 입장 문서들을 만들기도 했다(CFMEU 2008). 다수의 환경 조직들과 마찬가지로 노동조합은 기업의 '현금 갈취grab for cash'라는 딱지가 붙은, 광업과 에너지 부문에 대한 직접 보상을 지지하지 않는다(Maher 2011). 오히려 노조는 탄소 포집 저장 같은 '청정 석탄' 기술에 대한 연구를 강력히 지지해왔는데, 석탄이 에너지원으로서 장기적 유효성을 가지기 위해 중요한 요소로 본 때문이었다.

노조는 조합원 모임과 출판물을 통해서 기후변화와 '왜 탄소 과금이 중요한가' 하는 문제에 대한 조합원 교육에 열성을 기울였다(CFMEU 2011). 이런 행동은 탄소 과금에 반대하는 기업 주도 대중 캠페인과 반대되는데, 기업들은 탄소 과금의 결과로 사업을 접거나 해외로 나가게 될 것이라고 주장한다. 일자리를 상실하리라는 예상은 노조 캠페인에 시금석 같은 것이었다. 일자리 위협에 관련한 기업의 수사에 맞서는 것이 노조에게는 가장 큰 도전 중 하나였고, 석탄 화력 에너지 발전 부문에서는 특히 그랬다. 이를테면 빅토리아 주 라트로브 계곡Latrobe Valley에 있는 석탄 화력발전소들은 드넓은 노천 갈탄 광산에서 석탄을 가져온다. 이 지역은 1990년대에 산업이 민영화되면서 큰 경제적 곤란과 일자리 상실을 겪었으며, 이 여파는 지역 사회와 노동자들에게 계속 이어지고 있다(Victorian Government 2000).

최근 이곳에서는 이런 비효율적이고 기술적으로 낙후한 '더러운' 발전소들을 폐쇄할 필요성을 둘러싸고 심각한 대중적 논쟁과 환경운동가들의 직접 행동이 있었다(ABC Gippsland 2010). 그러나 이 발전소들을 소유한 기업들은 탄소 과금 정책에 대한 반대로 유명했고, 일자리 대량 상실의 전망과 에너지 안보에 대한 위협 문제를 제기했다(Snell and Schmitt 2011). 다른 주들과는 달리 라트로브 계곡의 M&E 노동자들은 취약한 국내 발전 산업에 묶여 있다. 이를테면 이 노동자들이 발전소가 폐쇄돼 쫓겨나면 숙련이나 급여 수준에서 모두 당장 상응할 만한 일자리를 찾기는 어렵다(Latrobe City Council 2009; Victorian Government 2010).

이런 환경 속에서 전국 노조 지도부이 보인 태도는 일자리 안정을 염려하는 한편 노조의 입장이 자기 일자리를 위험하게 만든다고 보는 지부 조합원들의 반발을 샀다. 일부 조합원들은 자기가 볼 때 부적절한 입장을 내세우고 있다고 여겨지는 노조에서 탈퇴한다는 사실을 알리는 편지를 지역 신문에 보냈다. 이런 불확실성은 ALP가 전통적인 표밭에서 보수파 국민당에 패배하는 데 일조하기도 했다. 국민당은 지역 유권자들에게 발전 산업의 일자리를 지키겠다고 약속했다. 이 지역의 다른 노동조합들은 한 개 또는 그 이상의 발전소가 폐쇄될 때 지역을 위한 '전환' 계획을 준비하는 지역 노동자나 좀더 넓은 지역 공동체와 행보를 같이하려 했지만, M&E는 조합원들이 그런 의제에 결합하는 것이 쉽지 않다는 사실을 알게 됐다(Gippsland Trades and Labour Council 2011을 보라).

저탄소 미래를 그리는 지역 노조와 노동자평의회

최근에 일어난 발전의 하나는, 미국에서 아주 유사한 사례가 있기도 한데, 노동조합들이 전환 계획을 진전시키기 위해 사용자, 지자체 기구, 고등교육 기관 등과 함께 지역 노동자 연맹들을 통해 활동하기 시작한 것이다(Whalen 2007을 보라). 2009년에 뉴사우스웨일스[NSW] 주 남쪽 해안 지역인 일라와라[Illawarra]에서 지역 노동조합 연맹인 남해안노동자평의회[South Coast Labour Council]의 주관 아래 그런 계획을 발전시키는 동맹의 구상이 함께 만들어졌다(South Coast Labour Council 2009를 보라).

일라와라는 시드니 남쪽에 있는 전통적 산업 지역으로, 일자리가 계속 줄어들면서 저탄소 경제로 나아가는 전환에 관련된 많은 논쟁의 초점이 됐다. 그 역사를 정리하고, 나아가 이 과정을 통해 주 정부 정책을 형성하고 영향을 미치기 위해서 연맹은 전환 연구를 의뢰했다. 주 정부가 자금을 지원한 이 일라와라 녹색 일자리 프로젝트(Donaldson et al. 2009)는 2009년에 시작됐다. 프로젝트는 남해안노동자평의회, 울런공 대학교, TAFE NSW-일라와라 연구소, 일라와라 상공회의소, 오스트레일리아 산업그룹, 지자체와 NSW 정부 대표자들을 한데 모이게 했다. 이 프로젝트는 투자자들과 다양한 수준의 정부 부서들에 일라와라가 '좀더 녹색인 주거용 건물과 상업용 건물, 대안적 발전, 대안적 에너지 설비 제조뿐 아니라 미래의 훈련과 연구 경로들'을 통해서 '지속 가능한 지역'으로서 국가를 선도할 수 있다는 것을 보여주려 했다(South Coast Labour Council 2009, 1). 보고서는 지속가능성의 핵심 역할을 가질 수 있는 기업들(이를테면 물 재활용)을 파악하고, 전환을 수행할 산업의 역량을 평가하며 새로운 '녹색' 산업들을 끌어당길 수 있는 훈련된 노동력의 현황을 정리했다. 보고서는 녹색 경제에서 일라와라의 지위를 향상하는 데 필요한 정책 수단들을 특화했다.

전환 계획의 한가운데에는 울런공의 산업 도시 가까이 있는 블루스코프 스틸 포트 켐블라 철강BlueScope Steel's Port Kembla Steelworks의 열병합 발전소가 있었는데, 2002년 이래 회사 쪽이 제안한 계획이었다. 이 투자 제안은 2009년 보고서의 기반이었다.

대략 10억 달러가 투입될 포트 켐블라 철강의 열병합 발전소는 3년의 건설 기간 동안 2000명가량의 일자리를 창출할 것이다. 이 발전소는 석탄 화력발전에서 나올 온실가스를 한 해에 100만 톤 줄일 수 있다. 따라서 이 나라에서 가장 큰 탄소 감축 프로젝트가 될 것이다. (South Coast Labour Council 2009, 8)

노동조합들과 남해안노동자평의회를 추동한 문제의식은 지역 공동체 전환에 대한 건설적인 접근과 파트너십에 대한 생산적 접근을 발전시킴으로써 협력적 관계가 형성될 수 있으리라는 것이었다(Rorris 2009). 노동자 연맹이 전환의 궤적을 향하는 발걸음을 확인하고 촉진할 수 있는 능력은 중요한 발전이었다. 그렇다고는 해도 변화에 영향을 끼치는 연맹의 능력에는 제한이 있었다. 첫째, '전환'은 기업이 전환에 지속적으로 전념하는 데 기반하고 의존했다. 전환은 매우 격렬한 경합 속에, 기업들이 전환에 지원을 원하는 환경 속에, 그리고 정부 지원과 자원이 핵심적인 요소가 되는 환경 속에 놓여 있었다. 2011년에 와서 철강 회사는 금융상의 제약 때문에 열병합 발전소 건설을 최소한 10년 늦출 것이라고 발표했다(Illawarra Mercury 2011a, 2011b; Langford 2011). 둘째, 그런 프로그램들은 첫 단계에는 연구를 시작하고 두 번째 단계에는 동의와 뒤이은 실행을 위한 정부 지원에 의존한다. 후자의 지점은 숙련, 그리고 연관된 교육 전략의 발전에서 특히 중요하다. 이런 지원이 없으면 노동조합들은 포괄적 전환 계획들을 촉진하는 과정에서 난관에 봉착하게 된다.

토론

다른 곳들에서 그렇듯 오스트레일리아의 노동조합들은 '정의로운 전환'의 조망을 사회 변화와 환경 변화에 대한 실천적 접근과 결합하려 노력하고 있다. '정의로운 전환'은 노동조합들이 변화와 환경적 도전들의 시대에 목적의식을 갱신하는 기회가 됐다(Snell and Fairbrother 2011). 이런 역사는 일부 노조들이 저탄소 경제를 향한 '정의로운 전환'의 가능성에 대한 질문들을 열어젖히는 방식에 주의를 기울이게 한다. 그런 질문들에 대한 노조의 접근은 고용과 노동에 대한 변혁적인 시각과 실용적인 일상적 염려 사이의 긴장 속에서 있는 것이 종종 발견된다. 이런 딜레마를 해결하는 해법의 하나는 노동자 환경주의의 변혁적인 형태보다 개혁적인 형태를 강조하는 것이다.

이런 역사의 한 가지 특징은 노동조합들이 1980년대에 민영화와 산업 구조 조정을 통해 교훈을 배웠다는 것이다. 대체로 노조들은 산업과 작업장 변화에 관련해 수동적으로 반응하는 역할을 선호했다. 노조는 종종 일자리를 잃는 노동자들을 위한 좀더 나은 조정 패키지를 보장할 수 있기는 했지만, 노동자와 지역 공동체들의 생존 가능한 미래를 보장하는 문제에서 할 수 있는 것은 거의 없었다(Fairbrother et al. 2002). 이런 결과들의 맥락 속에서 '정의로운 전환'은 다수의 노조 활동가와 지도자들에 의해 재정의됐다. 이제 정의로운 전환은 변화를 이해하고, 변화를 계획하며, 정리해고와 실업수당보다 더 장기적인 뭔가를 만들기 위해 전환을 보장하는 메커니즘을 강구하는 것으로 인식된다. 노동조합들은 변화에 저항하기보다는, 노동자와 지역 공동체들에 부당하게 불리한 결과를 낳지 않는, 정보가 제공되고 숙고가 깊어지는 공정한 과정을 통해서 진행되는 좀더 지속 가능한 경제를 향한 변화를 옹호하게 됐다.

이렇게 대부분의 노동조합들은 '정의로운 전환'의 경우를 옹호하게 됐다. 이런 옹호에는 세 개의 차원이 있는데, 이것들은 원래의 일자리에 대한 보호와 사회 변혁 사이에서 노동조합들이 직면하는 긴장들을 반영하기도 한다. 일부 노조들은 기후변화를 완화하기 위한 조합원 교육과 정책 기획들을 통해 '정의로운 전환'을 옹호하는 좀더 적극적이고 광범한 노조 개입을 촉진하기 위해 나아갔다. 이런 어쩌면 작은 발걸음들은 실제로 중요한 성취인데, 종종 다른 환경운동가들과 '정의로운 전환'의 실천적이고 긴급한 중요성을 깨닫게 된 활동가들의 동맹 속에서 달성된 것이다. 노동자들을 위한 공정한 결과를 발전시키고 실현한다는 과제는 만만치 않다. 환경 규제가 강화되면 미래가 불안해질 것이라는 사용자들의 말을 들은 노동자들의 두려움을 누그러트려야 하며, 그런 노동자들이 종사하는 산업에 정부 정책이 실제로 미치는 영향들을 이해하는 연구 역량을 발전시키고 개별 조직들이 '정의로운 전환'을 향한 경제 발전 계획들에 기여하고 실현할 수 있는 방법을 찾아야 한다.

'정의로운 전환'을 향한 발걸음을 내디디면서 노동조합들은 시장 관계에 대한 국가 개입에 관련된 사회민주주의적 전통에 다가가고 있다. 대부분의 노동조합들에 국가가 수행하는 일정 수준의 직접 행동이 요청된다는 점은 분명하다. AMWU는 이렇게 언급한다.

우리는 시장의 힘이 산업을 결정하게 내버려두는 오류에서 배웠으며, 그 결과는 대량 외주 하청과 일자리의 다운사이징이었다. 우리는 동일한 오류가 되풀이되게 놔둔 채 기후변화에 대응할 수 없다. 산업을 보호하고 노동자들을 보호하면서 지역 공동체를 지원하는 것이 우리의 주된 목표가 돼야 한다.
(AMWU 2008a)

신자유주의 정책가들의 신념을 거스르면서 '정의로운 전환'이 '납

266

세자들의 주머니 사정'을 더욱 어렵게 할 수 있다는 현실 앞에서 정부가 그런 역할을 수행하도록 설득하는 일은 쉽지 않을 것이다(Roberts and Parks 2007, 241).

여기에 못지않게 중요한 것은 노조와 일부 지역 노조 연맹들이 산업 전환과 경제 재활성화, 다변화에서 지도적 역할을 행사하기 시작하는 발걸음을 내디뎠다는 점이다. 따라서 일부 노조들이 탄소 노출carbon-exposed 지역의 전환을 목표로 하는 활동에 개입하면서 일라와라의 경우가 하나의 사례가 됐다. 이런 활동들은 중요했지만, 다른 한편으로 자기들의 투자분을 지키려는 민간 부문 행위자들을 지원하고 보조금을 제공하는 수준을 넘어서서 더욱 강력한 기업 행위자들이 존재하고 정부들이 산업 계획과 지역 계획에 관여하기를 꺼려하는 환경 아래에 놓인 노동자가 지역 발전의 행위자로서 갖게 되는 약점을 잘 드러냈다. 이런 전환 계획들은 노동당 정부와 함께하면서 지원을 받기도 했으며, 그렇기 때문에 권좌에서 밀려나면 선거 정치의 희생양이 되기도 쉬웠다. 노동조합들은 이런 도전들 어느 것에도 익숙지 않지만, 지속 가능하지 않은 일자리가 소멸하면서 초래되는 조정의 예봉을 노동하는 인민이 감내해야만 하는 사태를 예고하는 불공정성에 대처할 길을 찾으면서 이전의 경험들을 숙고하고 있다.

오스트레일리아의 노동자 환경주의는 생태적으로 지속 가능한 세계가 자본주의 기업들의 '녹색화'를 통해 건설될 수 있다는 생태적 현대화론 개념을 수용하는 개혁주의적 의제로 규정된다. 이런 흐름은 환경적으로 유해한 산업(이를테면 석탄 광업)을 감축하거나 심지어 퇴출하는 것에 반대되는 것으로서 기술적 혁신(이를테면 하이브리드 자동차, '청정 석탄' 등)을 통한 '오염 유발' 부문들의 생태적 현대화를 옹호한다.

노동조합들의 역할은 조합원의 일자리, 급여, 사회적 수혜를 보장하는 것으로 정의되며, 이런 문제는 주로 자본 축적의 확장에 달려 있다. 노동자 환경주의는 여러 구조적 제약 속에서, 그리고 그런 제약을 거슬러서 일어난다.

'오염 유발' 부문들의 노동자들을 대표하는 노동조합들은 이 산업들에서 배출을 빠르고 크게 줄이게 될 입장을 지지하기 어렵다는 점을 발견한다. 정부가 기후에 관련해 재빠른 행동에 나서도록 압박하려 하는 환경 엔지오들과 달리, 노동조합들은 '청정' 기술 혁신이 일어나고/또는 노동자와 지역 공동체들이 변화하는 산업 환경에 적응하도록 시간을 주는 점진적이고 관리된 접근을 옹호한다.

그런데도 노동조합들은 '오염 유발' 산업들이 혁신에 실패할 것을 염려하며, 이런 부문들을 지배하는 기업들이 공적 담론과 기후 행동에 관련된 모든 정책을 좌우할 수 있어야 한다는 관념에 도전하고 있다. 생태적으로 좀더 지속 가능하고 사회적으로 책임 있는 조직들을 창출하려면 (산업 계획, 환경 규제, 청정 기술 연구와 개발, 영향을 받는 노동자와 지역 공동체들을 위한 '정의로운 전환'을 통해) 국가 기구들의 재활성화가 필수적이다. 이런 개혁주의적 노동자 환경주의가 어느 정도로 장기적 환경 안정화를 보장할지는 노동조합과 환경주의자들이 결코 동의하지 않을 수도 있는, 개방되고 경합하는 질문이다(Angus 2010을 보라).

결론

'정의로운 전환'은 종종 상이한, 그리고 경합하는 정치적 목적을 위해 개인과 집단들에 의해 다중적이고 상충적인 방식으로 정의되는 개념이다. 그렇지만 '정의로운 전환'에 관한 개념에 담긴 대부분의 의미는 사회에 이익이 되기 위한 정책의 비용이 그 정책 때문에 고통받는 이들에게 일방적으로 전가되면 안 된다는 생각을 옹호하는 공평성의 기본 원칙이다. 세계 곳곳에서 일어난 국가 자산의 구조 조정과 민영화가 이 산업들에 의존하는 노동자들과 지역 공동체들에게 광범한 곤란을 초래한 것이 전형적이다. 기후변화에 대응하는 감축 환경 규제들은 '오염 유발' 산업들에 의존하는 노동자와 지역 공동체들에 부정의한 결과를 초래할 가능성을 갖는다. 그럼에도 불구하고 조직 노동자는 기후 행동에 동참하는 적극적 자세를 보여줬고, 이런 정책들이 가져올 수 있는 최악의 결과들을 완화하기 위해 노력하고 있다. 노동조합들은 자신들의 목표를 재정의하고, 어떤 사회적 환경적 비용이 따르더라도 일자리를 지킨다는 태도를 넘어 나아가고 있다.

노동조합들에 기후변화 완화는 경제 발전이라는 의제의 기초에 공정성과 평등성이라는 이상을 수반하는 정부 개입이나 산업 계획과 지역 계획에 의해 규제되지 않은 시장의 가장 가혹한 영향이 누그러지는 새로운 발전 모델을 다시 요청할 가능성을 열어준다. 노동조합들은 교육 활동을 통해 기후변화, 기후변화 정책, 신기술이 지역 산업에 제시하는 쟁점들을 소화할 수 있는 소양과 숙련, 지식을 지닌 노동력을 계발하려 한다. '정의로운 전환'의 옹호자로서, 노동조합들은 조합원들을 위한 일자리의 미래와 타협하지 않으면서 산업과 노동력, 지역 경제를 전환하는 기후변화 완화를 위한 풀뿌리 접근을 정식화하려 노력하고 있다. 이런 요청 속에서, 노동조합들은 자신의 산업 계획 구상을 갱신했다. 겉으로 내거는 수사에 언제나 분명히 드러나는 것은 아니지만, 노동조합들은 경제와 환경 파괴를 가중시킨 과거의 신자유주의적 정책의 틀에 도전하고 있다. 노동조합들은 정부들이 저탄소 경제로 나아가는 부드러운 전환을 위한 단기적이고 장기적인 전략을 발전시키는 과정에서 자신들과 지방정부, 사용자와 함께하기를 요청하고 있다. 좀더 개입주의적인 국가로 복귀할 필요성을 정부, 기업 지도자, 조합원들에게 확신시키는 데 성공하지 못하면, 노동조합들은 다시 한 번 환경 대신에 일자리를 지킨다는 불편한 입장에 빠지지 않을 수 없게 될 것이다.

참고 자료

ABC Grippsland (2010) 'Tight security at Hazelwood protest', 10 October, www.abc.net.au/local/photos/2010/10/10/3034179. htm, accessed 16 January 2011.

ACTU (2011) *Climate Change is Union Business*, ACTU, Melbourne.

ACTU and ACF (2008) *Green Gold Rush: How Ambitious Environmental Policy can make Australia a Leader in the Global Race for Green Jobs*, ACTU, Melbourne.

AMWU (2008a) 'We need Just Transitions to ensure climate change does not disadvantage workers', www.amwu.org.au/news/37/ research%20reports%20submissions/, accessed 3 March 2012.

_____ (2008b) *Making our Future: Just Transitions for climate change mitigation*. AMWU National Office, Granville, www. amwu.org.au/news/37/reserch%20reports%20submissions/, accessed 3 March 2012.

_____ (2009a) 'Toyota commences production of hybrid Camry', www.amwu.org.au/read-article/news-detail/353/Toyora-commences-production-of-hybrid Camry/, accessed 3 March 2012.

_____ (2009b) 'Auto Industry Plan Saves Jobs', 2 June, www.amwu.org.au/read-article/news-detail/302/Auto-Industry-plan-saves-jobs/, accessed 3 March 2010.

_____ (2011) *A Plan for Low-Emissions Industry and Technology Development in Australia*, AMWU National Office, Granville, www.amwu.org.au/campaigns/46/CT/, accessed 23 June 2011.

Angus, I. (2010) *The Global Fight for Climate Justice*, Fernwood Publishing, Black Point, Nova Scotia.

Apollo Alliance (2009) 'Homepage', http://apolloalliance.org/, accessed 14 May 2009.

AWU (2011) 'The AUW will not support a carbon tax that costs even one steel job', www.awu.net.au/campaigns/46/CT/, accessed 23 June 2011.

Angus, I. (2010) The Global Fight for Climate Justice, Fernwood Publishing, Black Point, Nova Scotia.

Apollo Alliance (2009) 'Homepage', http://apolloiance.org/, accessed 14 May 2009.

AWU (2011) 'The AWU will not support a carbon tax that costs even one steel job', www.awu.net.au/search.html?cx=0182683100 74248265473%3A_1kk2sarnfc&cof=FORID%3A11&ie=UTF-8&q=carbon+tax&sa=, accessed 3 March 2012.

BlueGreen Alliance (2007) 'Homepage', www.bluegreenalliance.org/home, accessed 14 May 2009.

Brunel, C. and Hufbauer, G. (2009) 'Money for the Auto Industry: Consistent with WTO Rules?', *Peterson Institute for International Economics Policy Brief 9-4*, Peterson Institute for International Economics, Washington, DC.

Canadian Labour Congress (CLC) (2000) *Just Transition for Workers During Environmental Change*, Canadian Labour Congress,

Ottawa, www.canadianlabour.ca/sites/default/files/pdfs/justransen.pdf, accessed 3 March 2012.

Commonwealth of Climate Change, *Carbon Pollution Reduction Scheme Green Paper*, Department of Climate Change, Commonwealth of Australia, Canberra.

Construction, Forestry, Mining and Energy Union (CFMEU) (2008) 'Response to the Carbon Pollution Reduction Scheme Green Paper', 10 September, http://cfmeu.com.au/downloads/cfmeu-response-to-crps-green-paper, accessed 16 April 2012.

_____ (2011) 'Why a Price of Carbon is Essential for our Future', http://cfmeu.com.au/why-a-price-on-carbon-is-essential, accessed 16 April 2012.

Department of Climate Change and Energy Efficiency (2011) 'Non-governmental roundtable on climate change', www.climatechange.gov.au, accessed 15 May 2011.

Donaldson, M., Burrows, S., Hodgkinson, A., Neri, F., Kell, P., Gibson, C., Wait, G. and Stillwell, F. (2009) *Power to the People: Building Sustainable Jobs in the Illawarra, A Report for the South Coast Labour Council*, University of Wollongong, www.sclc.com.au/pdf/People%20Building%20Jobs.pdf, accessed 28 January 2010.

Fairbrother, P., Paddon, M. and Teicher, J. (2002) *Privatisation, Globalisation and Labour: Studies from Australia*, The Federation Press, Annandale.

Frank, T. (2000) *One Market Under God: Extreme Captialism, Market Populism and the End of Economic Democracy*, MIT Press, Cambridge, MA.

Garnaut, R. (2008) *Climate Change Review: Final Report*, Cambridge University Press, Cambridge, www.garnautreview.org.au/index.htm, accessed 25 January 2010.

Gippsland Trades and Labour Counsil (2011) 'Homepage', http://gippslandtlc.com.au/, accessed 12 June 2011.

Gould, K., Lewis, T. and Roberts, J. T. (2004) 'Blue-Green Coalitions: Constraints and Possibilites in the Post 9-11 Political Environment', *Journal of World-Systems Research*, 10(1): 91-116.

Harvey, D. (2005) *A Brief History of Neo-liberalism*, Oxford University Press, Oxford.

Illawarra Mercury (2011a) 'Pland delay kills off carbon agreement between BlueScope and Govt', 1 March, p.1.

_____ (2011b) 'BlueScope says carbon price could sound manufacturing's death knell', 25 February, p. 1.

ILO (2009) *Guide to Worker Displacement: Some tools for reducing the impact on workers, communities and enterprises*, 2nd edition, ILO, Genova.

IPCC (2007) *Climate Change 2007 Synthesis Report*, Intergovernmental Panel on Climate Chane, Genova.

Kazis, R. and Grossman, R. (1982) *Fear at Work: Job Blackmail, Labor, and the Environment*, Pilgrim Press, New York.

Langford, B. (2011) 'BlueScope puts $1 billion project on back burner', *Illawarra Mercury*, 26 February.

Latrobe City Council (2009) *Latrobe City Council CPRS Policy Position Consultation Draft Report*, Latrobe City Council, Morwell.

Maher, T. (2011) 'Why Abbott's jobs scare campaign is a sham', Common Cause 77: 2, 3. http://cfmeu.com.au/Common%20%Cause%20April%20-%20May%202011, accessed 16 April 2012.

McNeil, B. (2009) *The Clean Industrial Revolution*, Allen and Unwin, Sydney.

Page, E. (2006) *Climate Change, Justice and Future Generations*, Edward Elgar, Cheltenham.

Roberts, J. T. and Parks, B. (2007) *A Climate of Injustice*, Cambridge University Press, Cambridge.

Rorris, A. (2009) 'It's Survival of the Greenest', *Illawarra Mercury*, 8 April.

Snell, D. and Fairbrother, P. (2010) 'Unions as Environmental Actors', *Transfer*, 16(4): 411-424.

_____ (2011) 'Towards a Theory of union environment politics', *Labor Studies Journal*, 36(1), pp. 83-103.

Snell, D. and Schmitt, D. (2011) '"It's not easy being green": Stationary Energy Corporations and the Transition to a Low Carbon Economy', *Competition and Change Journal* 16 (1): 1-19.

South Coast Labour Counsil (2009) *The Green Jobs Illawarra Project*, www.sclc.com.au/content/greenjobs.php, accessed 26 October 2010.

The Sydney Morning Herald (2009) 'Crisis means curtains for Holden: Expert', 14 April, http://news.smh.com.au/breaking-news-business/crisis-means-curtains-forholden-expert-20090414-a50b.html, accessed 12 April 2011.

Trades Union Congress (TUC) (2008a) *A Green and Fari Future For a Just Trasition to a Low Crabon Economy*, Touch Stone pamphelet 3, Trades Union Congress, London, www.tuc.org.uk/social/tuc-14922-f0.cfm, accessed 3 March 2012.

_____ (2008b) Trade Unions and Climate Change: A Just Transition, TUC Climate Change Conference, 16 June, Congress House, London, www.tuc.org.uk/extras/climatechange08.pdf, accessed 16 April 2010.

TUAC Secretariat (2008) *Green Jobs and Climate Change*, Meeting of Trade Union Expers on Green Jobs and Climate Change, OECD, Paris, 13 March, www.youtube.com/watch?v=BYFynRRn3RA, accessed 11 February 2010.

UNDP (2010) *Human Development Report 2010*, New York, United Nations Development Programme.

UNEP (2007) *Labour and the Environment: A Natural Synergy*, United Nations Environment Programme, Nairobi.

Vanderheiden, S. (2008) *Atmospheric Justice*, Oxford University Press, Oxford.

Victorian Government (2000) *Contracting, Privation, Probity and Disclosure in Victoria, 1992-1999*, Victorian Government

Department of Premier and Cabinet, Melbourne.

_____ (2010) *Taking Action for Victoria's Future: Victorian Climate Change Action Plan*, Victorian Government Department of Premier and Cabinet, Melbourne.

Whalen, C. (2007) 'Union-driven Economic Development Initiatives and Community Solidarity in Western New York', *Ephemera*, 7(3): 403-418.

World Bank (2000) *Balancing Protection and Opportunity: A Strategy for Social Protectio in Transition Economies*, World Bank, Washington, DC.

_____ (2002) *Structural Adjustment in the Transition: Case Studies from Albania, Azerbaijan, Kyrgyz Republic and Moldova*, World Bank, Washington, DC.

13장

매듭을 묶을 수 있을까
— 대만과 한국에서 드러나는 노동과 환경의 궤적들[1]

화-젠 리우

1970년대가 페미니스트들이 마르크스주의와 더 건강한 결혼을 할지 아니면 이혼할지를 고민한 시대라면(Hartmann 1981), 1990년대에는 다른 파트너십이 등장했다. 1980년대 내내 신자유주의적 지구화가 가져온 경제적 파괴와 환경적 파괴라는 상황 속에서, 시애틀의 '팀스터스와 거북이 teamsters and turtles'[2]가 함께 적록 동맹red-green alliance으로 등장한 일은 사회운동의 희망을 어렴풋이 보여줬다(Mitchell 2009).

그렇지만 좋은 결혼 중개인이라면 결국 말해주게 될 텐데, 환상이 깨어진 뒤 결별을 피하려면 잠재적 파트너에 대해 조금이라도 더 잘 아는 것이 바람직하다. 나는 실현 가능한 적록 동맹이 생겨나기를 바라는 마

---

1 이 글은 2010년 7월 16일 스웨덴 예테보리에서 열린 ISA 17차 세계사회학대회의 연구위원회 44세션인 노동운동에서 발표한 논문의 축약본이다. 이 장의 일부는 Liu(2008)에서 가져왔다.
2 1999년 미국 시애틀에서 벌어진 세계무역기구(WTO) 반대 시위의 현장에서 신자유주의적 지구화에 반대하는 팀스터스 노동조합의 활동가들과 바다거북으로 분장한 환경운동가들이 함께 행동한 상징적 장면을 말한다 — 옮긴이.

음에서 대만과 한국의 노동운동을 각각의 환경 쪽 파트너들과 함께 서로 비교해보려 한다.[3]

　네 개의 운동을 비교하는 과정에서 우리가 먼저 알아야 할 것은 두 개의 매우 상이한 운동의 궤적들이다. 노동의 궤적을 보면, 두 노동운동 모두 노동 집약적 산업에서 전개된 악마의 맷돌Satan's mill 이야기, 곧 저임금, 지옥 같은 노동 조건, 장시간 노동, 만연한 호흡기 질환, 절망 속에서 벌어지는 저항들과 함께 시작됐다. 이런 초기의 자생적 저항들은 정부의 억압에 밀려 금세 진압됐다. 그리고 이 두 운동은 자동차, 석유화학, 우편 서비스, 조선 같은 전략적 산업들을 조직하기 시작했다. 일단 이 전략이 결실을 거두자 '노동 귀족'이나 '공적 이해에 아랑곳하지 않는 노조의 행동' 같은 비난들이 미디어에 넘쳐나기 시작했다. 또한 우리는 노조 운동의 지지 기반이 자본의 역공 아래서 침식되는 현실도 보기 시작했다. 위기의 경련에 경각심을 갖게 된 두 나라의 노동운동은 '기업 노조주의'의 제약을 넘어 나아가고, 더 넓은 사회적 지지를 확보하며, 일반적 이해의 견지 속에서 투쟁의 틀을 다시 짜기 위해 분투했다.

　환경의 궤적에 관련해서 보면 대만과 한국에서 모두 환경운동은 산업화의 여파 속에 널리 퍼진 산업 오염에 대한 대응에서 자라났다. 초기의 저항들은 오염 피해자들과 도시 지식인들 사이의 느슨한 연합에 바탕해 지탱됐다. 이런 연합은 투쟁의 결과에 대한 상이한 기대와 새롭고

---

3 대만과 한국은 불완전한 국가 간 비교 연구의 세계에서 내가 '완전한 쌍둥이'라고 부르고 싶은 사례다. 두 나라 모두 20세기 전반에 일본의 식민지였고 2차 대전 이후 분단 상태를 경험했으며, 냉전의 지정학적 틀 속에서 미국의 보호국이 됐다. 두 나라 모두 십수 년 동안 이어진 권위주의 독재의 지배 아래에 있었고, 1980년대 후반에 '민주화의 셋째 물결'에 합류해 국내의 정치 풍경을 재구성했다. 게다가 두 나라 모두 대체로 비슷한 시기에 비슷한 속도로 산업화 과정을 거쳤다. 두 나라의 국부도 그만큼 빠른 속도로 축적됐고, 이런 성과는 국제 개발 기구에서는 경이를, 그리고 후발 개도국들에서는 부러움을 유발했다.

향상된 환경 기관들의 개입 때문에 오래가지 못했다. 오염 피해자들이 연합에서 자취를 감추게 되면서 두 운동은 모두 정책 연구에서 담론 자원을 전개했다. 홍보 캠페인 기술을 습득하고 뉴스 가치가 있는 콘텐츠를 만드는 데 대부분의 에너지가 쓰였다. 제도와 정책의 변화를 통해 추동된 두 운동의 성공 자체가 새로우면서도 강력한 적수를 만들어냈다. 환경부와 민간 자본은 여론과 환경 인식을 좌우할 수 있는 지위를 누리기 위해 싸웠다. 더욱이 대만과 한국의 환경운동은 모두 사회적으로 불리한 이들의 이해를 보호하면서 힘든 시간을 보냈고, 같은 시기에 기업 권력에 대항하는 투쟁에서 패배하고 있었다. 압력과 경각심 속에서 두 나라의 환경운동은 풀뿌리 연계를 재건하고 환경 의제에 다양한 경제적 이해를 통합하려 노력했다.

내 주장은 운동의 궤적들 속에서 드러나는 차이가 노동운동과 환경운동들이 각각의 적수에 대응해 추구한 운동 세력의 상이한 유형에서 비롯한다는 것이다(Liu 2008, 2011). 여러 연구들은 당국이 협상 과정에 참여하도록 압력을 가하기 위해 힘없는 이들이 어떻게 저항을 부정적 유인책이나 위협으로 활용했는지를 논의했다(Lipsky 1968; Wilson 1961). 피븐과 클러와드는 제도적 파괴력을 강조한다. "낮은 지위의 저항자들은 자신의 행동이 규칙을 위배하고 중요한 그룹들이 의존하는 제도의 작동을 파괴하면 …… 일정한 영향력의 가능성을 갖게 된다"(Piven and Cloward 1992, 141). 플랙스는 좀더 분명히 말한다. "힘없는 이들의 힘은 사회 생활의 부드러운 흐름을 중단시킬 수 있는 그들의 능력에서 비롯하며, …… 사회운동들은 …… 유권자들에게 유의미한 힘을 극대화하기 위해 …… 추구하는 사회적 구성으로서 가장 잘 검증될 수 있다"(Flacks 2004, 114).

나는 운동의 힘에 대한 이전의 논의들을 확장하면서, 노동운동과 환경운동이 각각의 적수에 맞서 행사하는 두 유형의 힘, 곧 영향력과 이데 올로기 사이에서 이상형적 구별을 행하려고 한다. 영향력과 이데올로기 적 힘은 둘 다 풍부한 이론적이고 경험적인 문헌들에 기반을 둔 개념이 지만, 내가 여기서 시도하는 대로 노동과 환경의 궤적을 설명하는 조합 에 적용된 적은 없었다.

영향력은 지위에 기반한 권력이며, 따라서 영향력의 담지자들이 비 록 비대칭적이라 하더라도 자신의 목표에 관련해 독립적인 위치에 있고 그 관계를 지속하는 데 그 담지자들의 협력이 필수 불가결하다는 점을 전제로 한다. 그런 위치적 성격에 조응해, 영향력은 특정 목표 지향적이 며 '맥락 특수적'이다(Lukes 2005, 75, 79). 산업 노동자들은 공장에서 파업 을 벌일 수 있고, 학생들은 대학 당국에 맞서 건물을 점거할 수 있으며 (Heirich 1971), 하급 점원은 정보를 알리지 않고 복잡한 조직의 기능을 사 보타주할 수 있다(Mechanic 1962).

그렇지만 지위적 권력은 맥락과 목표가 바뀌면 자동으로 계속 유효 한 것이 아니다. 이런 의미에서 나는 노동운동의 힘은 생산과 서비스 전 달 체제 안에서 노동자들의 필수 불가결한 역할에 의존한다고 주장한 다. 그저 노동력을 철회하는 것만으로도 노동자는 자본가의 이윤이 실 현되지 못하게 만든다. 노동계급의 구조적 권력 행사(Silver 2003; Wright 2000)는 국가와 자본이 노동계급의 요구를 수용하는 경제적 타협을 낳 을 수 있었다. 노르딕 국가들(Esping-Andersen 1985; Korpi 1974; Korpi and Shalev 1979)과 미국 뉴딜 프로그램(Brenner 2007)의 경험은 이 테제를 증명한다.

이데올로기는 사상의 힘이며, 좀더 정확히 말하면 '흩어져 있는 사람 들에게 작용해 그 집합적 의지를 일깨우고 조직하게 하는 구체적 환상 [원문대로]'(Gramci 1971, 126)에 대한 대중적 동의의 힘이다. 현대의 사회운동들에 대한 멜루치의 묘사도 이데올로기적 힘의 성격을 암시해준다. "사회운동들이 갖고 있는 것은 …… 말들의 힘이다. …… 사회운동들은 완전히 자신들만의 것인 듯 보이는 언어를 말하지만, 그러나 자신들의 특수성을 넘어서는 뭔가를 말하는 것이며 우리 모두에게 말하는 것이다"(Melluci 1996, 1).

운동의 이데올로기적 힘은 지배 이데올로기의 바로 코밑에서 수행하는 **설득적 작업**persuasive work에 근거하며, 이제까지 지배 이데올로기에 종속돼 있던 청중들 사이에서 인식론적 혁명을 시작하는 운동의 담론적 역량에 달려 있다. 설득적 작업의 효과성은 인구의 상이한 여러 부위에 도달하는 소통 수단의 활용에 달려 있다. 대부분의 경우에서 '소통 수단'은 라디오, 텔레비전, 전국적으로 유통되는 신문과 잡지를 의미한다. 테어본(Therborn 1980, 80)은 이렇게 주장했다. "[이데올로기들]은 언제나 특수한 소통 수단과 관행들, 주어진 이데올로기의 효과성을 담지하는 물질적 특수성을 통해, 특정하게 물질적으로 둘러싸인 사회 환경들 속에서 생산되고 운반되며 수용된다."

이런 배경에서 나는 환경운동은 자신의 청중들과 심지어 반대자들조차 환경운동이 보편적이고 집합적인 선을 향해 활동한다는 주장 위에서 새로운 이데올로기를 받아들이도록 설득함으로써 자신의 힘을 구축한다고 말하려 한다. 지난 30~40여 년 동안 사실상 환경운동은 광범한 사회적 지지를 얻고 운동의 대의를 지배 이데올로기로 전환시킨 몇 안 되는 사회운동 중 하나였다. "우리는 모두 지구를 구하기를 원한다. 여론조사를 해보면 자신이 반지구 성향의 행성 파괴 찬성자라고 밝히는 이는 거의 없을 것이다"(Bramwell 1994, 180). 교토 의정서 채택을 거부한 누군가도 맑은 하늘 법Clear Skies legislation과 기후변화 대응 계획을 제출했다.

나는 담론적 설득에 기반하는 이런 이데올로기적 힘을 환경운동의 가장 차별적인 특질이라고 생각한다.

　노동운동과 환경운동이 상이한 유형의 힘에 의지한다는 점이 인정되면, 그리고 우리가 힘의 극대화 과정과 이 전략의 결과를 활용하는 것으로서 운동의 궤적을 바라보게 되면, 서로 다른 노동과 환경의 궤적이 이해되기 시작한다. 노동은 경제 투쟁에서 영향력을 추구함으로써 앞으로 나아가며, 환경운동들은 이데올로기적 힘을 극대화한다. 일단 권력 극대화의 경로에 접어들면 운동의 구성은 변화하며, 이런 두 유형의 힘을 행사하는 데 가장 최적의 위치에 있는 이들에게 지도력이 넘어가게 된다. 전략적 산업들의 반숙련 남성 노동자들과 도시 지식인들이 바로 그런 사람들이다. 권력 극대화 전략은 각 운동의 주요 권력 기반을 침식하는 반대파와 장애물들의 역공을 초래한다.

　노동 쪽에서 보면 자본가들은 공장 이전, 평생 고용 보장의 철회, 새로운 경영 전략, '조직화가 불가능한' 이민 노동자와 임시직 노동자의 활용을 시도한다. 환경 쪽에서 보면 대기업들에서 자금을 받는 컨설팅 회사와 환경 연구 기관들이 운동 진영의 환경 담론 독점에 도전하기 시작한다. 이런 위기의 접합 지점에서 노동과 환경운동은 침식되는 자신들의 홈 어드밴티지를 만회하려 하며 힘의 둘째 원천을 획득하려 움직이게 된다. 노동은 부문적 이해관계라는 악명을 떨치기 위해 이데올로기 투쟁에 돌입한다. 환경운동은 자신들의 생태적 전망과 사회적 약자들의 이해 사이의 갈등을 해결하기 위해 영향력을 획득하고 풀뿌리 수준의 지지를 공고히 하려 노력한다.

대만과 한국에서 모두 노동운동은 주로 섬유 산업에서 시작됐는데, 이 부문은 1960년대 이래 수출 주도 산업화를 지탱해왔다(Chun 2003; Huang 1999). 초기 노동계급 형성기에 저임금과 열악한 노동 조건을 감내하던 미숙련 노동자들은 두 나라에서 모두 노동자 행동주의의 첫 물결을 만들어내기 시작했다.[4] 그렇지만 노동 집약적 부문의 동원은 국가 억압에 의해 재빨리 분쇄됐다. 노조 지도자와 활동가들은 해고됐고, 블랙리스트에 올랐으며, 체포당하고, 기소됐다. 독립 노동조합은 금지됐다(Chu 1995; Wu and Liao 1991). 대만은 1989년 극동화학섬유의 대규모 파업이 패배하는 순간이 결정적이었고(Chao 1992, 1995), 한국은 신군부 체제에서 강화된 노동 정책 때문에 1980년에서 1981년 사이에 독립 노조들이 축출됐다(Koo 2001; Ogle 1990).

패배는 중요한 전략적 방향 전환을 가져왔다. 자동차, 석유화학, 조선, 중기계, 통신 등 전략 산업에서 노동자를 조직하기 위해 새로운 전략들이 채택됐다. 대만은 이런 대상 산업들이 압도적으로 국영 기업의 통제 아래 있었다. 한국은 주로 현대나 삼성 같은 재벌(거대 민간 자본)이 좌우했다. 대만의 한 노동 조직가는 이런 전략적 이동의 이유를 간명히 요약했다.

대만 노동운동의 토양은 척박하다. 70퍼센트나 80퍼센트의 회사가 30명 이하

---

4 이런 모습은 장인 문화와 직업별 노동조합이 노동계급 형성의 초창기에 결정적 역할을 한 프랑스, 미국, 독일하고는 다른 출발점이다.

를 고용하는 민간 부문의 중소 규모 기업에 속한다. 민간 기업 노동조합들이 이 운동을 이끄는 것은 불가능하다. 가장 효과적인 방식은 집권당의 통제 아래 있는 국영 기업 노동조합들을 장악하는 것이다. …… 통신, 전력, 석유, 우편 서비스, 주요 거대 노동조합이 우리의 대상이다. (Chen 2002)

한국의 한 노동운동 지도자는 섬유 노동자와 재벌 노동자들 사이의 힘의 차이를 유창하게 설명한다.

1970년대와 1980년대에는 경공업에서 중소기업이나 대기업이 노동자를[숫자를], [원래] 400명에서 300명으로 줄였고, 이제는 100명이 됐다. 파업을 해도 큰 영향을 주지 못하고 [바깥] 활동가들의 관심도 불러일으키지 못할 것이다. 그렇지만 재벌 기업은 4000명, 5000명, 때로는 1만 명의 노동자가 파업에 들어갔다. 모든 활동가가 [투쟁에 결합하는 데] 관심이 있었다. (Choi 2003)

요점은 이런 노동자 조직화의 새로운 물결이 대상으로 삼은 노동자들은 국가와 자본에 대해 좀더 나은 교섭력을 부여받은 이들이었다는 것이다. 섬유 공장에서 일어난 파업과 대조적으로, 이런 전략 산업의 어느 곳에서든 상품과 서비스의 생산이 중단되면 산업에 큰 영향을 끼쳤다. 이런 특징은 국영 기업과 재벌 노동조합들이 더 큰 영향력을 가지는 지반이었다. 전략적으로 조직화하는 이런 의식적 결정에 바탕해 두 나라 노동운동에서 '전위'의 구성이 변화했다. 대만에서 국영 기업 노동조합들이 민간 기업 노동조합을 대체했다면, 한국에서는 재벌 기업의 노동조합들이 중심 무대를 차지했다. 시간이 흐르면서 두 나라 노동운동의 지도부는 경제적 영향력을 행사하는 데 가장 좋은 위치를 점하는 이들의 자리가 됐다. 지도부 교체와 함께 운동의 의제는 이 새로운 전위 그룹들의 이해와 일치하는 형태로 바뀌었다. 대만 노동운동의 새로운 의제는 국영 기업의 민영화를 저지하는 것이었다. 한국의 경우 자본가들은 고임금과 연금을 회피하기 위해 외주 하청과 임시직 노동자 사용처럼 노동자의 투쟁성에 대적하기 위한 일련의 경영 전략을 구사했다. 한국 노동운동은 운동의 핵심인 중공업 부문의 정규직 고용을 방어하기 위해 싸웠다. 요컨대 노동자의 의제는 임금에서 노동 조건으로 변화했다. 이런 흐름은 노동 집약적 부문에서 가장 두드러지게 나타났으며, 국영 기업과 거대 민간 기업의 노동자에게 부여되던 지위를 직접 침식하는 민영화와 기업의 공세에 대항하는 캠페인으로 이어졌다.

두 나라 노동운동이 모두 경제적 영향력을 극대화하는 경로로 접어들자마자 이 전략의 결과를 마주보지 않을 수 없게 됐다. 좋은 소식은, 더 커진 영향력 덕분에 두 나라 노동운동의 새로운 지도 그룹들이 특정한 경제적 타협을 지켜냈다는 것이다. 대만의 국영 기업 노동자들은 민영화 계획을 멈추게 할 수는 없었지만 더 좋은 퇴직 조건과 퇴직금을 보장받았다. 한국에서는 재벌 노동조합의 노동자들이 연례적인 전국적 임금 투쟁을 통해 임금을 올리고 수당을 지켜냈다.

그렇지만 더 많은 교섭력을 가진 노동자들에게 좋은 소식은 동시에 두 나라 운동에 모두 나쁜 소식이기도 했다. 자본은 생산 설비를 재배치하고, 비정규직과 이주 노동자 사용을 늘리고, 평생 고용 보장을 철회하고, 작업장을 통제하기 위해 신경영 기법들을 도입함으로써 반격을 취했다(Jung 2000; Yu 1995). 결국 이 모든 반작용이 노동자의 영향력을 축소시켰다. 더욱이 국가와 자본은 매스컴과 협력해 이데올로기 공세를 펴면서 노동자 투쟁을 공적 이해를 희생해 부문적 이해를 추구하는 행위로 몰아붙였다. 대만의 경우 민영화 반대의 동력은 국영 기업 노동자들이 '철밥통'을 갖고서 납세자들의 주머니를 털어 최고의 연금과 퇴직 혜택을 누리는 비효율적 관료라는 스테레오 타입의 선입견이었고, 이런 이미지는 일반 대중 사이에서 민영화 반대라는 대의의 인기를 떨어뜨리는 데 한몫했다. 대만 정부와 국가 자산 취득에 골몰하던 민간 자본은 이런 반노동적 편견을 활용해 민영화 반대 운동의 위신을 실추시킬 수 있었다. 정치 엘리트들은 국영 기업의 고질병, 곧 비효율성과 재정 적자를 해결한다는 근거를 내세워 국가 자산의 매각을 정당화했다. 노동 쪽이 벌인 민영화 반대 운동은 일군의 고임금 노동자들이 공정한 시장 경쟁에 반대해 벌이는 필사적인 노력으로 그려졌다. 결과적으로 국영 기업 노동조합들은 민간 부문의 지원뿐 아니라 광범한 사회적 지지까지 상실하게 됐다(Chang 2001, 215f).

한국의 경우 임금 협상을 위해 매해 벌어지는 '춘투' 동안, 미디어는 노동자 투쟁을 유급으로 고용돼 있으면서도 국가 경쟁력을 희생해 더욱 많은 요구를 하는 탐욕스럽고 전투적인 노동 귀족들이 주동하는 무분별한 행동으로 일관되게 묘사했다. 한국에 발행되는 신문을 대충 훑어만 봐도 노동운동을 향한 적대적 태도를 잘 알 수 있다.

민주노총이 얼마나 강력하면 외국 언론조차 한국 정부와 기업이 강경 노조에 얼마나 시달리고 있고 노동조합이 어떻게 한국 경제 불안의 가장 큰 원인이 되고 있는지를 이야기하고 있겠는가? …… 노동조합이 거리를 불바다로 만드는 모습을 지켜보고도 이 나라에 투자하기를 원하는 눈먼 외국 자본은 없을 것이다. (Chosun Ilbo 2003)

'노동조합의 행동을 더는 참지 않는 한국인들'(Korea Herald 2003) 같은 헤드라인이나 치솟는 임금 때문에 사업을 접은 회사들에 관한 보고가 끊임없이 지면을 채웠다. "전투적 노동운동의 부정적 결과를 강조하기 위해 '영국병'이 종종 인용됐다. 영국병에 대한 처방으로 대처리즘도 언급됐다"(Shin 2003, 161).

이데올로기적 반격과 대중적 지지의 결핍이 외부에서 들어오는 새로운 장애물이었다면, 권력 극대화 전략은 내부의 문제들도 만들었다. 이런 상황은 노동계급 사이의 다양한 이해를 조정하는 어려움을 증대시켰고, 끊임없는 내부 투쟁을 유발했다. 두 나라 노동운동이 모두 주로 국영 기업과 재벌 기업 노동조합에 속한 노동자의 이해를 방어하는 듯이 행동했고, 또한 그렇게 그려졌다. '기득권을 지닌' 부문에서 벌어지는 임금 상승과 일자리 안정을 위한 투쟁은 종종 이기적인 행동으로 이해됐고, 두 나라 노동운동이 모두 탄압받는 여성 노동자, 이주 노동자, 실업 노동자, 임시직 노동자의 이해를 소홀히 한다는 이유로 급진적 노동 조직들에게서 비난을 받았다.

대만의 경우 이주 노동자의 권리와 본국 노동 인구의 실업 문제가 1990년대 이래 크게 대두됐다. 두 쟁점이 모두 각각의 이해가 쉽게 타협될 수 없는 다양하고 계층화된 노동 인구를 상징한다. 그렇지만 노동운동은 이런 문제들에 효과적으로 대응하지 않았고, 이런 확연한 방기는 내부에서 많은 비판을 불러일으켰다. 한국의 경우 민주적 노동조합들의 우산 조직인 민주노총은 여성 노동자와 임시직 노동자들의 이해를 소홀히 한다고 비난받았다.

1980년대에 여성 노동 활동가들이 비정규 고용 문제를 제기했는데도 주류 노동조합들이 이런 사안을 제쳐뒀다고 주장도 제기됐다. IMF 구조 조정기에 국가, 자본, 노동조합이 선별된 직종에서 임시직 노동자 고용을 합법화하는 조건을 협상하는 동안, 주류 노동조합들은 소속 조합원들이 지배적인 직종에서는 치열하게 싸웠지만 지지 기반이 아닌 다른 직종에서 일어나는 변화에는 반대하지 않았다. 결국 임시직 노동이 '합법화'된 직종들은 기본적으로 여성이 다수이고 노조가 없는 곳들이었다. 민주노총이 마침내 이 쟁점을 다루기 시작한 때쯤에는 전체 노동력의 50퍼센트 이상이, 그리고 여성 노동력의 75퍼센트 이상이 비정규 고용의 범주로 들어가게 될 정도로 문제가 악화됐다. 요컨대 권력 극대화 전략은 두 나라 노동운동을 전국 정치 내부의 정당한 플레이어로 굳건히 자리잡게 했지만, 이전에 누리던 평판은 매우 더럽혀졌다. 내외부의 모든 변화들에서 압력과 경고를 느낀 두 나라의 노동운동은 이해 집단의 이미지를 떨치고 더 넓은 사회적 지지를 구축하기 위해 다양한 전략을 추구했다.

대만의 경우 주류 노동조합들은 기업의 이해에 부응해 이주 노동자의 권리를 박탈하도록 이주민 정책을 변경하라고 정부에 압력을 가했다. 또한 노동자 조직들은 철도 점거나 주요 고속도로 폐쇄 같은 매우 위험한 저항들에 실업 노동자들을 끌어들이기도 했다(The Unitied Daily 1996). 노조 지도자들은 국내 노동자들의 실업을 경감하기 위해 정책을 수정하라고 추가로 요구했다. 민영화 반대 캠페인에 관련해 국영 기업 노조들은 자신들의 투쟁을 단지 일자리 안정이 아니라 '국가 자산의 보호'라는 견지에서 틀을 재설정했다. 국영 기업이 벌어들인 이윤은 교육, 복지 지출, 기본 인프라스트럭처 같은 재분배 목적에 쓰일 정부 보조금에 기여한다고 주장했다. 민영화 정책은 민간 자본의 압력과 여러 선거에서 내건 공약들을 이행하기 위한 단기 자금의 필요성 때문에 정부가 국가 자산을 헐값에 팔아치우는 **사실상의** 국가-자본 공모였다. 결국 물, 전력, 통신 같은 기간 산업의 민영화는 민간 자본에게만 이익을 줄 뿐 모두에게 해를 끼치는 것이었다(Wei 2003). 또한 노동운동은 일반적 이해관계에 관련한 여러 쟁점들에도 접근했고, 조합원들은 교육, 환경, 보건, 지역 공동체 권한 부여, 복지 등의 개혁 활동에 참여하도록 권장됐다(Chuang 2003).

한국의 경우 민주노총은 비정규 노동자와 여성 노동자의 문제를 다루도록 압력을 받았다. 재벌 기업의 노동조합들은 임금 교섭에서 기업이 순이익의 5퍼센트를 비정규 노동자를 지원하는 특별 기금으로 기부하도록 요구하는 조항을 삽입했다(Hankyoreh 21, 2004). 교원 노조 같은 주요 노조들은 지도부의 30퍼센트를 여성에게 할당하는 결의안을 통과시켰다. 민주노총 산하에는 여성노동조합연맹이 조직됐다. 여기에 더해 민주노총은 다양한 '사회적 쟁점들'을 다루기 시작했다. 민주노총의 전 정책 담당자는 노동자들의 노동 조건 사이에서 점증하는 불평등을 효과적으로 해결하고 더 큰 연대를 구축하려면 민주노총이 중소기업 노동자와 비정규 노동자 같은 취약한 사회 계급들의 권리와 생활 조건을 방어해야 한다고 주장했다. 나아가서 노동조합들은 임금 상승과 노동 조건 개선 같은 단기 목표뿐 아니라 사회 안전망과 사회복지 확장, 조세 제도 개혁, 교육 체제 개선, 주택과 환경 문제 해결 등 일반적 이해관계에 관련된 다른 쟁점에도 관여했다(Kim 1998).

운동의 정치적 날개인 민주노동당이 창당되면서, 더 넓은 정치 영역에서 조직화하고 여론을 이끌려는 노동자의 열망이 분명하게 드러났다. 이 점은 2004년 노동절 대회에서 발표된 여섯 개 주제, 곧 ① WTO와 자유무역 반대, ② 건강한 노동, ③ 대중의 참여, ④ 이라크 파병 철회,

⑤ 정규직과 비정규직 노동자의 차별 대우 철폐, ⑥ 노동자의 단결권, 단체교섭권, 단체행동권 등 세 가지 권리 보장을 보면 알 수 있다.

여기서 우리는 두 나라 노동운동이 수렴되는 모습을 목격하게 된다. 경제적 영향력의 약화에 직면해 노동운동은 반대자들이 덧씌운 '부문적 이해'라는 악인을 막아내고 노동자들 사이의 더 큰 연대를 건설하며 다른 사회 그룹들과의 더 넓은 동맹을 형성하기 위해 이데올로기적 힘을 획득하려 노력했다. 이런 목표는 노동운동 내부의 다양한 이해관계를 조정해야 하는 어려운 과업이었다. 좀더 넓은 공공 영역과 생산적 관계를 만드는 것은 더욱 어려운 일이었다. 이런 자기 변화 프로젝트는 모든 측면에서 제기되는 저항과 의심을 누그러트리기 위한 일련의 지속적 교섭들을 수반했다. 그럼에도 불구하고 대부분은 주류 노조들이 잠재적 청중들에 대해 립서비스만 할 뿐이라고 비판했다. 민주노총의 한 정책 자문가는 이 상황을 이렇게 요약했다.

많은 외국 관찰자들이 설명하듯 민주노총은 '사회운동 노조주의'를 보여주려 노력했다. 민주노총은 평화운동, 이라크전 반대 운동 같은 사회운동들과의 배우 강력한 연대를 보여줬다. 그렇지만 총연맹 수준에서 벌어진 일일 뿐이었다. 기업 수준에서 노동자들은 이런 이슈들에 관심이 없었다. 그것이 문제였다. …… 기업 수준에서는 사회운동 조직들과 노동조합들 사이에 갈등이 존재했다. (Kang 2003)

경제적-기업적 이해를 극복하는 일의 어려움은 잘 알려져 있다. 또 한 명의 민주노총 간부가 재벌 노동조합들과 소기업 노동조합들 사이의 가교를 놓는 일의 어려움을 인정했다. "이 일은 큰 문제, 우리가 극복해야 할 중요한 문제입니다. 우리는 많은 경우에 그런 문제들을 조직하고 조정할 수 없었습니다. 우리는 성공하지 못했지만, 그러나 노력 중입니다"(Oh 2003). 두 노동조합 앞에 놓인 과업의 끝이 보이지 않더라도 '그러나 우리는 노력 중'이라는 말은 어려운 조건에 대한 분명한 이해와 함께 포기하지 않으려는 맹렬한 의지를 나타내는 강력한 표현이다.

환경의 궤적 ― 이데올로기에서 풀뿌리의 재구성으로

한국과 대만의 환경운동은 둘 다 1970년대의 광범한 산업 공해의 결과로 성장했다. 처음부터 이 운동들은 공해 피해자들과 도시 지식인들로 구성된 느슨한 연합의 지원을 받았다. 그렇지만 지식인이 금세 지도적 위치에 서게 됐다. 이 연합의 해체에는 두 가지 요인이 작용했다. 첫째, 연합 내부의 상이한 분파들이 지닌 이질적인 기대였다. 도시 지식인들은 오염 상태 전체를 해결하기를 원한 반면 공해 피해자들은 금전적 보상을 요구했는데, 이런 보상 요구는 보편적 이해를 지켜야 한다고 주장하는 운동을 향한 사회적 기대에 배치되는 것이었다. 이런 깨지기 쉬운 연합은 오염 보상과 이전 지원금 때문에 처음부터 흔들렸다. 1970년대와 1980년대 초반에 공해 반대운동을 다룬 여러 저술과 개인 인터뷰에서 공해 피해자들의 '물질적 관심'은 종종 도시-농촌 연합을 깨트리는 이유로 지목받았다.

금전적 보상을 둘러싼 갈등 이외에도 새로 자리잡은 환경 행정 시스템도 이 연합이 해체되는 데 기여했다. 환경영향평가, 모니터링 프로그램, 오염 분쟁 해결 절차, 보상 메커니즘이 만들어지자, 공해 피해자들은 문제를 해결하기 위해 공식 채널로 직접 달려가게 됐다. "공해 피해자들은 더는 사회운동 같은 제도 외부적 수단들을 통해 문제를 해결할 필요가 없는 거죠." 대만의 한 활동가는 이렇게 말했다(Lu 2003).

분리 이후 운동의 의제는 '생태주의적 전환'을 하게 됐다. 주요 운동 중에서 반공해 쟁점들의 중요성은 줄어들고 생태적 쟁점들과 보전주의가 중요하게 대두됐다. 가시적인 지표는 한국 환경운동을 대표하는 엔지오가 1993년에 이름을 공해추방운동연합에서 환경운동연합으로 바꾼 일이다. '반공해'가 이름에서 사라진 사실은 운동이 산림, 수원, 야생 동물 서식지, 습지에 대한 논의와 '합의에 도달하기 훨씬 용이한' 사안들에 천착하는 새 시대에 들어섰다는 것을 나타냈다(Kwang 2003). 대만과 한국에서 모두 환경운동은 1990년대의 주요 개발 프로젝트들에 대항하기 위해 보전주의 등 생태주의적 전망에 크게 의지하기 시작했다. 공단 조성 프로젝트에 반대하는 투쟁에서 환경운동가들은 위험에 처한 생물 종과 갯벌을 보호하고 생태계 다양성을 지키기 위해 대중들에게 지지를 요청했다.

도시 지식인들이 환경운동을 주도하게 되면서, 담론적 역량이 전면에 활용됐다. 거대 환경 엔지오들은 다양한 환경 정책을 소화하기 위해 자체 연구소를 설립했고, 소규모 엔지오들은 특정한 정책 영역으로 특화하기 시작했다. 여기에 더해 보도 자료와 정책 리포트는 신뢰성을 확보하기 위해 과학적 언어 활용에 크게 의존했다. 더욱 많은 에너지와 인적 자원이 홍보 캠페인 기술을 습득하고, 주목받는 보도 자료를 작성하고, 뉴스 가치를 만드는 데 투입됐다.

노동 측의 카운터 파트너처럼 한국과 대만의 환경운동은 자신들의 권력 극대화 전략이 가져온 결과를 맞닥트리게 됐다. 긍정적 측면에서 보면 둘 다 엄청난 사회적 지지를 받았고 조직 노동이 경험한 이데올로 기적 폄하를 겪지 않았다. 그러나 환경운동이 일단 환경 보호의 중요성 을 모든 이해관계자들에게 일깨우자, 심지어 민간 자본조차 자신의 의 제를 관철하기 위해 환경적 상징을 활용하기 시작했고, 문제들이 발생 했다. 두 환경운동이 직면한 어려움은 두 가지 방향에서 왔다. 첫째, 환경 쟁점들을 둘러싸고 담론적 권력을 다투는 새로운 제도적 경쟁자들 이 생겨났다. 둘째, 환경운동들은 경제적 이해의 구체적인 대립을 수반 하는 쟁점들에 대한 대중적 동의를 조직할 수 없었다. 새로운 제도적 경 쟁자를 보면, 재벌이 스스로 자체의 환경연구소들을 설립(한국)하고, 홍 보 캠페인에 투자(대만과 한국 모두)하기 시작했다. 환경 컨설팅 회사 들이 기업들의 돈을 받고 개발 프로젝트를 위한 환경평가 보고를 작성 했다(대만). 국가는 환경적 목표에 다양한 수위로 관여하는 전문가들로 구성되는 자문위원회를 만들기 시작했다. 요점은 정부와 기업이 오염, 자연 보호, 환경 경영을 규정하는 권력을 되돌려 갖기를 원했다는 것이 다. 포괄적인 환경 행정 시스템의 도입은 처음에는 환경운동들의 요구 에 부응하는 조치였지만, 결국에는 두 나라에서 모두 환경운동과의 이 데올로기 전쟁에서 우위를 확보하기 위한 강력한 도구가 됐다.

더욱이 대만과 한국의 정부는 환경운동가들을 자문위원회와 협의 기 구에 마련된 자리에 앉히는 데 적극적이었고, 응분의 절차 속에 '공적 참여'라는 개념을 포섭했다. 이런 변화가 환경운동에 미친 영향은 '초점 의 이동'이었다.

[정부 기구 내부에서 하는 활동은] 환경 엔지오들의 '운동적 성격'을 축소했다. 이내 이 그룹들은 어떻게 특정 정책을 이행할 것인가 하는 것 같은 기술적 문

제들을 중시하게 되며 …… 이 단계에서 운동 조직들은 운동을 지속시키는 데에는 관심을 덜 기울이고, 정책 이행에 더 초점을 두게 됐다. (Chang 2002)

새로운 제도적 경쟁자들의 등장과 함께, 대중적 동의를 조직하는 과제는 더욱 어려워졌다. 환경영향평가와 더 엄격한 오염 규제 같은 높은 수준의 합의를 수반하는 환경 쟁점들에 대해, 정부는 이런 과제를 떠맡을 새로운 행정 기구들을 설립했다. 새로운 제도적 경쟁자들이 사회적 지지를 동원하고 환경운동들이 압도적인 대중적 동의를 보장하지 못하는, 이를테면 핵에너지 프로그램 같은 논쟁적인 쟁점들을 둘러싼 싸움은 쉽지 않았다. 운동의 이데올로기적 힘은 노동이나 동류의식 같은 영속적인 사회 관계들이 아니라 아이디어의 설득력에 기반했다. 이런 특징은 담론적 캠페인이 여론의 호응을 얻는 데 실패할 때 운동을 무력하게 만들었고, 운동은 반대파에 압력을 가할 굳건한 대중적 지지를 갖지 못하게 됐다. 운동이 퇴조할 시점에 우리는 다음 같은 탄식을 듣는다.

[대만의 환경운동은] 힘이 없었습니다. …… 노동운동이나 농민운동을 보면, 정부가 특정한 집단에게 …… 양보를 했습니다. 요 몇 년 사이에 대만의 환경운동이 하락세를 보인 이유가 그것입니다. 특정한 지지자 그룹이 없고, 쟁점은 있는데 사회적 기반은 뚜렷하게 없는 거죠. 그러니 정부에 많은 압력을 행사할 수도 없을 겁니다. (Lu 2003)

다른 한국 활동가도 이렇게 말한다. "실제로 사람들의 걱정과 양심을 조직하는 데 실패하게 되면, 환경운동은 종이호랑이일 뿐입니다. 일부 쟁점에서는 우리가 거의 세상을 바꿀 뻔했지만, 그러나 다른 많은 쟁점들에서 우리는 그저 종이호랑이일 뿐입니다"(Kwang 2003).

'생태주의적 전환' 이후 두 나라에서 모두 운동은 풀뿌리에서 단절되는 문제에 직면했는데, 이런 변화는 공해 피해자들로 대변되는 '부문적 이해관계'와 결별함으로써 이데올로기적 힘을 증진시킬 필요를 맞바꿈하게 된 결과였다. 한 한국 활동가는 말한다.

1980년대와 1990년대 중반 사이에, [내가 속한 조직에서는] 절반이 넘는 활동가가 조직 사업을 했습니다. 그렇지만 지금은 활동가 대부분이 책상머리에 앉아 성명서를 쓰고 전화를 받고 있죠. 무엇이 변했는지를 보여주는 장면입니다. ······ 우리는 더욱더 현장 조직가가 아니라 사무실 노동자에 가까워지고 있습니다. (Kwang 2003)

풀뿌리와의 이런 분리는 환경 엔지오들이 자신들의 생태적 전망과 피해자 그룹들의 이해관계 사이의 갈등을 다뤄야 할 경우에 머리를 아프게 했다. 대만의 마고Magaw 사이프러스 국립공원과 한국의 새만금 갯벌 보존은 시사적인 사례들이다. 대만의 환경 단체들은 '세계에서 유일한 적색과 황색 사이프러스 나무 단일 군락'으로 '유네스코가 세계문화유산으로 설정한 기준을 [충족하는]' 4만 6000헥타르의 사이프러스 산림을 보존하려 했다(Taipei Times 2000). 그렇지만 국립공원 지정은 이 땅을 무대로 살면서 전통적 사냥 방식을 이어온 원주민의 권리를 침해하는 결정이었다. 한국의 환경 엔지오들은 새로운 공업 단지를 조성하기 위한 새만금 갯벌 간척 사업에 반대했지만, 불균등한 발전에 오랫동안 고통받은 지역 주민들은 이 프로젝트를 반겼다.

두 나라의 환경운동은 경제적 약자들의 이해관계를 다루는 역량이 부족했을 뿐 아니라 기업의 이해관계에 맞서는 투쟁에서 패배를 거듭했다. 초점이 생태적 쟁점들로 옮겨가면서 기업의 행위들은 대체로 레이더 화면에서 사라졌다. 환경 엔지오들이 때때로 거대 기업들에 맞서 싸움을 벌이기는 했지만, 언론의 지원 결핍 또는 기업이 후원하는 미디어가 전개하는 교란 캠페인 때문에 대개 패배하고 말았다. 환경운동들이 생존을 위협하는 생태적 전망을 경제적 약자들에게 주입해야 하는 위치에 종종 자리하기는 했지만 경제적 강자에게 동일한 전망을 부과하는 데는 그리 효과적이지 못했다는 점은 아이러니다.

노동운동의 카운터 파트너들처럼, 환경운동과 노동운동은 모두 전문성의 강화와 풀뿌리 연계의 재건으로 간추릴 수 있는 다양한 전략들을 통해 새로운 도전들을 극복하려 시도했다. 전문성 강화는 환경 담론 영역에서 새로운 제도적 경쟁자들을 매우 분명하게 직접 겨냥하는 전략이다. 대만의 환경 활동가는 이렇게 주장했다.

환경 단체는 정부, 학계, 자본가들에 맞서야 합니다. 모두 정보에 더 잘 접근할 수 있고 데이터를 모으는 능력도 더 좋죠. 담론적 역량이 없으면 좋은 데이터에 접근할 수 없고, 저 기술 관료들에 맞서는 것도 불가능합니다. 그런 역량 없이는 [관료들에 맞서] 싸우는 것은 고사하고, 말을 걸어볼 방법조차 없을 겁니다. (Wu 2003)

풀뿌리 연계의 재건은 다양한 경제적 이해들을 환경 의제로 재포섭하기 위한 시도다. 1990년대 중반 이래 한국의 환경운동은 1970년대와 1980년대에 학생과 노동운동이 조직된 방식에 영향을 받은 활동가들의 재촉으로 거대한 회원 집단을 형성하기 위해 노력했다. 게다가 환경 단체들은 환경운동에 부족한 영향력을 가진 노동조합과의 관계도 형성하기 시작했다.

기업[한국전력]의 민영화에 관련된 논쟁이 있었습니다. …… 환경운동은 민영화에 찬성하는 쪽이었지만, 노동조합은 반대였죠. …… 그렇지만 우리는 대부분의 공해 피해자들이 노동자라는 사실을 이해했고, 노동조합도 환경 문제들이 얼마나 심각한지 알고 있습니다. 최근에는 노동조합과 환경 단체들 사이에 정례적인 만남이 있습니다. …… 어떤 경우에는 공동의 지반을 발견하고, 동맹을 맺을 수도 있습니다. (Lee 2003)

대만의 경우에 대부분의 환경단체들은 지반 확대를 위해 공격적인 회원 확대를 활용하지는 않았다. 오히려 각 단체들은 한 지역 공동체에 뿌리박은 헌신적인 소수의 활동가로 구성되며, 특정 지역에서 환경 쟁점들의 범위를 확대해갔다. 댐 건설 반대 운동에서 시작해 지역 공동체 권한 부여, 유기농, 지방 문화 보전 문제로 나아간 메이눙Meinung 인민연합은 가장 좋은 사례다. 다른 환경 그룹들은 핵발전소 예정 부지의 지역 공동체에 스스로 들어가 일원이 됐다. 최근 몇 년간 이 그룹의 활동가들은 핵발전소에서 일한 임시직 노동자들을 추적해 방사능 피폭이 건강에 미치는 장기적 영향을 관찰하고 있다. 이 과정에서 거대 기업들의 행태는 환경 그룹들의 주요 관심사였다. 1998년에 한 환경 단체는 대만의 가장 큰 사기업인 포모사 플라스틱Formosa Plastics이 수은 독성 폐기물 3000톤을 캄보디아로 불법 수출한 사실을 폭로해 거대한 국제적 항의의 물결을 불러왔다. 또한 환경 활동가들은 노동운동과 협력할 기회를 찾기도 했다. 한 환경 활동가는 말한다.

노동운동과 환경운동이 성숙하게 되면 두 운동의 목표는 결국 똑같아집니다. ······ [대만의] 노동운동은 이제까지 환경적 시각에서 노동권에 대해 이야기하지 않았습니다. 환경권[작업장 안전, 노동자 보건, 직업병 등]은 노동운동에서 다뤄지지 않았습니다. 이것이 노동운동 내부의 우리 친구들과 함께 소통을 위해 노력해온 지점입니다. (Wu 2003, 강조는 필자)

　이 시점에서 우리는 두 나라 환경운동이 수렴하는 지점을 발견한다. 새로운 제도적 경쟁자들과 여론 조직화의 어려움에 직면해 두 나라 환경운동은 공격적 회원 활동과 지역 공동체 조직화를 통해 영향력을 획득하려 노력했다. 또한 사적 자본에 맞서 새로운 전투를 벌이기 시작했고, 조직된 노동자와 함께 문제를 풀어가는 방식을 모색하기 시작했다.

맺으며

운동의 성숙은 경제적이고 이데올로기적인 영역에서 전투의 연속을 통해 진행된다. 나는 이 글에서 운동-권력의 조망에 기반해 노동과 환경의 궤적에 관한 이야기를 풀어갔다. 조직화된 노동 같은 일부 운동들은 경제적 영역에서 벌이는 투쟁으로 시작해 이데올로기적 영역으로 옮겨간다. 환경운동들은 처음에는 이데올로기적 투쟁을 벌이다가 나중에는 경제적 영역으로 향한다. 노동운동들은 생산에서 필수 불가결한 자신들의 성격 덕분에 힘을 갖지만 이데올로기 전투를 수행할 담론적 자원이 부족한 반면, 환경운동들은 아이디어와 담론 자원을 풍부히 갖고 있지만 경제적 영역에서 확고한 지위를 보유하지 못했다. 한 운동이 다른

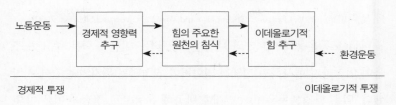

그림 1. 노동과 환경 궤적들의 병치

노동운동 → 경제적 영향력 추구 → 힘의 주요한 원천의 침식 → 이데올로기적 힘 추구 ← 환경운동

경제적 투쟁   이데올로기적 투쟁

투쟁 영역으로 이동하게 되는 핵심적인 이유는 자신의 거점에서 먼저 확보한 것들이 침식되기 때문이며, 또 다른 영역에서 새로운 지반을 확보해야만 과거의 유리한 지위를 회복할 수 있기 때문이다.

여기서 살펴본 네 운동 중에서, 두 나라의 노동운동은 자신의 영향력이 축소된 다음에야 '일반적 이해'를 접합하기 위해 분투했다.[5] 환경운동들은 이데올로기적 우월성이 도전을 받은 다음에야 풀뿌리 지반을 공고히 하기 위한 다양한 전략을 시도했다. 노동과 환경의 궤적들을 나란히 늘어놓으면, 서로 거울상의 이미지를 구성하고 있다는 사실을 알게 된다(**그림 1**을 보라).

운동의 힘이라는 렌즈를 거쳐 바라보면 네 개의 운동이 스스로 세운 기획과 반대 세력들이 가한 역공은 노동운동과 환경운동의 장기간 발전이라는 대안적 이론을 제시한다. 세계 다른 곳의 노동운동과 환경운동을 보면 대만과 한국의 사례가 공유하는 궤적은 낯설다. 스티븐 로페즈의 미국 노동운동 연구는 사회운동의 발전이 장애물을 극복하는 과정이라는 점을 보여준다(Lopez 2004, 218). 이데올로기적 공격에 맞서고 대

---

5 '노동자의 일반적 이해는 무엇인가'를 둘러싼 논쟁은 다른 글에서도 논의된다(Räthzel and Uzzell 2011, 1220).

중적 지위를 얻어내는 데 성공한 미국 노동자들의 최근 투쟁은 잘 정리
돼 있다(Chun 2005; Clawson 2003; Fantasia and Voss 2004; Voss and Sherman 2000).

　미국 노동운동의 이미지와 내용을 바꾸려는 이런 노력은 주요 노조
들이 이전까지 행사하던 경제적 영향력이 침식되는 위기의 순간에 시작
됐다. 일본 환경운동은 1970년대에 반공해 운동으로 정점에 이른 이후,
1980년대와 1990년대 초반에 걸쳐 세가 줄어들었고, 환경 쟁점들에 대
한 대중의 관심이 줄어들고 공해 위기에 직면한 '자민당 정부의 비교적
빠르고 확실히 전면적인 법제화와 행정적 대응들'이 펼쳐지면서 어려움
을 겪었다(Mason 1999, 189). 이런 과정은 환경운동이 새로운 제도적 경쟁
자를 만들어내고 여론을 효과적으로 좌우할 역량을 점차 상실해간 또
하나의 예시다. 이 모든 일들은 대만과 한국의 경험에 유용한 비교 대상
이 된다.

　적록 동맹에 관심을 가진 이들에게 주는 교훈은 노동과 환경운동이
'서로 상대방을 향해 이동'해갔다는 것이다. 나는 노동과 환경운동들
사이에 동맹을 만들 수 있는 가장 우호적인 시기는 노동이 이데올로기
적 힘을 추구하고 환경운동이 영향력을 찾고 있는 단계, 곧 각자가 다
른 쪽의 홈그라운드의 이점을 찾아 움직일 때라고 주장한다. 다른 쪽의
홈그라운드의 이점을 획득하고 경제 투쟁과 이데올로기 투쟁의 영역을
횡단함으로써, 상대의 운동이 특정한 승리를 거둔 새로운 전투에 들어
섬으로써, 노동과 환경운동의 활동가들은 서로 상대방이 직면한 난관
을 이해하고 기술을 쌓아가기 시작할 수 있을 것이다. 그리고 이런 과정
을 통해 제대로 된 적록 동맹을 형성할 가능성도 커질 것이다.

Bramwell, A. (1994) *The Fading of the Green: The Decline of Environmental Politics in the West*, New Haven, CT: Yale University Press.

Brenner, R. (2007) "Structure vs. Conjuncture: the 2006 Elections and the Rightward Shift", *New Left Review*, 43: 33-59.

Chang, C. F. (2001) *The Privatization of State-Owned Enterprises in Taiwan: A Critique of the Economic Myth (in Chinese)*, Taipei: Institute of Sociology, Academia Sinica.

Chang, M. S. [pseudo.] (2002) "Interview by author", tape recording, Taiepi, 4 November.

Chao, K. (1991) "Labour, Community, and Movement: A Case Study of Labour Activism in the Far Eastern Chemical Fiber Plant at Hsinpu, Taiwan, 1977-1989", PhD dissertation, sociology, University of Kansas.

_____ (1995) "Taiwan's Unions, State, and Labour Movements in 1987: the Case of Far Eastern Chemical Fiber Union (in Chinese)", in Cheng-Kuang Hsu and Hsin-Huang Michael Hsiao (eds) *Taiwan's State and Society*, Taipei: Dong-Da Book.

Chen, H. W. [pseudo.] (2002) "Interview by author", tape recording, Taipei, 19 November.

Choi, S. C. [pseudo.] (2003) "Interview by author", tape recording, Taipei, 19 November.

Chosun Ilbo (2003) "Out to Ruin the Country", 11 November.

Chu, Y. W. (1995) "The Struggle for Democracy: A Comparative Study of Taiwan and South Korea", PhD dissertation, sociology, University of California at Davis.

Chuang, Y. C. [pseudo.] (2003) "Interview by author", tape recording, Taipei, 21 July.

Chun, J. J. (2005) "Public Drama and the Politics of Justice: Comparison of Janitors' Union Struggles in South Korea and the United States", *Work and Occupations*, 32(4): 486-503.

Chun, S. (2003) *They Are Not Machines: Korean Women Workers and Their Fight for Demoratic Trade Unionism in the 1970s*, Burlington, VT: Ashgate.

Clawson, D. (2003) *The Next Upsurge: Labor and the New Social Movements*, Ithaca, NY: Cornell University Press.

Esping-Andersen, G. (1985) "Power and Distributional Regimes", *Politics & Society*, 14(2): 223-256.

Fantasia, R. and Voss, K. (2004) *Hard Work: Remarking the American Labor and the New Social Movements*, Ithaca, NY: Cornell University Press.

Flacks, R. (2004) "Knowledge for What? Thoughts on the State of Social Movement Studies", in Jeff Goodwin and James M. Jasper (eds) Rethinking Social Movement Studies", in Jeff Goodwin and James M. Jasper (eds) *Rethinking Social Movements: Structure, Meaning, and Emotion*, Lanham: Rowman & Littlefield Publishers, Inc.

Gramsci, A. (1971) *Selections from the Prison Notebooks*, New York: International Publishers.

Hankyoreh 21 (2004) "imggeumtujaengeul neomeo sahoegaehyekeuro [A Wage Struggle toward Social Reform]", 507:32-33.

Hartmann, H. (1981) "The Unhappy Marriage of Marxism and Feminism: Toward A More Progressive Union", in Lydia Sargent (ed.) *Women and Revolution: A Discussion of the Unhappy Marrige of Marxism and Feminism*, Montreal: Black Rose Books.

Heinrich, M. (1971) *The Spiral of Conflict: Berkeley, 1964*, New York: Columbia University Press.

Huang, C. L. (1999) "Labour Militancy and the Neo-mercantilist Development Experience: South Korea and Taiwan in Compariso", PhD dissertation, political science, University of Chicago.

Jung, Y. T. (2000) "Labour Movement and Democracy in the Age of Global Neoliberalism: The Case of Korea", *Korea Journal*, 40(2): 248-274.

Kang, Y. S. [pseudo.] (2003) "Interview by author", tape recording, Seoul, 5 April.

Katznelson, I. (1986) "Working-Class Formation: Constructing Cases and Comparisons", in Ira Katznelson and Aristide R. Zolberg (eds) *Working-Class Formation: Nineteenth-Century Patterns in Western Europe and the United States*, Princeton, NJ: Princeton University Press.

Kim, Y. S. (1998) "Minjunojoundong'eui hyoksin'eul wuihan jae'eon [Suggestions for A Revitalization of the Democratic Labour Movement]", *Nodongsahoe [Labour and Society]*, 25.

Koo, H. (2001) *Korean Workers: The Culture and Politics of Class Formation*, Ithaca, NY: Cornell University Press.

Korea Herald (2003) "Koreans Less Tolerant of Union Actions", 7 August.

Korpi, W. (1974) "Conflict, Power and Relative Deprivation", *American Political Science Review*, 68(4): 1569-1578.

Korpi, W. and Shalev, M. (1979) "Strikes, Industrial Relations and Class Conflict in Capitalist Societies", *British Journal of Sociology*, 30(2): 164-187.

Kwang, Y. Y. [pseudo.] (2003) "Interview by author", tape recording, Seoul, 26 March.

297

Lipsky, M. (1968) "Protest as a Political Resource", *American Political Science Review*, 62(4): 1144–1158.

Liu, H. J. (2008) "Rethinking Movement Trajectories: Labour and Environmental Movements in Taiwan and South Korea (in Chinese)", *Taiwanese Sociology*, 16: 1-47.

———— (2011) "When Labour and Nature Strike Back: A Double Movement Saga in Taiwan", *Capitalism Nature Socialism*, 22(1): 22-39.

Lopez, S. H. (2004) *Reorganizing the Rust Belt: An Inside Study of the American Labor Movement*, Berkeley: University of California Press.

Lu, C. W. [pseudo.] (2003) "Interview by author", tape recording, Taipei, 8 January.

Lukes, S. (2005) *Power: A Radical View*, 2nd edition, New York: Palgrave Macmillan.

Mason, R. J. (1999) "Wither Japan's Environmental Movement? An Assessment of Problems and Prospects at the National Level", *Pacific Affairs*, 72(2): 187-207.

Mechanic, D. (1962) "Sources of Power of Lower Participants in Complex Organizations", *Administrative Science Quarterly*, 7(3): 349-364.

Melucci, A. (1996) *Challenging Codes: Collective Action in the Information Age*, Cambridge: Cambridge University Press.

Mitchell, D. O. (2009) "Teamsters and Turtles: the Rise of the Planetariat", Briarpatch Magazine November/December, http://briarpatchmagazine.com/articles/view/teamsters-and-turtles-ten-years-on (accessed 19 June 2011).

Ogle, G. (1990) *South Korea: Dissent within the Economic Miracle*, London: Zed Books.

Oh, H. K. [pseudo.] (2003) 'Interview by author', tape recording, Seoul, 24 April.

Piven, F. F. and Cloward, R. A. (1992) "Normalizing Collective Protest", in Aldon D. Morris and Carol McClurg Mueller (eds) *Frontiers in Social Movement Theory*, New Haven, CT: Yale University Press,

Räthzel, N. and Uzzell, D. (2011) "Trade Unions and Climate Change: The Jobs versus Environmental Dilemma", *Global Environmental Change*, 21(4): 1215-1223.

Shin, K. Y. (2003) "Democratization and the Capitalist Class in South Korea", *Korean Journal of Political Economy*, 1(1) 131-175.

Silver, B. J. (2003) *Forces of Labour: Workers' Movements and Globalization since 1870*, Cambridge: Cambridge University Press.

Taipei Times (2000) "Aborigines Agree to National Park in Cypress Forest", 21 December.

Therborn, G. (1980) *The Ideology of Power and the Ideology*, London: verso.

The United Daily (1996) "Unemployed Workers Blocked Railroad Traffic", 21 December.

Voss, K. and Sherman, R. (2000) "Breaking the Iron Law of Oligarchy: Union Revitalization in the American Labour Movement", *American Journal of Sociology*, 106(2): 303-349.

Wei, H. M. [pseudo.] (2003) "Interview by author", tape recording, Taipei, 14 January.

Wilson, J. Q. (1961) "The Strategy of Protest: Problems of Negro Civic Action", *The Journal of Conflict Resolution*, 5(3): 291-303.

Wright, E. O. (2000) "Working-Class Power, Capitalist-Class Interests, and Class Compromise", *American Sociological Review*, 105: 957-1002.

Wu, J. S. [pseudo.] (2003) "Interview by author", tape recording, Taipei, 21 February.

Wu, N. T. and Liao, J. K. (1991) "Counterattacks of the Empire: Sacking Union Cadres, Labour-Capital Relations Laws, and Class Conflict (in Chinese)", paper presented at the Symposium of Labour Market and Capital-Labour Relations, Academia Sinica, Taipei.

Yu, H. (1995) "Capitalism, the New World Economy and Labour Relations: Korean Labour Politics in Comparative Perspective", PhD dissertation, political science, Northwestern University.

14장

녹색 일자리? 좋은 일자리? 정의로운 일자리?
― 기후변화에 대응하는 미국 노동조합[1]

디미트리스 스테비스

최근 몇 년 동안 주로 제조업, 건설업, 인프라스트럭처 부문의 미국 노동조합들은 기후변화에 대한 효과적이고 공평한 대응으로서 '녹색 일자리'를 진전시켰다(AFL-CIO 2008; Global Labor Institute 2011a; BlueGreen Alliance 2011b). 녹색 일자리가 좋은 일자리일 뿐 아니라 기후 친화적 경제로 나아가는 '정의로운 전환'에 가장 좋은 기반을 만드는 경로라는 주장이었다(AFL-CIO 2008). 구속력 있는 세계적 규제를 미국이 계속 거부하고 2009년에 국내의 기후 정책을 채택하는 데 실패한 사실은 녹색 일자리와 기술 혁신을 기후 정책을 위한, 비록 간접적이기는 하지만 가장 믿을 만한 방법으로 대두하게 했다.

이 장의 일차적인 목표는 미국 노동조합들의 녹색 일자리 정책을 좀 더 넓은 정치경제 내부에 자리매김하고 녹색 일자리 정책이 포괄적인 기

---

1 조언과 함께 더 많은 자료 조사를 제안해 준 스트레이츠 지아나쿠로스, 로메인 펠리, 더스틴 멀바니, 피트 테일러에게 크게 감사한다.

후 정책의 부재 속에서 갖는 의미를 탐색하는 것이다. 처음의 짧은 절에서 나는 미국 노동조합들이 환경에 대한 도구적 접근을 넘어섰는지 아니면 노조가 사용하는 녹색 언어가 다른 우선순위들을 위장하는 것인지를 물어봄으로써 미국 노동자 환경주의의 매개 변수를 설정한다. 이런 검토는 미국 노동운동 내부에 존재하는 환경과 기후변화에 대한 대립적이고 종종 모순되는 접근을 분명히 드러나게 할 것이다.

그다음 절에서 나는 우리가 바라보는 규모와 범위를 넓힘으로써 미국 노동조합들의 녹색 일자리 전략을 좀더 넓은 정치경제 속에서 살펴본다. 이 둘을 결합함으로써 이 글은 경험적이고 방법론적인 목적에 모두 기여한다. 한편으로는 미국 노동자 환경주의의 상태를 간략하게나마 그려 보이고, 다른 한편으로는 또 다른 노동조합의 환경주의를 평가하는 데 활용될 수 있는 일정한 도구를 제시할 것이다.

미국 노동자 환경주의의 매개 변수들

미국 노동자 환경주의의 역사는 1970년대로 거슬러 올라간다(Miller 1980; Kazis and Grossman 1991; Leopold 2007). 직업병과 산업 안전에 관한 염려에 더해, 여러 노동조합, 활동가, 지도자들은 환경주의자들과 화해하고 환경주의를 자신의 노동조합에 끌어들이려 했다. 1980년대에 이런 노력이 김이 빠지기는 했지만 사라지지는 않았다(Kazis and Grossman 1991; Obach 2004a). 이런 흐름은 1990년대에 들어와 주로 지역적이고 지구적인 경제 통합을 규제하려는 노조와 환경주의자들의 노력의 결과로 되살아났다. 그 뒤 노동조합과 환경주의자들은 다양한 협력 기획에 참여했는데, 아폴로 동맹(Apollo Alliance 2011)과 2006년에 USW와 (아폴로 동맹의 회원 조직이던) 시에라클럽이 창설한 블루그린 동맹 등이 있다(Steele 2008). 아폴로 동맹과 블루그린 동맹은 2011년에 힘을 합쳤다. 아폴로 동맹이 녹색 산업화뿐 아니라 에너지 독립을 강조했다면 블루그린 동맹은 녹색/청정 일자리에 대한 요구를 더욱 분명히 했다(BlueGreen Alliance 2011b).

녹색 경제로 나아가는 경로로서 '녹색 일자리' 전략은 새로운 것이 아니다(Renner 1991). 2008년의 위기 이전 몇 년간, 노동조합, 환경주의자, ILO와 UNEP 같은 국제 조직들 사이의 협력 속에서 이 전략을 향한 관심이 되살아났다(UNEP 2008; 요약은 Renner et al. 2009). 블루그린 동맹과 아폴로 동맹 같은 미국 조직들에서도 고용 측면을 중시하는 산업 전략의 가능성에 관심을 기울였다. 2008년에 위기가 터지고 민주당 행정부 아래에서 케인스주의 정책이 실행되리라는 전망이 커지면서 '녹색 일자리' 전략은 더 폭넓게 주목받게 됐다(Pollin et al. 2008).

철강 생산 같은 몇몇 분야에서는 부문의 초점을 재생 가능 에너지로 바꿈으로써 일자리들이 쉽게 녹색화될 수 있다는 주장이 나왔다. 어떤 논자들은 '녹색 일자리'가 재생 가능 에너지로 기성의 산업을 변화시키는 것 이상으로 녹색 경제의 디엔에이를 갖기를 희망했다. 여전히 다른 이들은 미국이 세계에서 지도력을 유지하려면 녹색 산업과 녹색 일자리가 필수라고 봤다. 이런 다양성은 환경주의자들과 노동조합들 사이에 모두 존재했고, 지금도 뚜렷하게 남아 있다.

노동조합과 동맹 세력들 사이에 더 급진적인 환경주의자 집단이 있는 것은 사실이지만, 미국에서 노동자 환경주의는 개혁주의부터 환경을 대체로 도구적으로 활용하는 관점까지 넓게 걸쳐 있다고 말하는 편이 온당하다. 미국에서는 스페인이나 오스트레일리아 같은 몇몇 나라에서 뚜렷한 노동과 환경의 깊이 있는 종합은 아직 존재하지 않는다(이 책에 실린 Gil, Snell and Fairbrother, and Burgmann을 보라).

이런 배경을 염두에 두면서 우리는 미국의 노동자 환경주의 내부에 있는, 그리고 녹색 일자리 전략을 향한 세 가지의 커다란 경향을 파악할 수 있다. 몇 가지 유형의 환경 프로그램을 채택한 미국의 노동조합들을 고정된 범주로 끼워 맞추는 시각은 잘못일 것이다. 어떤 패턴이 존재하기는 하지만, 서로 교차하고 모순되는 견해들이 좀더 일반적이다.

이런 상황은 내외부의 다양한 요인에서 비롯한다. 외부적으로 보면 노동조합과 환경에 대한 연방 정부의 우선순위가 변화하고 사회적 대화의 전통이 부재한 특성 때문에 노조들은 자신의 전략을 전략적이라기보다는 전술적으로 이용하게 됐다. 더욱이 일부 기업이 노조나 환경주의자들과 사회적 대화에 기꺼이 나서려고 하지만 아직은 소수일 뿐이었다. 내부적으로 보면, 제조업 부문 노동조합들은 여러 부문의 노동자들이 한데 합쳐져 있어서 환경에 대한 우선순위에서 상충하는 태도를 갖는다. 이를테면 USW의 조합원 중 20퍼센트 정도만이 철강 산업에 종사한다. 노동조합이 동맹에 결합하게 될 때 경합하는 우선순위는 더욱 중요한 문제가 된다. 따라서 노동자 환경주의의 경향이나 태도에 대해 말하는 것이 더 적절하며, 이것은 같은 노조나 같은 동맹 안에서 종종 불편하게 공존할 수 있다. 이를테면 북미노동자국제노조LIUNA와 배관공노조Plumbers and Pipefitters는 둘다 블루그린 동맹의 회원 조직일 뿐 아니라 키스톤 엑스엘 파이프라인의 핵심 지지자다(이 책의 Sweeney를 보라).

한 경향은 환경적 우선순위가 그저 다른 목표를 위한 도구가 아니라는 것을 인식한다. 이 경향은 블루그린 동맹의 회원 대부분과 동맹 자체가 전체적으로 보여주듯 구속력 있는 지구적 기후 정책을 지지하며, 또한 청정 산업과 기술 혁신을 통한 경제의 녹색화도 지지한다(BlueGreen Alliance 2011a, 2011b). 둘째 경향은 미국노동총연맹-산업별조합회의AFL-CIO 와 일부 산별 노조가 보여주는데, 구속력 있는 기후 정책에 대해 양가적 이거나 반대하는 태도를 드러내며 녹색 산업과 기술 혁신에 강조점을 둔다(AFL-CIO 2007, 2008, 2011). 셋째 경향은 전미광산노조United Mineworkers와 전력노동자국제형제단IBEW이 보여주는데, 청정 석탄, 핵발전, 녹색 건축 같이 자신들에 직접적으로 관련된 특정한 기술 혁신을 강조한다. 더 나 은 조건 아래라면 이 경향은 노동자 환경주의로 간주되지 않을 것이다. 일부 산별 노조들은 환경 정책이라 불릴 만한 비슷한 것도 없으며, 또 다른 이들은 공공연히 적대적인 전략을 고무한다는(이 책의 Sweeney를 보 라) 사실을 감안하면, 우리는 이 경향을 노동자 환경주의와 그 부재 사 이의 경계를 형성하는 것으로 간주할 수 있다. 이 절의 목표는 이런 매 개 변수들 안에서 미국 노동조합 환경주의의 지도를 그려보는 것이다.

생태적 현대화론이 미국에서 환경 정책의 틀로 활용되지는 않았는데 도(Cohen 2006; Schlosberg and Rinfret 2008), 미국 안에, 그리고 노동조합 안에 는 생태적 현대화론의 중요한 창고들이 존재한다. 1970년대 후반에 지 미 카터 대통령이 실시한 정책들은 생태적 현대화 전략으로 인정할 수 있고, 앨 고어의 접근도 대체로 생태적 현대화론 안에 있다고 볼 수 있 다. 여기에 더해 캘리포니아, 콜로라도, 뉴저지 같은 여러 주 수준의 정 책들은 확실히 생태적 현대화를 위한 노력이다. 일반적인 용어로 보면 생태적 현대화는 환경적으로 건전한 사회-기술적 혁신을 적용함으로 써 경제를 현대화하는 것(이를테면 에너지라면 비재생 가능 에너지에서 재생 가능한 형태의 에너지로 전환하는 것)을 목적으로 하는 전략이다 (Jaenicke and Lindermann 2011). 이런 의미에서 생태적 현대화는 현재의 경제 관행들을 녹색 방향으로 개혁할 필요를 받아들이고 고취한다.

그러나 공통의 지반을 넘어서면 정치경제학의 기존 매개 변수 안에서 의미 있는 변화가 얼마나 가능한지에 대해 매우 큰 불일치가 존재한다. 어떤 논자들은 생태적 현대화가 모종의 결과를 만들어낼 수 있다고 주장하지만(Fisher and Freudenberg 2001), 또 다른 이들은 생산과 소비를 변화시키는 데까지 미치지는 못한다고 주장할 것이다(Warner 2010을 보라). 편의상 우리는 현대화를 바라보는 다양한 시각들을 약한 생태적 현대화와 강한 생태적 현대화로 나눌 수 있다(Christoff 1996).

약한 생태적 현대화는, 환경은 보호돼야 한다고 보지만 자본주의적이거나 국가자본주의적인 성격을 지니더라도 기성 정치경제학의 교란을 최소화하는 해법을 발전시키는 방향을 추구한다. 강한 생태적 현대화는 자연의 내재적 권리를 인정하는 것을 사회적 우선순위에 융합하려 한다. 사회적 선택들이 환경적 함의에 대해 기저적인 관심을 가져야 한다면, 환경 정책들은 사회에 대해 동일하게 그렇게 해야 한다.

약한 생태적 현대화에 가장 가까이 있는 조직은 블루그린 동맹이다. 동맹은 구속력 있는 기후 정책을 지지하는 동시에 녹색 산업화와 녹색 일자리의 강력한 옹호자이기도 하다. 자신들이 한 여러 제안이 심오하고 혁신적이기는 해도, 동맹은 미국 경제의 본성을 향한 근본적인 사회적이고 경제적인 도전을 제기하지는 않는다. 이런 상황은 단순히 지도자의 시야가 결핍된 탓이 아닌데, 그중 일부는 이 주제에 관한 아주 폭넓은 시야를 갖고 있기 때문이다. 오히려 이유는 노동운동과 환경운동에 외재적이며 또한 내재적인 요소에 있다. 앞서 말한 대로 미국 국가나 미국 자본은 누구도 사회적 대화에 참여하고 싶어하지 않으며, 미국의 노동과 환경운동들은 핵심 결정 권한을 오래도록 자본에 양보해왔다.

달리 말해 미국의 노동조합과 환경주의자들은 자본의 행동이 끼치는 영향을 개선하려 해왔을 뿐이지 구조화된 사회적 권력 관계에 도전하려 하지는 않았다.

생태적 현대화론이 유럽 대륙에서 기원하고 전체 경제에 초점을 맞춘 반면, 생태적 효율성과 산업생태주의는 미국에서 출현하고 기업의(그리고 개별 조직의) 생태적 효율성과 혁신에 초점을 뒀다(Frosch and Gallopoulos 1989; Deutz 2009). 이런 차이는 많은 부분 자본주의의 다양성을 반영한다(환경 정책의 적용에 대해서는 Mikler 2010를 보라). 따라서 미국 같은 식의 '자유 자본주의 체제'는 유럽 대륙에서 발견되는 것 같은 조율된 자본주의 체제보다 협력과 조정의 수준이 낮기 마련이다.

블루그린 동맹의 프로그램도 산업생태주의의 요소들을 드러낸다. 한 편으로 AFL-CIO와 '일자리와 환경을 위한 노동조합UJAE'의 태도는 산업생태주의와 특정한 기술 혁신에 대한 전략적 강조 사이에 걸쳐 있다(Gereffi et al. 2008 and UJAE 2011). 이 동맹의 어떤 이들은 석탄과 원자력 같은 전통적 에너지원을 청정하게 사용하는 방식을 촉진하는 데 더 많은 강조점을 둔다. 그렇지만 키스톤 엑스엘 파이프라인을 지지하는 모습을 볼 때 블루그린 동맹 내부의 일부 노동조합들(배관공노조와 LIUNA)과 UJAE(배관공노조, IBEW, 팀스터스)는 비환경주의 또는 반환경주의로 간주될 수 있으며, 구속력 있는 지구적 기후 정책에 대한 강력한 반대자로 드러난다. 엑스엘 파이프라인을 둘러싸고 깊게 파인 분할은 블루그린 동맹이 이 문제에 대한 방침을 정리하지 않았다는 사실에서 명확히 보인다(Higgins 2011).

생태적 현대화론과 산업생태주의가 산업 전략과 고용 전략의 유형들로 간주될 수 있다고 해서, 우리가 녹색 경제에 관련짓는 청정 방식의 에너지나 녹색 일자리 등을 촉진하는 모든 산업 전략과 고용 전략이 생태적 현대화론이나 산업 생태주의로 간주될 수 있는 것은 아니다. 많은 분석가와 활동가들은 경제의 녹색화가 산업 전략을 통해 일어날 수 있다고 제시했다(Marszalek 2008). 그렇지만 산업 전략은 도구적 방식으로 녹색 기술들을 능히 채택할 수 있으며, 쓸모없어질 정도까지 명백히 비생태적인 관행과 접합시키거나 쉽사리 내팽개칠 수도 있다(Block and Keller 2011의 사례들을 보라). 그럼에도 불구하고 고용과 산업 전략이 상충하는 관계인 미국 같은 나라에서는 노동조합과 환경운동가들이 경제의 녹색화라는 정당화의 외피 아래 그런 전략들을 추구했다(Block 2011; BlueGreen Allinace 2011b; Jenkins et al. 2011).

산업 전략과 고용 전략은 노동자 환경주의를 향해 적절히 모아질 수 있다. 이런 전략들이 경쟁력과 군사 안보를 우선시하게 될 때는 그런 가능성이 줄어들 텐데, 이 경향은 아폴로 동맹의 담론에 중심적이며 블루그린 동맹의 프로그램 내부에도 존재한다(Lombardozzi 2011). 노동조합들 사이에 존재하는 환경운동가 대부분은 마음속에 경쟁력을 품고 있지만 주된 관심은 경제에서 미국 국가의 (전국적 또는 주 정부 차원의) 역할을 증진하는 것이며, 실제로 국가 정치경제학의 넓은 범위를 따라서 더 '사회주의적인' 수단들을 받아들이려 한다(Apollo Alliance 2008; BlueGreen Alliance 2011b를 보라).

경쟁력을 우선시하는 이 노동조합들은 산업 정책, 특히 녹색 산업 정책을 요청할 수도 있고 하지 않을 수도 있다. 노동조합들은 석탄 채굴 같은 쇠락하거나 생존을 위협받는 산업을 보호할 다양한 도구들을 여러 차례 요청하게 될 것이다. 산업 정책이 적어도 노동, 국가, 자본, 환경 사이의 사회적 대화를 포함하는 넓은 전망을 제공한다면, 경쟁력은 좀더 기회주의적이며 종종 정치적 행동을 자극하는 '타자'의 이미지를 활용한다(Alliance for American Manufacturing 2009를 보라).

끝으로 (인간적인 것과 구별되는 의미에서) 군사적 안보를 염려하는 이들은 동기에 있어서 민족주의적이거나 심지어 국수주의적이 되기 쉽다. 안보 정책은 미국에서 역사적으로 산업 정책의 기반이었지만 냉전이 끝나면서 일정한 거리 두기가 선택됐다. 그렇지만 다수의 주요 기업들(그리고 노동조합들도)은 군산복합체의 일부다. 바이오 연료를 쓰는 스텔스 폭격기를 만드는 일은 확실히 가능하지만, 생태적 우선성이 그런 무기를 만들지 만들지 말지를 결정하는 상황을 상상하기는 어렵다.

모든 상황을 감안할 때, 어떤 단일한 또는 지배적인 미국 노동자 환경주의란 없다. 오히려 지도력을 두고 경합하는 다수의 흐름과 경향들을 보게 된다. 지난 10년간 긍정적인 일을 찾자면 블루그린 동맹의 등장을 들 수 있다. 블루그린 동맹이 노동운동 내부에서 환경적 우선성을 증진하고 포괄적인 녹색 전략을 발전시킬 수 있을지 아니면 녹색 색조를 가진 산업과 고용 전략의 촉진자로 남을지는 지켜볼 일이다. 어떤 경우든 미국 노동자 환경주의는 자신의 녹색 선택지가 갖는 지구적 함의를 맞닥트리게 될 텐데, 이런 함의들은 자연에 관한 것인 만큼이나 정치경제학에 관한 것이기 때문이다.

'녹색 일자리'의 제자리 찾기

세계 경제의 요동은 주기적으로 노동자와 지역 공동체에 엄청난 고통을 전가한다. 노동자와 지역 공동체에도 큰 변화가 필수적이고 불가피하다는 점은 명백하겠지만, 인간의 고통이 구조 조정의 논리에 따라 일소될 수 없다는 것 또한 확실하다. 미국처럼 사회 안전망이 부재한 곳에서, 노동자, 노동조합, 지역 공동체 전체는 종종 가깝거나 멀리 떨어진 다른 지역 공동체들을 경쟁에서 패퇴시키기 위해 국가와 자본을 상대로 하는 동맹에 참여한다. 주어진 조건 속에서는 그런 전략이 유일하거나 최선의 선택지라는 주장이 등장하기 십상이다. 이제 우리는 그림이 더욱 복잡하다는 점을 알고 있다. 이를테면 자본, 노동조합, 지역 엘리트들이 1970년대에 자신에게 주어진 기회를 잘 활용했다면 자동차 부문과 지역 공동체들에 닥친 최악의 위기를 피할 수 있었다.

따라서 우리 시대의 중대한 경험적 과제의 하나를 살펴보면, 노동조합의 경우에는 초국적 맥락 속에서 특수한 행동과 전략들을 도출하는 것이다. 이런 과정을 통해 우리는 두 가지 목적을 달성할 수 있다. 첫째, 우리는 그런 전략들이 전개될 정치경제학을 경험적으로 파악할 수 있다. 이를테면 지구적 상품인 석유나 천연가스의 생산을 단지 지역적인 상품으로 취급하는 것은 아무 의미가 없다. 둘째, 우리는 어떤 수준에서 특정한 목적에 효과를 갖는다고 여겨지는 지역적 또는 전국적 전략이 다른 수준에서 동일한 효과를 가질지를 좀더 확실하게 이야기할 수 있다. 한 지역 공동체에 독성 물질이 투기되는 사태를 막기 위한 필사적이고 필수적인 투쟁은 독성 물질에 대한 포괄적 전략이 부재할 때는 더 취약한 지역 공동체로 위험을 떠넘기는 결과로 이어지게 될지도 모른다.

이 장은 '녹색 일자리' 전략의 경제적, 환경적, 사회적 성격을 좀더 넓은 정치경제학 안에 자리매김해보려 한다. 이런 시도는 특히 미국에서 국가와 자본이 노동조합보다 더 많은 권력을 갖고 있다는 사실을 부인하려는 것이 아니다. 미국 같은 신자유주의 경제 속에서 기업과 국가가 보여주는 약탈적 행태에 대해 노동조합을 비난하려는 의도는 아니다. 그렇지만 노동조합들이 자신들의 선택과 실천에 담긴 함의를 성찰하고 있는지, 그런 실천이 강제된 것인지 아니면 스스로 선택한 것인지를 질문하는 것이다(Räthzel and Uzzell 2011). 미국 노동운동의 역사가 보여주듯 오랜 시간 동안 노동조합은 사회적 노조주의 대신 기업 노조주의를 채택하고, 백인들을 다른 이들보다 우위에 놓고, 좀더 포괄적인 혜택을 받고, 급진파를 노조에서 배제하고, 냉전 상황에서 급진파를 공격한 정부들과 연합해 싸우는 등 여러 선택을 했다.

정치지리학자와 경제지리학자들이 충분히 인식하고 있듯이 공간과 시간 속에 자리잡히는 배치는 사회 조직의 한 부분이다(Gough 2010; Castree et al, 2004). 특정한 쟁점들이 어떤 규모와 범위 속에 틀지워지는지 하는 문제는 정치적 경합의 결과다. 이를테면 환경 담론과 지구화 담론의 결합은 기후변화 같은 주요한 환경 문제의 규모가 지구적 규모라는 인상을 남겼다. 기후의 지구성이 갖는 중요성을 거부하지 않더라도, 생산과 영향이 둘 다 공간적으로 불균등하기 때문에 특정한 행동들의 실제 규모를 이해하는 것이 필수적이다. 이를테면 기후변화는 온갖 종류의 지역적 배출에 영향을 받으며, CDM과 REDD 같은 정책 제안들은 특정한 지역적 함의를 갖는다. 결국 우리는 특정한 지역적 실천들이 법률적 경계를 넘어서는 범위의 생태계에 어떻게 영향을 주는지, 그리고 초국적 행위들이 그 초국성을 희미하게 만드는 과정 속에서 어떻게 지역화되는지를 파악해야만 한다.

규모에 주의를 기울인다고 범위에 민감한 것은 아니다(Stevis 2002). 이를테면 지구적 규모를 채택하면서도 '외부적 이해관계자들'(공급자나 그곳에 고용된 노동자들, 또는 전체 지역 공동체)을 희생하면서 '내부적 이해관계자들'(공식 노동자들과 경영자)에 우리의 범위를 제한할 수도 있다. 생산 주기 평가, 생태 발자국 분석과 상품 사슬 분석 등이 기술적으로 유력하지만, 이해관계자들 사이의 불균등한 권력 관계들을 흐릴 수도 있다. 생산 네트워크 접근은 지구적 과정의 경합하고 변화하는 방향을 인식한다는 점에서 어느 정도는 더 유용할 수 있다. 그러나 생산 네트워크 접근도 세계 정치경제학이라는 좀더 포괄적인 조망을 갖지 못하면 부분적이고 불충분하게 될 수도 있다.

따라서 특정한 생태적 현대화 또는 녹색 산업 전략의 정치경제학을 제대로 이해하려면, 영향받는 다양한 부분들이 어떻게 (재)조직되는지를 물어야만 한다. 이를테면 태양력의 생산은 집중화되는 정도가 크거나 작은 방식으로 진행될 수 있으며 물 집약적 기술의 활용 정도도 크거나 작을 수 있다. 거대한 '집광형 태양열CST' 공장으로 집중되면 태양력은 석탄 에너지나 석유 에너지와 유사한 배전 양상을 재생산하게 될 것이다. CST 공장은 엄청난 양의 물이 필요하기 때문에 이용자들은 자기 권리의 일부를 포기해야 할 것이다. 다른 한편 건물과 도시들이 내장형 태양광 기술의 활용을 극대화하도록 조직되면 산업의 조직과 더 폭넓은 정치경제는 상이하게 될 듯하다. 그럴 때라도 우리는 지역성에 눈길을 사로잡힌 나머지 분산형 기술의 생산에 함축된 상품 사슬의 영향을 간과할 염려가 있다(Mulvaney 2011).

그렇지만 어떤 전략이 인간적 이해관계자들을 충분히 고려한다손 치더라도 종, 서식지, 생태계가 다른 '자연적' 이해관계자들은 고려하지 못할 수 있다. 실제로 주변화되거나 위협받는 인간 구성원들을 넓게 포괄하려는 노력은 종종 자연의 희생을 대가로 한다. 환경(또는 젠더, 인종, 종족)의 완전한 내재화는 상징주의, 온정주의, 환경주의자들과의 동맹을 넘어 나아가야만 한다. 노동자 환경주의는, 최소한 자연의 일정한 대변성 또는 자연적 과정과 한계에 대한 일정한 인식을 확장해야만 한다. 환경은 노동조합이 존재하거나 실행하는 구성 부분의 하나가 돼야 하며 해롭거나 이로운 개발을 위해 돌봄을 받아야 하는 외부의 전장 이상의 것이어야 한다(Sweeney 2009; 이 책의 Burgmann의 글; 이 책의 Gil의 글). 이런 말은 여성 해방이 여성이 남성보다 가치 있다고 이야기하는 것이 아닌 만큼, 자연이 사람보다 더 가치 있다고 하는 말이 아니다. 오히려 노동 운동이 환경을 내재화하고 이 새로운 매개 변수들 안에서 자신의 고유한 투쟁에 헌신할 것을 요청한다. 사회생태론과 사회주의 생태론은 노동조합이 정치생태학을 발전시키면서도 더욱 강력한 형태의 생태적 현대화를 추구할 수 있는 방법을 제시한다(cf. Hay 2002; Dryzek 2005).

이런 관심들을 전적으로 생태적인 영감으로 이야기할 것은 아니다. 그 관심들은 지구적 노동 정치의 관점에서 비롯하는 실천적인 것이기도 하다. 현대적 노동운동이 시작될 때부터 국민 경제가 확립되는 과정에서 노동자의 참여와 민족주의를 피해야 할 필요성 사이에는 불편한 만남이 있었다(Stevis and Boswell 2008). 이런 현실은 국민 경제가 세계 경제의 중요한 일부가 되고 각각의 전략이 서로 불가피하게 영향을 미치게 되면서 더욱 두드러지게 됐다. 일찍이 노동자와 사회주의적 국제주의자들은 협력적 메커니즘이 없으면 국가 자본주의들의 불균등 결합 발전이 살육적 경쟁으로 이어질 뿐 아니라 그런 흐름이 노동조합들까지 확산될 것이라는 점을 인식했다. 교토 의정서 같은 직접적인 것이든 아니면 녹색 일자리처럼 간접적인 것이든 간에, 기후 전략은 어떤 구체적인 환경 또는 자본에 관한 것이 아니다. 오히려 기후 전략은 불균등한 세계 정치경제학 안에서 국민 경제와 지역 경제를 재조직하는 문제에 관련된다. 따라서 일국적 노동조합이나 초국적 노동조합들의 환경 목표와 전략들은 공적 관계들과 잘못 부여된 우선순위들을 탈각하고, 자신들이 만들어내리라고 예상되는 정치경제학과 생태학의 견지에서 평가될 수 있으며 평가돼야 한다. 이런 과정은 다수의 노동 환경주의자들과 노동조합들의 의제에 경쟁력과 안보에 관련된 숫자가 지나치게 지배적인 위상을 갖는 시기에 더욱 절실하다. 목표와 전략들의 규모와 범위에 대한 관심이 분석의 전면과 핵심에 있어야 한다.

녹색 일자리, 좋은 일자리, 정의로운 일자리?

노동조합들은 단지 '녹색 일자리'에만 주목하지 않는다. 녹색 일자리가 반드시 괜찮은 또는 '좋은' 일자리가 아니라는 사실을 충분히 인지하고 있기 때문이다(Renner et al. 2009, 7~9; Materra 2009). 나는 노동조합들이 녹색이고 괜찮은 일자리가 반드시 정의로운 것은 아닐 수도 있으며 기후정의가 진지하게 논의돼야 한다는 점에도 동의할 것이라 생각한다(Global Labor Institute 2011b). 이어서 나는 미국 노동조합들의 녹색 일자리 담론을 경제적, 환경적, 사회적 차원의 견지에서 검토하려 한다. 곧 분명해질 테지만, 이런 설명은 기후변화에 관련한 모종의 전략을 채택한 노동조합들 사이에 커다란 다양성이 존재한다는 앞의 주장을 강화할 것이다.

녹색 일자리?

일자리가 녹색이라는 말의 의미는 무엇일까? 과정을 일컫는 걸까, 아니면 생산물을 말하는 걸까? 어떤 '녹색 일자리들'은 어떤 조건들 하에서는 녹색이 아니지 않은가? 특정한 지역성 속의 녹색 일자리들이 공급과 분배 사슬을 따라 더러운 일자리들에 의존할 수도 있지 않은가? 녹색 일자리들 사이의 경쟁이 경제의 녹색화가 아니라 집합적 불합리성으로 귀결될 수도 있지 않을까?

녹색 일자리를 둘러싼 논쟁이 많다. 이런 논쟁들은 상이한 우선순위를 반영하며 서로 따로 떼어서 볼 필요가 있다. '녹색 일자리'에 대한 강력한 비판의 하나는 자유주의 우파 쪽에서 나온 것으로, 녹색 일자리가 제대로 정의되지 않았고 정의될 수도 없다고 주장한다(Morriss et al. 2009). 이런 비판들은 실제로 녹색 일자리에 대한 내용이라기보다는, 이 문제에 관한 모든 공공 정책에 해당한다. 따라서 그런 논자들은 어떤 것이 정확히 정의될 수 없다면 그것은 의미도 없고 쓸모도 없는 것이라고 간주한다. 그런 논리에 따르면 자신들이 경애해 마지 않는 재산권을 포함해 모든 주요한 사회적 개념이 무의미한 것이 된다.

이런 논자의 시각에서는 녹색 공정을 활용하고 녹색 제품을 생산하는 많은 일자리들이 존재하며, 또한 존재할 수 있다는 것을 시사하는 충분한 경험적 증거들이 있다(Renner et al. 2009). 모든 면을 감안할 때 녹색 일자리 개념은 노동자와 노동을 경제의 녹색화의 한가운데에 놓는다. 생산의 지점에서도 녹색이 아니라면 녹색 경제는 있을 수 없다. 그렇지만 녹색으로 보이는 특정한 일자리들이 실제로 공정과 생산물에서도 녹색인지를 둘러싼 논쟁이 있다(Brookings Institution 2011).

미국 노동운동 안에서는 에너지원에 관한 우선순위를 조절하기 위한 끊임없는 노력이 있다. 다수의 노동조합들(전미광산노조에만 한정된 이야기가 아니라)은 청정 석탄을 옹호하는데(Baning and Trisko 2011), 이런 목소리는 대다수에게는 모순 어법으로 들린다. 핵발전은 이 논쟁의 '포스터 어린이[poster child]'인데, 현실의 중장기적 일자리를 약속하며 지구적으로 르네상스의 조짐을 보이고 있다(Savage and Soron 2011; Bogardus 2010). 이런 시각들은 중요한 도전을 뚜렷이 보여준다. 특정한 종류의 일자리들은 내재적으로 녹색이 아닌지, 또는 거의 대부분의 일자리가 일정한 방식으로 다뤄진다면 녹색이 될 수 있는지 하는 질문 말이다.

그럼에도 불구하고 에너지를 덜 쓰도록 무기를 만드는 것부터 하이브리드 스포츠 실용차[SUV]에 이르기까지, 녹색의 성격이 애초에 논쟁적인 일자리와 부문들이 넓게 존재한다. 명백히 녹색인 부문들 안에서도 특정한 태양력 또는 재생 가능 에너지 기술들의 환경적 성격에 관련해 의문이 제기되기 쉽다. 노동자와 노동조합들은 녹색으로 보이는 그런 활동들을 초래하는 중요한 의사 결정 단계에서 의견을 낼 기회를 갖기 어렵기 십상이다. 이를테면 2005년 에너지법[Energy Act]은 강력한 반노동조합 행정부의 우선순위를 반영해 핵발전 보조금을 대부분 남겨뒀다. 환경 의제를 내세운 노동조합들이라면 일자리라는 이름으로 차별을 받아들이는 대신 그런 선택을 결단코 수용하거나 정당화하지 못할 것이다.

노동조합이 다뤄야 할 또 다른 중요한 질문은 녹색 일자리가 녹색 제품을 만들어내는 일자리인지 아니면 녹색 공정이 두드러진 일자리인지 하는 것이다(Gereffi et al. 2008; Materra 2009). 풍력 터빈, 태양광 패널, 열차 같은 상품이라고 하더라도 어떤 녹색 제품은 환경적으로 건강하지 못한 공정의 결과일 수 있다(Mulvaney 2011). 녹색 제품의 생산에 수반되는 환경적 위해 요소들은 생산과 공급의 사슬을 통해 확산될 수도 있다. 이를테면 풍력 터빈의 생산은 화학 물질의 이용과 미세 입자의 발생을 수반하는데, 이런 요소들은 유해한 것으로 드러날 수 있다.

정교한 풍력 터빈은 부품 수천 개와 많은 원재료를 필요로 한다는 점이 더욱 중요하다. 이런 제품들은 경제적, 환경적, 사회적 발자국을 만들어내며, 파괴적일 수 있는 만큼이나 추적도 어렵다. 기술 집약적인 더 녹색인 일자리들은 제품의 최종 기착지에 더 가까이 위치하기 쉬운 반면, 생산 사슬의 더러운 부분들은 원재료 생산지에 위치하게 될 것이다.

산업국의 노동조합들은 이런 쟁점들을 직접 다뤄야 하는데, 왜냐하면 문제 자체가 각 제품의 생산에 연루되기 때문이다. 내가 알기로는 더 높은 가치higher end를 지니거나 환경적으로 더 건강한 활동을 세계 정치경제의 핵심에 놓는 생산 네트워크의 함의에 대해 노동조합이 수행한 체계적인 연구는 없었다(그렇지만 Global Labor Institute 2011b를 보라).

설령 제품과 공정이 환경적으로 건강하더라도, 노동 환경주의자들은 '리바운드rebound' 효과의 가능성을 고려해야만 한다. 포괄적인 환경 목표보다는 기술적 도구에 의존하는 녹색 전략들은 제본스의 역설 또는 '리바운드' 효과에 종속된다(Schipper 2000; Polimeni et al. 2008; Jenkins et al. 2011). 이 주장에 따르면, 기업, 지역, 심지어 국민 경제 수준에서 일어나는 효율성 증진과 혁신은 개별적으로는 더 환경적으로 효율적인 제품인데도 불구하고 더 많은 생산과 소비로 귀결될 수 있다. 리바운드 효과의 증거는 없을 뿐 아니라 효율 혁신을 회피하려는 기업들이 부추긴 것이라고 주장하는 이들도 있다(Goldstein et al. 2011).

이런 염려가 정당한 것이라 하더라도, 효율적 기술들('도구들')이 생산과 소비를 제한하고 방향을 조절하는 규칙 없이도 더 나은 환경적 결과로 귀결될 것이라는 주장은 지나치게 낙관적이다(Lohman 2009). 에너지 효율화는, 축적의 논리에 내재한 다른 효율화와 마찬가지로 생산 비용을 낮추며 생산의 수레바퀴를 가속시킨다(Obach 2004b). 미국에서 구속력 있는 기후 정책이 부재한 상황은 효율화를 강조하는 녹색 일자리 제안들을 특히 이런 동학에 굴복하게 만든다.

좋은 일자리?

'좋은' 녹색 일자리의 특징은 무엇인가? 녹색 일자리가 부응하려 하는 더 넓은 사회경제적 목표들은 무엇인가? 미시적 수준에서 좋은 녹색 일자리를 특징짓는 여러 속성들을 제시하는 것은 가능하다. 그런 일자리들은 생활 임금을 받아야 하고, 장기적이어야 하고, 안전해야 하고, 노동자들의 역량을 강화하는 것이어야 한다(Renner et al. 2009; Materra 2009). 나아가서 그런 일자리들은 개인적 성장과 함께 공동선에 기여한다는 느낌을 제공해야 한다.

노동 환경주의자들은 좋은 녹색 일자리들이 반드시 가장 자본 집약적인 일자리일 필요는 없다는 것도 잘 알고 있다(Materra 2009). 오히려 녹색 일자리 전략은 단지 자본의 요구에 맞춰진 것이 아니라 거시 경제적 기능에 기여해야 한다. 만약 더 많은 사람들이 녹색 일자리에서 노동을 하게 되면 사회 구조도 긍정적인 영향을 받을 것이다. 이런 측면은 녹색 일자리 전략의 중요한 구성 요소이며, 석유와 석탄 채굴의 사례처럼 기술이 노동자를 대체하거나 아니면 노동자들이 쓰고 버려도 될 정도로 풍부할 때만 노동 집약적 방식을 채택하는 자본의 경향에 맞서게 된다. 다른 각도에서 보면 좋은 녹색 일자리는 자본주의적 축적의 속도를 늦춤으로써 생산과 파괴의 수레바퀴를 느리게 만드는 데에도 기여할 수 있다(Obach 2004b).

그렇지만 미국에서 '좋은 녹색 일자리'의 옹호가 그것들을 좀더 넓은 정치경제학 안으로 자리매김하는지는 분명하지 않다. 하나의 일자리는 생산의 장소에서 또는 미국 안에서 앞에서 말한 모든 기준을 충족하기 때문에 좋은, 그리고 녹색의 (따라서 노동조합 사이에서 대부분의 환경주의자들이 추구하는) 일자리일 수 있다. 이것은 확실히 동일한 생산 사슬을 따라 환경적으로 유해하지만 임금 수준이 높고 노동조합으로 조직된 일자리에 달린 문제일 수 있다.

게다가 녹색 일자리에 대한 이런 좀더 노동 집약적인 환경주의의 접근이 자본주의적 축적 논리의 속도를 늦추려고 한다지만, 미국 경제의 조직화에 관련한 더 폭넓은 요구들 속에서는 제한적이다. 건물 개보수는 좋은 일자리들을 창출할 수 있지만, 이런 건물들의 장소와 기능에 관해 노동조합이 의사 결정에서 누리는 지위를 향상시키지는 않는다(그리고 실제로 공간의 환경적 재구성은 미국이나 그 바깥의 노동조합에서 중심적인 요소가 아니다).

결국 대체로 미국 노동조합들은 두 개의 중요한 도전에 직면한다. 첫째, 미국 노동자들의 일정한 부분은 회색 산업에 속하는 부문에서 노동자들이 누린 것과 동일한 방식으로 좋은 일자리의 혜택을 누릴 수가 있다. 그리고 회색 산업들에서 그렇듯 이 공급 사슬을 따라 노동자들은 잉여 가치에 기여할 것이며, 그중 일부는 중심부의 좋은 일자리를 창출하게 될 것이다. 이런 노동자들은 세계의 다른 곳, 또는 같은 나라 내부에 있게 될 것이다. 둘째, 어떤 일자리들이 좋은 일자리로 간주될 수 있겠지만, 역량 강화의 측면에서 노동자들은 경제의 조직화에 영향을 미치는 권한을 누리기보다는 일정한 보호와 '괜찮은 지분fair share'을 얻는 데 머물게 될 수도 있다. 요컨대 좋은 녹색 일자리는 좀더 근본적인 생태적 시민권의 견인차라기보다는 단지 녹색 부문 내부의 일자리일 수 있다는 것이다.

정의로운 일자리?

환경과 경제의 차원들에 관한 논의가 제기하는 쟁점들은 좋은 녹색 일자리들이 정당한 것인가 하는 질문에도 적용되고, 또한 그런 질문을 부각시킨다. 좋은 녹색 일자리들이 공간과 시간을 가로질러 회색 일자리들을 대체한다면 그런 일자리는 녹색으로 간주될 수 있을까? 어떤 곳의 부정의에 대한 해법이 다른 곳의 부정의를 일으킬 수도 있을까? 어떻게 하면 녹색 일자리 전략이 그 전략의 영향을 받는 모든 이들에 대한 형평성을 고려하는 포괄적인 '정의로운 전환'과 제대로 결합할 수 있을까?

환경 정의라는 쟁점은 미국 환경 정치의 핵심 이슈였고, 노동조합들은 그 사안이 두드러진 관심사가 되게 하는 데 큰 기여를 해왔다. 이 궤적의 한가운데에 있는 토니 마조치Tony Mazzocchi는 석유원자력노동조합의 지도자로서, 자신이 속한 노동조합과 더 폭넓은 노동운동이 환경에 더욱 전향적인 접근을 취하게 하고 환경 개선을 경제의 전반적 규제와 형평성의 문제에 연결하게 만들었다(Leopold 2007). '정의로운 전환'이라는 개념은 이 사례 속에서, 그리고 다른 미국 노동조합들이 1970년대의 환경적 도전들을 헤쳐 나가는 노력 속에서 태동했다. 그렇지만 경제적이고 환경적인 실천들이 그렇듯이 이 개념도 다양한 규모와 범위에 따라 다른 모습을 보여준다.

미국에서 환경 정의의 깃발 아래 있는 흐름이 대부분 독극물 투기 같은 산업 관행의 분배적 영향에 초점을 기울이는 반면, 그런 불평등을 추동하는 전체적인 사회 관계에는 관심을 덜 기울인다고 주장할 충분한 이유가 있다. 달리 말하면 그런 흐름은 정의에 대한 사회주의적 접근보다는 자유주의적 접근에 머물러 있다(Gough 2010).

만약 녹색 일자리 전략이 산업 정책의 정당화(앞서 논의한 도전들 중 가장 느슨한 것에 해당하는) 이상이 아니라면 그 전략은 두 개의 결과를 빚어낼 것이다. 그리고 둘 다 정의롭지 못한 것이다. 하나의 결과는 특정한 지역에 일자리가 집중되는 것으로, 세계의 다른 부분들을 그 공급 사슬 속으로 편입되게 된다. 그런 지구적 노동 분할은 국가 수준이나 지방 수준의 경쟁력 전략과 협소한 기업 이해에 연관되지 않는다면 느슨한 것일 수 있다. 이런 요소들이 동기 부여 요인이 될 때 우리는 회색 부문들에 존재하는 것과 같은 종류의 역사적 불평등의 재생산을 예상할 수 있다. 여기서 요점은 모든 지역성이 지구적 노동 분할에서 동일한 지위를 가질 수 있거나 가져야 한다는 점이 아니라, 새로 등장하는 녹색의 지구적 노동 분할이 기성의 지구적 노동 분할에 연관된 것들과 아무런 차이가 없는 특질을 가질 수 있다는 점이다. 장소에 좀더 묶여 있는, 건물과 인프라스트럭처 개보수 같은 일자리들은 여기에서 어느 정도 예외일 수도 있다. 그렇지만 좀더 장소 밀착형인 이런 활동들에는 최종 이용이 실행되는 곳이 아니라 다른 장소들에서 생산되는 제품과 원재료가 필요하다.

남반구의 열악한 환경과 노동 기준 때문에 심화된 불공정한 경쟁에 대한 언급은 녹색 일자리에 관한 토론과 논쟁에서 아주 쉽게 볼 수 있다. 결과적으로 남반구 국가들도 참여하는 것이 기후 정책을 지지하기 위한 조건 중 하나로 반복해서 거론된다. 그렇지만 미국은 세계에서 가장 큰 외국인 직접투자FDI 수혜국으로, 유럽연합에 뒤질 뿐 중국보다 앞서 있다(UNCTAD 2011). 신규 FDI의 많은 부분이 제조업에서 진행되며 그중 많은 부분이 미국 남부로, 또는 지금은 투자에 필사적으로 매달리는 북부의 여러 주로 향하고 있다(Uchitelle 2011). 미국 노동조합들은 미국 남부에서 조직화를 시도하지만 기업과 지방 엘리트의 저항 때문에 성공하지 못했다. 결국 특히 미국 노동조합들이 국내 정책이 문제의 원인이라고 비난하는 반노조 세력들과 행보를 같이할 때, 다른 산업국의 노동조합들은 미국에 대해서 똑같은 말을 써먹을 수 있는 것이다.

19세기 동안 회색 경제로 나아가는 전환이 세계의 정치경제를 재조직했다는 주장과 동일한 의미에서 녹색 경제로 나아가는 전환에 연관되는 중요한 공평성의 문제가 존재한다. 일부 부문들, 그리고 일부 일자리들은 전체적으로 규모가 줄거나 포기돼야 할 것이다. 이런 전망이 현실화되면 미래에 대한 불안감이 생겨날 수 있으며, 따라서 녹색 경제로 나아가는 이행을 가로막는 요인이 될 수 있다. 그 결과 노동조합들은 '정의로운 전환' 전략을 발전시켰다(TUC 2008; Global Labor Institute 2011b; 이 책의 Snell and Fairbrother). 아마도 확실히 말할 수 있는 것은, 내가 아는 한 미국의 어떤 노동조합에도 정의로운 전환 프로그램은 없다는 사실이다. 정의로운 전환 전략은 환경적으로 해로운 일자리와 부문들에서 벗어나는 이전이 필요하다는 점을 인정한다. 또한 이 전략은 노동자와 지역 공동체들을 희생시키지 않는 계획된 전환을 요청한다. 정의로운 전환 전략은 정치경제의 성격에 관한 중요한 질문들을 제기하는데, 왜냐하면 노동자와 지역 공동체들의 이해에 대한 인식과 함께 전환이 어떻게 일어나야 하는지를 결정하는 과정에서 노동자와 지역 공동체의 적극적인 참여를 요구하기 때문이다. 또한 공공이 좀더 폭넓은 구실을 해야 한다는 요구도 한다. 요컨대 이런 요구는 목소리와 선택을 모두 넓히고 깊게 한다는 점에서 정치경제의 핵심으로 들어간다.

그러나 공급 사슬을 따라 존재하는 노동자, 노동조합, 지역 공동체들도 마찬가지로 정의로운 전환을 요청한다고 상상해보자. 이를테면 원료나 원유를 생산하는 나라들의 광업 노동자들이 단일 자원 생산monoproduction에서 탈피하는 정의로운 전환을 요청하거나 (산업국의 여러 노동조합들이 주장하듯이) 생산 과정의 더 높은 가치$^{higher\ end}$를 지니고 녹색인 부문들이 지역에 남기를 요구한다면 말이다. 달리 말해 북반구에서, 그리고 실제로 남반구의 일부에서는 '정의로운 전환'이라는 요청이 자신들 스스로 구상하는 해법들에 함축된 권력 관계의 규모와 범위에 충분한 문제 제기를 하지 않는 것일 수 있다. 결국 정의로운 전환 전략은 범위와 규모에서 제한될 때는 구조적으로 부정의한 것일 수 있다.

이런 염려는 다른 곳들의 지역 공동체, 노동조합, 노동자들에게 국한되지 않는다. 불안정 노동자들과 앞으로 주변화될 지역 공동체들이 숙련 노동자나 어쨌든 보호받는 노동자들을 지키려는 해법에서 배제된다고 느낄 때, 동일한 종류의 쟁점들이 같은 공간 안에서 출현할 수 있다. 역사적으로 주변화되던 그룹들의 염려가 일정하게 해소되지만 다른 이들은 뒤에 남겨지고 말 때, 이런 쟁점들은 더욱 가슴 아픈 것이 될 수 있다. 그런 사례들에서 이제 분할은 강자와 약자 사이를 넘어 약자들 사이에도 나타나게 된다.

결론

미국의 노동 환경주의는 스페인이나 오스트레일리아 같은 몇몇 다른 나라 수준에 미치지 못했다. 그렇지만 1970년대 이래 어느 때보다 더 높은 조직과 프로그램의 수준에 도달했다고 말하는 편이 온당할 것이다.

그럼에도 불구하고 더 광범한 노동운동 안에, 블루그린 동맹 안에, 그리고 핵심적인 노동조합들 안에 중요한 긴장들이 존재한다. 블루그린 동맹은, 그리고 그전의 아폴로 동맹은, 민주당 행정부의 위기와 전망에 대해 (물론 민주당의 리버럴한 분파와 깊은 관계를 맺고 있기는 하지만) 단순히 대응하지 않았다. 케인스주의의 뿌리는 더욱더 거슬러 올라간다. 그러나 유력한 국가 정책의 전망은 노동자 환경주의에 영향을 끼쳤고, 이 이념에 전념하거나 매력을 느낀 이들을 녹색 케인스주의의 훼손 앞에 한데 모이게 했다. 노동자 환경주의를 향한 발걸음은 기후 정책이 전국 수준에서 펼쳐지지 못할 것 같다는 현실, 케인스주의 프로그램들이 공화당에 저지당하고 있다는 현실, 그리고 천연가스와 셰일오일이 에너지 풍요를 약속한다는 현실을 넘어 지속될 수 있을까?

나는 극단 에너지extreme energy가 재생 가능 에너지(세계 에너지 투자의 큰 부분을 차지하게 된)나 녹색 혁신을 패퇴시킬 것이라고 생각하지 않는다. 그렇기는 해도 활력 있는 녹색 부문이 있다는 것과 기후 전략을 갖고 있다는 것은 다르다. 기후 전략은 녹색 생산과 소비를 넘어서는 뭔가를 필요로 한다. 생산과 소비에 어떤 제한을 부여하지 않는다면 둘 다 문제를 악화시킬 가능성이 크다. 그리고 노동자 환경주의는 몇몇 부문의 일부 노조들이 주도적인 구실을 하고 좋은 녹색 일자리를 갖는다는 것 이상을 의미한다.

녹색 일자리를 좀더 넓은 정치경제 안에 위치시킴으로써 우리는 기후 변화에 맞선 미국 노동조합의 대응을 보여주는 이력에 다음 목록을 보탤 수 있다. 경제학적으로는 약한 생태적 현대화를 고취하는 큰 경향이 존재하지만, 이 경향은 도구적이고 비환경적 이유들로 녹색 일자리와 기술을 촉진하는 비환경주의적 전략들 때문에 외부적이고 내부적인 도전을 받는다.

이런 경합은 포괄적인 기후 정책의 부재와 결합돼 생태적 현대화를 추구하는 정책들마저 기후에 해로운 활동들을 제한하기보다는 외재화하는 동시에 추가적 압력들을 보태는 심각한 리바운드 효과의 유령을 등장시키게 될 가능성을 제기한다. 결국 미국 노동운동은 세계 정치경제 속에서 자신의 구조적인 구실을 고려하는 '정의로운 전환' 전략을 발전시키지 못했다. 오히려 지구적 불평등을 재생산함으로써 지역의 문제를 해결하려는 배타주의적 접근을 채택했다.

악명 높도록 적대적인 기업 부문과 대체로 자유주의적인 국가라는 조건 아래에서, 노동자 환경주의의 성취들은 깨어지기 쉬운 상태다. 많은 노동조합 활동가와 환경주의자들은 이런 긴장을 알고 있으며, 미국 경제의 녹색화에 시동을 걸면서도 동시에 녹색 국수주의를 피할 수 있는 방법을 숙고하고 있다. 그런 노동조합 활동가 (그리고 노조의 중요성을 고민하는 환경주의자) 그룹이 출현한 덕에 노동조합들이 어떻게 국수주의를 최소화하고, 녹색성을 극대화하고, 노동조합과 환경주의자와 지방 정부와 윤리적 자본가들 사이의 실천적이고 정치적인 협력을 위한 학습의 지반으로 기능하는 창의적 프로그램을 발전시킬 수 있는지에 관련된 중요한 논의가 일어나게 됐다(BlueGreen Alliance 2011b).

이런 노동조합 활동가들의 목표는 좋은 녹색 일자리를 특정한 국가나 지역에 집중시키고 유지하게 하는 대신에 국가 경제와 세계 경제에 걸쳐 이른바 '캘리포니아 효과California effert'를 창출하는 것이다. 이런 접근은 한 회사나 한 국가(또는 한 노동조합)의 계산에서 좀더 약탈적인 요소들을 배제하는 공적 규제의 전략적 주머니를 만들려 한다. 여기서 요점은 국가적 정책이나 국제적 정책들이 의미 없다는 것이 아니다. 실제로 그런 정책들은 적절히 강구될 때는 필수적이다. 오히려 국가적 규제나 지구적 규제를 기다리는 것이 복지부동의 태도를 정당화해서는 안 되며 노동자 환경주의의 기획들이 인정돼야 한다는 말이다(BlueGreen Alliance 2011b; Apollo Alliance 2011). 만약 이런 더욱 강력한 환경적 현대화론자들이 지방, 지역, 부문의 '최선의 관행'으로 자리잡게 된다면 노동자 환경주의의 전망은 기후 입법에 저항하는 조건을 견뎌내고 살아남을 것이며, 노동조합의 권리도 더욱 밝아질 것이다.

참고 자료

AFL-CIO (2007) 'Legislative Alert! AFL-CIO Energy Task Force: Jobs and Energy for the 21st Century'. 1 July. www.workingforamerica.org/documents/PDF/lagexecutivealert.pdf (accessed 20 November 2010).

_____ (2008) 'Greening the Economy: A Climate Change and Jobs Strategy that Works for All'. 4 March. AFL-CIO Executive Council Statement.

_____ (2011) 'The AFL-CIO, ITUC and the 2010 Climate Negotiations'. http://blog.aflcil.org/2009/10/01/bad-climate-change-bill-could-cost-4-million-us-jobs/ (accessed 10 June 2011).

Alliance for American Manufacturing (2009) *An assessment of environmental regulation of the steel industry in China*. Washington, DC: Alliance for American Manufacturing.

Apollo Alliance (2008) *The new Apollo program: Clean energy, good jobs*. San Francisco, CA: Apollo Alliance.

_____ (2011) Achievements. http://apolloalliance.org/about/a chievements/ (accessed 26 February 2011).

Banig, B. and Trisko, E. (2011) *Low-carbon jobs potential*. www.greenlaborjournal.org/articles/potential-low-carbon-jobs (accessed 26 February 2011).

Block, F. (2011) 'Crisis and renewal: the outlines of a twenty-first century new deal'. *Socio-Economic Review* 9: 31-57.

Block, F. and Keller, M. (eds) (2011) *State of Innovation: The U.S. Government's Role in Technology Development*. Boulder, CO: Paradigm Press.

BlueGreen Alliance (2011a) 'About the BlueGreen Alliance'. www.bluegreenalliance.org/about_us? id = 0001 (accessed 26 February 2011).

_____ (2011b) *Jobs21! Good jobs for the 21st century*. www.bluegreenalliance.org/admin/publications/files/Platform-vFINAL.pdf (accessed 30 December 2011).

Bogardus, K. (2010) 'Labor likes prospect of new jobs from nuclear', *The Hill*. http://thehill.com/business-a-lobbying/94983-labor-likes-nuke-jobs-prospects (accessed 28 February 2011).

Brookings Institytion (2011) *Sizing the Clean Economy: A National and Regional Green Jobs Assessment*. Washington, DC: Brookings Institution.

Castree, N., Coe, N., Ward, K. and Samers, M. (2004) *Space of work*. London: Sage.

Christoff, P. (1996) 'Ecological modernisation, ecological modernities'. *Environmental Politics* 5 (3): 476-500.

Cohen, M. (2006) 'Ecological modernisation and its discontents: The American environmental movement's resistance to an innovation-driven future'. Futures 38: 528-547.

Deutz, P. (2009) 'Producer responsibility in a sustainable development context: ecological modernization or industrial ecology?' *The Geographical Journal* 175 (4): 274-285.

Dryzek, J. (2005) *The politics of the earth: Environmental discourses*. 2nd edition. Oxford: Oxford University Press.

Fisher, D. and Freudenberg, W. (2001) 'Ecological modernisation and its critics: Assessing the past and looking toward the future'. *Society and Natural Resources* 14: 701-709.

Frosch, R. and Gallopoulos, N. (1989) 'Strategies for manufacturing'. *Scientific American* 261 (3): 144-152.

Gereffi, G., Dubay, K. and Lowe, M. (2008) *Manufacturing Climate Solutions: Carbon-Reducing Technologies and U.S. Jobs*. Durham, NC: Center on Globalization, Governence & Competitiveness, Duke University.

Global Labor Institute (2011a) 'U.S. Labor and the Energy Transition'. Draft discussion paper. Provided to author by Global Labor Institute, ILR, Cornell University.

_____ (2011b) 'Climate Justice, Social Justice: Towards a Fair, Ambitious and Binding Global Agreement'. Provided to author by Global Labor Institute, ILR, Cornell University.

Goldstein, D., Martinez, S. and Roy, R. (2011) *Are there rebound effects from energy efficiency? — An analysis of empirical data, internal consistency, and solutions*. www.electricitypolicy.com/Rebound-5-4-2011-final2.pdf (accessed 30 December 2011).

Gough, J. (2010) 'Workers' strategies to secure jobs, their uses of scale, and competing economic moralities: Rethinking the "geography of justice"'. *Political Geography* 29: 130-139.

Hay, P. (2002) *Main currents in Western environmental thought*. Bloomington, IN: Indiana University Press.

Higgins, S. (2011) 'Dueling rallies highlight labor-green split over pipeline'. 7 October. http://blogs.investors.com/capitalhill/index.php/home/35-politicsinvesting/5350-dueling-rallies-labor-green-split-pipeline (accessed 30 December 2011).

Jaenicke, M. and Lindemann, S. (2010) 'Governing environmental innovations'. *Environmental Politics* 19 (1): 127-141.

Jenkins, J., Nordhaus, T. and Shellenberger, M. (2011) *Energy Emergence: Rebound and Backfire as Emergent Phenomena*. Oakland, CA: Breakthrough Institute.

Kazis, R. and Grossman, R. (1991) *Fear at work: job blackmail, labor and the environment*. New edition. Philadelphia: New Society Publishers.

Leopold, L. (2007) *The Man who Hated Work but loved Labor: The life and times of Tony Mazzocchi*. White River Junction. VT: Chelsea Green Publishing Company.

Lohman, L. (2009) 'Toward a different debate in environmental accounting: The cases of carbon and cost-benefit'. *Accounting, Organizations and Society* 34 (3-4): 499-534.

Lombardozzi, B. (2011) 'Buy America: One Element to the Solution of our Job Crisis'. http://apolloalliance.org/blog/buy-america-one-element-or-the-solution-to-our-job-crisis/ (accessed 30 December 2011).

Marszalek, B. (2008) 'Green-Collar Jobs, Industrial Policy and a Society with Future'. *New Labor Forum* 17(3): 30-36.

Materra, P. (2009) *High Road Or Low Road? Job Quality In The New Green Economy*. Washington, DC: Good Jobs First.

Mikler, J. (2010) 'Apocalypse now or business as usual? Reducing the carbon emissions of the global car industry'. *Cambridge Journal of Regions, Economy and Society* 3: 407-426.

Miller, A. (1980) 'Towards an environmental/labor coalition'. *Environment* 22 (5): 32-39.

Morriss, A., Bogart, W., Dorchak, A. and Meiners, R. (2009) *7 Myths About Green Jobs*. PERC Policy Series 44. Bozeman, Montana: PERC. www.perc.org/files/ps44.pdf (accessed 30 December 2011).

Mulvaney, D. (2011) 'Are green jobs, just jobs? Innovation, environmental justice, and the political ecology of Photovoltaic (PV) life cycles'. Manuscript provided by author.

Obach, B. (2004a) *Labor and the environmental movement: The quest for common ground*. Cambridge, MA: The MIT Press.

Polimeni, J., Mayumi, K., Giampietro, M. and Alcott, B. (2008) *The Jevons Paradox and the Myth of Resource Efficiency Improvements*. London: Earthscan.

Pollin, R., Garrett-Peltier, H., Heinz, J. and Scharber, H. (2008) *Green Recovery: A Program to Create Good Jobs and Start Building a Low-Carbon Economy*. Amherst, MA: Center for American Progress, and Washington, DC: PERI.

Rätgzekm N. and Uzzell, D. (2011) 'Trade unions and climate change: The jobs vs environment dilemma'. *Global Environmental Change* 21: 1215-1223.

Renner, M. (1991) *Jobs in a Sustainable Economy*. Washington, DC: Worldwatch Institute.

Renner, M., Sweeney, S. and Kubit, J. (2009) *Green Jobs*. Washington, DC: Worldwatch Institute.

Savage, L. and Soron, D. (2011) 'Organized Labor, Nuclear Power, and Environmental Justice: A Comparative Analysis of the Canadian and U.S. Labor Movements'. *Labor Studies Journal* 36(1): 37-57.

Schipper, L. (2000) 'On the rebound: On the interaction of energy efficiency, energy use and economic activity: An introduction', *Energy Policy* 28 (6-7): 351-53.

Schlosberg, D. and Rinfret, S. (2008) 'Ecological modernisation, American style'. *Environmental Politics* 17(2): 254-275.

Steele, D. F. (2008) 'Globalization and Cooperative Activity Between National Labor Unions and National Environmental Organizations in the United States'. *International Journal of Social Inquiry* 1(2): 179-200.

Stevis, D. (2002) 'Agents, subjects, objects or phantoms? Unions, the environment and liberal institutionalization'. *Annals of the American Academy of Political and Social Science* 581 (1): 91-105.

Stevis, D. and Boswell, T. (2008) *Globalization and labor: Democratisitng global governance*. Lanham, MD: Rowman & Littlefield.

Sweeney, S. (2009) 'More than green jobs: Time for a new climate policy for labor'. *New Labor Forum* 18 (3): 53-59.

Trade Union Congress (TUC) (2008) *A Green and Fair Future: For a Just Transition to a Low Carbon Economy*. Touchstone Pamplet

#3. www.tuc.org/touchstone/justtransition/greenfuture.pdf (accessed 26 February 2011).

Uchitelle, L. (2011) 'Working for less: Factory jobs gain, but wages retreat'. *New York Times* (29 December). www.nytimes.com/2011/12/30/business/us-manufacturing-gains-jobs-as-wages-retreat.htm?ref=workingforless (accessed 30 December 2011).

UJAE (Unions for Jobs and the Environment) (2011) www.ujae.org/ (accessed 30 December 2011).

UNEP (2008) *Green Jobs: Towards Decent Work in a Sustainable, Low-Caron World. Nairobi*: UNEP/ILO/IOE/ITUC.

United Nations Conference on Trade and Development (UNCTAD) (2011) UNCTAD Global Investment Trends Monitor, No. 5, January 17. www.unctad.org/en/docs//webdiaeia20111_en.pdf (accessed 25 January 2011).

Warner, R. (2010) 'Ecological modernisation theory: Towards a critical ecopolitics of change?' *Environmental Politics* 19 (4): 538–556.

15장

미국 노조와 '극단 에너지'의 도전
— 트랜스캐나다 키스톤 엑스엘 파이프라인의 경우

숀 스위니

나는 기후 정책과 희소성 증대(또는 두 개의 일정한 결합)의 결과로 화석연료 이용이 퇴출되는 대신에 상대적이고 절대적인 기준에서 모두 늘어나는 '극단 에너지' 시나리오의 위험성에 주의를 기울인다. 이 글을 쓰고 있는 중에(2011년 8월) 미국 국무부가 승인을 고민하고 있는 키스톤 엑스엘 파이프라인 계획의 사례를 검토하는 것이다.

200만 명의 노동자를 대표하는 북미의 네 개 노동조합이 보내는 적극적 지지 속에, 트랜스캐나다 주식회사는 캐나다 앨버타 주에서 텍사스 주의 중질유 정제 공장으로 매일 90만 배럴의 타르샌드 오일을 실어 나르는 2736킬로미터 길이의 파이프라인을 건설하려 하고 있다. 이 송유관이 건설되면 캐나다의 타르샌드 오일 대미 수출량이 두 배로 늘고 비재래식 연료에 대한 미국의 의존성 '고착lock-in'을 심화하게 될 것이다.

곧잘 새롭고 극단적인 형태로 진행되는 화석 기반 채굴의 새 시대에 대한 전망은 모든 노동조합의 관심사여야 한다. 첫째, 정치적으로 저지되지 않는다면 극단 에너지 시나리오의 현실화는 현재 국제에너지기구

^{IEA}가 공유하는 관점인 섭씨 2도로 온난화를 제한하는 데 요구되는 수준으로 배출을 감축하려는 지구적 노력이 실패하게 된다는 의미일 것이다(IEA 2011a). '녹색 성장'과 녹색 일자리의 전망들도 마찬가지로 내동댕이쳐질 것이다.

둘째, 극단 에너지는 일자리와 교환하는 조건으로 (미국의 프로젝트 노동 협력이라는 형태로) 특정 노동조합들로 하여금 논쟁 많은 극단 에너지 프로젝트에 적극적인 정치적 지지를 제공할 에너지 기업들과 공공연한 파트너십 관계를 맺게 만들 것이다. 바로 이것이 키스톤 엑스엘과 함께 지금 벌어지고 있는 일이다. 미국석유연구소^{API}와 특정 에너지 및 건설 노동조합들 사이에는 확연한 동맹이 형성됐다. 이 동맹의 목적은 화석 기반 에너지의 국내 조달을 촉진하고 발전시키는 정책에 정치적 지지를 보내는 것이다(API 2009).

키스톤 엑스엘을 승인하자는 노동조합의 지지는 미국 노동운동에, 그리고 기후 보호와 지속 가능한 발전을 촉진하고 다른 사회운동들과 동맹을 건설하려는, 지구적 수준을 포함해 모든 곳의 노조들이 들인 노력에 큰 타격을 주고 있다. 그렇지만 '일자리 대 환경'이라는 도식은 극단 에너지 기업들이 세운 계획이 저지되지 않을 때 초래될 환경 파괴의 엄청난 심각성을 제대로 포착하지 못하고 있다. 에너지 부문 안에서든 바깥에서든, 노동조합의 선택은 어렵다. 그러나 행동은 한 가지 길만 가능하다. 극단 에너지에 맞선 운동 전체 범위의, 그리고 일관된 반대 말이다.

지난 몇 년 사이에 일자리 창출과 환경 보호가 모순 관계일 필요가 없다는 생각이 미국과 세계의 많은 노조들 사이에서 자리를 잡았다. 이런 시각은 화석 기반 에너지원이 고갈되고 있고 기후변화의 위협이 여러 정부에 배출을 감축하도록 강제하고 있다는 사실 때문에, 반기문 유엔 사무총장이 한 말처럼 "녹색 경제로 나아가는 전환은 결국 불가피하다"(UNEP 2011)는 관점과 함께했다.

기후 보호와 환경 보호 정책들 덕분에 녹색 일자리와 그 밖의 경제적이고 사회적인 이익이 커지고 미래의 잠재력을 갖게 된다는 사실을 보여주는 연구들이 잇달아 발표됐다(UNEP 2008). 세계가 대침체에 빠져들면서 2008년에는 기후변화의 위험성과 '녹색 성장'의 잠재력에 관련된 정치 지도자들의 대담한 말들이 지구적 그린 뉴딜을 향한 큰 정책 전환을 알리는 듯 보였다. 미국에서 친노조 성향의 경제정책연구소와 블루그린 동맹이 2011년에 발표한 보고서는 높은 유가와 기후변화의 '전례 없는 교차 현상'이 청정 에너지가 세계 경제의 가장 중요한 성장 기회라는 의미로 해석된다고 지적하기도 했다(BlueGreen Alliance 2011).

키스톤 엑스엘의 사례는 결코 깨끗하지 않을 뿐 아니라 전통적인 화석연료 기반 체제보다 더 더럽고 위험스러운 에너지 체제의 아주 현실적인 위험이 출현한다는 점에서 주의를 끈다. 생산성이 높고 비용이 싼 화석연료의 생산이 사위어들자, 기업들은 이 부분을 '극단' 화석 기반 에너지의 새로운 원천으로 대체할 계획을 세우고 있다. 이런 계획은 북미에서는 캐나다의 타르샌드 석유 채굴 확대, 곧 수압 파쇄 또는 '프래킹fracking'으로 알려진 과정으로서 셰일 형태로 저장된 천연가스의 채굴, 미국의 대표적 석탄 매장지로서 파우더 강 유역의 와이오밍 주와 몬태나 주를 따라 1만 평방마일에 걸쳐 있는 와이오닥 탄층의 노천 탄광의 확대를 포괄한다. 더 많은 프래킹과 노천 석탄 개발이 기후와 더 폭넓은 환경에 미치는 영향도 아주 심각하지만, 여기서 다룰 수는 없는 문제다(Howarth et al. 2011). 일단 이런 새로운 화석 기반 에너지원들이 에너지의 지구적 정치경제를 변화시키고 있다고 말하고 넘어가자. IEA에 따르면 대략 향후 150년 동안 증가하는 세계 에너지 수요를 충당할 정도의 경제적으로 개발 가능한 석탄, 석유, 가스가 매장돼 있다. 물론 이 매장량을 채굴하기가 점점 더 힘들어지기는 하더라도 말이다(IEA 2011b).

2007년까지 12년간 세계적으로 매년 재생 가능 에너지 부문 투자가 여섯 배 가까이 증가한 것은 사실이다. 침체 때는 떨어졌다가 이내 회복됐다. 2010년의 투자는 2400억 달러에 이르렀는데, 2009년 수치에서 30퍼센트 증가한 결과다(WEF 2011). 이런 증가 수준을 보고 녹색 경제가 꾸준히 나아가고 있다는 생각을 굳히는 사람도 있을 수 있겠다. 그렇지만 이 시기 동안의 증가분은 대부분 정부의 재정 지원이나 중국의 재생 가능 에너지원 확충 성과에 기인한 바가 크다(WEF 2011).

실제로 중국은 2010년의 세계 청정 에너지 투자의 45퍼센트가량을 차지했다(UNEP 2010). 게다가 에너지 수요 증가는, 재생 가능 에너지 투자 수준의 상승이 인상적이기는 하지만 화석연료를 대체하기에는 턱없이 모자란다는 것을 의미한다. IEA의 '현 정책 시나리오'에 따르면, 재생 가능 에너지는 2035년에 세계 에너지 공급의 14퍼센트 정도에 그친다(IEA 2011b). 그렇지만 IEA는 2009년에서 2030년 사이에 이산화탄소 배출을 요구되는 수준 가까이 줄이려면 재생 가능 에너지와 에너지 효율화에 매년 5500억 달러를 투자해야 한다고 추산하기도 했는데, 이 금액은 지금 수준의 두 배 이상이 된다(IEA 2011b).

재래식 원유 가격의 상승이 재생 가능 에너지를 더 매력적으로 만들수 있지만, 유가 상승은 채굴에 엄청난 노동력과 에너지가 필요한데도 불구하고 타르샌드 오일까지 '경제적'이게 만들었다. 타르샌드 이용 확대 계획은 원유를 정유소와 운송 지점까지 보낼 인프라스트럭처의 건설도 포함한다. 옛날 말로 하면 화석연료 사망 뉴스는 심한 과장이었고, 타르샌드 투자는 이 점을 명확히 해줄 뿐이다. 2008년에 그린피스는 투자자들에게 타르샌드에 돈을 넣지 말라고 경고하면서 이렇게 주장했다.

"기후변화가 주요 8개국[68]과 더 넓은 국제 공동체의 의제로 올라서면서 탄소 집약적 타르샌드 생산은 국제적 합의에 반하는 것이라는 인식이 커지고 있다." (Greenpeace 2008)

4년 뒤 이 문장은 이렇게 다시 쓰였을 법하다. "유가가 상승하면서, 그리고 기후변화가 주요 8개국(그리고 다른 엘리트들의 회의)의 의제에서 가라앉으면서, 기업들은 타르샌드 투자가 현명한 사업 전환이라는 점을 점점 더 많이 이해하게 될 것이다".

실제로 2008년과 2009년에 브리티시페트롤리엄[BP]과 로열더치셸은 타르샌드에 810억 달러를 투자했다. 한 연구에 따르면 2010년에서 2025년 사이에 3790억 달러가 추가 투자될 예정이다(World Wildlife Fund 2009). 따라서 키스톤 엑스엘 프로젝트는 그저 파이프라인을 까는 사업이 아니며, 또한 이 프로젝트를 지지하는 노동조합의 태도는 단지 소수의 농부와 환경주의자들을 분개하게 만드는 문제 정도가 아니다. 두 개의 파이프라인(키스톤 1과 앨버타 클리퍼)은 이미 타르샌드 오일을 중서부 주들로 실어 보내고 있다. 반노조 성향으로 악명 높은 코크인더스트리 Koch Industries는 계속되는 타르샌드의 생산과 확대, 키스톤 엑스엘 건설에 큰 지분을 갖고 있다. 코크인더스트리와 자회사들은 이미 미국으로 들어가는 타르샌드 전체의 25퍼센트를 수입하고 정제한다. 셸은 텍사스 주 포트아서에 있는 정유 공장의 정제 용량을 하루 27만 5000배럴에서 60만 배럴로 두 배 넘게 늘렸다. 이 정유 공장은 사우디아라비아의 국영 석유 회사인 사우디아람코가 절반의 지분을 갖고 있다.

타르샌드 오일의 채굴, 운송, 정제에 관련된 투자는 1730억 배럴의 채굴 가능 타르샌드가 존재하며, 이런 매장량은 현재 시세로 최소한 15조 7000억 달러에 이른다는 사실로 더 잘 설명될 수 있다. 그리고 많은 재생 가능 에너지 회사들 중 대부분이 미미한 수익을 위해 분투하는 동안, 미국의 최상위 5개 석유 회사들은 2000년부터 2010년 사이에 9520억 달러의 이윤을 벌어들였다(Committee on Natural Resources 2011). 그렇지만 타르샌드의 이윤 잠재력은 타로 오일을 앨버타로부터 세계 에너지 시스템 속으로 옮겨줄 길이 없다면 실현될 수 없으며, 이것이 키스톤 엑스엘이 그토록 중요한 프로젝트가 되는 이유다.

타르샌드의 기후 영향과 키스톤 엑스엘

타르샌드는 이미 세계에서 가장 큰 산업 프로젝트이며 세계에서 가장 큰 생태적 재앙이라는 점에 반박의 여지가 없다. 앨버타 주의 아한대 산림과 그 산림이 지탱하는 생태계를 파괴하고 지역 공동체(주로 원주민)에 심각한 영향을 끼치는 것은 물론이고, 이 프로젝트 때문에 발생하는 온실가스는 캐나다의 모든 자동차가 내뿜는 배출량과 같거나 더 많을 정도다. 타르샌드로 석유 1배럴을 만들 때 재래식 석유보다 3배의 온실가스가 나오며, 전체 온실가스의 라이프 사이클로 보면 타르샌드는 1배럴은 재래식 석유보다 배출량이 45퍼센트 더 높다(Moose Jaw Times 2011).

현재 캐나다의 배출량은 교토 의정서의 약속보다 33.8퍼센트 높고, 캐나다는 2012년에 교토 의정서를 탈퇴했다. 미국 항공우주국[NASA]의 지도적 과학자 제임스 한센에 따르면, 타르샌드 오일의 부문별한 이용은 지구 온난화라는 오염을 통제하려는 모든 노력을 헛되게 만든다. 타르샌드가 저장하는 탄소만 해도 대기 중 이산화탄소 농도를 200피피엠[ppm] 늘릴 수 있는 양이라고 추산되는데, 이 정도가 대기 중에 풀려나면 기후 안정화 측면에서는 (말 그대로) '게임 오버'다(Hansen 2011).

노동조합들은 극단 에너지가 북미에만 해당하는 문제가 아니라는 점을 국제적으로 분명히 할 필요가 있다. 타르샌드 오일 채굴과 이용 때문에 발생하는 배출은 모두의 문제라는 것이 너무도 명백하다. 더욱이 타르샌드 오일(그리고 셰일가스와 노천 석탄)은 중국과 인도 같은 경제들이 급속히 성장하면서 국제 에너지 수요를 감당하기 위해 북미에서 더욱 개발이 확대되고 있다. 기업들은 벌써 타르샌드 오일을 수출하기 위해 브리티시컬럼비아 주를 가로지르는 노던게이트웨이 파이프라인 건설을 계획했고, 이 프로젝트는 원주민 단체인 '퍼스트 네이션'과 해안의 지역 공동체들 사이에서 격렬한 저항을 불러왔다. 아마도 키스톤 엑스엘을 따라 흐르게 될 석유의 많은 부분이 결국 중국과 인도에서 소비될 것이다(Droitsch 2011). 타르 오일과 셰일 성분은 북미 대륙에만 있는 물질이 아니다. 에너지 기업들은 세계의 다른 여러 지역에서 이 부존자원을 개발하기 위해 재빨리 움직이고 있다.

정치 담론을 바꾸는 극단 에너지

극단 에너지의 이용 가능성은 북미에서 정치 담론을 바꾸고 있으며, 화석연료 기업들은 기후변화 회의론을 공개적으로 지지하고 일자리와 에너지 안보, 그리고/또는 독립의 필요성을 운운하면서 논쟁의 틀을 다시 짜고 있다.

코펜하겐에서 열린 COP 15의 실패는 '정치적 의지'의 문제라는 측면으로 종종 설명되지만, COP 15에서 구속력 있는 지구적 합의에 도달하지 못한 이유의 일부는 화석연료 기업들이 지닌 정치적 의지와 그 기업들이 내세운 극단 에너지 의제들로 직접 거슬러 올라갈 수 있다. 미국 의회가 2010년에 전국적 탄소 배출권 거래제를 도입하는 데 실패한 배후에는 거대 석탄, 석유, 가스 회사들이 있었다. 이렇게 해서 미국은 UNFCCC가 의도한 과정을 제대로 훼방했고, 구속력 있는 지구적 기후 협정이 필요하거나 가능하다는 생각에 공개적으로 도전하게 만들었다 (Stern 2011).

다른 개도국들도 미국의 선례를 따랐으며, 몇몇 국가에서는 에너지 회사들이 정부의 기후 보호 계획들을 패퇴시키거나 지연시키거나 희석하기 위해 지구적으로 펼쳐진 캠페인의 일원으로 이런 흐름에 동참했다 (Greenpeace 2011). 적극적이고 구속력 있는 지구적 기후 협정이 없으면 녹색 저탄소 경제로 나아가는 전환의 추동력은 훨씬 약해질 것이고, 벌써 약해진 상태인지도 모른다. 극단 에너지의 정치적 영향은 이미 지구적 수준에서 체감되고 있다.

'탄소 노조주의' ― 키스톤 엑스엘과 극단 에너지를 지지하는 노동자

미국 노동조합들은 석탄 등 화석연료를 지지한 역사가 오래됐는데, 이 것은 채굴, 파쇄, 운송에서 일하거나 화석연료를 생산하고 운반하고 활용하는 발전 설비에서 일하는 조합원이 있다는 단순한 이유 때문이다. 최근 들어 발전 부문과 중공업 부문의 노동조합들은 CCS를 활용하는 석탄 이용을 열정적으로 지지했다. 그렇지만 이 노조들은 CCS를 석탄 이용의 지속을 지지하기 위한 조건으로 만들지 않았다. CCS의 좋지 않은 전망은 결국 석탄 이용과 석탄 산업의 확대 추세가 지속되도록 노조가 지지하는 데 거의 아무런 체감할 만한 영향을 주지 않았고, 수출용 석탄의 물량 증가에 대해서도 마찬가지였다.

한편 AFL-CIO는 교토 협정뿐 아니라 IPCC가 제안하고 ITUC가 지지한 과학 기반의 배출 감축 목표도 지지한 적이 없다. AFL-CIO는 남아프리카공화국에서 열린 COP 17을 앞두고 교토 의정서의 효력을 연장하는 방안을 지지하지 않는 대신 배출 감축에 대해 자발적으로 '약속하고 검토'한다는 미국 정부의 입장을 전반적으로 지지했는데, 이런 접근은 ITUC가 반대한 방향이었다. 대체로 미국 노동운동의 기후 에너지 정책은 역사적으로 에너지와 제조업 부문의 소수 노동조합들에 의해 형성됐고, 조합원 다수를 대표하는 나머지 노동운동은 (극소수 예외를 제외하고는) 분열을 초래할 만한 쟁점이 무엇인지, 또는 무엇일 수 있는지 하는 문제에는 거리를 뒀다.

화석연료가 시간이 흐르면서 재생 가능 에너지로 대체되거나 CCS에 의해 더 청정해질 것으로 여겨지는 만큼 '탄소 노조주의'는 점차 사라질 문제로 간주될 수 있다. 지난 10년간 미국의 환경운동은 100개 이상의 석탄 화력발전소의 신설을 막는 데 성공했고, 의회가 고려하던 총량 제한과 거래 시스템을 통한 탄소 과금이 2010년에 법률로 통과돼 특히 석탄 회사들에 압력을 가했다. 그렇지만 오늘날 화석연료에 대한 노조의 지지는 다르게 평가될 필요가 있다. CCS는 여전히 초보적 단계에 머물러 있고, 재생 가능 에너지는 (수력을 포함해) 미국 발전량의 2퍼센트에 불과하다. 그러는 동안 극단 에너지는 화석연료 기반 발전의 '재림'이라는 위협을 가하고 있다.

네 개의 노동조합이 파이프라인 관련 건설 사업을 완료하라며 트랜스캐나다와 프로젝트 노동 협정PLA을 맺고 미국 국무부에 프로젝트 승인을 촉구하고 있다. 네 노조는 레이버러스Laborers', 기술자노조Operating Engineers, 배관공노조, 팀스터스다. 2011년 11월에는 국제전력노동자형제회도 키스톤 엑스엘 지지 성명을 내고 사측을 상대로 PLA에 서명했다고 발표했다. 이 노조들은 경기 침체로 놀고 있거나 실업 위기에 몰린 많은 조합원들을 위한 일자리를 의미하기 때문에 키스톤 엑스엘을 지지한다고 말한다.

그러나 노조의 지지가 경제적으로 어려운 시기에 일자리 보장을 위해 무슨 수단이라도 필요한 절박감에서만 선택되고 추동된 결과라고 간주하는 것은 순진한 생각이다. 산업-노조 동맹은 더 깊이 들어간다. 2009년 6월 미국석유연구소와 15개의 노동조합은 이런 발표를 했다. "석유 산업과 천연가스 산업 노동자-경영자위원회의 역사적인 창설은 미국 경제에 핵심적인 혁신적이고 저렴한 에너지 이용을 촉진함으로써 일자리 유지와 성장을 위한 활동을 하는 계기가 될 것이다"(API 2009). 이 위원회는 미국 석유와 천연가스 상품의 생산과 개선, 마케팅 발전을 제한하거나 방해하게 될 입법의 영향에 대해 대중과 이해관계자들을 교육하는 커뮤니케이션 활동에 참여하게 될 예정이다(API 2009).

이런 맥락에서 보면, 키스톤 엑스엘에 대한 노동조합들의 지지는 극단 에너지 의제를 일자리와 에너지 독립이라는 쟁점을 중심으로 만들어진 대중적 메시지와 함께 촉진하도록 고안된 공공연한 산업-노동 파트너십의 반영인 셈이다. 결국 이 사례는 경제가 어려운 시기 동안 일부 중요한 일자리를 보호하는 것 이상을 의미한다. 차라리 이 사례는 몇몇 노동조합들이 세계의 노동자 대부분에게는 필요하지 않은 에너지 미래를 보장하도록 의식적이고 적극적으로 돕는 사례에 해당하며, 더구나 그런 에너지는 더욱더 많은 지구 온난화 오염에 더해 석유, 석탄, 가스 대기업들에 더욱더 많은 정치 권력과 경제 권력을 가져다주게 될 것이다.

타르샌드와 캐나다 노동조합들

타르샌드는 이미 캐나다에서 유력한 고용주인데, 앨버타 주에서 7만 5000개의 직접 일자리를 제공하고 또 16만 5000개의 간접 일자리도 제공한다(CAPP 2011). 타르샌드는 앨버타 주 GDP의 40퍼센트를 기여한다. 이런 일자리는 대부분 급여 수준도 좋다. 그렇지만 이 프로젝트 부근 지역의 생계비는 엄청나게 뛰어올랐다(트레일러 숙소 1대가 30만 달러에 팔리고 간이 주택은 60만 달러가 넘는다).

타르샌드 지역 거주자 중 30퍼센트 가까운 사람이 빈곤선 이하의 삶을 살고 있다. 뉴펀들랜드와 래브라도르에서 이 지역으로 옮겨온 노동자 수만 명이 집단 노동 캠프에서 거주한다. 포트맥머레이의 인구 중 대략 17퍼센트가 이 두 지역에서 온 사람들이다. 노동자들은 10~12시간의 교대 노동을 감내하며 때로는 휴일 없이 몇 주 동안 계속 일한다. 이 지역이 약물 중독과 자살률이 유난히 높고 배우자 학대도 잦은 것은 놀랄 일도 아니다.

그렇지만 캐나다의 노동조합은 대부분 타르샌드 역청 정제가 미국으로 '외주'될 것이고 아마도 미국 국경 바깥으로 나갈 것이라는 이유에서 키스톤 엑스엘을 반대한다. 정제를 통해 부가되는 가치는 캐나다 경제에 손해가 되며, 정제 시설에 고용되는 노동자들의 일자리도 마찬가지다. 2008년만 해도 12개 정제 시설의 신규 또는 확장 프로젝트가 앨버타 주 포트맥머레이와 인더스트리얼 하트랜드 지역(에드먼튼 바로 외곽)에 계획됐다. 인더스트리얼하트랜드협회는 8개 정제 시설이 이 지역에 대략 2만 2000개의 건설 기간 일자리와 1만 2000개의 계속 고용 일자리를 창출할 것이라고 추산했다(IHA 2007).

이 정제 시설들은, 만약 건설됐다면 지역에 매우 필요한 일자리를 공급할 뿐 아니라 석유 정제를 통해 가솔린, 디젤, 석유 화학 제품들을 제조함으로써 타르샌드 상품에서 나오는 부가가치의 대부분을 가질 수 있는 기반을 앨버타 주에 마련할 수도 있었다. 이 정제 시설 프로젝트들 중 몇 개가 진행된 다음, 그중 대부분은 세계 경기 침체 때문에 연기되거나 취소됐다. 키스톤 엑스엘 같은 파이프라인 건설은 이런 정제 시설들의 건설 가능성을 더욱 줄였고, 회사들은 타르샌드 오일을 미국의 정제 시설과 정유소로 수출할 수 있는 길을 엿보는 중이다.

앨버타노동연맹은 주장한다. "미국 정유소와 미국행 파이프라인의 크기와 숫자는 엄청난데, 왜냐하면 미국 정유소들이 향후 10년간 앨버타 주에서 나오는 오일샌드 생산량의 모든 예상 증가분을 흡수할 용량을 가질 것이기 때문이다"(AFL 2009). 키스톤 엑스엘은 앨버타 주의 정제 시설 수요도 없애버릴 것이고, 결국 앨버타 주 에너지 경제의 다변화 가능성과 이 시설들에서 만들어질 수 있을 수천 개의 건설 일자리와 계속 고용 일자리의 잠재력을 사라지게 할 것이다.

주요 타르샌드 노동조합인 통신에너지제지노조^{CEP}는 캐나다에서 석유 정제 일자리를 유지하는 정책을 캐나다의 활력 있는 재생 가능 에너지 부문을 발전시키기 위한 중요한 수단으로 바라본다. 타르샌드 폐쇄를 지지하지 않는 CEP는 대신에 지속 가능하지 않은 현재 수준의 확장에 반대하고 타르샌드 오일 정제에서 얻는 수입을 공적으로 소유되고 운영되는 재생 가능 에너지원으로 돌릴 것을 요청한다. CEP가 볼 때 이런 방향이 환경적으로 책임성을 가지며 캐나다 에너지 부문 노동자들의 미래도 보장하는, 타르샌드에 관련된 실현 가능한 '정의로운 전환' 접근이다(CEP 2009). CEP와 앨버타노동연맹의 조망은 CLC의 입장에 대체로 부합한다. 기후변화에 관한 CLC의 입장은 특히 미래 지향적이고 진보적이다(CLC 2008).

그렇지만 캐나다의 모든 노동조합들이 키스톤 엑스엘에 반대하는 것은 아니다. 캐나다건설노조는 이 프로젝트에 찬성하는데, 왜냐하면 캐나다 내부의 파이프라인 건설 부문에서 창출될 일자리 때문이다. 실제로 이 노조들은 미국 기반의 건설 노조들과 같은 조직에 소속돼 있다. 팀스터스와 레이버러스는 캐나다에 각각 22만 5000명과 8만 명에 이르는 많은 조합원을 보유하고 있다. 몇몇 경우에 캐나다에서 키스톤 엑스엘의 승인을 둘러싼 대중적 논쟁은 파이프라인 지지 노조들을 이 프로젝트에 반대하는 앨버타노동연맹이나 CEP 등과 대립하게 만들었다.

미국의 일자리

키스톤 엑스엘의 건설은 미국 내부의 일자리도 만들어낸다. 미국 국무
부에서 진행한 한 연구는 키스톤 엑스엘 건설이 3년의 건설 기간 동안
대략 5000~6000개의 일자리, 또는 한 해에 평균 2000개 이하의 일자리
를 만들어낼 것이라고 확인했다. 이 일자리 중 10~15퍼센트 정도는 파
이프라인이 지나는 경로를 따라 있는 6개 주의 주민들로 채워지리라고
예상된다(US State Department 2011). 그렇지만 트랜스캐나다가 제공한 데이
터를 활용한 페리맨 그룹의 연구는 키스톤 엑스엘을 통해 2만 개의 직
접 일자리가 창출될 것이며, 석유 수입은 2035년까지 46만 5000개의 일
자리를 만들어낼 것이라고 주장한다(The Perryman Group 2010). 당연하게도
미국석유연구소는 파이프라인을 승인해야 한다는 설득력을 높이기 위
해 페리맨의 연구를 활용하고 있다(API 2011).

키스톤 엑스엘을 지지하는 네 개 노동조합도 미국 국무부에 사업
승인을 재촉하면서 페리맨이 제시한 일자리 전망을 인용했다(Teamsters
2011). 미국 국무부 장관 힐러리 클린턴에게 보낸 서한에서 네 노조의 의
장들은 일자리와 환경을 대립시키고는 후자를 버리고 전자를 선택했다.
이 서한은 캐나다의 오일샌드에 대한 개발을 확대하면 탄소 배출과 온
실가스 총량 제한을 위한 미국의 노력이 궁지에 빠지게 된다는 사실, 그
리고 포괄적인 에너지와 환경 정책이 기후변화에 대응하는 동시에 안정
적인 에너지의 적절한 공급과 함께 에너지 독립과 국가 안보 향상을 보
장하도록 노력해야 한다는 사실을 인정한다.

그러나 네 노조의 의장들은 이 파이프라인이 건설, 제조, 운송 산업
에서 일하는 남성 노동자와 여성 노동자의 생활 수준을 높일 뿐 아니라

더 나은 미래를 만들어줄 것이라고 주장한다. 또한 파이프라인은 미국 노동자들을 자기 가족과 공동체를 강화해야 한다는 임무로 복귀시킬 것이라고 주장한다(Teamsters 2011). 2011년 7월 네 노조는 또 하나의 논쟁적이인데다가 필시 자멸적인 발걸음을 옮겼다. 노조들은 키스톤 엑스엘 파이프라인의 승인 과정을 신속하게 만들기 위해서 공화당이 주도한 법안이 하원을 통과할 수 있게 도왔는데, 이런 행동은 미국 환경청의 공식 반대를 사실상 무효화하는 것이었다. 이 법안의 대표 발의자인 네브라스카 주 하원의원 리 테리Lee Terry는 악명 높은 반노조주의자다. AFL-CIO에 따르면, 테리는 열에 아홉 번 이상 노동자 가족들의 이익을 거스르는 쪽에 표결해왔다.

파이프라인을 지지하는 네 노조의 적극적 행동을 아는 것도 중요하지만, 나머지 노동운동들이 취한 '우리 일이 아니다none of our business'식 수동적 접근도 이야기할 필요가 있다. 파이프라인을 지지하는 노동조합들은 미국 전체 노동조합원의 13퍼센트 정도를 대표하며, 이 13퍼센트의 매우 작은 부분만이 이 프로젝트에서 뭔가를 얻는 위치에 있다. 이런 현실은 50개 정도의 노동조합들(노동자 1300만 명을 대표하는)이 키스톤 엑스엘에 대한 입장을 갖지 않고 있다는 의미인데, 왜냐하면 이 프로젝트에 관해 아직 잘 알지 못하기 때문이거나 파이프라인을 지지하는 노동조합들과 부딪치기를 원하지 않기 때문이다. 더욱이 ITUC는 GUF의 다수 조직들과 더불어 기후변화와 환경 보호에 대해 강력한 입장을 취해왔지만, 아직까지(내가 알기로는) 미국의 회원 조직들에 이 문제를 다루도록 촉구하는 어떤 개입도 하지 않았다.

이 장의 마지막 절은 미국의 노동조합들과 국제적 노동조합들이 특히 키스톤 엑스엘에, 그리고 좀더 일반적으로는 극단 에너지의 도전에 대응할 수 있도록 도울 일련의 제안들을 제공한다. 물로 쉬운 해법이란 존재하지 않는다. 미국의 높은 실업률, 특히 건설업 부문의 실업률은 파이프라인을 지지하는 노조들의 입장을 분명히 강화했지만, 그런데도 실업이 침체 이전의 수준에 머물고 있을 경우라면 이 노조들이 이런 프로젝트를 지지하지 않았을 것이라고 보여주는 증거는 없다.

어떤 노조들은 노동계급의 좀더 넓은 이해와 충돌하는 프로젝트는 지지하지 않는 전통을 갖고 있다. 설령 그런 프로젝트 때문에 자기 조합원들의 단기적 이해가 부정적인 영향을 받는다고 하더라도 그런 태도를 취하는데, 지면이 부족해 이런 종류의 접근을 상세히 살펴볼 수는 없다. 어쨌든 이런 전통은 미국 남북전쟁 시기까지 거슬러 올라가는데, 여성이 다수인 영국 랭카셔의 섬유 노동자들은 미국 남부 주들에서 들어오는 면화가 부족해지면 영국 노동계급 공동체에 대량 실업이 야기하게 되는데도 노예제 폐지를 멈추지 않고 지지했다.

좀더 최근 사례를 보면, 미국에 기반한 석유화학원자력노동조합OCAW은 핵무기 생산 시설을 다른 제품을 제조하는 시설로 전환하는 과정을 돕기 위해 노동자들을 위한 '슈퍼 펀드'라는 아이디어를 발전시켰다. 오스트레일리아의 CFMEU는 환경적으로 해로운 건설 사업에 대해 비슷한 계급적 접근을 취했다(이 책에 실린 베리티 버그만의 글을 보라). 미국의 서부항만노조는 노동자에게 일반적으로 위해하거나 다른 특수한 맥락이 있다고 간주하는 화물 운송을 거부하는 많은 사례를 갖고 있는데, 여기에는 1970년대와 1980년대 동안 칠레와 엘살바도르의 독재 정권에 보내는 무기 화물이 포함됐다.

이런 사례 중에서 어느 것도 키스톤 엑스엘에 직접 적용될 수는 없다. 그렇기는 해도 이런 접근은 노동조합들이 극단 에너지의 도전을 다루는 데 도움이 되는 방향으로 활용될 수 있다. 아래 6개의 테제는 특정한 극단 에너지 프로젝트들에 반대하고 재생 가능 에너지 기반 시스템에 대한 지지를 구축하기 위한 길을 찾는 논의가 시작되는 데 도움을 줄 수 있을 것이다.

에너지는 모든 노동조합의 관심사여야 한다

에너지 정책에 관련해서는 에너지 부문 바깥의 노동조합 또는 에너지 집약 산업의 노동조합은 자기들이 속한 부문의 노동자들을 대표하는 노조의 입장을 거의 틀림없이 좇아왔다. 그렇지만 우리는 에너지 노조가 아니라는 대답은 모든 노동자들과 사회 전체에 에너지 선택의 문제가 얼마나 중요한지를 인식하지 못하는 태도다.

앞서 논의한 대로 미국의 네 노동조합은 키스톤 엑스엘 파이프라인을 지지하면서 노동조합은 일자리 때문에 키스톤 엑스엘을 지지한다는 식으로 대중적 담론을 제시하는데, 노동운동은 대부분 이 프로젝트 또는 이 프로젝트가 환경에 영향을 미칠 가능성에 대해 아무런 지식을 갖고 있지 않다. 어떤 노조도 키스톤 엑스엘에 대해 반대를 표명하지 않았다. 대부분은 이 프로젝트나 다른 비슷한 프로젝트에 관해 잘 모르며, 안다고 하더라도 옆으로 비켜서 있다. 왜냐하면 이 사업의 결과에 직접적 이해관계를 가진 다른 노조들의 입장에 맞서서 공개적으로 대립하고 싶지 않기 때문이다. 미국에서는 이런 태도가 노동조합의 전통적인 관행이다. 노동조합들은 다른 노동자 집단들을 대표하기 위해 법률적 문제들과 권리들을 둘러싸고 서로 충돌하며, 대선과 총선에서 종종 다른 후보들을 편든다.

그렇지만 어떤 쟁점이나 프로젝트에 분명한 이해관계가 없는 노조는 이해관계를 가진 노조에 일반적으로 문제를 제기하지 않으려 하며, 일자리가 관련될 때는 더욱 그렇다. 이런 관행이 언제나 미국 노동조합의 전반적인 평판에 문제를 일으켰고, 노조가 작업장과 사회에서 실행하는 다른 많은 긍정적인 활동에도 불구하고 영향력을 줄어들게 만들었다. 그렇지만 극단 에너지 프로젝트는 다르다. 그 프로젝트들은 사회적이고 환경적인 피해를 수십 년 동안 '고정'한다. 또한 녹색의 좋은 일자리가 생길 가능성을 없애고 인구 다수가 노조에 등을 돌리게 할 위험을 초래한다. 미국의 여론 조사는 아시아계, 히스패닉계, 청년의 대부분이 환경 보호를 지지한다는 사실을 보여주는데, 이런 다수 유권자를 배제함으로써 노동운동 전체의 전망을 어둡게 만들 것이다(LCLAA 2011).

방어할 수 없는 것을 더는 방어하지 말라

노동조합들은 키스톤 엑스엘 같은 극단 에너지 프로젝트들을 지지하지 않으면 안 된다고 느낄 수 있지만, 그러나 그런 프로젝트들이 '미국 노동자들' 또는 미국 경제를 위해 좋다고 말할 필요는 실제로 없다. 또한 노동조합들은 그 프로젝트들이 환경과 사회에 끼치는 많은 부정적인 영향들에 대해, 특히 그런 영향들이 종종 아주 심각하고 공공재에 부정적인 영향을 미칠 때 이런 문제를 과소평가하거나 침묵하고 있을 필요도 없다. 해로운 프로젝트들에 공개적으로 반대할 수 없다면, 노동조합들이 할 수 있는 최소한의 행동은 작업장에서 실행하는 노동이 사회에 긍정적인 기여를 하는 척하지 않는 것이다(Teamsters 2011).

　이런 모습과 비슷하게 극단 에너지 기업들의 조직은 자신들의 프로젝트가 어떤 지역 공동체에 가져다줄 일자리의 숫자를 과장하는 연구를 하는 것이 분명하다. 또는 이 기업들은 직접 일자리와 마찬가지 방식으로 간접 일자리도 언급해서 극단 에너지가 주요한 일자리 창출자라는 인상을 주지만, 실제로 이 프로젝트들은 종종 자본 집약적이며, 그래서 창출되는 일자리는 상대적으로 적고, 임시 일자리거나 지역 바깥의 일자리인 경우도 많다. 따라서 노동조합들은 기업의 후원을 받은 이런 연구들이 하는 주장을 무비판적으로 반복하거나, 그렇게 해서 그런 주장들에 아주 회의적인 지역 주민들의 노력을 약화시킬 필요가 없다. 극단 에너지 프로젝트의 결과로 사라지는 일자리도 고려돼야 할 뿐 아니라 일자리와 삶의 질에 건강과 환경이 미치는 영향도 고려돼야 한다. 멕시코 만에서 벌어진 BP의 참사는 무분별한 석유 개발이 어업, 농업, 여행업 같은 다른 많은 생계 수단들을 위협에 빠트리게 되는 과정을 분명하게 보여줬다.

일관성을 가져라

점점 많은 노동조합들이 기후변화와 환경, 녹색 경제를 지지하는 데 관련된 좋은 결의안들을 통과시켰다. 그렇지만 때때로 이 성명서들은 개별 프로젝트에 관련된 의사 결정들과 확실히 모순 관계에 있기도 하다. 그런 비일관성은 최소한 인정되고 공개적으로 다뤄져야 한다. 이를테면 지난 몇 년 사이에 파이프라인을 지지하는 팀스터스 노조는 그린 트러킹green trucking을 요청하면서 규제되지 않은 트럭 운송과 이 산업에 환경 기준이 부재한 결과로 초래된 나쁜 대기 질 때문에 고통받는 지역 공동체들과 함께했다. 청정하고 건강한 항만 캠페인을 위한 팀스터스의 노력은 트럭 운전사들에게 더 높은 기준과 더 좋은 조건이 필요하다는 요구를 진전시키는 데 도움이 됐고, 아마도 로스앤젤레스 항구 같은 지역에서 오염을 줄여 여러 생명을 구했을 것이다. 그렇지만 키스톤 엑스엘 파이프라인을 지지함으로써(이 프로젝트는 팀스터스에 겨우 1500개의 일자리를 가져다준다), 팀스터스는 텍사스 주 휴스턴과 포트아서 같은 지역들에 엄청나게 오염을 증가시킬 프로젝트를 지지하고 있는 것이다.

또 다른 파이프라인 지지 노조인 레이버러스는 기후변화에 관해 강력한 입장을 취하고 있으며 과학에 기반한 배출 감축 목표를 공개적으로 지지하는 미국의 다섯 개 노동조합 중 하나다. 이 노조는 건축물 단열과 개보수 노동을 위한 (경제적으로 취약한 지역 공동체 출신이 다수인) 노동자 훈련에 상당한 정치적 노력과 재정을 투여하고 있기도 하다. 그런데도 불구하고 이 노조는 국가적인 온실가스 감축 노력이 결여된 결과 자신들이 방어가 불가능한 처지에 빠졌다고 느끼고 있는데, 실제로는 정책가들과 기업들에게 향해야 할 환경과 기후 파괴에 대한 비난이 노조를 향하게 됐다는 것이다. 맞는 말이기는 하지만, 그러나 '어쩔 수 없으면 잠자코 있으라'는 태도로 후퇴한 것은 분명하다. 키스톤 엑스엘 프로젝트의 승인을 신속히 처리할 수 있게 하는, 공화당이 발의한 법안을 지지함으로써 노동조합들은 공화당이 일자리를 걱정하는 정당으로 자신들을 내세우는 데 일조했다. 적극적인 온실가스 감축 정책으로 이익을 얻을 수도 있을 레이버러스 노조의 지부들은 더욱 곤란한 처지에 빠지게 될 것이다.

일관성을 가져야 할 필요는 전국적 수준의 연맹과 국제적 노동조합 기구들에도 확장된다. 만약 조직의 입장을 위배하고 있다는 사실조차 회원 노동조합에 알리지 않는다면, 국제적 노동조합은 기후 보호, 지속 가능한 발전과 녹색 경제에 대한 일관되면서도 운동 전체를 포괄하는 접근에 도달한다는 목표에 영원히 다가갈 수 없을 것이다. 노동자와 지구에 모두 중대한 문제라는 점을 염두에 둔다면, 회원 노동조합이 내켜하지 않을지도 모른다는 염려 때문에 이런 작은 발걸음마저 주저하는 태도는 하루 빨리 극복돼야 한다.

조합원들에게 이야기하라

노동조합들은 복잡하고 해결이 쉽지 않은 에너지 쟁점들을 조합원들에게 가져가서 토론과 논쟁을 벌이도록 움직일 수 있다. 이런 말은 극단 에너지 프로젝트들에서 이익을 얻을 가능성이 큰 일부 지부나 지회를 가진 노동조합들에 특히 해당된다. 그렇지만 환경운동이나 환경정의운동의 활동의 결과로 조합원을 잃을 수도 있는 노동조합들도 마찬가지다. 조합원을 참여시키는 정책은 이전까지 예견되지 않았을 수도 있는 아이디어와 제안에 문을 열어주며, 조합원들에게 실행 가능한 선택지들을 두고 고민하거나 문제의 다른 측면들을 온전히 인식할 수 있는 기회를 부여한다. 키스톤 엑스엘 논쟁을 둘러싼 일화를 하나 살펴보자.

파이프라인 문제를 토론하려고 마련된 청문회에 나온 찬성파인 레이버러스 소속의 일부 조합원들은 왜 자신들의 진보적인 노조가 초국적 기업의 최고 경영자CEO들과 함께, 그리고 파이프라인에 반대하는 퍼스트 네이션 대표자, 농부와 목장주, 환경운동가들의 반대편에 서서, 일자리 이야기를 (큰 목소리로) 떠들라고 자신들에게 주문하는지 궁금해하고 당혹해했다. 《마더존스》에 따르면 일부 조합원은 '상황이 달갑지 않은' 듯했다. 레이버러스 노조 셔츠를 입은 한 조합원은 말했다. "나는 이제 다른 편에 동의합니다. 이게 환경 문제인 줄 몰랐네요"(Sheppard 2011).

논쟁을 열어젖힘으로써 일자리 관련 쟁점들도 노조의 장기적 목표와 평판, 곧 조직화 캠페인과 공공복지 일반에 미치는 영향 등과 함께 고려될 수 있다. 이런 방식으로 조합원을 논의에 참여시키는 정책은 교육적인 기능도 갖는다.

적이 아니라 친구들하고 동맹하라

오늘날 노동조합들은 다른 운동들과 동맹을 형성할 필요를 대부분 잘 알고 있다. 그렇지만 키스톤 엑스엘을 둘러싼 전투는 노동조합의 지지가 없는 폭넓은 파이프라인 반대 동맹의 모양새를 띠고 있다. 이 문제에 관련해 노동조합들이 형성하고 있는 유일한 동맹은 트랜스캐나다와 미국석유연구소의 동맹이다. 노동자와 기업들이 파이프라인과 마주하고 있는 것은 좋은 그림이 아니다.

키스톤 엑스엘 반대 동맹은 설치 예정 경로를 따라 살고 있는 지역 공동체들에 파이프라인이 직접적인 환경과 건강상의 위협을 제기한다고 본다. 밀도 높은 타르를 운송하려면 온도와 압력이 높아야 하고, 그만큼 누출 가능성과 심각성도 커진다. 타르샌드는 재래식 석유보다 더 부식성이 강하며, 타르샌드 파이프라인 주변의 지역 공동체들은 지난 몇 년 사이 여러 건의 누출 사고를 목격했다. 농업과 중서부 지역의 상수원에 미치는 잠재적 위협을 염려하며, 점점 더 많은 지역 공동체, 농민 집단, 지자체 공무원, 원주민 공동체, 지주 등이 대중적인 행동을 벌이거나 토지 매각을 거부하면서 파이프라인 건설 반대 행동을 시작했다. 자신이 소유한 토지를 트랜스캐나다에 양도하지 않고 저항한 이들이 강제 수용의 위협을 받은 사실은 놀랄 일이 못 된다.

위스콘신 주에서 단체협상과 노동권을 둘러싼 투쟁을 벌이는 와중에, 미국 노동조합들은 농민, 학생, 환경운동가들과 조직되지 않은 시민들이 연대해 노동자의 권리를 위해 함께 행진하는 모습을 기쁘게 볼 수 있었다. 바로 이 조직들의 다수가 키스톤 엑스엘에 반대하면서 노동운동의 지지를 필요로 한다.

미국의 노동자는 어떤 경우에는 넓은 동맹에 참여했다가 다른 경우에는 그 시기 노조의 이해에 부합하는 기업과 함께하는 식의 도구적 접근을 취할 형편이 아니다.

담대한 정책 대안을 제안하라

극단 에너지는 정책 수준에서도 활발한 도전을 받아야 한다. 정책 대안을 충분히 논의하는 문제는 이 장의 범위를 벗어나는 일이지만, 노동조합들이 에너지 부문 개혁과 함께 국가 에너지 전환 계획의 필요성을 제안하면서 환경운동, 환경정의운동, 그 밖의 여러 운동들과 함께할 수 있는 (최소한 미국에서는) 이것보다 좋은 기회도 없다. 발전 설비를 공적 소유하는 방안에 대한 전력노동자노조The Utility Workers의 지지는 광범하고 적극적인 노동자 참여를 이끌어낼 수 있으며, 전력 생산의 탈탄소화, 노조 조직화, 민주화를 목표로 하는 개혁 의제의 중요한 구성 요소이기도 하다. 몇 개의 PLA를 체결한다고 해서 화석연료 부문 전체에서 임금, 노동 조건, 노조 조직률 수준이 하락하고 있다는 사실이 바뀌지는 않는다. 석유, 가스, 석탄 채굴 산업 부문 노동자의 겨우 8퍼센트만이 노조로 조직돼 있다. 석탄 운송은 비노조 사업장이 점점 더 많아지고 있다.

일자리 창출에 관련한 뉴딜식 접근의 사례는 강력하며, 일정하게 주의를 끌고 있다. 미국의 인프라스트럭처 사정이 매우 나쁜 상태이고 위험하게 허물어지고 있다는 것은 널리 알려진 사실이다. 레이버러스 노조는 미국이 인프라스트럭처를 우선시하는 데 필요한 노동에 대해 주의를 환기시킴으로써 이 쟁점에 관련된 주도력을 보여줬다. 고치거나 교체돼야 할 상하수도 파이프라인, 긴급 수리가 필요한 다리와 터널, 개발이 필요한 새로운 저탄소 운송 시스템, 건설돼야 할 청정 에너지 인프라스트럭처 등이 무궁무진하다. 에너지 전환, 그리드의 업그레이드, 대중교통의 유지와 확장을 통해 많은 일자리가 창출될 수 있으며, 이런 일자리들은 지역 공동체들을 돕고 환경을 보호할 것이다.

최근 연구들은 대공황 시기 동안 공공사업국^{Public Works Administration}과 토목사업국^{Civic Works Administration} 같은 연방 수준과 지역 수준의 직접 고용 프로그램이 1100만 명 이상의 실업자를 일할 수 있게 해준 뉴딜의 교훈을 배우라고 정책 관계자들에게 촉구했다.

영국과 남아프리카공화국의 몇몇 노동조합은 기후 보호와 일자리 필요를 함께 해결할 수 있는 가장 빠르고 효과적인 방법은 큼직한 공적인 '기후 일자리 프로그램^{CJP}'을 만드는 것이라고 주장했다. 의욕적인 배출 감축 목표는 이 프로그램의 규모와 성격을 결정하게 될 것이며, 거꾸로 기후 보호 조치들의 넓은 스펙트럼 안에 한자리를 차지하게 될 것이다. 이상적으로 보면 CJP는 연방 수준에서 만들어져 국가적 배출 감축 활동을 따라 운영될 것이다. 미국에서는 2013년 이전에 이런 변화가 가능할 듯하지는 않지만, 주 정부들이 나서서 주 수준의 배출 감축 목표를 달성하기 위해 설계된 고용 프로그램을 시행하기 시작할 수 있다. 이를테면 현재 16개 주가 배출 감축 목표(1990년 기준으로 2050년까지 80퍼센트 감축)를 갖고 있다. 그런 주들이 아직 갖지 못한 것이 2050년에 목표에 도달할 수 있게 도울 일자리 프로그램이다.

힘든 결정, 그러나 다른 선택은 없다

처음에 말한 대로 이런 상황 속에서 노조가 어떤 결정을 내리기란 에너지 부문 안에서나 바깥에서나 어려운 일이다. 그러나 가능한 행동 경로는 하나뿐이다. 극단 에너지에 맞선 전체 운동을 포괄하는 일관된 반대 말이다. 이런 반대는 세 가지 근본적인 진실에 기반해야 한다.

극단 에너지는 새로운 수준의 환경 파괴와 지구 온난화 오염의 가파른 상승이라는 위협을 불러온다. '일자리 대 환경'이라는 공식은 극단 에너지 기업들이 세운 계획들에 개입하지 않을 때 초래될 수 있는 환경 파괴의 엄청난 심각성을 제대로 파악하지 못한다. 그러나 그런 계획들이 초래할 환경 손실보다 늘어날 일자리에 무게 추를 얹는 일은 궁극적으로 어리석은 등식이며 자멸을 불러오는 태도다. 지구의 파괴를 정당화할 수 있을 만큼 지구상에 필요한 일자리는 존재하지 않는다.

녹색 경제는 더러운 에너지 위에 건설될 수 없다. 더욱이 화석 에너지에 기반하는 경제는 단기간에 얼마 안 되는 일자리가 생긴다고 하더라도 사실은 '일자리 킬러^job killer'일 뿐이다. 대중교통, 건물 에너지 효율화, 그리드 현대화, 지속 가능한 농업, 오염 관리 기술, 풍력 태양광 등의 재생 가능 에너지에서 가능한 녹색 일자리의 약속은, 만약 '저렴한' 극단 에너지가 재생 가능 에너지, 저탄소 대중교통과 고연비 차량, 에너지 전환을 몰아낸다면 실현될 수 없게 되고 말 것이다.

노동은 극단 에너지 기업들을 편들고 이런 더러운 에너지 개발 때문에 삶과 생계가 위태로워지는 지역 공동체 주민들의 반대편에 서는 동시에 자신을 **진보적 사회운동**으로 내세울 수는 없다. 또한 노동은 노동 자의 폭넓은 사회적 목표를 공유하고 노동권과 단체협상을 위한 투쟁 속에 함께한 환경 운동과 기후정의 운동 속의 동맹자들에게 등을 돌릴 수도 없다.

업데이트

이 글을 다 쓴 뒤 키스톤 엑스엘은 미국 전체를 달군 쟁점이 됐다. 2011 년 8월 말에는 백악관 바깥에서 파이프라인에 반대하는 비폭력 시민 불 복종 행동에 참여했다는 이유로 1200명이 체포됐다. 2011년 11월 6일에 는 1만 2000명이 키스톤 반대 행동을 벌이며 백악관을 둘러쌌다.

파이프라인 반대 운동은 미국 노조 중 처음으로 ATU와 TWU가 키 스톤 엑스엘에 공개적으로 반대한 8월 중순에 큰 추동력을 얻었다. 공 동 성명에서 두 노동조합은 이렇게 선언했다.

우리는 일자리가 필요하지만, 타르샌드 오일에 대한 의존이 심화되는 기반 위 에 자리한 일자리가 필요하지는 않다. 고치거나 교체돼야 할 상하수도 파이프 라인, 긴급 수리가 필요한 다리와 터널, 개발이 필요한 새로운 저탄소 운송 시 스템, 갱신되고 건설돼야 할 교통 인프라스트럭처가 적지 않다. 에너지 전환, 그리드의 업그레이드, 대중교통의 유지와 확대에서도 많은 일자리가 창출될 수 있으며, 이런 일자리들은 대기 오염과 온실가스 배출을 줄이고 에너지 효율 을 향상하는 데도 도움이 될 수 있다. 따라서 우리는 큰 규모의 '뉴딜' 방식 공 적 투자 인프라스트럭처의 현대화와 보수, 에너지 전환과 기후 보호를 사람들이 일할 수 있게 하는, 그리고 녹색인 동시에 지속 가능한 미국 경제의 미래 기반을 놓는 수단으로 요청한다. (ATU and TWO 2011)

11월 초에는 전국가사노동자연맹NDWA과 연합가사노동자노조DWU도 이 파이프라인에 반대하는 선언을 발표했다. 이 새로운 노조들은 가정 청소부나 유모 등 배제된 노동자와 산업을 대표하며, 거의 100퍼센트가 여성과 외국 출신 노동자다. 이 노조들이 발표한 키스톤 엑스엘 반대 성명의 내용은 이렇다.

우리 조합원 중 다수는 기후변화와 환경 파괴를 이미 심각하게 겪은 나라에서 왔다. …… NDWA와 DWU는 이 위험한 프로젝트에 반대하는 목소리를 보태려 한다. 우리는 키스톤 엑스엘에 맞서는 노동운동과 함께한다. (NDWA 2011)

그렇지만 다른 많은 대형 노동조합들은 공식적으로 중립을 고수했고, 이런 상황은 이 업데이트를 쓰고 있는 때(2011년 12월)까지 바뀌지 않고 있다. 파이프라인에 반대하는 노조의 목소리들이 있고 파이프라인을 지지하는 노조는 다 해봐야 다섯 곳일 뿐이지만, 주류 미디어는 여전히 '노동조합들은 파이프라인을 원한다'고 보도한다.

2011년 11월 10일, 미국 국무부는 방대한 지하수가 자리한 네브라스카 주 샌드힐 지역과 오갈라라 대수층을 피하는 새로운 후보 경로지에 대한 연구가 끝날 때까지 이 프로젝트에 관련한 연방 정부의 승인 여부 결정을 유보하겠다고 발표했다. 이 과정은 최소한 1년이 걸릴 것이다. 오바마 대통령은 국무부의 결정을 지지하는 성명을 냈다.

환경운동은 '키스톤 유보'라는 결정을 커다란 승리로 여겼지만, 파이프라인 지지 노조들은 거친 반응을 드러내면서 오바마가 실업자와 노동자 가족들에게 등을 돌렸다고 비난했다. 그러나 2011년 12월, 파이프라인 지지 노조들은 공화당 의원들과 협력해 '60일 안'에 키스톤에 관련된 결정을 내리라고 대통령에게 주문하는 지침을 덧붙이는 데 성공했다. 행정부가 경기 부양책으로 도입한 소득세 감면 연장 법안의 일부였다. 국무부와 대통령은 키스톤 엑스엘 건설을 위한 트랜스캐나다의 청원을 2012년 2월 말까지 받아들이거나 기각해야 했다.

2012년 1월 18일, 국무부는 파이프라인의 건설을 승인해달라는 트랜스캐나다의 요청을 거부했다. 거대 노조 세 곳(USW, 전미통신노조^{CWA}, 국제서비스노조^{SEIU})는 승인을 거부함으로써 대통령이 '현명한 행동'을 했다는 성명을 발표했다. 두 운수 관련 노조(ATU, TWU)도 이름을 보탰다. 이 성명에 분개한 레이버러스는 2012년 1월 19일에 블루그린 동맹에서 탈퇴했다.

참고 자료

AFL-CIO (2011) Congressional Voting Record.

Alberta Federation of Laour (AFL) (2009) *Lost Down the Pipeline*, March. www.afl.org (accessed 20 March 2012).

Amalgamated Transit Union and Transport Workers Union (ATU and TWU) (2011) "ATU & TWU Oppose Approval of the Keystone XL Pipeline ang Call for End of Increased Use of Tar Sands Oil". August. www.atu.org/media/raleases/atu-twu-oppose-approval-of-the-keystone-xl-pipeline-and-call-for-end-of-increased-use-of-tar-sands-oil (accessed 14 March 2012).

American Petroleum Institute (API) (2009) www.api.org/news-and-media/news/newsitems/2009/jun-2009/api-labor-sign-historic-jobs-promotion-agreement.aspx (accessed 20 March 2012).

_____ (2011) "API: Keystone XL Pipeline bill will create hundreds of thousands of new American jobs". Cited by Jeremy Brecher, The Keystone XL Pipeline and Labor, Labor Network for Sustainability. www.labor4sustainability.org/articles/pipeline-climate-disaster-the-keystone-xl-pipeline-and-labor (accessed 5 July 2011).

BlueGreen Aliiance, with Economic Policy Institute (2011) *Rebuilding Green: The American Recovery and Reinvestment Act and the Green Economy*. www.bluegreenalliance.org/news/publications/rebuilding-green-the-american-recovery-and-reinvestment-act-and-the-green-economy (accessed 20 March 2012).

Canadian Association of Petroleum Producers (CAPP) (2011) "Oil Sands Fact Book". http://issuu.com/capp/docs/oilsands-fact-book?mode=embed&layout=ttp%3A%2F%2Fskin.issuu.com%2Fv%wFlight%2Flyout.xml&showFlipBtn=true&autoFlip=true&autoFlipTime=6000 (accessed 20 March 2012).

Canadian Labour Congress (CLC) (2008) "Climtat Change and Green Jobs: Labour's Challenges and Opportunities", www.canadianlabour.ca/news-room/publications/climate-change-and-green-jobs-labour-s-challenges-and-opportunities (accessed 13 August 2012).

Committee on Natural Resources (2011) "One Trillion Dollars in Profit — And Still at the Trough: Oil and the Gas in the 21st Century". Democratic Staff Report, US House of Representatives, Senator E. Markey. htty://democrats.naturalresources.house.gov/reports@id=0003.html (accessed 20 March 2012).

Communications, Energy and Paperworkers (CEP) (2009) "Just Transition to a Sustainable Economy in Energy" (Policy 915), www.cep.ca/docs/en/policy-915-e.pdf (accessed 13 August 2012).

Droitsch, D. (2011) "The Link between Keystone XL and Canadian Oilsands Production". Pembina Institute, April. www.pembina.org/pub/2194 (accessed 20 March 2012).

Greenpeace (2008) *BP and Shell: Rising Risks in Tar Sands Investment*. www.greenpeace.org.uk/files/pdfs/climate/RisingRisks.pdf (accessed 20 March 2012).

_____ (2011) "Who's Holding Us Back? How carbon-intensive industry is preventing effective climate legislation". www.greenpeace.org/international/en/publications/reports/Whos-holding-us-back (accessed 20 March 2012).

Hansen, J. (2011) "Inside Climate News". http://insideclimatenews.org/news/20110826/james-hansen-nasa-climate-change-scientist-keystone-xl-oil-sands-pipeline-protests-mckibben-white-house?page=2 (accessed 20 March 2012).

Howarth, R. W., R. Sanoro, and A. Ingraffea (2011) "Methane and the greenhouse gas footprint of natural gas from shale formation". *Climatic Change Letters*, 12 March.

Industrial Heartland Association (IHA) (2007) "Alberta Presentation: Alberta's Industrial Heartland Oilsands". 101 Update, 23 June, pp. 15–18; 31.

Energy Agency (IEA) (2011a) *World Energy Outlook*, Chapter 6. www.worldenergyoutlook.org (accessed 20 March 2012).

_____ (2011b) *World Energy Outlook*. Executive summary. www.worldenergyoutlook.org (accessed 20 March 2012).

Labor Council for Latin American Advandcement (LCLAA) (2011) *Attitudes of Latino voters on Energy Policy and Climate Change*. http://latinocoalitiononclimatechage.org/resources, and www.youtube.com/watch?v=xyTyJb4mmYc, both accessed 20 March 2012.

Moose Jaw Times (Edmonton) (2009) 12 October. www.mjtimes.sk.ca/Canada-World/Business/2009-12-10/article-243834/Albertas-oilsnads:-well-managed-neces-sity-or-ecological-disaster%3F/1 (accessed 20 March 2012).

National Domestic Workers Alliance (NDWA) and Domestic Workers United (2011) "Statement on Keystone XL.". November. www.domesticworkers.org/by-issue/51-allies-news/303-we-need-real-jobs-soulutions-not-the-keystone-xl-pipeline (accessed 20 March 2012).

Sheppard, K. (2011) "The Final Decision on the Keystone XL Pipeline is Coming Soon", *Mother Jones*, 7 October, www.motherjones.com/blue-marble/2011/10/keystone-xl-consideration-moves-final-stages (accessed 13 August 2012).

Stern, T. (2011) "U.S. Special Envoy for Climate Change". Press conference on 11th Meeting at the Leaders. Representative level of the Major Economies Forum on Energy and Climate. Brussels, 26-27 April. www.youtube.com/watch?v=IuuHPQ3ZwT0 (accessed 20 March 2012).

Teamsters (2011) "Message urging members to urge elected officials to support Keystone XL". http://secure3.convio.net/ibt/site/Advocacy?cmd=display&page=UserAction&id=531 (accessed 21 July 2012).

The Perryman Guoup (2010) "The Impact of Developing the Keystone XL Pipeline Project on Business Activity in the US: An Analysis Including State-by-State Construction Effects and an Assessment of the Potential Benefits of a More Stable Source of Domestic Supply". June. www.transcanada.com/docs/Key_Projects/TransCanada_US_Report_06-10-10.pdf (accessed 21 July 2012).

UNEP(2008) *Green Jobs: Towards Decent Work in a Sustainable, Low Carbon World*. September. www.unep.org/labour_envionment/features/greenjobs-report.asp (accessed 20 March 2012).

____ (2010) *Renewables 2010: Global Status Report*. www.unep.org/sefi-ren21 (accessed 21 July 2012).

____ (2011) *Green Economy: Pathways to Sustainable Development and Poverty Eradication*. Ban Ki Moon contribution. www.

globalinitiatives.com/files/B4E_Seoul_2010_summary_report.pdf (accessed 20 March 2012).

US State Department (2011) "Draft Envionmental Impact Statement". www.keystonepipeline-xl.state.gov/clientsite/keystonexl.nsf?Open (accessed 10 March 2012).

World Economicn Forum (WEF) (2011) http://www.weforum.org/news/green-investing-report-examines-ways-reduce-financing-cost-clean-energy (accessed 20 March 2012).

World Wildlife Fund (2009) "Opportunity Cost of Tar Sands Development". BP Annual Review 2009 and Shell March 2008 and 2009 Strategy Update. www.wwf.org.uk/wwf_articles.cfm?unewsid=3758 (accessed 10 March 2012).

16장

청색에서 녹색으로
― 기후변화에 맞선 미국과 스웨덴의 블루칼라 노동조합

메그 깅그리치

이 장은 신제도주의 이론과 규칙 체계[rule systems] 이론을 활용해서 미국의 전미자동차노조[UAW]와 전미철강노조[USW], 그리고 스웨덴의 금속노조인 이에프메탈[IF Metall]과 지자체 노동조합(코뮤날[Kommunal]) 등 노동조합 네 곳이 기후변화 문제에 반응하고 적응하는 과정을 분석한다. 네 노조 모두 변화하는 환경 조건 때문에, 또는 인류가 유발하는 기후변화를 억제하기 위한 경제 생산 정책/변화들을 통해서 일자리가 위협받을 수 있는 노동자들을 대표한다. 이 장의 초점은 기후변화에 대응하는 노동조합의 행동이 지닌 효과성을 측정하는 데보다는, 네 노조가 비슷한 위협에 대응해서 각각 독특한 방식으로 반응한 과정과 이유를 살펴보는 데 있다. 전반적으로 보면 물질적 조건에 결합된 독특한 조직적 상황들과 함께 노조의 활동이 펼쳐지는 좀더 큰 정치적 환경과 경제적 맥락에 따라서 자신들이 내세운 대의에 연관해 각각의 노조가 기후변화의 위협을 받아들이고 표현하는 틀이 결정된다.

사례 선정

미국과 스웨덴을 사례로 선택함으로써 노동조합들이 기후 문제에 관련해 행동하는 이유와 방식에서 많은 비교점과 대조점을 발견할 수 있으며, 정치 구조, 노동조합의 힘, 조직의 형태, 이데올로기 같은 요인들의 중요성을 더욱 잘 평가할 수 있다.

나는 에너지 부문과 에너지 집약 산업에 관련된 노동자들, 또는 온실가스 다배출 영역의 노동자들을 대표하는 두 곳의 스웨덴 노조와 두 곳의 미국 노조를 선정했다. 두 미국 노조와 스웨덴의 이에프메탈은 모두 에너지 집약적 산업이나 생산물이 온실가스를 다량 배출하는 (자동차 생산과 철강 생산 같은) 산업의 조합원들 다수를 대표하는 반면, 스웨덴의 코뮤날은 블루칼라 지자체 공무원과 농업 노동자들을 대표한다. USW와 UAW는 같은 연맹에 속한 블루칼라 제조업 노동조합이고 비슷한 유형의 노동자들을 대표하지만, 기후 문제에 대해서는 다른 길을 걸어왔기 때문에 골랐다. 이에프메탈을 선택한 이유는 조합원의 노동이나 연맹 내부의 규모 측면에서 USW와 UAW에 가장 비교될 만한 스웨덴의 블루칼라 노동조합이기 때문이다. 코뮤날을 선택한 이유는 그렇게 분명하지는 않다. 스웨덴 노동조합 연맹들의 회원 구조 때문에 동일한 사안에 관련해 다르게 행동한 이에프메탈과 비슷한 노조를 찾기 어려웠다. 블루칼라의 연대라는 생각에 기반하는 스웨덴 노총[LO]은 조합원들끼리 경쟁하는 상황을 막기 위해 창립됐고, 따라서 각 노조가 대표하는 노동자의 유형은 거의 겹치지 않는다(Kjellberg 2005). LO에 소속된 연구자들을 접촉하고 예비 연구를 거친 이후, 나는 환경적으로 가장 활동적인 블루칼라 노조로서 코뮤날을 선정했다.

표 1. 조합원 수와 대표 부문(2010)

노동조합	창립 시기	조합원 수	대표 부문
USW	1936년	현역 850,000명 은퇴자 350,000명	금속(알루미늄, 철강), 제지와 임산물, 화학 산업, 보건 노동자, 제약 노동자, 공무원, 광부
UAW	1935년	현역 390,000명 은퇴자 600,000명	자동차, 항공과 군수, 중형 트럭, 농기계, 사무, 전문직
IF Metall	1888년에 Metall 창립, 2006년에 IF Metall로 통합	354,322명	철강, 자동차, 기계 기술, 플라스틱, 건축, 부품, 기술직
Kommunal	1910년	506,878명	보건 노동자 등 블루칼라 지자체 노동자, 버스 운전사, 농업 노동자

출처: www.usw.org; www.uaw.org; www.kommunal.se, www.ifmetall.se; www.lo.se

노동조합 조직률

미국의 노조 조직률은 현재 12퍼센트 정도다. 제조업 부문의 조직률도 12퍼센트로(Hirsch and MacPherson 2011), 제조업 조직률이 가장 높던 1970년대의 40퍼센트에서 하락했다(Waddington 2005). 스웨덴의 전체 노조 조직률은 임금 노동자(이 중 90퍼센트는 단체협약 결과가 적용) 기준으로 2010년에 71퍼센트였다(LO 2010). 블루칼라 노동자의 조직률은 70퍼센트이며, 지자체 노동자의 82퍼센트가 조직돼 있다(Kjellberg 2011).

전미철강노조

USW는 인류가 야기하는 기후변화의 실체를 미국에서 최초로 인정한 노동 조직의 하나다. 이런 사실은 1990년에 낸 환경 정책 보고서 〈우리 아이들의 세계〉에 드러나 있는데, 여기서 '우리 시대의 가장 중요한 단일 환경 쟁점으로서 지구 온난화'가 지목됐다(United Steelworkers 2006a, 2). 환경과 작업장 문제들을 연결시키는 역사적 활동에서 비롯한 여러 가지 방식으로, USW는 기후 악화와 노동자에 대한 경제적 착취 사이의 근본적 관련성을 강조했다. 조합원 다수의 노동이 기후에 직접적인 영향을 미칠 수 있고 기후변화에 맞서 싸우는 시도들이 조합원들의 고용을 위협할 수 있다는 점을 인정하면서도, USW는 이 위기를 해결하는 유일한 길은 조합원들을 보호하기 위해 방어적으로 행동하기보다는 노동과 기후를 연결된 쟁점으로 결합시키는 것뿐이라고 계속 주장해왔다(Young 2009; United Steelworkers 2006a). 〈우리 아이들의 세계〉를 발표한 뒤 USW는 기후와 노동 사이의 불가분의 연결성을 기반으로 하는 행동 전략들을 발전시켰다. USW의 의장 레오 제라드Leo Gerard는 말했다. "생산에서 유발되는 오염의 대부분은 노동자 착취를 유발하는 것과 동일한, 줄어들 줄 모르는 이윤의 요구와 탐욕에서 생겨난다"(Grossfeld 2008).

경제적 착취와 생태적 착취 사이의 관계를 인정하고 난 뒤 USW는 이런 인식 위에서 행동하고 노조의 목표 속에 이 연결된 쟁점을 통합시키는 과제가 필수적이 됐다. USW는 조직 구조를 활용해 이 목표를 달성하려 했고, 덕분에 기후변화 대응 행동을 포함해 여러 수준의 행동과 실험이 시도될 수 있었다(Young 2009). 특히 11지구(미네소타 주부터 워싱턴 주, 알래스카 주까지 포괄한다)의 전 의장 데이비드 포스터가 주도해 1990년대에 벌어진 지역 수준의 행동들은 고목림 벌목 같은 쟁점들에 관련해 환경 그룹과 노조의 공동 활동이 출현할 수 있는 계기가 됐다(Young 2009). 노조가 가진 연방 수준의 조직 구조, 그리고 연방 수준에서 직접적으로 시급한 사안으로 간주되는 영역 바깥의 쟁점들을 각 노조 지부가 다룰 수 있는 역량 덕분에 포스터는 이렇게 해당 지구 수준에서 환경 행동주의의 중요성을 부각시킬 수 있었다. 게다가 이런 지구 수준의 활동은 다른 사회 그룹들(특히 환경주의자)과 대화하고 배우고 행동하게 자극했으며, 노동자에 대한 위협뿐 아니라 노동자에게 일자리를 제공할 환경의 지속가능성에 대한 위협에 함께 대응하는 것을 목표로 하는 좀더 포괄적인 노조 행동주의의 창출을 도모할 수 있게 해줬다.

더욱이 USW는 기후변화와 기후변화가 미치는 불평등한 영향(부자와 빈자, 남반구와 북반구 사이의)을 기술적 개선으로 해결할 수 있는 단순한 기술적 실패보다는 경제적 분배의 불평등성에 연결하는 관점을 취한다(물론 USW에 따르면 더 녹색인 기술을 촉진하는 과제는 여전히 중요하기는 하다)(United Steelworkers 2006a). USW는 기후변화와 기후변화에 대응하는 행동이 제기하는 조직적 위협에 대해 기후 노동climate work을 노조의 임무에 포함시키는 식으로 적응했다. USW는 이 쟁점을 기후 문제의 원인을 인식하고 문제 해결에 참여하는 것을 조합원들의 핵심적 활동으로 만드는 방식으로 규정했다. 이런 사실은 환경 친화형 제품으로 생산을 전환하고 재생 가능 에너지원 활용을 발전시키는 데 조합원들이 기꺼이 함께하도록 제라드가 강조하는 데에서도 잘 드러난다(Gerard 2009). USW는 조합원들이 기후변화의 영향을 인정하기 시작하는 일뿐 아니라 자신의 전문 지식과 기술을 좀더 녹색인 경제로 향하는 길에서 다양한 유형의 고용을 활용하는 문제에서도 적극적인 구실을 할 수 있다고 주장한다. 게다가 환경적으로 활동적인 노조인 페이스The Paper, Allied-Industrial, Chemical and Energy Workers International Union·PACE(1973년에 셸 석유에 대항해 환경 파업을 펼친 최초의 노동조합 중 하나인 석유화학원자력노동조합을 포함한다)와의 조직 통합도 이 노조가 기후변화에 맞선 투쟁을 자신들의 존재 이유에 완전히 통합하게 만드는 원동력이 됐다. 이제 USW는 다양한 수준에서 노조의 일상적 쟁점들을 기후변화를 포함하는 더욱 커다란 환경 문제에 연결하는 잘 갖춰진 보건 안전과 환경 관련 부서를 보유하게 됐다.

더 나아가 USW는 조합원들을 보호하고 미국의 제조업 부문을 유지하기 위한 해법을 옹호한다(Gerard 2006; Greenhouse 2008). 따라서 USW의 모든 정책 서약, 정책 보도 자료, 인터뷰는 환경 기준을 상향하는 나라에 대응해 자본 도피를 할 수 있게 허용하는 무역 협정 조항에 맞서는 해법을 지지한다는 사실을 보여준다. USW는 상품 소비(미국 법제의 대상은 대체로 생산에 관한 것일 때가 많다)에 대한 누진 과세를 주장하며, 이런 조치를 통해 회사들이 환경 기준이 낮은 나라에서 만들어진 상품 수입을 방편으로 배출 법제 준수를 회피하지 못하게 할 것도 요청한다(Gerard 2009). 따라서 USW는 녹색 일자리(논쟁적인 정의를 갖는 용어다)에 초점을 두는데, 나아가 녹색 일자리를 제조업 노동자들이 풍력 터빈이나 공공 운송 수단 같은 환경 친화형 상품을 생산하게 함으로써 미국 제조업 부문을 재활성화하기 위한 일자리로 정의한다(United Steeworkers 2008b). 더욱이 USW는 자본 도피와 환경 파괴 때문에 큰 타격을 입은 도시 지역(이를테면 화학 공장 주변 지역은 더욱 빈곤한 경향이 있다)을 재생하는 수단으로, 그리고 빈곤을 벗어나는 통로로 녹색 일자리 창출을 옹호한다(Apollo Alliance 2008). 미국 정치 체제에서 (이를테면 민주당에게서) 자신들의 기후 활동에 관련된 정당성을 획득하기 위해 USW는 지나치게 급진적으로 보이지 않는 해법들을 제시해야 한다. 그런 과제에 대한 응답으로 USW는 미국의 제조업 기반을 유지하는 동시에 전국적으로 온실가스 배출을 줄이기 위해서 국내에 한정된 시장 기반의 탄소 배출권 거래제 시스템을 지지한다. USW는 기후 쟁점을 (이를테면 엄격한 온실가스 감축 메커니즘이 규제가 느슨한 곳으로 향하는 자본 도피를 초래하는 탄수 누출carbon leakage를 통해) 미국 산업의 경쟁력 상실을 초래하게 만들 수 있는 문제로 종종 간주한다. USW는 노동조합의 구실은 기후변화에 맞서려는 모든 정책이 미국 기반의 노동력 보호를 보장하게 하는 것이라고 주장한다.

또한 노동과 기후 사이의 직접적인 관련성을 강조하는 데에서 출발해 USW는 노동과 환경 조직들을 모두 포함하는 진보적 동맹의 창출이 경제적으로 정의로운 해법을 추구하면서 기후 쟁점을 포괄적으로 해결하는 데 핵심이라고 본다. 따라서 USW는 시에라 클럽 같은 폭넓은 기반을 지닌 환경 행위자들과 동맹을 형성해 2006년에 블루그린 동맹을 창립했으며, 이 동맹은 현재 여섯 개 주에서 활동하면서 장기적인 단결된 노동-환경 세력의 창출을 도모하고 있다.

전미자동차노조

UAW는 인류가 불러온 기후변화와 그런 변화가 가져다줄 영향의 존재를 인정하는 데 느렸고, (1980년대와 1997년의 교토 의정서 때까지도) 기후변화에 적절히 대응하기 위해 이산화탄소 배출을 줄일 필요성에 초점을 두는 과학적 주장의 유효성에 반기를 드는 기업 편을 들었다(Obach 2004a). 그런 주장을 (기후변화의 문제보다는) 자신들의 생존에 대한 근본적 위협으로 해석한 UAW는 기후변화를 둘러싼 과학적 불확실성을 강조하면서 조합원들의 일자리를 보호하기 위해 방어적으로 행동했다. UAW의 조합원 수는 크게 하락했는데, 1970년대에 100만 명 정도로 정점을 찍었다가 지금은 39만 명 정도가 된다. UAW는 자동차 산업이 제공하는 일자리를 노동계급이 중간계급으로 상향 이동하는 현상에 직접 연결해서 바라봤고, 자동차를 미국 생활의 근본적 측면으로 인식했다. 이런 인식은 미국 문화에서 생산되는 자동차와 일자리에 대한 지배적 관념과 같은 선상에 있었다. 자동차의 배출을 타깃으로 하는 기후변화 쟁점과 주장들은 미국의 계급 이동성이 갖는 이런 근본적 측면에 위협을 제기하는 요소로 생각됐다.

인류가 초래한 기후변화를 둘러싼 일반적 합의가 증대하면서 UAW는 이 문제를 다루지 않을 수 없게 됐다. UAW는 기후변화의 잠재적 영향과 제안된 해법들이 모두 조합원의 일자리에 위협이 된다는 틀을 씌웠다(Uinted Auto Workers 2009). 현재의 조합원을 보호하는 전략을 활용하면서 UAW는 강화된 기업 평균 연비 제도Corporate Average Fuel Economy·CAFE가 조합원의 노동을 일방적으로 불리하게 할 것이라는 주장을 계속했다. 의회 증언에 나선 UAW의 전 의장 론 게틀핑거는 CAFE의 효과를 평가 절하하면서 그 제도가 경상용차 산업과 미국 노동자들에게 큰 피해를 준다고 주장했다(Gettelfinger 2007). 기후변화의 존재를 마지못해 인정하기는 했지만 UAW는 여전히 협소한 관점을 유지하면서 거의 모든 활동을 자동차 배출 기준을 둘러싼 입법 문제에 대해서만 할애하고 있다.

배출 입법을 불공정하게 미국 자동차 산업을 타깃으로 삼는 조치로 보면서 UAW는 대안을 제시했는데, 이것은 배출량이 큰 모든 산업을 동등하게 대상으로 삼은 방안이었다. 게틀핑거는 한발 더 나아가서 미국은 배출 감축 방식 논의의 모든 부문을 포함하는 '포괄적 정책'을 필요로 한다고 말했다(Gettelfinger 2007). UAW는 배출 기준이 강화돼 노동 기준과 환경 기준이 더 낮은 주나 나라로 자동차 제조업이 이동하는 것을 원하지 않는다. UAW는 이 쟁점에 미국 중간계급의 존재를 위해 자동차 산업이 필수적이라는 틀로 대응한 다음, 자동차의 다배출 문제를 풀 해법은 산업의 존속을 보장하기 위해 더 청정한 기술을 연구개발 하는 데 정부 자금이 투입되는 방식이어야만 한다고 주장했다. 그래서 UAW는 새로운 '마셜 플랜'을 요청한다(United Auto Workers 2009). 궁극적으로 UAW는 이 쟁점을 생존의 문제라는 틀 속에 두며, 따라서 UAW의 해법은 자동차 산업이 미국의 경제와 사회적 삶 속에 계속 자리를 유지하도록 보장하는 것을 목표로 한다.

미국 자동차 산업의 생존을 보장하는 데 초점을 두는 입장에 바탕해서, 그리고 미국의 연방 체제와 상호 작용하는 한편으로 기후변화에 적극 대응할 필요성을 인식하면서, UAW는 다양한 지역적/국가적 법제를 만드는 입법보다는 단일한 국가 연비 기준을 만드는 싸움에 주력했다. UAW는 배출 기준 관련 입법에 영향을 끼치도록 민주당 내부에서 자신들의 영향력을 주로 활용했다. 최근 UAW는 밥 킹을 신임 의장으로 선출했는데, 킹은 기후 문제가 마지못해 대응해야 하는 문제보다는 노동조합 내부에서 좀더 통합적인 관심사가 돼야 한다고 주장한다. UAW는 자신들의 이해관계가 너무 다르다고 주장하면서 환경 그룹들과 함께 활동하지는 않았지만, 킹 의장이 선출된 뒤에는 USW가 이미 결합하고 있던 블루그린 동맹에 합류했다. 이런 변화는 조합원 수 감소와 미국 자동차 산업의 위기에 모두 대응하는 과정에서 UAW의 전략에서 일어난 좀더 큰 전환의 일부다. 기후변화에 대한 UAW의 이해, 인식틀과 행동에서 실질적 변화가 있을지를 지금 시점에서 평가하기는 어렵다.

스웨덴 금속노조

이에프메탈은 처음에는 기후변화의 위협과 기후변화와 인간 활동의 관련성을 인정하기를 꺼려했지만, 결국 1990년대 중반에 들어와서는 '다른 이들도 그렇다면'이라는 전제 아래 이런 문제를 인정했다고 한 연구자는 전한다(Bern 2009). 이에프메탈은 스웨덴 사민당SAP과 강력한 역사적 유대 관계를 맺고 있다. 이 노동조합은 1990년대 중반에 사민당 소속인 전 국무부 장관 예란 페르손Göran Perrson이 기후 쟁점을 옹호하는 데 영향을 받았다(Bern 2009). 기후변화의 위협을 인정하면서도 이에프메탈은 조합원의 에너지 집약적 노동이 기후변화에 많은 기여을 한다고 생각하지 않으며, 스웨덴은 경제 성장과 탄소 배출 감축을 결합시킬 수 있다고 주장했다(Bern 2009). 이런 주장은 강력한 제조업 부문과 효과적인 재분배 정책을 가진 수출 기반 경제를 통해 달성되는, 스웨덴식 맥락의 노동자의 물질적 복지에 초점을 두는 노동조합의 사민주의적 이데올로기와 일맥상통한다. 기후변화에 관련한 이에프메탈의 활동은 국제적 맥락보다는 스웨덴 국내에서 주로 펼쳐진다.

일반적으로 이에프메탈은 경험 많고 체계를 갖춘 행위자들과의 협의와 타협을 통해 (기후변화를 포함하는) 문제들을 해결할 해법을 찾으려 한다. 이런 방식은 환경 관련 이해집단 등 스웨덴 정치 체제 내부에서 새로운, 그리고 (이에프메탈이 볼 때) 교란을 일으킬 수 있는 행위자들을 받아들이거나 함께하기를 주저하는 태도를 낳는다. (이에프메탈도 가입한) 대형 블루칼라 노동조합 연맹인 LO는 네오코포라티즘 정치 체제 내부의 주요 행위자 중 하나다. 이 연맹은 특수한 노동-자본 관계의 제도화에서 중요한 구실을 했고, 이런 상황은 노동자가 정치 체제 내부에서 중심적인 역할을 가질 수 있게 만들었다. 이에프메탈은 오랫동안 LO의 최대 노조였고, 20세기 후반 대부분에 특수한 역량과 더불어 사민당과 강한 유대를 가졌다. 그래서 이전 사민당 정부의 석유위원회 Oljekommission에 이사로 참여했고, 이 위원회는 재생 가능 에너지 관련 정책과 아이디어를 발전시키려 노력했다. 이에프메탈은 이렇듯 사민당, 그리고 산업 파트너들과의 활동을 통해서 기후/환경 활동 대부분을 집중했다. 지금도 이 노동조합은 자기 조직의 영향력의 대부분을 역사적으로 형성된 이런 행위자들을 통해 실현하려 하고 있다. 2006년부터 스웨덴의 집권당은 중도 우파 온건당이었다. 이에프메탈이 이 당의 환경/기후 정책에 협력하거나 영향을 끼칠 계획이 있느냐고 묻자 한 연구자는 딱 잘라 말했다. "아뇨, 그럴 일 없습니다"(Bern 2009).

그렇지만 이에프메탈이 기후 문제를 인정하면서 환경 그룹들이 정당성을 키워감에 따라(Bern 2009), 그리고 사민당과 스웨덴 노동조합들의 역량과 영향력이 하락함에 따라, 노동조합은 이런 그룹들과 대화할 수 있다는 생각을 받아들이기 시작했다. 이에프메탈의 다수는 환경 쟁점들에 관련해 산업이나 국가와 함께 중앙 노조가 작업에 참여해 기술적 해법들을 발전시키는 방식을 옹호했고, 환경 그룹을 상대로 해서는 협의를 하거나 의견을 듣는 사례가 드물었다(Bern 2008). 이에프메탈이 에너지 문제에 관련해 발표한 핵심 보고서인 〈산업 ― 해법의 한 부분〉은 이에프메탈의 조합원들이 일하는 12개의 주요 기업을 만나 인터뷰하거나 그 기업들에서 모은 자료가 활용됐지만, 환경 조직들을 상대로 한 협의는 포함돼 있지 않다.

더욱이 이에프메탈은 사민당에 대한 영향력을 포기하고 싶어하지 않으며, 녹색당Miljöpartiet과 좌파당Vänsterpartiet 같은 다른 정치 파트너들이 지닌 시각과 제안을 받아들이는 데 비판적이거나 속도가 느리다(Johnsson and Pettersson 2009).**1** 게다가 이에프메탈은 핵발전 유지를 지지하지만, 스웨덴의 주요 환경 그룹들은 핵발전에 단호히 반대하며 사민주의자 내부 그룹도 그렇다(Friberg 2008). 이 쟁점은 논쟁적이며, 노동, 환경 그룹, 정당들 사이의 파트너십을 둘러싼 상황을 복잡하게 만들었다. 그렇지만 이에프메탈에 속한 한 연구자는 이 문제가 언론에서 과장되고 부풀려졌을 뿐 큰 문제는 아니라고 생각한다(Bern 2009).

지자체 노동조합

코뮤날은 주로 1992년 리우데자네이루에서 열린 지속 가능한 발전에 관한 유엔환경개발회의에 영향을 받은 결과, (1994년에) 스웨덴에서 가장 녹색 성향을 띤 노조가 되겠다고 대담하게 발표했다(Berglund 2009). 이런 발표는 환경 쟁점들이 노동조합의 주요 문제로 여겨지지 않던 상황을 볼 때 새로운 행동 영역을 사업 구획 안으로 포함하려는 열망을 반영했다. 그렇지만 이 경우에 제도적 지체가 일어났고, 쟁점에 대한 이해에서 전환이 있기는 했지만 기성의 규범과 행동 규칙들이 이런 이상의 온전한 실현을 가로막았다(Berglund 2009). 그렇지만 여전히 코뮤날은 기후 쟁점을 자신들의 행동을 규정하는 틀로 통합하는 데 적극적이며, 조합원의 선택과 행동이 직접적인 기후 영향을 갖는 만큼 이 쟁점을 노조의 핵심 과제로 제시하고 있다(Thörn 2007).

---

1 2010년 선거와 중도 우파 동맹의 재집권 이후 좌파당-녹색당 동맹은 해체됐다.

코뮤날은 이 문제를 조합원들의 라이프 스타일과 노동을 통해 다뤄질 수 있는 사안으로 인식하며, 기후변화를 국제적 쟁점으로 개념화하고 프레임을 설정한다. 기후변화 대응에 관련한 코뮤날의 수사는 스웨덴과 해외에서 모두 지속 가능한 농업 관행의 필요성에 초점을 두는데, 바로 이 영역에서 노동과 기후 사이의 연관성이 가장 뚜렷하기 때문이다(Kommunal 2008; Berglund 2009). 코뮤날은 2002년에 농업노동자노조와 통합했는데, 코뮤날이 환경 활동의 범위를 확대하고 싶어한 것도 이유가 됐다. 농업노동자노조는 노동과 환경 사이의 직접적인 연관성을 예증했고, 자신들의 환경 관련 노동이 특별한 중요성을 가질 수 있는 영역이라는 점을 보여줬다. 통합 이후에 농업노동자들이 기후에 관련시키는 농업 문제들은 코뮤날이 펼치는 환경 활동의 통합적인 일부가 됐다. 이런 점은 기후가 농업에 미치는 영향을 줄이는 일의 중요성과 그런 과정에 활용할 특별한 수단들을 논의한 2010년 6월 총회에서 발표된 보고서 〈물 주기, 비료 주기, 솎아주기Vattna, gödsla och gallra〉에서도 볼 수 있다. 이 총회에서는 비농업노동자들이 먹거리 선택과 기후 영향 사이의 관계를 인식하게 하는 문제의 중요성도 논의했다.

이 노동조합은 북반구가 기후변화의 원인과 영향에 일방적인 책임을 갖고 있는 반면, 남반구는 그런 영향 때문에 일방적인 타격을 감내한다는 점을 강조한다. 코뮤날의 전 의장 일바 쏜Ilva Thörn은 2007년에 이렇게 말했다. "여러 해 동안 부유한 나라의 우리들은 쓰레기를 개도국에 투기하는 환경 악당이었다. 이제 와서 그 나라들에 우리가 만든 난장판을 치우라고 요구할 것인가?"(Thörn 2007, 3) 따라서 이런 쟁점의 완전한 통합에 대한 내부의 장벽들에 맞선 대응으로, 그리고 국제적 노동자 연대에 대한 강조 때문에 이 노동조합은 기후 문제를 자신들의 행동 영역

안으로 통합할 필요가 있다고 믿는다. 더욱이 코뮤날은 이 쟁점을 이를 테면 젠더(개발도상국의 여성들은 기후변화에서 가장 많은 영향을 받고 있으며 받게 될 것이라고 언급하면서)와 계급 같은 착취의 다른 형태들에 연관된 것으로 바라보며, 스웨덴 안과 밖에서 좀더 큰 사회적 불평등에 대응해 작업장을 넘어서 싸우는 것이 언제나 노동조합의 소임이라고 간주한다. 쏜이 말한 대로 '올바름/공정함과 연대, 그리고 경제적 부담과 환경적 부담의 경감'을 돕는 것이 노동조합의 역할이다(Thörn 2007, 3). 전반적으로 볼 때 코뮤날은 기후변화 쟁점을 자신들의 행동을 규정하는 틀 속에 통합하는 데 성공했다. 이런 결과는 노동조합의 역할이 협소한 작업장을 넘어서서 더 큰 사회로, 심지어 국제적으로 확대돼 평등과 사회 정의를 지키는 것이어야 한다는 믿음에서 비롯됐다.

코뮤날은 노동조합이 교육적인 역할을 해야 한다고 믿으며, 조합원들에게 기후변화의 원인과 영향뿐 아니라 시민으로서 할 수 있고 해야 할 일들에 관해서도 교육한다(Kommunal 2008). 노조 소식지, 총회 발간물과 연설문을 통해서 코뮤날은 가정에서 실천하는 에너지 절약, 사용자에게 에너지원을 바꾸거나(스웨덴에서 공공 부문 난방과 에너지 소비에서 나오는 배출은 전체 배출량의 10퍼센트 정도를 차지한다) 지역에서 비에너지 집약적 방식으로 생산하는 식재료를 이용하라고 압력을 넣는 등의 행동을 강조한다. 이런 강조는 기후 쟁점에 관련해 조합원들의 행동과 영향력에 좀더 직접적인 연계를 형성할 필요성으로 해석되며, 그만큼 노동조합이 펼치는 사업을 규정하는 틀로 작용한다(Kommunal 2008).

비교와 결론

네 노동조합은 모두 기후변화에 대한 투쟁을 조합원의 보호라는 견지에서 정의하고 있지만, 기후변화 위협에 대응하고 프레임을 만드는 방식에서는 뚜렷한 차이를 보여준다. 이런 차이는 부분적으로는 노동조합이 활동하는 공식적 규칙과 비공식적 정치 문화에 따라 설명될 수 있다. 여러 학자들은 미국 정치 체제의 경쟁적이고 연방적이며 다원적인 본성이 제도적이고 사회적인 변화에 영향을 끼치려는 조직들에 하나의 역설을 제시한다고 주장한다. 유효한 목적을 갖고 있다고 인식되기 위해서 각자 자신들을 차별화해야 하지만, 동시에 경제적으로 살아남고 정치적 로비력을 갖기 위해서는 다른 조직들과 연합해야 한다는 점 말이다(Obach 2004b; Imig 1992).

이런 주장과 대조적으로 스웨덴의 사회정치적 체제는 네오코포라티즘으로 규정되며, 여기서 사회적 긴장과 갈등(현존하는 것과 잠재하는 것 모두)은 제도화된 통합적 전략들을 통해 조정된다(Burns and Carson 2005). 긴장을 해결하기 위한 전략들이 잘 갖춰져 있을 뿐 아니라 노동조합과 환경운동 조직들을 포함하는 정당성을 보유한 체제 내부의 행위자들도 마찬가지다. 이런 차이는 스웨덴보다 미국에서 더 많은 동맹들이 존재한 이유, 그리고 UAW가 조합원을 방어하기 위해 그토록 협소하게 행동한 이유를 이해하는 데 도움을 준다. 코뮤날과 이에프메탈 모두 기성의 행위자들을 상대로 하는 대화의 중요성을 강조한다. 자신들이 체제 내부에 자리한 기성의 행위자들이기 때문에, 코뮤날과 이에프메탈은 환경 그룹들과 연합할 필요를 느끼지도 **않았고** 미국 노동조합들처럼 협소하게 행동하지도 **않았다.**

조직 구조와 물질적 조건도 다른 나라에서 노동조합들의 다른 접근을 설명하는 중요한 결정 요인이다. USW와 UAW는 둘 다 연방 수준의 구조를 가졌지만, UAW가 USW보다 훨씬 지역적으로 집중돼 있고 더 좁은 조합원을 대변한다. 이런 조건은 조합원의 숫자 감소와 산업의 위기에 더불어 미국의 두 노조가 왜 그렇게 기성의 조합원들에 대해, 그리고 자동차 부문의 존속에 대해 방어적이었는지를 설명하는 데 도움이 된다. USW가 대변하는 조합원과 고용 유형은 훨씬 다양한데, 이런 특징 덕분에 다층적인 수준에서 환경 관련 활동을 실험할 수 있는 자유와 기회를 얻을 수 있었다.

마찬가지로 이런 특징은 그만큼 많은 부정적 영향을 미치게 될 경제 부문들에 견줘 UAW 조합원들에게 잠재력을 갖는 목표로서 녹색 경제를 향한 전환을 옹호하게 해준다. 미국 노동조합들처럼 스웨덴 노동조합들의 구조는 더 큰 국가 구조를 반영한다. 두 노조 모두 작업장 지부들을 거느린 중앙 집중형 구조다. 따라서 기후변화에 관한 대부분의 행동과 의사 결정은 중앙에서 나와 교육을 통해 조합원들에게 확산된다. 이런 모습은 기후, 동맹, 행동주의의 대부분이 지방과 지역 수준에서 조직되는 USW와 극명히 대조된다.

코뮤날은 여전히 매우 중앙 집중적이면서도 기후변화를 노동조합의 쟁점으로 통합하기 위해 다층적인 수준의 활동을 활용했지만, 이 경우에는 국제적 수준을 무대로 삼았다. 이런 선택은 기후 문제를 노동조합의 대의로 온전히 통합하는 데 주저하는 내부 분위기에 대응한 반응이기도 했지만, 지도부는 기후변화를 노조의 핵심 쟁점의 하나로 만들려는 의욕이 강했다.

전반적으로 우리는 노동조합이 활동하는 조건과 구조가 어떻게 노조가 기후변화 같은 다양한 위협들에 반응하는 데 영향을 끼치는지를 알 수 있지만, 이런 차이가 노동조합의 행동을 결정하고, 쟁점을 이해하고, 프레임을 만드는 유일한 결정 요인이 아닌 것은 분명하다. 이런 점은 각국의 조건 속에서 두 노동조합이 서로 완전히 다르게 행동한 사실에서 증명되는데, 실제로 두 나라의 두 노동조합 사이보다는 USW와 코뮤날 사이에서, 그리고 UAW와 이에프메탈 사이에서 더 많은 유사성을 발견할 수 있을 것이다.

노동조합들 사이의 차이를 이해하는 데 유용한 또 하나의 개념은 어떤 쟁점을 조직의 주요 동기와 연결하는 집합적 해석에 관련된다. 집합적 해석뿐 아니라 이데올로기도 중요하다. 이런 요소들은 한데 결합해 쟁점, 문제, 이해관계, 목표, 문제의 해법을 개념화하는 방식에 영향을 미친다. 유사한 목표를 갖는 행위자들 사이에서도 차이가 있는 이런 집합적 해석과 이해에 초점을 맞춤으로써, 우리는 적극적인 노동조합들, 곧 USW와 코뮤날 사이의 유사성의 일부를 이해하기 시작할 수 있다. 두 노동조합 모두 사회적 노조주의social unionism의 틀 안에서 활동하는데, 사회적 노조주의는 노조의 역할이란 작업장을 넘어서는 것이며, 어떤 주어진 쟁점에 대해 직접적인 연관이 있든 없든 간에 사회적 문제들을 개선하기 위해 노동조합이 자신들의 사회적, 경제적, 정치적 지위를 적극적으로 활용하는 것이라고 전제한다.

따라서 코뮤날은 사회적 노조주의에 입각해서 기후변화를 자신들의 행동이 필요한 핵심적인 사회적이고 경제적인 문제라고 믿으면서 이 사안을 노동조합의 쟁점으로 만들었다. 이런 결정은 부분적으로는 국제적인 사회적, 경제적, 정치적 문제에 대응하는 자신들의 역사적 전통에 기반한다. 이런 틀 때문에 코뮤날은 기후변화를 인류에 대한 근본적 위협으로 규정하게 됐고, 사회적 노조주의와 국제주의에 대한 강조는 코뮤날이 이 쟁점을 국제적인 경제적 불평등과 착취에 관련된 문제로 보게 만들었다.

또한 이런 틀은 코뮤날이 기후변화를 조합원의 일상적 활동에 관련되는 요소로 보게 만들었다. 따라서 코뮤날은 개인과 도시 수준의 행동과 기후에 미치는 영향 사이의 관계를 교육하고 설명하는 데 초점을 맞췄다. 이런 사례와 비슷하게 USW는 사회적 노조주의의 이데올로기에 기반해 활동하는 한편 기후변화를 성격상 국제적인 문제로, 그리고 조합원을 포함하는 민중들의 사회적이고 경제적인 안녕에 근본적으로 관련되는 문제로 규정했다.

UAW와 이에프메탈은 부분적으로는 자신들의 역사적 힘 때문에, 좀 더 협소한 이데올로기적 시각을 유지하면서 산업과의 파트너십을 유지하고 기성의 조합원과 제도적 힘을 방어하는 데 초점을 둔다. 결과적으로 두 노조는 특히 기후변화에 관련한 새로운 사고들을 노조의 이데올로기에 통합하기를 꺼려왔다. 시간이 흐르면서 두 노조는 기후변화가 노동조합이 다뤄야 할 쟁점이라는 현실을 마지못해 받아들였고, 대체로 자신들이 활동하던 틀에 맞춰 이 문제를 제시하는 방식을 결정했다. 특히 UAW와 이에프메탈은 이 도전을 기성의 산업 관행을 수정하고 이미 정당성이 증명된 산업이나 특정 정당 같은 행위자들과 함께함으로써 극복될 수 있는 문제로 여긴다. 이런 특징은 이에프메탈의 경우에 특히 분명한데, 이에프메탈은 한때 스웨덴의 최대 노조였지만 최근에는 조합원 수가 줄어들고 있다.

UAW와 유사하게 이에프메탈은 역사적으로 형성된 자신들의 제도적 역량을 지키기 위해 방어적으로 행동했다. 전체적으로 볼 때 이런 역량은 조직 구조, 대표하는 고용 유형, 정치 구조, '게임 규칙' 등을 포함하지만, 여기에 국한되지 않는 다른 여러 요인들이 어떤 공동의 위협에 맞선 노동조합의 대응 방식에 영향을 미치는 각 조직과 핵심 행위자들의 기후변화에 대한 집단적 해석과 결합하는 상호 작용이다.

이런 분석은 영향력을 끼치는 요인들과 정치적 국면들의 관계에 따라서 노동조합들은 노동과 환경 쟁점을 결합하고 기후변화에 대한 해법을 찾는 과정에서 통합적인 역할을 수행할 수 있다는 사실을 보여준다.

참고 자료

Apollo Alliance (2008) "The New Apollo Program: Clean Energy, Good Jobs", in *An Economic Strategy for American Prosperity*, Apollo Alliance, San Francisco.

Berglund, S. (2009) Interview with the author, 19 March.

Bern, A. -B. (2008) *Industrin-en del av lösningen*, Sandvikens Tryckery, Stockholm.

_____ (2009) Interview with the author, 26 March.

Burns, T. and Carson, M. (2005) "European Union, neo-corporatists, and pluralist goverment arrangements: lobbying and pilicy-making patterns in a comparative perspective", *International Journal of Regulation and Governance*, vol. 2, no. 2, pp. 129-175.

Friberg, L. (2008) "Conflict and Consensus: The Swedish Model of Climate Change", in H. Compsten and I. Bailey (eds), *Turning Down the Heat*, Macmillan, New York.

Gerard, L. (2006) "United Steelworkers: Speeches/Interviews-Testimony of Leo W. Gerard on Aspects of Trade on Climate Change Before the Subcommittee on Trade", www.usw.org (accessed 24 January 2009).

_____ (2009) "United Steelworkers: Speeches/Interviews-Testimony of Loe W. Gerard on Aspects of Trade on Climate Change Before the Subcommittee on Trade", www.usw.org (accessed 7 April 2009).

Gettelfinger, R. (2007) "Testimony of Ron Gettelfinger before the Subcommittee on Energy and Air Quality; Committee on Energy and Commerce", Testimony of Ron Gettelfinger, President, International Union, United Automobile, Aerospace & Agricultural Implement Workers of America (UAW) on the subject of "Climete Change and Energy Security: Perspectives from the Automobile Industry", US Goverment Printing Office, Washington, DC.

Göteborgs-Posten (2008) "Metall ska försöka ändra mp:s poliik", 17 May.

Greenhouse, S. (2008) "Millions of Jobs of a Different Collar", *The New York Times* 26 May.

Grossfeld, J. (2008) "Leo Gerard 'Absolutely Indispensable' to Labor-Environmental Alliance", *USW News*, 16 June.

Hirsch, B. and MacPherson, D. (2011) www.unionstates.com, accessed 29 November 2011.

IF Metall (2008) "IF Metall: Industrin ska bidra till en bra miljö", 7 March, www.ifmetall.se, accessed 29 January 2009.

_____ (2008) "IF Metall: Gruppvisa diskussioner om programförklaringen", IF Metall Kongress, Stockholm.

_____ (2008) "Kongress Extra: IF Metalls första ordinarie, Kongress 13-16 Maj 2008", *Kongress Extra*, IF Metall, Stockholm, pp. 1-8.

Imig, D. (1992) "Resource Mobilization and Survival Tactics of Poverty Advocacy Groups", *The Western Political Quarterly*, vol. 45, no. 2, pp. 501–520.

Johnsson, G. and Pettersson, L. O. (2009) "Sahlins samarbete stort hot mot partiet", *Dagens Nyheter*, 14 February.

Kjellberg, A. (2005) "Mergers in a Class-segmented Trade Union System", in J. Waddington (ed.) *Restructuring Representation: The Merger Process and Trade Union Structural Development in Ten Countries*, P.I.E.-Peter Lang, Brussels.

_____ (2011) "The Decline in Swedish Union Density Since 2007", *Nordic Journal of Working Life Studies*, vol. 1, no. 1, pp. 67–93.

Kommunal (2008) "Klimatpolitik i pratiken-hur gör man", www.socialdemokraterna.se/Internationellt/Klimatekonferens-den-6-september, accessed 26 January 2009.

LO (2010) "LOs Energi Politik", Trade Union Policy Report, LO, Stockholm.

Obach, B. (2004a) *Labor and the Environmental Movement: The Quest for Common Ground*, MIT Press, Cambridge, MA.

_____ (2004b) "New Labor: Slowing the Treadmill of Production?" *Organization and Environment*, vol. 17, no. 3, pp. 337–354.

Thörn, Y. (2007) "Ylva Thörn"s tal pa Kongressen", *Kommunal*, Stockholm.

United Auto Workers (2009) "UAE: Energy and Environment", *UAW Website*, www.uaw.org, accessed 26 January 2009.

United Steelworkers (2006a) "Securing Our Children"s World: Our Union and the Environment", *United Steelworkers*, Pittsburgh, PA.

_____ (2006b) "USW Slams Feds for Turning Blind Eye to Public Health Threat", *USW News*, 13 November.

_____ (2008a) "United Steelworkers: Health, Safety and Environment Department", www.usw.org, accessed 26 January 2009.

_____ (2008b) "USW: BlueGreen Alliance", www.usw.org, accessed 26 January 2009.

Waddington, J. (2005) "United States: Merging in a Hostile Environment", in J. Waddington (ed.) *Restructuring Representation: The Merger Process and Trade Union Structural Development in Ten Countries*, P.I.E.-Peter Lang, Brussels.

Young, J. (2009) Interview with the author, 6 March 2009.

17장

노동조합 그리고
'현실의 지속 불가능성'에서 전환하기
― 경제 위기에서 성장을 넘어선 새로운 정치 경제로

존 배리

모든 사회는 자신이 의지해 살아가는 신화에 매달리기 마련이다. 우리에게 그 신화는 경제 성장이다. (Jackson 2009, 5)

들어가며 ― 지속불가능성에서 전환하기 그리고 노동조합 녹색화의 불가피성

노동조합들은 자본주의의 무절제와 역사적으로 비민주적인 힘들을 억누르는 데 중요한 구실을 해왔다. 노조들이 지속불가능성에서 벗어날 전환이라는 도전, 실로 21세기의 정치적 도전에 잘 대처할 수 있고, 또한 대처해야만 한다는 점은 분명하다. 그렇지만 노동조합들은 지속 불가능하고 부정의한 세계를 개선하려는 투쟁에서 종종 모순된 기능을 하기도 했다.

한편으로 만약 환경적 관심뿐 아니라 민주주의, 정의, 평등, 삶의 질을 포함하는 지속가능성의 넓은 개념을 취한다면, 언제나 노동조합들

은 좀더 지속 가능한 사회 질서를 만드는 데 관심을 기울여왔다고 할
수 있다. 이런 희망에 미치지 못했다는 (그리고 많은 경우 여전히 그렇
다는) 사실이 '현실로 존재하는 지속불가능성'에서 전환하기 위한 정치
투쟁에서 노동조합들이 지니는 현재와 미래의 중요성을 삭감하지는 않
는다(Barry 2012). 공중 보건, 노동자 안전, 일자리 안정성, 인권 수호, 표현
의 자유, 민주 정치를 위한 운동들뿐 아니라 토지와 자원들에 대한 접
근권을 지지하는 투쟁들에서 시작해 1970년대와 1980년대의 '그린밴
green bans'에 이르기까지, 많은 운동들은 노동조합운동을 지속불가능성,
부정의, 불평등에 맞서는 운동으로 만든다.

그렇지만 다른 한편으로 이 장에서 살펴보듯, 우리는 광범한 '노동운
동'과 전통적인 정치적 좌파(사회주의와 사민주의)가 그러하듯 노동조
합이 지속불가능성을 지속하고 부추기는 세력이기도 했다는 사실을 알
고 있다. 교조적인 경제 성장(그리고 자본 축적)의 무비판적 수용과 그
결과로 나타나는 공식적 고용, 급여, 노동 조건을 둘러싼 쟁점에 대한
지나치게 협소한 관심은 이런 면을 아마도 가장 뚜렷하게 드러내는 지
점일 것이다.

이를테면 노동조합은 '석탄 생산, 핵발전, 공항 확장'을 지지했고(Wall
2010, 132~133), 환경 보전에 관련된 쟁점에 관련해 '일자리 대 환경'이라는
관점에서 명시적으로 잘못된 접근을 드러내고 환경주의자들에 맞서서
국민국가와 기업 같은 지속불가능성의 정치 세력들을 종종 지지했다.
교조적인 경제 성장을 지지하면서, 노동조합운동은 무차별적으로 GDP
에 따라 측정되는 경제 성장이라는 교조적 정언 명령에 따라 선진 자본
주의 산업 사회든 남반구든 가리지 않고 정치적 상상력을 지배하는 스
펙트럼의 거의 모든 지점에 걸쳐 있다. 이 장은 (특히 유럽과 북미의) 노

동조합의 많은 부위들이 공식 고용처럼 대체로 교조적 경제 성장의 지향을 따르는 정책을 수립하고 지지해오면서 그 사회의 사회적, 경제적, 정치적 구조의 근본적 변혁 같은 노동조합운동의 목표를 저버리게 된 현실을 이야기하려 한다.

이 장은 경제 성장의 어리석은 속박에서 자신들을 해방하고 지속 가능한 사회의 창출이 (현재의 '환경 친화적'이라는 판본에 반대되는 의미에서) 다른 유형의 사회를 위한 투쟁의 일환이라는 생각을 수용함으로써, (지속불가능성, 불평등, 부정의에 대항하는 투쟁을 연결하는) 녹색 노동조합주의의 출현이 노동조합운동의 **재정치화, 재급진화, 재활성화**의 기회가 될 수 있다고 주장한다.

이런 근본적인 재정치화와 재급진화 없이는 노동조합과 더 넓은 노동운동이 기후변화, 석유와 가스 정점, 생물종 다양성 파괴, 점증하는 국내외의 불평등, 세계적 빈곤의 여성화와 세계에서 가장 취약한 이들이 현실의 지속불가능성 탓에 가장 큰 피해를 입는 윤리적 부조리가 제기하는 당면한 위험들(그리고 전환의 기회들)에 대한 해법를 찾는 데 사고와 행동으로 기여할 방법을 찾기란 어려운 일이다. 현실의 지속불가능성은 가장 취약한 이들이 초래한 문제도 아니고 그런 사람들이 그 결실을 누리는 문제도 아니다. 현실의 지속불가능성이라는 이런 맥락에서, 노동조합들에게는 자신의 목표와 목적을 재고하고, 지속불가능성과 부정의에 맞서는 서로 연결된 투쟁으로 나아갈 방향을 재조정할 수 있는 기회가, 차라리 의무라고 불러야 할 그런 기회가 있다.

노동조합주의와 환경 사이의 관계라는 문제를 **지속가능성(미래)을 위한 정치** 대신에 **현실의 지속불가능성의 정치**라는 좀더 넓은 맥락 속에 두는 데는 충분한 이유가 있다. 이런 분석은 어떤 쟁점을 사고하는 통상적인 방식, 곧 불가피하게 지속가능성, 지속 가능한 발전 또는 환경 보전의 실현과 달성으로 모아지는 방식을 재고하게 한다. 현실의 지속불가능성에 대한 분석은 지속가능성의 분석보다 우선돼야 한다. 오늘날 우리가 현실 세계에서 부정의의 조건들을 판별하는 설득력 있고 지적으로 일관되지만 한편으로 추상적인 기준이나 지표를 개발하려 하는 대신에 부정의, 고통, 피할 수 있는 피해의 조건들이 무엇인지에서 출발하면 매우 다른 분석을 얻게 될 것이기 때문이다.

요컨대 부정의에 맞서는 투쟁이 정의에 대한 어떤 적극적 개념을 위한 투쟁과 동일하지 않은 것과 마찬가지로 지속불가능성에 맞서는 투쟁은 지속가능성을 위한 투쟁과 동일하지 않다. 토머스 사이먼(정의에 대비되는 의미에서 부정의의 이론을 발전시킨 현대의 몇 안 되는 정치사상가 중 한 명인)에 따르면, 우리는 정의의 이론에 기대지 않고(부정의는 정의의 결여나 부재를 의미하는 것으로 환원될 수 없기 때문에) 대체로 파악 가능한 인간의 고통과 피해라는 사고를 통해 부정의를 알아낼 수 있다. 부정의가 인간이 겪는 피해와 고통의 파악 가능한 형태라는 확장된 개념에 기반할 수 있다는 것이다. 사이먼은 말한다.

우리가 우리의 정치적 행동들을 **부정의에 맞서는, 다른 이들의 고통에 대항하는 투쟁**의 일부로 생각하는 것과 정의를 위한 경합으로 생각하는 것은 차이가 있다. 이 두 수준은 동일한 것을 말하는 다른 방식이 아니다. …… 정의는 미래 속의 긍정성을 창출하라고 손짓하는 반면에 부정의는 현재의 부정성을 뿌리 뽑으라고 우리에게 큰 소리로 호통친다. (Simon 1995, 1; 강조는 인용자)

이런 측면에서 사이먼이 강조하는 흥미로운 지점은 환경적 조망에서 시작하는 현재의 지속 불가능한 경제 체제에 대한 비판은 그 타당성을 일부 긍정적인 지속 가능한 대안의 구체화에 의존하거나 의존해서는 안 된다는 것이다. 사람들을 자신의 견해에 따라 설득하려는 정치적 관점에서 잘 정리된 대안을 발전시키고 싶어할 수 있겠지만, 그런 점이 공공정책의 토론장에서 정치적으로 고려되고 진지하게 받아들여지는 비판의 조건이어서는 안 된다. 그래서 사이먼은 이렇게 썼다.

부정의 판정negative recommendation은 긍정의 대안을 포함하지 않더라도 그것 자체로 의미가 있다. …… **부정의 판정이 긍정의 대안에 의지하도록 요구하는 것은 부정의 판정을 무력화하는 효과를 갖는다.** 우리는 부정적 비판이 긍정적 제안들도 포함하는지에 상관 없이 부정의 판정에 귀를 귀울일 필요가 있다. (Simon 1995, 14; 강조는 인용자)

이 장에서 제시되는 주장은, 노동조합과 노동운동은 비용이 들고, 근거가 뒷받침되며, 정치적으로 안성맞춤인 대안적 지속 가능 발전 모델도 개발해야 한다는 강박을 (다수의 녹색운동이 그러하듯) 느끼는 대신에 지속불가능성과 불평등과 피해에 개입하고 축소하며 완전히 종지부를 찍는 데 주된 관심을 기울여야 한다는 것이다. 정의와 지속가능성의 이론에 의존하지 않고도 피해와 고통을 알 수 있다는 이유 때문에, 우리는 부정의와 지속불가능성의 경험이 정의에 대한 일정한 설명이나 어떤 판본의 '지속 가능한 사회'에서 살아가는 현실과 부합하지 않는다는 것으로 환원될 수 없다고 말할 수 있다(Dobson 2007, 53~103).

노동조합주의와 환경 사이의 관계를 피해를 줄이거나 가장 취약한 이들을 돕는 데 초점을 둔다는 견지에서 바라봄으로써, 현실의 지속불가능성의 위중함과 그것에 관련된 사람에 대한 착취, 지구와 비인간 세계의 남용을 매우 설득력 있게 이해할 수 있다는 것이 내 생각이다. 지속 불가능성과 부정의에 초점을 두는 것은 미래의 지속 가능하고 정의로운 사회가 어떤 모습일지를 보여주는 어떤 공유되는 '청사진' 또는 '그린 프린트'의 필요 없이도 정치적 행동과 투쟁의 가능성을 허용한다는 장점도 갖는다(Barry 2012). 그런 장점들은 갖추는 데는 시간과 에너지가 소요되며, 잠재적 동맹자들 사이에 비생산적인 분리를 만들 것이다.

경제 성장을 넘어서 경제 보장으로

지속불가능성을 해결하려면 경제가 교조적인 경제 성장보다는 '삶의 질', '웰빙', '행복'을 증진하는 역량을 키우고 그런 요소에 따라 평가되는 방향으로 재조직돼야 한다는 것은 오래도록 인정받아온 녹색 담론이다. 신경제재단(영국 안에서 탈성장post-growth 녹색 경제의 조망을 위해 아마도 누구보다 일관되게 로비를 벌이고 증거의 기반이 되는 자료들을 제공한 조직)은 이렇게 이야기한다.

경제의 목적은 사회적으로 정의롭고 환경적으로 지속 가능한 방식으로, 우리나라 시민의 웰빙을 향상하는 것이어야 한다. 말하자면 한 경제 안에서 달성된 경제 성장의 수준은 사회의 번영을 가져다주는 경제의 성패를 측정하는 충분한 지표가 아니다. 경제 성장은 그것 자체로는 우리 삶의 질에 대해 아무것도 말해주지 않기 때문이다. (new economics foundation 2008, 1~2)

경제와 경제 성장은, 결국 그것 자체로 목적을 의미하지 않는다. 우리는 경제를 수반하는 사회에 살고 있지 사회를 수반하는 경제를 사는 것이 아니며, 이런 시각은 신고전파 경제학과 신자유주의 세계관에 근본적으로 도전한다. 그리고 전통적인 노동조합의 사고와 정치는 경제 성장과 공식 경제 내부의 (많은 경우 남성의) 완전 고용이라는 정언 명령을 무비판적으로 수용하는 데 종종 초점을 뒀다고 말하는 편이 온당하다. 아래에서 더 자세히 살펴보겠지만, '경제 보장economic security'은 더욱 전면적으로 녹색을 지향하는 (그리고 정치화된) 노동조합주의 안에서 '경제 성장'의 대체물이 될 수 있다. 그런 대체는 노조와 노동운동이, (확실히 선진 세계의) 노동조합운동에서 다분히 소홀히 다루던 재분배와 사회경제적 불평등 감소 같은 구조적 쟁점들이 다시 한 번 노동조합주의의 중심적 관심이 되는, 새로운 유형의 경제를 위한 주장과 경제를 형성하도록 할 수 있을 것이다(Wilkinson and Pickett 2009). '경제 보장'은 현실의 지속불가능성의 문제들을 다룰 수 있는 적극적이고 매력적인 담론을 제시하는 장점이 있다. 경제 보장의 언어와 분석을 활용함으로써 성장 지향 경제와 고소비 사회의 경향이 덜한 동시에 불평등을 줄이면서도 삶의 질 향상을 목표로 하는 경우를 주장하고 제시하는 방식에 다가갈 수 있다.

'성장'에 대한 녹색의 비판은 전통적인 경제로 측정되는 교조적이고 **무차별적인 성장**에 대한 비판으로 이해돼야 한다는 점이 (특히 전략적으로) 중요하다. 성장에 대한 비판은 허먼 데일리Herman E. Daly가 '비경제적 성장'이라 부르는 것, 곧 경제 활동(생산과 소비)의 확장이 (어떤 임계치를 넘으면) 인간의 번영과 인간 경제를 위한 생태와 자원의 조건들을 침식하거나 도움이 되지 않는다는 것을 생각할 수 있는 자리를 마련해준다는 점을 강조하는 일이 중요하다. 이런 비판은 신용에 기반한 소비주의, 군비와 무기를 늘리면서도, 이를테면 교육, 공중 보건, 대중교통 또는 보조금을 받는 유기농을 지원하는 교조적/자본주의적 경제 성장을 비판하는 것과 일맥상통한다. **따라서 우리가 '경제 성장'을 말할 때 이 단어는 GDP 같은 전형적인 국가 계정 측정을 통해 계산되는 '무차별적이고 교조적인 경제 성장'을 일컫는다.**

현대의 녹색 정치가 출현할 때부터 오래 지속되고 있는 두드러진 특징의 하나는 경제 성장, 특히 소비주의에 대한 비판의 전통이었다. 그렇지만 현재의 경제 위기는, 만약 (너무 많은) 사람들이 소비를 하기보다는 저축을 하게 되면, 경제 성장이 어려워지고, 자본주의 시스템이 불안정해지며, 사람들이 일자리를 잃고, 경제적 잠재력의 광범한 파괴와 투자 철회와 경제 침체에 연결되는 온갖 사회와 지역 공동체의 문제들, 개인적이고 심리적이고 정치적인 문제들이 일어날 것이라는 점을 뚜렷이 보여준다. 요컨대 현재의 경제 위기는 자본주의 경제란 매년 대략 3퍼센트 안팎의 성장을 유지하지 않으면 불안정해진다는 것을 보여준다. 팀 잭슨은 이렇게 말했다. "현대의 경제는 경제 성장을 향해 추동된다. …… 성장 기반의 경제에서, 성장은 안정성을 위해 필수적이다. 자본주의 모델은 정상 상태의 위치로 갈 수 있는 쉬운 경로가 없다. 그 자연적 동학이 자신을 두 상태 중 하나로 밀어붙인다. **팽창 아니면 붕괴 말이다**"(Jackson 2009, 64; 강조는 인용자). 노동조합 앞에 놓인 도전이 여기에 있다. 만약 교조적인, 자본주의 기반의 경제 성장이 (기후변화, 물 부족 등의 측면에서) 생물물리적으로 불가능하고 사회경제적 불평등을 낮추거나 빈곤을 해결할 수 없다는 측면에서 (아래에서 더 상세히 살펴보듯) 정치적이고 사회적으로 바람직하지도 못하다면, 무엇이 경제 성장을 대체할 수 있는가?

지난 150년간 경제 성장을 대체할 많은 잠재적 경쟁자들이 있었다. 이 목록은 존 스튜어트 밀의 '정지 상태stationary state'부터 좀더 최근에는 '삶의 질', '웰빙', '번영' 등의 논의까지 망라한다(Jackson 2009). 이 목록들은 모두 많은 구성 요소들을 공유하며 많은 부분 겹쳐 있다. 내가 여기서 탐색하려 하는 것은 '경제 보장'이라는 개념이다(Barry 2009). 나는 이 용어를 '더 나은 세계를 위한 경제 보장'이라는 제목을 단 2004년 ILO의 보고서에서 빌려왔는데, 이 보고서는 '경제 보장'이 민주적 대표성과 결부되며 평등이 복지, 관용, 사회 안정성의 주요 결정 인자라는 점을 보여줬다(ILO 2004). 보고서의 첫 부분은 소비주의, 무책임성, 인간 복지의 축소 사이를 잇는 관련성에 특별한 관심을 기울인다.

모든 인간은 보호받는다는 느낌, 어딘가에 속해 있다는 감정, 안정성과 방향의 감각을 필요로 한다. 자기 자신 속에서, 가족 속에서, 작업장 속에서, 지역 공동체 속에서 기본적 보장이 결여된 사람들은 사회적으로 무책임해지는 경향이 있다. 그런 사람들은 기회주의적으로 행동하는 경향이 있고, 중용의 감정을 잃기 십상이다. 게다가 대중적 불안정의 기간과 범위는 역사적으로 언제나 비관용, 극단주의, 폭력을 낳았다. (ILO 2004, 3; 강조는 인용자)

이 연구가 노동조합운동을 포함하는 조직에서 나온 사실이 중요한데, 왜냐하면 21세기 노동조합이 사고, 목표, 전략의 녹색 '걸음 바꾸기'를 위한 일정한 지반을 제공하기 때문이다. 이런 연구가 '현장에서' 노동조합들에 어떻게 영향을 미칠지는 그렇게 분명하지 않다. TUC 같은 일부 노동조합은 이런 방향으로 움직이고 있는 듯하다(TUC 2008). ILO

보고서는 경제 보장을 이렇게 정의한다.

경제 보장은 기본적 필요, 건강, 교육, 주거, 정보, 사회적 보호에 관련된 인프라스트럭처에 대한 접근권으로 규정되는 기본적인 **사회보장**, 또한 **노동 관련 보장**으로 구성된다. …… 이 두 가지는 소득 보장과 목소리 대변 보장이라는 기본적 보장을 위해 핵심적이다. 기본적 보장은 사람들이 일상적으로 직면하는 불확실성과 위험의 영향을 제한하면서 일정한 공동체에 속할 수 있고, 원하는 직장을 선택할 공정한 기회를 가지며, ILO가 괜찮은 일자리라 지칭하는 것을 통해 자신의 역량을 발전시킬 수 있는 사회적 환경을 제공하는 것을 의미한다. (ILO 2004, 1)

이 보고서는 다음을 알려준다.

시민들에게 높은 수준의 경제 보장을 제공하는 국가에 사는 사람들은 삶의 만족과 행복 수준 국가 조사에서 측정된바, 평균적으로 더 높은 수준의 행복감을 누린다. **국민 행복의 가장 중요한 결정 인자는 소득 수준이 아니다.** 소득 수준은 양의 상관관계가 있기는 하지만, 소득 상승은 부유한 국가들이 좀더 부유해질수록 영향력이 거의 없어지는 것 같다. **오히려 중요한 요소는 소득 보호와 낮은 수준의 소득 불평등 측면으로 측정되는 소득 보장의 정도다.** (ILO 2004, 1~2; 강조는 인용자)

윌킨슨과 피켓(Wilkinson and Pickett 2009)이나 가이 스탠딩(Standing 2002) 같은 이들의 작업에서도 확인되듯이, 이런 발견들은 개인적이고 집합적인 사회경제적 보장을 향상하고 복지를 증진하기 위해 사회경제적 평등을 낮추려는 정책들의 필요성을 강조하는 오래된 주장들에 일정한 경험적 지지를 보내준다. ILO 보고서는 시민들에게 사회보장을 제공하는 '복지국가'가 높은 경제 보장의 주요 구성 요소라는 점을 알려준다. 또한 이 보고서는 불안정성은 경제적 지구화의 양상들에 의해 만들어지며, 이런 지구화가 고용, 사회복지, 소득의 견지에서 고질적이고 구조적인 불안정성을 낳는다고 지적한다.

보고서는 '제멋대로 움직이는' 초국적 자본을 끌어들일 필요나 '경제적 경쟁력'의 정언 명령이 어떻게 소득 보장이나 공적으로 제공되는 교육과 보건 같은 재화와 서비스의 축소를 초래하게 되며, 이 모든 것이 경제 보장을 침식하게 되는지를 제시한다. 구조적이고 만들어진 취약성의 형태로서, 보고서는 이런 위험들을 해결하기 위한 기존의 '사회보장' 접근들이 부적절하다고 제시한다(ILO 2004, xvii). 경제 보장에 대한 이런 위협들을 최소화하기 위해서는 경제의 작동 방식에서 좀더 넓은 범위의 급진적인 변화가 요구된다.

거시 경제 정책의 주요 목표로서 경제 보장에 초점을 맞추는 것이 기업가 정신이나 혁신을 그만두자는 의미는 아니다. 지금 같은 경제 성장 위주 모델에 대한 대안은 어느 것이든, 탈성장 경제의 결과가 정체나 퇴행이 되지 않게 할 방법에 대해서 진지하게 대답할 필요가 있다. 우리는 혁신이 '같은 것을 더 많이 소비하기보다는 다른 것들을 소비함으로써' 나온다고 생각할 이유가 있다(Wilkinson and Pickett 2009, 221). 일단 주요한 경제 목표들을 해방하기 시작하면, 곧 '혁신'을 그 기술-경제적 속박에서, '성장'을 물질적 부나 자본 축적으로 환원하는 것에서, '노동'을 공식적으로 급여가 지불되는 '고용'으로만 정의하는 것에서 해방하기 시작하면, 정체나 퇴행보다는 (기술적 또는 제도적 차원을 넘어서는) 크고 작은 혁신과 창조성이 그런 사회 속의 삶의 결과가 될 것이라고 생각할 이유가 충분하다. 실제로 그런 혁신과 창조성의 형태들은 저탄소이고 양질의 좋은 삶과 공동체를 위한 **필수적 특질이며, 따라서 '요구 조건'** 이지 어떤 '추가 구성'이 아니다. 나는 교조적인 성장이 아닌 좋은 삶, 고용이 아닌 노동, 공식/현금 경제가 아닌 사회적 경제에 초점을 두는 이런 사회 혁신 의제가 '안성맞춤의' 21세기 노동조합주의를 위한 의제가 돼야 한다고 주장한다.

ILO 보고서는 어떤 임계치를 넘어선 경제 성장은 좋은 삶에 반드시 기여하는 것이 아니라는 오랜 녹색 비판을 확인해준다. 이 보고서는 주장한다. "장기간 측정된 보장 수준에 대해 경제 성장은 그저 약한 영향만을 끼친다. 달리 말하면 급속한 성장이 반드시 더 나은 경제 보장을 낳은 것이 아니며, 때때로 적절한 사회 정책과 병행될 때는 그런 결과를 기대할 수 있다는 것이다"(ILO 2004, 30). 이 보고서의 핵심 중 하나는 교조적인 경제 성장 정책의 추구가 왜, 그리고 어떻게 경제 보장을 침식하는지에 관한 증거를 제공한다는 점이다. 보고서는 이렇게 밝힌다.

불안정해진다는 것은 사람들의 태도에도 반영돼, 때로는 괜찮은 사회에 대한 사람들의 생각을 결정하는 요인이 될 수 있다. 라틴아메리카의 라티노바로메트로가 최근 한 조사를 보면, 조사 대상의 76퍼센트는 이듬해에 일자리가 없는 것을 염려하며, 대부분은 **만약 실업 문제를 해결할 수 있다면 비민주적 정부라 해도 신경쓰지 않는다**고 말했다. (ILO 2004, 1~2; 강조는 인용자)

내가 다른 곳에서 주장한 대로 경제 성장을 그것 자체로 정책 목표로 추구하는 모습은 대체로 '엘리트적'인 현상이다(Barry 2012, 160~161). 앞의 인용은 대부분의 평범한 시민들은 GDP나 GNP의 증가를 반드시 걱정하지는 않는다는 사실을 보여준다. 평범한 시민이 성장의 지체를 염려하는 이유는 실업의 위협이나 실업에 연관된 부정적 결과들 때문이다. 경제 성장을 경제 보장으로 대체하는 맥락에서 핵심 쟁점의 하나는 경제 성장에 연결되지 않으면서 고용을(그리고 좀더 일반적으로는 '노동'을) 보호하는 방법을 찾는 것이다. ILO 보고서가 지적하는 문제는 더글러스 부스가 강조하는 문제다. "현재의 거시 경제적 체계 속에서, 성장은 고용에 대한 유일한 현실적 해답이다. 사회는 성장이라는 갈고리에서 빠져나오지 못하고 있다"(Booth 2004, 153).

이런 맥락에서 고용에 대한 염려는 경제 성장에 대한 염려로 해석될 수 있다. 국가들뿐 아니라(Barry 1999) 시민들도 교조적 경제 성장 목표를 비민주적 방식으로 추구하는 것을 받아들일 요량이라면, 경제 성장은 좋은 삶뿐 아니라 민주적 가치들도 위협하게 된다. 결국 교조적인 무차별적 경제 성장을 영속적인 경제 목표로 고무하는 정책을 추구하는 것이 맞는지를 진지하게 물어야 한다. 비민주적이고 실제로 부정의한 교조적 경제 성장 방식들을 추구하면 사회적이고 경제적인 가능한 전망들을 포획하고 제한하는 이데올로기적 성격과 역할을 강화하게 된다고 할 수 있다. 성장은 경제 보장을 위협하고, 그럼으로써 사회적이고 지정학적인 불안정성을 야기하며, 불평등과 (석유든 공식 고용이든 간에) 자원에 대한 잠재적으로 위험한 경쟁을 심화한다.

(개인적 또는 집합적 수준에서 경험되는) 경제적 불안정성의 문제는 현재의 경제 체제의 수준 자체에도 적용될 수 있다. 끊임없는 성장 아니면 붕괴라는 두 개의 선택지만을 갖는 경제 체제는 안정적이거나 보장적일 수 없다. 한편으로 이런 경제 체제는 지속 불가능하다. 말하자면

끊임없는 경제 성장을 달성하기는 **생물물리적으로 불가능**할 뿐이다. 에너지, 자원, 오염 영향들과 교조적 경제 성장을 '탈동조화decoupling'한다는 아이디어에 대한 많은 희망에도 불구하고 우리는 그런 현상이 요청되는 규모에서 가능한지에 관한 증거가 없으며 선진 산업 경제 안에서 '생태적 현대화'의 징후가 있는지도 알 수가 없다. 잭슨이 볼 때 이런 탈동조화는 하나의 '신화'이며, 자본주의의 효율성 추구 경향이 기후를 안정화하고 자원 희소성을 방지하게 해주리라는 가정들은 '망상'이나 다름없다(Jackson 2009, 7). 불평등 완화가 교조적 경제 성장을 침식하지 않는다는 것을 증명하거나 주장하는 대안적 좌파의 시각에 해당하는 좀더 평등주의적이고 재분배적인 정책들에 관련된 성장일지라도 여기서 예외는 아니다(Kirby and Murphy 2010; Putterman et al. 1998). 따라서 평등과 경제 보장 제공이라는 관점에서 훨씬 나은 선택지이기는 하지만, '평등주의적 성장'은 끊임없는 경제 성장으로서 마찬가지로 생물물리적으로 불가능하며, 따라서 지속 가능하지 않다.

다른 한편 자본주의적 정체 상태는 고유한 위험을 함께 수반하는데, 곧 비성장은 **사회적으로 바람직하지 않다**거나 정치적으로 받아들일 수 없다는 것이다(Jackson 2009; Barry 2009). 2008년 이래 경험된 세계 경제 위기처럼 경제적 정체는 높은 수준의 실업, 사회적 혼란, 투자 철수, 복지 하락에 연관된다. 자본주의 경제에 대한 이런 거시 수준 또는 체제 수준의 비판은 자본주의가 고질적으로 '위기를 내재하는' 성격을 갖는 특성에 대해 마르크스가 수행한 분석의 개선된 판본에 해당한다.

따라서 녹색 정치경제학의 좀더 급진적인 개념들은 종종 마르크스주의적 자본주의 분석의 중요한 요소들을 받아들인다. 물론 그런 개념들이 자본주의에 관해 마르크스주의가 제안한 대안들과 함께 갈 필요는 없으며, 마르크스주의 조류의 대부분(전체는 아니지만)은 경제 성장의 의미를 인정한다(Barry 1999; 2012). 그럼에도 불구하고 한 경제의 영속적 특질로 인식되는 기하급수적인 경제 성장의 '신화'는 그것 자체로 문제이며 기각될 필요가 있다. 현재 다수의 노동조합은 경제 성장 자체에 근본적인 의문을 제기하기보다는 (그린 뉴딜 유형의 정책들에서 볼 수 있듯) '성장의 녹색화'와 '녹색 자본주의'의 옹호 정도까지만 나아간 상황이다. 이런 개량주의적 '녹색 성장/자본주의' 전략은 급여 수준이 좋은 공식 노동을 지키거나 집합적으로 생산된 부와 수입(곧 교조적 경제 성장)이 노동자에게 돌아가는 몫을 키우는 정책 같은 노동조합의 전통적인 목표들에 더 쉽게 들어맞는다.

　'현실의 지속불가능성'을 해결하려면 단지 경제 성장의 에너지 효율성과 자원 효율성을 향상하는 데 초점을 두는 것이 아니라 인간 번영의 생태적 효율성과 에너지 효율성을 향상시키는 방식들을 탐색해야 한다(Barry 2012). 그린 뉴딜 유형의 정책과 전략들은 대부분 경제 성장이나 자본주의 어느 것에도 진지하게 도전하지 않는 탓에, 현실의 지속불가능성을 해결하는 과정에서 필요조건이기는 하지만 충분조건으로 볼 수는 없다(Luke 2009). 고려해야 할 질문은 이것이다. 인간 번영의 생태적 효율성을 향상하는 데 초점을 두고 교조적 경제 성장이나 자본주의와 양립 불가능한 목표를 추구하는 노동조합주의의 모습은 어떤 것일까?

경제 보장, 평등, 그리고 좋은 삶

경제 성장을 중심 목표에서 제외하는 것의 가장 중요한 효과 중 하나는 사회경제적 불평등의 정당화를 어렵게 만들 수 있다는 점이다. 사람들을 (차별적인 보상의 약속을 통해) 기업가적 활동, '고된 노동'을 하도록 동기를 부여하고, 따라서 경제 성장을 자극하는 '인센티브'로서 필수적이라는 논리 아래 불평등은 일반적으로 정당화되고 용인된다. '정상 상태 경제'의 초기 주창자들은 경제 성장을 향해 작동하는 사회에서 물질적 성장이 우선순위가 아닌 사회로 나아가는 전환은 좀더 포괄적인 재분배 조치들을 낳게 될 것이라고 지적했다.

허먼 데일리 같은 녹색 경제학 사상의 선구자들은 여러 해 전에 이런 내용을 지적했다(Daly 1973). 교조적 경제 성장의 시각에 따르자면, 빈곤을 축출하기 위해서 ('경제적 파이'를 덜 불평등하게 자르는 것이 아니라 더욱 크게 만들기 위해) 성장이 필요하다. 그렇지만 만약 더 큰 파이를 굽는다는 선택지가 (생태적으로) 가능하지도 않고 (사회적으로) 바람직하지도 않다면, 빈곤 축출은 좀더 직접적인 재분배 조치들을 통해서만 해결될 수 있다. 여기에서 불평등이 빈곤을 야기하는 것이지 그 반대가 아니라는 점을 분명히 해둘 필요가 있다.

사회경제적 불평등을 줄이기보다는 관리한다는 점에서 교조적 경제 성장의 '어두운 면'에 주목하는 이런 시각은 무엇보다도 평등주의라는 노동조합의 오랜 원칙에 강력한 연계를 제공해야 한다. 이런 시각은 노동조합주의가 계급들 사이의 삶의 기회에서 불평등과 차이를 키우는 자본주의의 불가피한 속성에 도전함으로써 자신의 명백히 정치적이고 저항적인 기원으로 돌아갈 것을 요구한다. 탈성장의 경제 전망과 사회경제적 불평등 감소 사이의 연계는 재분배와 사회 정의를 좀더 중심적인 요소로 만들도록 노동조합주의에 요구한다. 평등을 위한 투쟁이 이제 탈성장 패러다임 안에 자리매김돼야 하기 때문에, 이것은 노동조합이 성장하는 자본주의 경제의 파이에서 노동자들을 위한 더 많은 몫을 추구하기보다는 자본주의에 도전하고 변혁한다는 견지에서 자신의 목적을 찾을 것을 요구한다. 불평등 감소에 초점을 두는 이유의 하나는 사회경제적 불평등이 교조적 경제 성장의 추진력이자 산물이기 때문이다. 만약 누군가가 탈성장 경제를 주장한다면, 이런 주장은 단순히 불평등을 관리하기 위한 전통적 정치 전략이 더는 선택지가 될 수 없다는 것을 함의한다. 제러미 시브룩은 말했다. "소비주의의 화려한 시대는 완전히 끝났다. 자연 세계의 무분별하고 가속화되는 고갈의 결과, 소비에 대한 궁극적인 제한이 불가피하다. 이런 상황은 재분배적 정의라는 쟁점을 다시 한 번 전면에 나서게 만들 것이다"(Seabrook 2008, 6).

월킨슨과 피켓의 연구가 보여주듯이 불평등한 사회는 거의 언제나 비만, 영아 사망률, 약물 이용, 문자 해득, 사회 이동, 신뢰, 10대 임신, 정신병 유병률 등 광범한 정책 쟁점들에서 더 나쁜 결과를 나타낸다.

이제까지 진보의 거대한 엔진이던 경제 성장은 부유한 나라들에서는 대체로 그 기능을 다했다. 좋은 삶과 행복의 측정 수준이 경제 성장과 함께 상승하기를 멈췄을 뿐 아니라, 풍요한 사회들이 더욱 부유해질수록 근심, 침체, 다른 많은 사회 문제들이 장기적으로 늘어났기 때문이다. **부유한 나라의 사람들은 오랜 역사적 여정의 끄트머리에 도달했다.** (Wilkinson and Pickett 2009, 5~6; 강조는 인용자)

여기서 노동조합에 문제가 되는 사안은 부의 잘못된 분배인데, 말하자면 활동의 초점이 **경제의 영속적 특질로서, 따라서 노동조합의 전략적 목표의 영속적 특질로서** 경제 성장을 향상하는 대신에 불평등을 줄이는 데 맞춰져야 한다는 것을 의미한다. 경제 성장은 '본질적으로' 나쁘기 때문에 '원칙상' 거부돼야 하는 것이 아니라, 시간이 흐르는 데 따른 사회의 진화라는 측면에서 '고정'되거나 영속적인 사회의 특질보다는 주기적으로 재검토될 필요가 있는 일종의 정책으로 이해돼야 한다. 경제 성장이 재고돼야 할 지점을 지났다는 신호로 볼 수 있는 하나의 실마리(명백히 생태적인 것들과는 별개로)는 경제 성장을 위해 불평등 수준의 증가가 요구되면서 이런 변화가 인간 번영에 중심적인 구성 요소들의 범위를 줄이게 될 때다. 다른 실마리들은 정신 건강, 사회적 신뢰, 공동체와 연대의 수준 등처럼 인간 번영에 좀더 직접적으로 연결될 수 있을 것이다.

불평등의 또 다른 놀라운 함의는 불평등이 사회적 신뢰, 사회적 연대, 공동체의 감각에 미치는 부정적 영향이다(Lane 2000). 이런 요소는 민주주의에서 커다란 의미를 가지며, 이른바 평등한 시민들 사이의 위계적이고 가부장적인 관계들을 초래할 수 있다. 내재화된 불평등과 열등의 느낌에 기반해 사람들이 자신의 사회적 지위를 부끄러워하고 자신을 '2등'이나 심지어 '3등' 시민이라고 생각하는 지배의 관계들이 발생할 수 있는 것이다(Wolff and De-Shalit 2007).

윌킨슨과 피켓이 말한 대로 문제는 '이류 상품'이 우리를 '2등 사람'처럼 보이게 만든다는 점이다(Wilkinson and Pickett 2009, 222). 이런 논리는 환경정의운동에서 종종 발견할 수 있는 주장과 비슷한데, 원하지 않는 토지 이용(소각장, 폐기장 등)을 감내하게 된 주변화된 공동체들은 종종 그런 쓰레기/폐기물의 입지를 거기에 살고 있는 이들이 쓰레기나 폐기물과 동일하게 취급되고 연결된 것처럼 느끼면서 부정의와 불평등을 표현한다(Schlosberg 1999). 따라서 이런 (인종, 계급, 종족성, 섹슈얼리티,

젠더를 둘러싼) 사회적 계층화의 형태들은 민주적 정치를 위해, 그리고 평등한 민주적 사회에서 살아가는 삶을 위해 요구되는 근본적 평등과 양립 불가능하다. (가장 '선진' 국가들에서 30년 동안 진행된 조사 결과 밝혀진) 경험적 증거에 따르면, 사회에서 불평등이 증가할수록 부유층은 정치의 범위와 성격을 형성하며, 경제 성장의 이데올로기 촉진을 포함하는 정치와 경제의 문법을 결정할 능력을 더 잘 갖추게 된다. 1980년대 초반의 로버트 구딘과 존 드라이젝(Goodin and Dryzek 1980)의 작업부터 좀더 최근 프레드릭 솔트(Solt 2008)의 작업에 이르기까지 여러 연구 결과는 생활 수준이 미비한 시민들이 정치적 문제에 관해서 토론을 포기하고 사실상 정치에서 물러나게 된다는 사실을 보여준다.

결론

이 장의 주요 관심사 중 하나는 노동조합이 '현실의 지속불가능성'에서 탈피하는 전환에 기여할 수 있는 대안적인 정치경제적 전망과 논리를 구상하고 발전시키는 것이었다(Barry 2012). 이 글은 노동조합이 이제까지 대체로 녹색 활동가들의 전유물이던 '탈성장'의 맥락에서 정치적 프로젝트/들과 전략들을 기획해야 한다고 제안한다. 이 글의 많은 부분은 이론적이거나 높은 전략적 수준의 논의에 할애됐지만, 노동조합과 노동운동 그리고 녹색운동 사이의 좀더 깊은 동맹과 제휴를 위해서는 하나의 실천적 함의가 요구된다. 이를테면 '그린 뉴딜'의 정치학(Green New Deal Group 2008; Barry 2010)과 '정의로운 전환'은 노동운동과 녹색운동이 괜찮은 그린칼라 일자리를 만들어내면서 녹색의 저탄소와 재생 가능 에너지 경제로 나아가는 관리된 전환 전략을 함께 발전시킬 수 있는 하나의 기회를 창출했다. 이런 기회는 두 운동 사이의 역사적 대립을 일정하게 극복하고, 지속불가능성이 완화된 경제는 노동자들을 위한 경제 보장과 불평등이 덜한 사회의 창출이라는 노동조합의 목표들과 양립할 수 없다는 잘못된 시각을 넘어서는 데 도움을 준다.

그렇지만 녹색 경제로 나아가는 이런 전환이 자명하거나 자동적이지 않다는 사실은 녹색운동과 노동운동 양자가 대립하는 투쟁을 벌일 기회도 있을 수 있다는 것을 알려준다. 이런 사례의 하나로, 풍력 터빈 제조업체인 베스타스가 영국 안의 공장을 닫으려는 결정을 하자 여기에 맞서서 영국에서 형성된 적색-녹색 연합을 보자(Wall 2010, 132). 공장을 점거한 노동자들은 녹색운동과 노동조합운동의 지지를 모두 받았다. 우리는 '그린 뉴딜' 패러다임(성장과 자본주의의 녹색화)의 틀 안에서 일어나는 '노동조합의 녹색화'와 교조적 경제 성장과 자본주의에 모두 도전하는 좀더 급진적이고 명실상부한 '녹색 노동조합주의'를 분별할 수 있다. 베스타스 점거는 녹색운동과 노동조합운동이 모두 저항적 형태의 정치 행동으로 움직인 경우다.

이런 녹색 노동조합주의의 사례에는 '사회연대적 경제social and solidarity economy'에 대한 옹호와 노동조합운동 사이의 점증하는 연계도 포함되는데, 사회연대적 경제는 교조적 경제 성장의 부정적인 '성장 동학'에 종속되지 않고 인간 번영에 직접 기여하는 '탈동조화된' 경제 활동의 형태이기 때문이다(Barry 2012). 사회연대적 경제는 경제 보장, 평등, 인간 번영을 성취하게 해주는 행동의 영역에 해당하며, 현실의 지속불가능성의 '녹색화'보다는 그것에 맞선 저항을 표상한다. 이런 흐름은 아마도 라틴아메리카에서 가장 뚜렷하지만(Allard et al. 2008), 사회연대적 경제 내부의 협동조합들에 대한 노동조합의 지지 또한 이런 경우에 포함된다(ILO 2011).

개량주의적 전략들과 좀더 급진적인 전략들은 둘 다 필요하다. 이런 전략들은 국가, 경제 부문, 노동조합, 그 밖의 잠재적인 정치 동맹들(녹색운동 같은)에 따라 다를 것이다. 그런 투쟁과 동맹들에 대해 이래라저래라하거나 예측할 수 있는 '청사진' 또는 '녹사진' 같은 것은 없다. 그렇다고는 해도 이 장에서 제시한 주장이 갖는 분명한 함의의 하나는 '그린 뉴딜'과 '경제의 녹색화'라는 주장이 노동운동과 녹색운동 사이에서 상대적으로 용이한 동맹들을 창출할 수 있는 이유가 '경제 성장'과 공식 고용의 패러다임을 고수하기 때문이라는 점이다.

필경 필수적인 걸음들이라고 할 수는 있겠지만, 그렇다고는 해도 이 장에서 요구한 공동의 '탈성장' 정치경제학을 발전시킨다는 견지에서는 불충분한 수준이다. 이 문제는 노동조합과 좀더 넓은 노동운동이 기여해야 할 정치적 논쟁이다. 경제 성장에 대한 가능한 대체물로서 '경제 보장'이라고 말하든, 그리고/또는 불평등의 감소와 민주주의의 방어를 우선순위에 두든 간에, 앞으로 우리가 봐야 할 것은 노동조합운동의 '녹색화'에서 명실상부한 '녹색' 노동조합주의로 나아가는 전환이다. 이런 전환 속에서 노동조합은 탄소를 엄청나게 배출하고 기후변화가 심각해진 세계의 삶이라는 도전에 어떻게 정치적으로 적절한 수단을 취하느냐 하는 문제뿐 아니라, 자본주의에 도전하면서 스스로 '정의로운 전환'을 위한 투쟁의 일부가 되도록 어떻게 정치화할 것이냐는 문제도 마주치게 될 것이다.

Allard, J., Davidson, C. and Matthaei, J. (eds) (2008) *Solidarity Economy: Building Alternatives for People and Planet.* Changmaker Pubications, Chicago.

Barry, J. (2012) *The Politics of Actually Existing Unsustainability: Human Flourishing in a Climate Changed, Carbon Constrained World.* Oxford University Press, Oxford.

_____ (2010) "Towards a Green New Deal on the Island of Ireland: from economic crisis to a new political economy of sustainability". *Journal of Cross-Border Studies*, vol. 5, pp. 71-87

_____ (2009) "Choose Life not Economic Growth: Critical Social Theory for People', Planet and Flourishing in an 'Age of Nature'". *Current Perspectives in Social Theory*, vol. 26, no. 1, pp. 93-113.

_____ (1999) "Marxism and Ecology". in A. Gamble, D. Marsh and T. Tant (eds), *Marxism and Social Science*, Macmillan, London.

Booth, D. (2004) *Hooked on Growth: Economic Addictions and the Environment.* Rowman and Littlefield, New York.

Daly, H. (ed.) (1973) *Toward a Steady State Economy.* W.H. Freeman & Co, San Francisco.

Dobson, A. (2007) *Green Political Thought.* fourth edition, Routledge, London.

Goodin, R. and Dryzek, J. (1980) "Rational Participation: The Politics of Relative Power". *British Journal of Political Science*, vol. 10, no. 3, pp. 273-292.

Green New Deal Group (2008) *The Green New Deal.* new economics foundation, London.

International Labour Organization (ILO) (2004) *Economic Security for a Better World.* International Labour Organization, Geneva.

_____ (2011) "Social and Solidarity Economy: Our Common Road towards Decent Work". www.ilo.org/empent/units/cooperatives/WCMS_166301/lnag - en/index.htm (accessed 1 January 2012).

Jackson, T. (2009) *Prosperity without Growth: Economics for a Finite Planet.* Earthscan, London.

Kirby, P. and Murphy, M. (2010) "Globalisation and Models of State: Debates and Evidence from Ireland". *New Political Economy*, vol. 16, no. 1, pp. 19-39.

Lane, R. (2000) *The Loss of Happiness in Market Democracies.* Yale University Press, New Haven, CT.

Luke, T. (2009) "A Green New Deal: Why Green, How New, and What is the Deal?". *Critical Policy Studies*, vol. 3, no. 1, pp. 14-28.

new economics foundation (2008) *Think Piece for the Commission for Rural Communities: Economic Well-being.* new economics foundation, London.

Putterman, L., Roemer, J. and Silivestre, J. (1998) "Does Egalitarianism Have a Future?" *Journal of Economic Literature*, vol. 36, no. 2, pp. 861-902.

Schlosberg, D. (1999) *Environmental Justice and the New Pluralism.* Oxford University Press, Oxford.

Seabrook, J. (2008) *Why do People Think Inequality is Worse than Poverty?* Joseph Rowntree Foundation, London.

Simon, T. (1995) *Democracy and Social Injustice: Law, Politics and Philosophy.* Rowman and Littlefield, Lanham, MD.

Solt, F. (2008) "Economic Inequality and Democratic Political Engagement". *American Journal of Political Science*, vol. 52, no. 1, pp. 48-60.

Standing, G. (2002) *Beyond the New Paternalism: Basic Security as Equality.* Verso, London.

Trades Union Congress (TUC) (2008) "A Green and Fair Future: For A Just Transition to a Low Carbon Economy". www.tuc.org.uk/social/tuc-14922-f0.cfm (accessed 1 January 2012).

Wall, D. (2010) *The Rise of the Green Left: Inside the Worldwide Ecosocialist Movement.* Pluto Press, London.

Wikinson, R. and Pickett, K. (2009) *The Spirit Level: Why more Equal Societies Almost Always do Better.* Allen Lane, London.

Wolff, J. and De-Shalit, A. (2007) *Disadvantage.* Oxford University Press, Oxford.

18장

지역적 장소와 지구적 공간
— 국경을 넘는 연대와 환경의 문제

데이비드 우젤, 노라 래첼

지구적 환경 파괴와 지구적 노동 분할은 경제적으로 추동된 광범한 지구화 과정의 결과로서, 이런 측면을 레이첸코와 오브라이언은 '이중 노출'이라 지칭한다(Leichenko and O'Brien 2008, 28). 우리의 분석은 이런 과정이 어떻게 노사 관계와 노동조합의 환경 전략 형성에 상호 연결되는지에 초점을 맞춘다.

노동의 지구화된 분할

지구화는 나라들 사이(ILO 2008)뿐 아니라 개별 국가들 내부의 소득 불평등이 세계적으로 증가하는 '남북' 분할을 강화했다(Corina and Kiiski 2001). 지구화는 남반구와 북반구의 노동자들을 경쟁 관계에 놓이게 만들었다. 이런 조건 아래에서는 남반구와 북반구의 노동조합들이 모든 나라의 노동자들에게 이익이 될 수 있는 공동의 전략을 발전시키기 어렵다(Chan and Ross 2003; ILO 1998). 경제적 지구화는 초국적 기업들이 추동하기 때문에, 세계에서 가장 민주적으로 조직된 제도이자 전통적으로 노동권의 가장 강력한 수호자로서 노동조합들은 잠재적으로 지구화의 부정적 영향들에 맞설 수 있는 최적인 위치를 차지하고 있다.

　지구화는 지구적인 것과 지역적인 것 사이에 존재하는 새로운 형태의 의존성을 표현하며, 이런 이유 때문에 몇몇 논자들이 '글로컬라이제이션'을 이야기하기도 한다(Robertson 1992; Bauman 1998). 노동조합은 '글로컬한' 조직이라 말할 수 있다. 한편으로 노동조합은 노동자의 일상생활에 지역적으로 뿌리박혀 있고, 깊은 지식을 가지며, 노동이 실행되는 사회적 조건들의 일부이기도 하다. 동시에 세계적 범위에서 노동조합과 노동자들은, 특히 동일한 초국적 기업에 고용돼 있는 경우에는 공통의 지구적 공간에서 한 배를 탄 처지가 되기도 한다. 노동조합들에 다가온 도전은 이런 '한 배의 처지throwntogetherness'를 적극적인 협상력으로 전환하는 일이다(Massey 2006).

기후변화와 사회 정의

우리의 응답자들 중에서 북반구의 몇몇 사람들은 남반구의 노동조합들이 기후변화를 노동조합의 쟁점으로 만들기를 더 내켜하지 않는다는 시각을 드러냈다. 그렇지만 우리는 북반구뿐 아니라 남반구에서도 노동조합들 사이에서, 그리고 노동조합들 내부에서 견해가 다양하다는 것을 발견했다. 이를테면 브라질과 남아프리카공화국의 일부 노동조합 활동가들은 이 영역에서 자신들의 노력이 북반구만큼 발전하지 못했으며, 이런 측면에서 북반구에서 많은 것을 배웠다고 설명했다. 이런 문제는 실업률이나 비공식 경제 일자리의 높은 비중 같은, 이 두 나라의 경제적 조건이나 사회적 조건들의 맥락에서 이해돼야 할 부분이다. 남아프리카공화국은 공식 실업률이 23퍼센트에 이르는 반면 브라질은 9퍼센트다(OECD 2010).

그렇지만 실업율 수치는 단기적 실업과 장기적 비고용 상태를 경험하는 사람들을 구별하지 않는다. 게다가 두 나라에서 모두 '비공식 부문'이 큰데, 이런 상황은 소규모 미등록 회사들이 다수인데다가 노동자들이 법으로 노동 조건을 보호받지도 못하고 노동조합원도 아닌 나라들에서는 이상한 일이 아니다. 브라질에서는 노동력의 39퍼센트가 이 부문에 있는 것으로 추산되며, 남아프리카공화국에서는 24퍼센트에서 32퍼센트 사이이다.

그렇지만 '정규적' 영역에서도 보건 안전 측면에서 노동 조건의 기본 요구조차 충족되지 못하는 경우가 많다. 남아프리카공화국의 응답자 중 한 명은 ILO 허용치보다 더 많은 독성 물질 노출을 허용하는 정부 법률을 바꾸기 위해 자신이 노력한 과정을 설명했다. 그 응답자는 보건 안전 대표자를 경영진이 임명하는 대신에 공정한 투표로 선출하려고 정부, 기업, 노동조합들에 압력을 가해야 했다. 마침내 그 사람은 노동 관련 질병이 발생할 때 노동자를 돕는 책임을 맡게 됐다.

이런 몇 안 되는 사례는 상대적으로 노동 조건이 좋은 이 두 나라에서도 '괜찮은 일자리'를 위한 기본 요구가 쟁취돼야만 하는 이유를 보여준다. 이런 배경에서는 노동자들이 기후변화보다는 일자리가 없어서 더 빨리 죽을 것이라고 말할 때 진보적 노동조합 활동가들이 기후변화를 노조의 의제로 만들기가 쉽지 않다. 그런데도 전국 수준의 노동조합 연맹인 COSATU는 NUMSA 같은 부문별 노동조합이나 어스라이프 같은 환경 조직들과 함께 영국 노동조합이 벌인 캠페인(Campaign

Against Climate Change 2010)을 본받아 녹색 일자리 캠페인을 개시하기도 했다(Alternative Information and Development Centre 2011).

노조원 인터뷰

이 장은 토론 문서, 회의 현장 참여 관찰, 노동운동과 교류하는 국내 조직과 국제 조직의 상급 노조 간부와 고참 조합원 대상 심층 인터뷰를 통해 파악된 노동조합 정책 분석의 몇몇 결과를 제시한다. 브라질, 말레이시아, 남아프리카공화국, 스페인, 스웨덴, 영국의 전국 단위 노조 간부들, 브뤼셀, 제네바, 런던, 싱가포르, 파리의 노동조합 국제 연맹의 간부들을 만나 35회의 인터뷰를 진행했다.

인터뷰는 2009년 3월부터 2010년 12월까지 진행했고, 각각 1시간 30분에서 2시간 30분 정도 걸렸다. 인터뷰는 응답자들의 동의를 얻어 녹음되고 기록됐다. 익명성을 보장하기 위해 응답자의 이름을 밝히지 않으며, 응답자가 일하는 나라나 장소도 적지 않는다. 몇몇 사례는 노동조합의 이름을 바꿔 적었다. 우리가 노동조합을 둘러싼 갈등에 관련한 민감한 문제를 논의하기 때문에 불가피한 조치였다. 공적으로 발표된 문서에서 인용할 때만 이름을 적는다. 발언에서 필요 없는 부분은 생략했지만, 완전한 문장을 만드는 데 필요한 요소들은 큰 괄호 안에 추가했다. 우리는 인용문을 모든 응답자에게 보냈고, 응답자들은 활용에 동의했다.

경계를 넘는 연대

워터만과 팀즈(Waterman and Timms 2004, 184)는 노동조합이 소속 조합원과 노동자들의 이해를 방어적으로 보호하기 위해 일하거나 자유화와 빈곤 감소를 위한 사회운동과 민주화운동을 적극적으로 지지하려는 대체로 자발적인 성원들로 구성되는 대표적으로 민주적인 조직인데도 종종 스스로 네오코포라티즘의 형태를 취한다고 주장했다.

노동조합은 국가 간 기구들의 구조와 행태를 재생산하거나 적어도 반영하는 경향이 있다. 대체로 북반구 기반의, 곧 북반구 출신이 주도하거나 간부직을 맡는 조직이었고, 지금도 그렇다. 노동조합은 전세계의 노동하는 인민의 복잡한 현실을 거대 자본주의 기업이나 국영 기업에서 종신 고용으로 일하는 노동조합으로 조직된 (또는 조직화할 수 있는) 남성 노동자라는 서구적 모델로 환원하는 경향이 있다. (Waterman and Timms 2004, 185)

우리는 주로 브라질과 남아공의 노동조합 활동가들에게서 이런 분석을 뒷받침할 수 있는 근거를 발견했다. 다음 절에서 우리는 이런 북반구-남반구 관계성이 브라질과 남아공의 노조 활동가들이 국제 노동조합들 내부에서 다른 사람들과 조우하는 속에서, 그리고 북반구와 남반의 전국 단위 노조들 사이에 존재하는 관계의 유형 속에서 어떻게 경험되는지를 보여줄 것이다. 또한 남반구 노조들이 자신들에게 불리하게 작용하는 요소로 여기는 국제적 역관계를 극복하기 위해 발전시킨 몇몇 전략도 보여줄 것이다. 그리고 우리는 이런 북반구-남반구 관계가 노동분할의 지구화와 기후변화 정책에 대한 국제적 노동조합의 입장에 갖는 함의를 토론한다. 끝으로 우리는 대안적 발전 모델이 북반구-남반구 분할에 가교를 놓을 수 있는 방법을 살피면서 결론을 내리려 한다.

국제적 노동조합들 내부의 역관계

남아공과 브라질의 노조 간부들은 북반구 노동조합들이 남반구의 노동조합들에 우호적이고 지지하는 태도를 갖지만, 그러면서도 국제적 노동조합들을 좌우하는 과정에서 자신들의 수적 우세와 재정적 우월함을 활용하고 있다고 생각했다.

그러니까 북미 노동조합도 있고, 유럽 노동조합, 일본 노동조합, 스칸디나비아 노동조합도 있잖아요. 그리고 아시겠지만, 그런 노조들이 돈도 더 내고 조합원도 더 많죠. 그리고 또 아시겠지만, 우리는 기부금이나 회원 자격을 위해서도 분투를 벌였죠. 뭐냐 하면, 우리가 어떨 때는 스위스 프랑으로 지불을 하는데, 그렇지만 우리가 통화 가치를 조정할 수는 없다는 말입니다! 제 말은, 연대라는 게 있어야 하잖아요! …… 우리가 볼 때는 우리가 환율을 요동치게 만든 게 아닌데 왜 우리가 스위스 프랑으로 지불을 하고 있어야 하죠? 이게 바로 그런 조직들의 힘을 보여주는 겁니다.

힘이 커진 일부 남반구 노조들의 지위 때문에 북반구와 남반구 사이의 권력 관계가 도전을 받고 있다.

당신이 아는지 모르겠는데, INTF의 지난 총회에서 우리가 모든 남반구 노동조합들을 단결시키는 동맹을 건설해서 사무총장 후보를 지지했죠. 그래요, 어떤 의미에서는 [성공했죠]. 완전한 성공은 아닌 게, 우리가 그 사람들을 선출한

건 아니거든요. 그렇지만 남반구 파견자들의 수를 늘리는 플랫폼에 관련해 좋은 합의를 했어요. ……그리고 좋은 논의들이 있었죠. 이를테면 권력의 균형 같은 것, 그리고 세상이 변하고 있잖아요. 그렇지만 INTF는 여전히 세계 조직이라기보다는 유럽 조직이죠. 그래서 우리는 새로운 경험, 다른 경험이 필요하고, 뭔가 다른, 더 좋은 뭔가를 만들려고 노력합니다. 서로 배우면서 말이죠.

일부 남반구 노동조합들은 이런 기획에 참여할 수 없다고 느꼈다. 왜냐하면 북반구 노조들에서 재정 지원을 받고 있어서 자신들이 참여하면 이런 지원이 어려워지지 않을까 염려한 때문이었다. 우리 응답자 중 한 명도 국제 회합들에 관해 설명하면서 비슷한 생각을 드러냈다. "그런데 보세요. 그쪽은 달러를 가졌어요. 그래서 그런 장소를 빌렸고, 우리 모두 그곳에 있으니, 아마도 남반구에서 온 파견자들은 모두 이렇게 느끼겠죠. '말을 너무 많이 하면 우리를 다시는 초대하지 않겠지!'"

총회가 시작된 다음이라고 해도 남반구 노동조합들이 의제 설정에 참여하지 못하게 만들 기회들은 여전히 있다.

INTF 회합이 있을 때마다 …… 어떤 기시감 같은 게 있습니다. 제가 회합에 가면, 어느 회의에 들어가면 말이죠, 저는 전부를 보게 됩니다. 통역사를 대동하고 모두 귀에 헤드폰을 끼고 있죠. 앞쪽에 INTF의 사람들, 의제를 완전히 책임지는 이들이 있습니다! 과정을 완전히 관장하고요! 그러고는 다른 이들, 남반구에서 온 파견자들은 각자 지역 보고서를 제출하겠죠. 다음해에도 일은 똑같이 진행됩니다!

이런 과정은 관료주의에만 전형적인 특징이 아니라 좀더 본질적으로는 권력 관계의 하나다. 주로 북반구 노동조합에서 온 회원들로 구성된 '본부'가 일반적 쟁점들을 논의하는 동안, 남반구 노동조합에서 온 회원들은 '지역 보고서'를 내고 있다. 우리는 응답자들 중 한 명에게 만약에 국제 연맹들의 고위 직책에 자리한 대의자들이 바뀌면 정책이 바뀔 것이라고 보는지 물었다.

모르겠습니다. 그 구조는 강력한데다가, 일을 진행하는 특정한 방식이 있습니다. 그런 것들을 바꿀 수 있는 능력이 그 사람들에게 있을지 확신하기 어렵네요. 말하자면 그런 문제는 단지 사람에게 달린 게 아닌데다가, 현장에서 멀어질수록 일은 더 절차적인 게 되고, 자신들에게게서 멀어진 사람들과 일을 연결시키는 건 더 어려워지게 됩니다.

일부 노동조합 활동가들은 대의자들을 바꿔서 구조를 바꾸려 시도했고, 또 다른 이들은 국제적 관계들은 거대 조직들이 좌우해서는 안 된다고 생각하지만 대신에 노동자들 사이에 직접 자리하려 하는데, 이 문제는 다음 절에서 살펴볼 예정이다.

국제적 노동조합들 사이의 국제적 연대

남아공과 브라질의 응답자들이 인정한 대로 북반구–남반구의 협력은 노동자들이 다른 지역 노동자들의 조건을 인식하고 이해하게 만들 수 있다. 노동조합들이 국가의 억압 아래에 놓여 있는 상황이라면 국제 연대가 특히 중요하다. 노동조합의 생존 가능성이 자신들이 하는 요구에 대한 외부 노동자들의 지지 정도에 크게 달려 있기 때문이다.

국제적 수준에서 노동자와 노동자 사이의 협력 이야기입니다. 그러니까, 남아공 노동자들의 경우인데요. 흑인 노동조합을 위해 일하는 게 불법이던 때였죠. 1970년대에 [흑인 노동조합에 대한] 최초의 인정 협약이 켈로그에서 맺어졌죠. 이런 일에는 때때로 다른 나라 노동자들의 지원이 힘이 됐습니다. 그 노동자들은 이렇게 말했죠. "이봐, 여기가 우리 나라라면 노동조합을 인정해야 하거든." 그러면 이 회사들은 법을 어기고 노조를 인정하지 않을 수 없게 되는 거죠.

그리고 브라질 응답자가 한 말이다.

맞아요, [북반구-남반구 관계는] 중요한 질문인데요. 당신도 알 텐데 우리[브라질] 노조 운동은 1920~1930년대부터 시작했지만, 군부 독재 시기에 국가 개입 때문에 중단됐죠. 1970년대 후반에 큰 파업 투쟁이 벌어지고 새로운 노동조합운동이 다시 돌아오면서 노동조합이 노동자의 이해를 대변하게 됐고요. 그때는 정말이지 가능한 모든 도움이 진짜 중요했어요. 노동조합은 돈도 없었고, 국가가 모든 곳에 개입했고, 민중들의 연대에 기대야만 했으니까요. …… 세계의 많은, 정말 많은 노조운동의 지원이 브라질 노동조합운동을 도왔죠.

그렇지만 이런 형태의 국제 연대는 대가를 동반했다.

그렇잖습니까, 국제적 연대를 받으면 거기에 함께 오는 국제적 정책들을 받아야 하잖아요. 그렇죠. 제 말을 오해하지는 말아주세요. 그렇지만 유럽의 국제 협력을 뒤따라 오는 시각은 아시다시피 바로 그런 거죠. 우리에게 자원이 있습니다. 우리가 당신을 도울 테고, 재정을 댈 테고, …… 그러니 당신은 이 방향으로 가고 저 방향으로 가야 한다는.

노동조합들은 이런 압력에 어떻게 대응해야 할까? 무디는 초국적 자본과 그 휘하의 정치인들에게 대항하는 최적의 장소에 관해 이렇게 주장한다. "자신들의 뒷마당이다. …… 지구화의 구조와 영향에 맞서는 투쟁은 대부분 국가적 수준에서 일어나게 돼 있다. 결국 이곳이 노동자들이 살고, 일하고, 싸우는 곳이다"(Moody 2005, 260). 이런 시각은 응답자들 일부의 설명에서도 드러난다.

지금까지 노동조합 내부에서 실천하는 연대나 국제주의는 '해외에서 하는 것', 말하자면 오직 국제 정책으로 생각된 때문입니다. 이제, 제 시각은 자기 나라에서 하는 것도 국제 활동이라고 봅니다. 이를테면 남아공 정부의 이민 정책 수립에 참여하는 것도 국제 정책에 포함됩니다. 이제는 딱 이것이라고 잡히는 국제주의는 없습니다! 그리고 제 생각에는, 글쎄 잘은 모르겠지만, 개념적으로 이런 국제주의는 당신이 어떤 필요한 실천을 하는 행동을 통해 아마도 멀리 떨어진 투쟁을, 문제의 긴급성을 멀리서 지원하는 겁니다.

국제적 효과를 위한 지역적 행동이라는 생각은 중요하며, '글로컬한' 조직으로서 노조라는 개념을 지지해준다. 그런 전략은 정책가들이 노동자들에게 멀리 있는 것 같지만 중요한 전략적인 국제적 쟁점을 자신이 일하는 작업장의 일상적 관심사로 주목함으로써 노동자들의 이해에 기여할 수 있다고 설득할 필요성을 제기한다. "노동조합의 국제 담당자들이 노동자들의 기반에서 떨어진 거리는 그런 위험들[노조의 사회적 위상과 영향의 위험들]을 증가시킨다. …… 국제 담당자들은 현장의 노동자, 사무실과 지역 공동체의 노동자들과 멀리 떨어져 있으며, 대부분 그런 사람들의 존재를 인식하지 못한다"(Waterman and Timms 2004, 184). 동시에 우리의 인터뷰는 환경 정책에 관한 좀더 전략적인 장기적 조망을 발전시키는 이들은 확실히 작업장의 일상 투쟁에서 '좀더 멀리' 떨어져있는 노동조합 활동가들이라는 점을 보여준다(Räthzel and Uzzell 2011).

남반구 동맹

일부 남반구 노조 활동가들이 옹호하는 대안적 형태의 국제주의는 남반구-남반구 관계의 강화다. 이런 남반구-남반구 관계 전략을 최초로 제도화한 때는 1990년대 초다. 오스트레일리아에서 시작된 노조 활동가들의 연속 회합은 '남반구라는 정체성이 새로운 지구적 경제에서 차지하는 특수한 종속적 지위 때문에 발생하는 착취와 주변화의 정치적 경험의 형태로 나타나는, 지리적으로 제한된 민주적 노동조합들의 네트워크보다는 **남반구의 네트워크**'를 만들 필요성을 드러냈다(Lambert and Webster 2001, 41). SIGTUR가 그 결과물이었다. 램버트와 웹스터는 이 남반구 조직화가 북반구에 맞선 움직임이라기보다는 '역동적이고, 강력한 국제주의'를 창출하며 '지구화에 맞선 단결된 투쟁'을 이끄는 ICFTU(지금은 ITUC)의 과업을 완수하려는 시도라고 주장한다(Lambert and Webster 2001, 45). 남반구-남반구 관계의 이점은 이렇게 설명된다.

남반구-남반구 협력은 더 평등한 유형의 관계이기 때문에 더 적절하다고 말하고 싶습니다. 가부장적 유형의 협력이 아닌 거죠. 우리는 각자의 필요와 요구를 교환하기 위해 노력합니다. 기본적으로 우리는 같은 유형의 노동조합 구조, 같은 유형의 역사, 같은 유형의 발전, 같은 유형의 쟁점들을 이야기합니다.

이런 긍정적인 설명은 국제적 노조운동 내부에서 형성되는 북반구와 남반구 사이의 역관계가 중심을 차지하는 대화의 맥락 속에 들어가야 제대로 이해될 수 있다. 이 응답자는 이제 남반구-남반구의 맥락 속에서 강력한 노동조합으로서 자신들의 임무는 북반구 노조들이 다른 남반구 노조들의 조직 방식과 정책 형성 방식에 영향을 끼치려 하면서 저지른 오류들을 되풀이하지 않는 것이라고 지적하기도 했다.

남반구-남반구의 관계에서 이런 역관계의 문제는 덜한 것으로 보이지만, 관계를 어렵게 만드는 정치적이고 조직적인 차이들이 존재한다.

북반구 노동조합들은 더 발전된 국제 관계 관련 부서들이 있고, 주로 이런 곳을 통해 관계 문제를 풀어갑니다. 그리고 남반구의 문제는 조직이 약하다는 것이죠. 그래요. 남반구-남반구 관계성을 증진하려 하는데도, 우리가 가진 관계성은 북반구에 더 많이 치우치는 경향이 있었습니다. 삼자 간 회합이 있습니다. 연례 회합이죠. 그렇지만 더 나아간 적이 없어요. 남반구끼리는 거의 모두 동의가 되지만, 어떻게 하나의 조직을 건설할지에 관련해서, 우리는 조직적으로 여전히 작은 차이들이 있기 때문이죠.

북반구보다 남반구의 노동자 조직 구조가 더 다양하다는 점도 제시됐다. 우리는 이를테면 인도 노동조합들과 관계를 맺기가 어려운 이유가 그 나라 노조의 상태가 매우 파편화된 탓이라는 이야기를 들을 수 있었다. 램버트와 웹스터(Lambert and Webster 2001) 또는 워터만(Waterman 1998) 같은 논자들은 남반구-남반구 관계를 새로운 형태의 국제 연대를 가능하게 할 사회운동 노조주의의 새 유형을 발전시키는 방법으로 보는 경향이 있지만, 우리의 경험적 자료에 따르면 이런 시각에는 좀더 심화된 연구가 필요한 고유의 난점과 모순들이 있다. 현재 시점에서 우리가 볼 때는 브릭스^{BRICS}(브라질, 러시아, 인도, 중국)의 노동조합들과 함께 새로운 위계가 형성되고 있을지도 모른다. 곧 신흥 경제의 노동조합들이 더 강력한 동맹을 형성하면서 더 취약한 노동조합 구조를 갖는 더 저발전한 나라들의 노조들을 배려하지 않는다는 것이다.

북반구의 시각

북반구-남반구 관계가 북반구의 조망에서는 어떻게 보여지는가? 우리가 인터뷰한 브라질과 남아공의 모든 노조 활동가들은 북반구와의 역관계에 비판적이었지만, 남쪽을 바라보는 시각은 다양했다. 북반구의 일부 노조 활동가들은 남반구의 시각에 동의했다.

우리는 세계의 노조 활동가들과 많이 협력합니다. 우리는 조직화하고, 노조 건물을 짓고, 훈련을 돕져. 그렇지만 우리는 무엇이 좋은 방법론인지를 설명하기 위해 활동가를 보내는 일이 핵심이고, 그 방법론은 서구적 방법론입니다. 나는 그게 좋지 않다고 생각해요! 노동조합에 시혜적 태도를 취하는 겁니다. 이를테면 우리는 지속 가능한 발전에 관련해서 전세계 노동조합을 위해 INTU에서 문서를 준비했습니다. 유럽 노동조합 활동가들만을 위해서가 아니라요. 그런 점을 신경썼습니다 우리는 워킹 그룹에서 토론을 거쳤죠. 그렇지만 문제는, 그 워킹 그룹의 성원들은 주로 유럽 노조라는 겁니다. 그건 수단의 문제입니다. 우리는 여행비를 지불할 수단이 없어요. 이를테면 아프리카에 새 복사기를 구입하도록 돈을 보내는 것보다는 전국 노조들이 국제 노조들을 도와서 회합을 개최하는 게 더 나은 일이죠. 그렇지만 예산은 대체로 다른 일들을 위해 배정되기 때문에 쉽지 않습니다.

다른 노조 활동가는 자원의 문제만은 아니라고 지적했다.

그러니까, 개도국들을 끌어들이라고요? 워킹 그룹에는 개도국에서 온 활동적인 성원들이 있습니다. 그 사람들은 개도국들이 꿀 먹은 벙어리로 있게 하지 않을 거고요. 적극적이고 훈련된 사람들이고, 자기들이 무슨 말을 하는지 알고 있죠. 그리고 그 사람들은 말을 합니다. 그래요, 그렇다고요! 반대를 위해 돈을 낼 사람들이 얼마나 될까요?

핵심적 회합들에 남반구 노조들을 참여시키는 데 돈을 내고 싶어하지 않는 북반구 노조들의 태도는 결국 대립하는 이해관계의 결과로 볼 수 있다. 아마도 이런 쟁점은 남반구 노조들의 정치적이고 수량적인 힘이 커질수록 중요성이 커질 것이다. 북반구의 다른 응답자들은 '차이'라는 조금 덜 논쟁적인 언어로 이런 현실을 표현하려 했다.

저는 유럽 수준에서 열리는 회합에 정기적으로 참여하는데, 여기서 우리는 기후변화나 경제 상황 또는 경쟁력 같은 다양한 쟁점들을 둘러싸고 공동의 정책을 논의합니다. 그리고 이번에는 남아공에 갈 거예요. 그렇지만 남아공의 상황은 아주 완전히 다르기 때문에, 제게는 경영 관리를 가르치러 가는 것이 더 큰 일이고, 협력보다 그런 일이 더 큰 부분입니다. 그러니까, 그렇죠. 지원 이상의 것이라고 말하고 싶네요.

북반구와 남반구 사이의 차이에 민감한 이 노조 활동가조차 북반구의 동료 노조 활동가들을 만나면 정책을 토론할 수 있지만 남반구의 노조 활동가들에게는 단지 지원을 제공할 수 있을 뿐이라고 느낀다는 사실을 알 수 있다. 이 활동가는 북반구-남반구 관계를 동등하거나 상호 학습이 가능한 파트너십보다는 기부-수혜 관계로 인식한다. 더욱이 이 활동가에게 '남반구'는 전형적으로 간주되는 정도보다 더 문제적인 곳으로 다가온다.

이를테면 프랑스 노동조합들과 협력하는 일은 정말이지 쉬운 문제가 아닙니다. 기후 쟁점이나 혁신 같은 경쟁력 문제에 관해서라면 말이죠. 그 사람들은 우리랑 완전히 다르기 때문입니다. 그 사람들은 사측을 상대로 한 협력은 생각하지 않거든요. 혁신은 적이라고 봅니다. 그리고 그중 일부는 기후변화 같은 것은 받아들이려고 하지도 않죠. 그래서 완전히 반대의 시각인 겁니다. 유럽에서 당신이 남쪽으로 갈수록 문제는 더욱 커지는 거죠!

이런 주장은 남아공에서 우리가 수행한 현장 연구의 경험에는 상충한다. 세계에서 온 우리의 응답자 중에서 NUMSA의 활동가는 기후변화 정책을 발전시키는 데 가장 많이 결합한 이들에 속했고, 현재 사회와 지구화 과정에 대한 가장 날카로운 분석가들이기 때문이었다. 북반구 응답자들이 차이라고 설명한 요소와 이 활동가가 남반구 노동조합들과 노조 정책을 논의하기 어렵게 만든 요소는 정치적 차이이지, 첫 인용구에서 제시한 것 같은 경험과 질에서 나타나는 차이는 아니다.

남반구 노조들에서 배우는 북반구 노조들

앞에서 한 논의에 기반해 영향과 학습이 대체로 북반구에서 남반구의 방향으로 진행된다고 추론함 직하다. 그렇지만 우리는 북반구 노조들이 남반구 노조들에게서 배운 사실을 인정하는 순간도 마주치는데, 특히 2006년 케냐 나이로비에서 UNEP, 서스테인레이버, 바르다 그룹, ILO가 조직한 '노동과 환경에 관한 노동조합 총회'(ILO 2006)가 그렇다. 북반구 응답자 중 다수는 기후변화에 관한 사고 방식을 바꾸는 사건으로 이 총회를 언급했다. 이 총회에 관한 가장 자세한 설명을 인용한다.

우리가 3년 전에 유엔 회의를 위해 나이로비에 갔을 때, ITUC의 워킹 그룹은 케냐 TUC와 함께 하루 종일 열리는 워크숍을 가졌습니다. 우리는 농업, 임업, 교통, 보건, 제조업, 공공 서비스 등 여러 부문에서 온 20명가량의 노조 지도자들을 만났고, 기후변화와 계절을 거스르는 강우, 해일, 사막화되는 남반구 등의 영향에 대해 이야기를 나눴죠. 우리는 이런 경향이 고용, 특히 농업 고용에 미치는 영향을 논의했습니다. 산림 복원 프로그램이 중요한 쟁점이었는데, 노동조합들도 적극적으로 결합하고 있는 문제입니다. ITUC의 그룹에 있는 우리들 대부분이 기후변화가 남반구에 미치는 영향에 관련된 적절한 정책을 우리가 갖고 있지 못하다는 사실을 실제로 가혹하게 맞닥뜨리는 최초의 순간이었습니다. 그리고 이 경험은 ITUC의 정책적 입장에 큰 영향을 미쳤는데, 감축에 대해 언제나 강력한 입장이었지만 적응 문제에 관해 더 분발해야 한다는 사실을 알게 됐죠. 그리고 그 뒤 UNFCCC 대화를 위해 준비되는 ITUC의 정책 문서는 수정됐습니다. 이제는 그게 더 잘 균형 잡힌 정책적 입장이라고 봅니다. 북반구와 남반구를 둘러싼 그런 긴장을 소화하려고 노력하니까요.

북반구 노조에서 온 대의자들은 기후변화가 남반구 나라들에 미치는 영향에, 그리고 북반구 노조들이 대면하는 쟁점들하고는 다른 종류의 프로그램(산림 복원)에 노조가 개입한다는 점에 충격을 받았다. 케냐 노동조합들이 맞닥뜨린 쟁점들의 현실성 때문에 북반구의 노조 활동가들은 남반구의 관심사들을 포괄하기 위해서 정치적이고 조직적인 차이들에 가교를 놓고 국제 정책을 변화시키게 됐다. 이런 설명은 우리가 다음 절에서 논의할 여러 비판적 질문들을 제기한다. 북반구-남반구 관계에서 나타나는 여러 대립은 환경과 기후변화의 문제에 어떻게 연결되는가? 기후변화 쟁점은 북반구-북반구 관계와 남반구-남반구 관계를 어떻게 형성하는가? 북반구 노조와 남반구 노조들 사이의, 그리고 노조들 내부의 환경 정책에 관련해 가장 첨예한 쟁점은 무엇인가? 그리고 융합과 상호 협력이 가장 유력한 쟁점들은 무엇인가?

평평한 경기장? 기후변화 정책과 북반구-남반구의 분할

북반구뿐 아니라 남반구 노동조합들도 어느 정도는 기술적 혁신이 기후변화의 해법 중 하나여야 한다는 점에 동의한다. 이런 동의는 이중 배당의 효과를 갖는 듯하다. 산업을 보호하고, 그렇게 함으로써 고용을 보장하며, 배출 감축을 통해 환경을 보호하는 것이다. 한 노조 활동가는 이렇게 주장한다.

IEA가 작성한 한 보고서를 보면요, 최신 철강 기술을 채택하고 그 기술을 세계의 모든 공장에 적용하기만 하면 철강 생산에서 나오는 배출량을 50퍼센트 이상 줄일 수 있다고 합니다. 엄청난 잠재력이 있는 거죠.

그렇지만 기술 혁신에는 최소한 두 개의 문제가 발생한다. 하나는 앞의 응답자가 설명하는 문제다. "한때는 2만 명을 고용하던 철강 공장이 지금은 같은 양의 철강을 생산하면서도 3000명밖에 고용하지 않는 모습을 종종 보게 됩니다." 이런 현실은 기술 혁신이 사회적으로 중립적이지 않다는 점을 보여준다. 기술 혁신으로 초래된 일자리 상실을 상쇄하려면 노동 시간을 단축하거나 다른 영역에서 새 일자리를 만드는 등 다양한 조치들을 취해야 한다(Räthzel and Uzzell 2011). 또 하나는 기술 혁신이 북반구–남반구 분할을 심화할 수 있다는 문제다.

…… 우리는 기술적 분야, 지적 재산권에 관한 문제들 중 일부를 다뤄야 할 겁니다. …… 기본적으로 똑같은 기업들이 이제는 스스로 '녹색' 혁명이라 부르는 것으로 자신들을 내세우고 있습니다. BP가 이제 '석유를 넘어서Beyond Petroleum' 라고 치장하는 거죠! 그리고 그런 기업들은 녹색 기술을 기본적으로 새로운 축적의 원천으로 보고 있습니다.

그래서 남반구 노조 활동가들은 기술 이전과 특허 이용권을 주된 요구로 삼고 있으며, 이런 요구는 세계적 범위의 경제 발전을 위한 '평평한 경기장'을 창출하는 수단으로서 ITUC 정책의 일부가 됐다. 북반구와 남반구의 국가들 사이에 벌어지는 기후변화 협상에서 이 쟁점은 여전히 논쟁 중이다.

다른 정책들에서는 노조들과 북반구–남반구 사이에 더 다양한 시각이 드러난다. 이를테면 USW는 '국경 조정border adjustment'의 실시를 탄소 배출 감축 행동이 느린 국가들을 '고무'하기 위한 몇몇 수단(이를테면 전환 지원, 기술 이전)의 하나로 간주한다. 국경 조정은 국가적으로 저탄소 생산 비용이 더 높아지는 사태를 막기 위해 유사한 탄소 감축 수단을 적용하지 않는 국가에서 생산한 제품들에 벌충적 수입세를 물리거나 철강 수입을 전면 금지하는 정책을 말한다. 이런 경우에 북반구-남반구의 연대를 희생하는 대가로 일자리 보호를 위해 환경 보호를 지불하게 되는 셈이다. IMF/ICEM/EMF/EMCEF는 이렇게 주장한다.

우리는 구속력 있고 균일하게 적용되는 국제적인 탄소 배출 규제가 없으면 탄소 유출carbon leakage이 일어나게 될 것이라고 염려한다. …… 기후변화 입법은 강력한 배출 프로그램이 없는 나라들이 불공정하게 이익을 얻지 않게 하기 위해서 국제 경쟁력 문제를 해결하는 강력한 조항들이 들어가야 한다. 그런 조항에는 수출 시장을 위해 생산하는 에너지 집약적 제품들에 대한 국경 조정이 포함돼야 한다. (IMF/ICEM/EMF/EMCEF 2009, 4)

'경쟁력'이라는 경영 개념과 함께 주장되는 이런 제안은 북반구 노동조합들이 전세계 모든 노동자를 위한 '평평한 경기장'을 창출하는 해법을 추구하는 대신에 '자기들 일자리를 보호'하는 데 주된 관심을 갖는다는 남반구 노동조합들의 의심을 해소하기 위해 고안된 것이 아니다 (이것을 '녹색 민족주의'로 정의하는, 이 책에 실린 드미트리스 스테비스의 글도 볼 것). 일부 남반구 노동조합들이 볼 때 국경 조정 같은 조치는 북반구-남반구 분할을 유지하기 위한 위장일 뿐이다. "환경 보호라는 가면 아래 선진 세계의 시장에 개도국들의 상품이 진입하지 못하게 차단하기 위해 규제와 녹색 기준이 도입되는 것은 시간문제일 뿐일 겁니다"(Gina 2010).
NUMSA의 어빈 짐은 2009년 IMF 국제 총회에서 한 연설에서 이렇게 말했다.

…… 빈곤한 남반구에 사는 우리가 볼 때 기후변화 정책의 기저에 일정하게 우

리의 생활 방식을 감시하고 남반구에 사는 우리들의 소비를 억제하기 위한 시도가 있을 수 있다는 염려가 큽니다. 우리는 개발도상 세계의 성장에 제한을 두려 하는 서구 환경주의자들의 요구들 중 일부에는 다름 아니라 생태제국주의의 혐의가 있다는 것을 발견합니다. (Jim 2009, 2)

이런 비판은 환경주의자, 정부, 초국적 기업들만이 아니라 남반구 노동조합의 필요를 도우려 하는 북반구 노동조합들에게도 향한다.

지구적 자본주의가 우리 지구와 인류 공동에게 저지르는 해악을 해결할 기술적 해법과 또 다른 방책들을 찾고 있는 만큼, 따라서 우리는 동시에 지구적 자본주의 체제에 어떻게 대처할지를 함께 논의해야 한다고 유럽 노동자들에게 요청합니다. 그런 과정을 통해서만 우리는 기후변화의 도전에 맞선 공동의 플랫폼을 형성할 수 있습니다. ⋯⋯ 더 풍요한 북반구의 형제자매들에게 이해와 연대를 요청하는 것은 남반구의 우리들에게 좋은 출발점입니다. 우리는 지구적 자본주의에 맞서 지구를 지키기 위한 이 투쟁 속에서 북반구의 우리 형제자매들과 같은 방식으로, 그리고 같은 속도로 참여할 수 없습니다. (Jim 2009, 2, 4)

지나와 짐은 모두 기후변화에 맞서는 투쟁을 자본주의에 맞서는 투쟁으로 이해하고 있으며, 따라서 자신들이 기술환원주의적 해법으로 보는 해결책을 거부한다. 짐은 이런 더 넓은 분석을 기후변화 대응 조치에 좀더 천천히 참여하게 하는 요구와 연결한다. 둘 다 기후변화의 심각성을 인정하지만, 지나와 짐의 발언은 기후변화와 기후변화 정책을 북반구가 자신들에게 부과한 것으로 본다는 사실을 알려준다. 이것이 아나벨라 로젬버그가 (이 책에서) 주장하듯 비교적 추상적이면서 녹색 일자리와 정의로운 전환을 요청하는 한에서만 기후변화와 기후변화 정책에 관련한 북반구와 남반구 사이의 합의가 가능한 이유다. 우리의 자료는 어떻게 이 문제들이 좀더 구체적이게 되면 더 다양해지고, 북반구와 남반구 사이의 또 다른 단층선을 만들게 되는지를 보여준다. ITUC는 '이 중대한 도전[이를테면 탄소 누출]을 어떻게 다룰지에 대한 노조 운동 내부의 합의는 아직 존재하지 않는다'고 공개적으로 인정한다(ITUC 2009).

몇 가지 결론적 전망들

우리는 몇몇 자명한 주장들을 가지고 이 장을 시작했다. 우선 기후변화는 노동운동을 세계적 범위에서 함께 모을 수 있는 잠재력을 지닌 지구적 위협이다. 둘째, 노동조합은 세계에서 가장 큰 민주적으로 조직된 제도이자 전통적으로 노동권의 가장 강력한 수호자로서, 지구화의 부정적 영향에 맞설 잠재적으로 최적의 지위에 있다. 셋째, 노동조합은 '글로컬한' 조직이며, 따라서 자신들의 '글로컬한' 맞상대인 초국적 기업들에 맞설 수 있는 태세를 갖추고 있다.

이런 목록에 노동조합들이 경쟁을 연대로 대체하고 싶은 욕구를 목표로 가지고 있다는 점을 추가할 수도 있겠다. 북반구와 남반구의 노조 활동가들과 나눈 대화를 통해 분명해진 사실은, 그럼에도 불구하고 자원, 권력, 이해관계에서 불평등한 관계 속에서는 연대가 지속되기 어렵다는 점이다. 한 응답자는 말한다.

불운하게도 '만국의 노동자여 단결하라'는 옛말은 지금은 현실화되기 매우 어렵습니다. 공동의 의제, 공동의 요구들을 발견해야만 해요. 제게는 이게 이상적인 일이 아닙니다. 세계의 모든 노동자들은 똑같은 요구를 가져야 합니다.

노동조합들은 '단결'할 수 있는 잠재력을 갖고 있지만, 북반구의 남반구 착취와 불평등한 역관계의 역사가 노동조합들 사이의 관계에도 영향을 끼치지 않았거나 지금도 그렇지 않으리라 생각하는 것은 순진한 일일 수 있다. 한 연구자가 주장한 대로(Wallerstein 2011), 북반구의 노동자들은 북반구와 남반구의 불평등한 교환 관계에서 마찬가지로 이익을 얻어왔다. 우리는 역사적으로 다르게 발전한 이런 지위들이 북반구-남반구의 관계성에 어떻게 작용해왔는지를 보여줬다.

국제 기구들의 조직 구조가 공동 행동을 가로막는 장애물의 하나인 듯하다. 이런 현실은 아마도 대부분의 위계적 조직들처럼 국제적 노동조합들이 자신이 대변하는 이들의 일상적 삶에서 더 멀리 떨어져 있기 때문일 수 있다. 게다가 남반구 노동조합들은 지도적 기구들에서 대변성이 떨어지며 목소리를 갖지 못한다고 느낀다. 북반구 노동조합들의 대표자들 중 일부는 이 점을 인정했고, 국제적 노동조합들은 국제 회합에 남반구 노조들이 참여하는 데 많은 자금을 투여하는 ITUC의 환경 태스크포스처럼 변화를 위해 노력을 기울였다.

어떤 경우에서는 국제적 노조들과 연맹들을 북반구가 지배하면서 지지와 행동이 결여된 결과가 장애물인 것으로 보인다. 일부 남반구 노동조합들은 북반구의 기후변화 정책들은 일자리와 북반구의 산업을 보호하기 위한 보호주의의 연막일 뿐이라고 봤다. 남반구의 (노동조합) 비판가는 기후변화를 자본주의의 결과로 보고, 자신들이 생태제국주의라 부르는 것과 더불어 이 문제가 다뤄지지 않으면 사회 부정의와 환경 파괴는 계속될 것이라고 주장했다. 이런 시각은 충분히 정당하지만, 남아공과 브라질 같은 나라들의 조건에 특히 잘 들어맞을 수 있는 기후변화 대응 수단들이 발전하는 데 걸림돌로 작용한다.

동시에 남반구 문제들에 대한 이해는 북반구 노조들에 큰 영향을 주고, 경험의 공유와 청취가 공동의 지반을 발견하는 두 가지 방법이라는 사실을 보여주지만, 그것만으로는 충분하지 못할 것이다. 제도화된 국제주의의 문제로 돌아가면, 한 남반구 노조 활동가는 남-남 또는 북-남 교류가 노동조합의 활동에 갖는 효용을 회의적으로 보고 의심했다.

저는 우리가 얼마나 그런 관계성(남반구-남반구)에 역량을 투입했는지, 얼마나 이 관계성을 북돋기 위해 노력했는지, 그리고 얼마나 노동조합 국제주의에 몰두했는지 잘 모르겠습니다. 저는 가끔 말하죠. 이건 국제주의가 아니야, 이건 노조 관광 여행일 뿐이야! 제가 시니컬해지고 말았네요.

남반구 노조들이 더 강력해지고 북반구 노조들에 더 큰 압력을 가할 수 있게 되면서, 조직들의 관료제와 위계의 문제까지 시간이 지나면서 극복될 수 있다고 생각함 직도 하겠지만, 다른 차이들이 더 근본적이다. 기후변화에 대한 분석 측면에서 정치적 차이가 존재하는데, 일부 남반구 노조들은 좀더 결정적이고 총체적인 전략을 요청한다. 북반구의 일부 강력한 기업 노조들은 자본을 상대로 하는 더 긴밀한 협력을 선호한다. 가장 중요한 것은 커다란 물질적 차이들이 존재한다는 점이다.

브라질과 남아공의 노조 활동가들은 거듭해서 말했다. "당신네들은 발전했지 않습니까. 이제 우리 차례인데 우리더러는 발전하지 말라고 말하고 있네요."

우리는 남아공과 브라질의 노동조합들을 둘러싼 경제적 조건들을 일부 설명했다. 발전이 필수적인 것은 분명하다. 그렇지만 환경 파괴와 정의가 위기에 몰린 징후들을 감안하면, 발전이 의미하는 바를 다시 정리할 필요가 있다. 전반적인 환경 악화를 가져오고, 특히 기후변화의 위협을 초래한 발전 모델은 어떤 종류의 지속 가능한 발전이든 그 기초를 허물게 될 것이다. '강한' 모델들은 발전의 자본주의적 기반에, 그리고 현재의 발전과 진보의 잣대에 도전을 제기하게 만들 수밖에 없을 것이다. '약한' 모델들은 우리의 생활 방식을 전환할 필요성을 강조할 것이며, '성장 없는 번영'(이 책에 실린 드미트리스 스테비스의 글과 Jackson 2009을 참조)을 도모하거나 쇼어(Schor 2010)가 3중의 배당이라 지칭한 것, 곧 노동 시간을 단축해서 실업을 줄이고, 탄소 배출을 감축하며, 더 좋은 질의 삶을 제공하는, 따라서 더 적게 함으로써 더 많이 누리는 것을 목표로 할 수 있다. 몇몇 '약한' 모델들은 이미 자본주의적 발전 모델을 넘어서고 있지만, 그런 모델들은 과잉 소비와 과잉 생산이 일어나는 북반구를 위해 설계된 것이었다.

남반구에서는 집단적 운동(이를테면 원주민운동, 농민운동, 땅 없는 이들의 운동)뿐 아니라 볼리비아 같은 나라에서 볼 수 있듯이 국가 철학의 수준에서 이론과 실천의 대안적 발전 양식들을 개발했다. 그런 사람들은, 볼리비아에서 쓰는 용어에 따르면 '어머니 지구'에 권리를 부여하며 자연을 파괴하지 않고 보전하는 성장을 옹호하는 발전 형태를 제시한다. 우리가 인터뷰한 브라질과 남아공의 환경운동가들(어스라이프와 FBOMS)은 성공적인 협력을 조심스럽게 낙관하면서 노동조합들과 함께 일하고 있다. 앞에서 인용한 말에서 지나는 볼리비아의 기후변화 대응 계획을 고무적인 사례로 언급하면서 노동조합들이 다른 운동들과 자신들의 투쟁을 연결할 필요성을 강조했다. 지나는 자신이 속한 노동조합이 '2000년대에 흑인 거주 지구에서 일어난 대중 투쟁에 [노조의 캠페인을] 연결'하는 데 실패한 점을 비판했다. 지나는 '작업장에 대한 강조가 에너지 쟁점에 관한 작업장 외부의 운동과 우리를 분리시킨 것'에서 실패의 원인을 찾았다. 환경과 정의를 위한 운동에 참여함으로써 이미 이해관계자가 되고 조직화도 되는 중인 시민들과 노동조합들이 스스로 동맹을 맺을 필요가 있다고 주장하는 램버트와 웹스터(Lambert and Webster 2001)의 말도 비슷한 점을 지적한다.

북반구와 남반구에서 노조와 환경운동들을 통해 만들어지고 있는 대안적 발전 모델들은 북반구와 남반구 노동조합들의 언뜻 풀기 어려워 보이는 대립하는 이해관계에 가교를 놓을 수 있을지 모른다. 이런 과제는 역사적으로 볼 때 노동자들의 개인적 이해들이 서로 대립하는 유사한 상황에서 착취에 대항해 단결된 대응을 조직해야 할 필요성 때문에 노동조합이 만들어진 사실을 기억한다면 더욱더 가능한 일로 보인다. 지금은 똑같은 대립이 지구적 수준에서 존재하며, 또한 지구화하는 환경 악화와 지구화하는 노동 분할이 노동자들이 단결해 대응할 필요성을 제기하고 있는 시점이다.

지금은 노동조합의 역사에서 결정적인 순간, 곧 발터 베냐민이 말한 '위험의 순간'일지 모른다(Benjamin 1974). 노동조합들은 기후변화 대응이 노동조합의 전통적인 관심사 바깥의 문제라는 점을 인정하지만, 이 사안은 자신들의 미래를 위해서 일자리에 미치게 될 영향이라는 측면뿐 아니라 국제 연대에 미치게 될 영향이라는 측면에서도 결정적인 문제가 될 것이다. 기후변화의 위협은 '이중 노출'이라는 맥락에서, 어려움과 더불어 북반구-남반구 분할을 가로질러 함께 일할 수 있는 기회도 제공하고 있다.

Alternative Information and Development (AIDC) (2011) *The Million Climate Jobs Campaign*. Cape Town. www. climatejobs.org.za/ (accessed 1 March 2012).

Bauman, Z. (1998) *Globalisation*. New York: Columbia University Press.

Benjamin, W. (1974) "On the Concept of History", in H. Eiland and M. W. Jennings (eds) *Selected Writings, Volume 4: 1938-1940*, Cambridge, MA: Belknap Press.

Campaign Against Climate Change (2010) *One Million Climate Jobs*. www.climate-change-jobs.org/sites/default/files/1MillionClimate Jobs_2010.PDF. (accessed 1 March 2012).

Chan, A. and Ross, R. (2003) "Racing to the bottom. International trade without a social clause". *Third World Quarterly*. Vol. 24. No. 6, pp. 1011-1028.

Cornia, G. A. and Kiiski, S. (2001) *Trends in Income Distribution in the Post-World War II Period: Evidence and Interpretation*. UNU/WIDER Discussion Paper 2001/89, United Nations University, World Institute for Development Economics Research, Helsinki. www.wider.unu.edu/publications/working-papers/discussion-papers/2001/en_GB/dp2001-89/ (accessed 1 March 2012).

Gina, C. S. (2010) "Experiences from the South", address at the International Seminar on Energy, Work, Crisis and Resistance, 22-24 January, Graz, Austria.

ILO (1998) *Declaration on Fundamental Principles and Rights at Work*. Geneva: International Labour Organisation.

____ (2006) *Environmentally sustainable development: the WILL is There*. Geneva: International Labour Organisation. www. ilo.org/global/about-the-ilo/press-and-media-centre/news/WCMS_067242/lang-en/index.htm (accessed 1 March 2012).

____ (2008) *World of Work Report 2008: Income inequalities in the age of financial globalization*. International Institute for Labour Studies. Geneva: International Labour Office.

IMF/ICEM/EMF/EMCEF (2009) "Cutting emissions, transforming jobs: Working in green jobs for a secure future", paper prepared for Conference on Towards a Common Platform on Climate Change, 14-15 October, Bad Orb, Germany.

ITUC (2009) "Trade unions and climate change: equity, justice & solidarity in the fight against climate changer", UNFCCC, 7-18 December, Copenhagen, Denmark.

Jackson, T. (2009) *Prosperity without Growth? The transition to a Sustainable Economy*. London: Earthscan.

Jim, I (2009) "Global Capitalism and the Challenge of Climate Change", paper presented to Climate Change Meeting, 14-15 October, Bad Orb, Germany.

Lambert, R. and Webster, E. (2001) "Southern Unionism and the New Labour Internationalism", *Antipode*. Vol. 33. No. 3, pp. 337-362.

Leichenko, R. M. and O'Brien, K. (2008) *Environmental Change and Globalization. Double Exposures*. Oxford/New York: Oxford University Press.

Massey, D. (2005) *For Space*. London/Thousand Oaks: Sage.

Moody, K. (2005) "Towards an international social-movement unionism", in L. Amoore (ed.) *The Global Resistance Reader*. London: Routledge.

OECD (2010) *Tackling Inequalities in Brazil, China, India and South Africa: The Role of Labour Market and Social Policies*. OECD Publishing.

Rathzel, N. Uzzell, D. (2011) "Trade Unions and Climate Change: The Jobs versus Environment Dilemma". *Global Environmental Change*. Vol. 21, pp. 1215-1223.

Robertson, R. (1992) *Globalization: Social theory and global culture*. London: Sage.

Schor, J. (2010) *Plenitude: The New Economics of True Wealth*. New York: The Penguin Press.

Wallerstein, I. (2011) *The Modern World-System, IV: Centist Liberalism Triumphant, 1789-1914*. San Francisco: University of California Press, and New York: The New Press.

Waterman, P. (1998) *Globalisation, Social Movements and the New Internationalisms*. London: Cassell.

Waterman, P. and Timms, J. (2004) "Trade Unions Internationalism and a Global Civil Society in the Marking", in H. Anheier, M. Glasius and M. Kaldor (eds) *Global Civil Society*. Cambridge: Polity Press.

기후변화의 시대가 불러내는
'정의로운 전환'

환경 보전과 경제 성장 또는 일자리 지키기가 제로섬 관계일 필요가 없다는 생각이 새롭지는 않다. 환경 보호를 하면서도 경제 성장이 가능하다는 것이 '생태적 현대화' 이론이고, 경제 성장을 안 하더라도 일자리 지키기와 나누기가 가능하다는 것이 '탈성장' 주장이며, 환경 보전과 좋은 일자리가 같이 갈 수 있다는 것이 '녹색 일자리' 정책이다. 물론 각각의 정당성과 현실성은 조건과 맥락에 따라 달리 판단될 수 있고 달리 주장될 수 있다.

2006년 발표된 〈스턴 보고서〉는 특히 기후변화 대응을 늦게 시작할수록 경제에 주는 부담이 더욱 커지게 된다는 점을 논증했고, 기후변화와 경제 또는 일자리 사이의 관계에 관한 논의를 구체화하게 했다. 여러 나라 정부들이 앞다투어 '녹색 성장'과 '녹색 경제' 정책을 내놓기 시작했다. 진보적 노동운동 진영의 한쪽에서 주장해온 '정의로운 전환'이라는 아이디어도 이런 배경 속에서 새로운 의미를 얻기 시작했다.

정의로운 전환은 지속 가능하지 않거나 해로운 산업과 노동이 환경적으로 수용 가능하고 노동자와 지역 사회에도 지킬 수 있는 산업과 노동으로 전환돼야 하며, 이때 발생할 수 있는 피해와 희생을 예방하고 공적 장치와 프로그램을 통해 부담을 나눈다는 생각으로 요약될 수 있다. 용어 자체는 미국의 노동운동가 토니 마조치와 캐나다 노동조합에서 생겨났지만, 비슷한 아이디어는 1970년대 영국의 루카스 플랜과 오스트레일리아의 그린밴 운동에서도 기원을 찾을 수 있다. 그리고 유엔의 기후변화협약 논의 과정에 국제 노동조합운동이 개입하면서 정의로운 전환은 21세기초반 노동운동의 중요한 깃발 중 하나가 됐다.

노동조합과 협동조합, 그리고 일자리 지키기와 환경 보전은 애초에 하나에서 출발했다. 산업 자본주의가 공장과 지역사회에서 착취와 오염으로 공동체의 살림살이를 위협하는 상황에서 노동자들의 결사체는 자연스레 자기 자신들을 지키기 위해 조직을 만들고 대응 활동을 벌였다. 그러나 노동의 분업과 분절화, 그리고 관료화의 전개는 한편으로는 산업 혁신의 컨베이어 벨트에 몸을 싣고 임금과 노동 조건에만 관심을 갖는 노동자 집단을, 다른 한편으로 자본의 무한하고 무질서한 팽창이 여기저기서 만들어내는 환경 파괴를 따라 다니며 힘겹게 하나씩 문제를 풀어가는 환경운동을 낳았다. 그리고 둘 사이의 대화는 드물어졌고, 종종 환경을 도외시하는 계급 이기주의라고, 그리고 계급 관계를 간과하는 중산층 운동이라고 서로 비난하는 사이가 됐다.

이 끊어진 매듭은 다시 묶일 수 있을까? 이 책을 쓴 저자들은 그런 일이 가능할 뿐 아니라 많은 나라와 지역에서, 그리고 여러 조직적 수준에서 시도되고 있다는 것을 보여주려 한다. 국제 조직의 간부와 강단의 연구자, 그리고 자동차 공장의 현장 활동가들을 망라하는 저자들은 기후 위기의 시대야말로 공장의 노동과 지역 공동체의 살림살이를 함께 이야기할 수 있고 해야 하는 기회라고 주장한다. 가장 적극적으로 해석하면 기후 위기는 공장 안팎의 제도와 운동을 한데 모아 마련될, 대량 생산과 온실가스 배출을 가속화하는 산업자본주의에 대한 대안적 또는 대항적 기획의 설득력을 높이며, 그 과정에서 노동조합운동의 사회운동적이고 연대적인 성격도 강화하는 계기가 될 수 있다.

그렇지만 수십 년 이상 지속된 관성과 고정 관념을 바꾸기는 쉽지 않다. 북미의 키스톤 엑스엘 파이프라인 사업을 둘러싼 노동조합들의 상반된 태도는 이런 난점을 잘 보여준다. 게다가 정의로운 전환을 받아들이고 해석하는 방식도 다양하다. 녹색 일자리와 녹색 뉴딜이 생태적 현대화론과 별반 차이 없이 이용되는 논의와 정책들도 적지 않으며, 정의로운 전환이 충분한 준비와 보상 없이는 급격한 에너지 전환을 수용할 수 없다는 에너지 산업 노동조합들의 핑곗거리가 되기도 한다. 그런데도 '정의로운 전환'이 지금처럼 설득력을 지니고 다가오면서 풍부한 논의를 가능하게 하는 상황도 흔치는 않을 것 같다. 그런 점에서 더 늦기 전에 이 책에 실린 논의들을 우리말로 옮겨 소개할 수 있게 된 것이 다행스럽게 여겨진다.

이 책에 실린 열여덟 개의 논문들은 정의로운 전환의 개념과 정책의 역사와 발전뿐 아니라 제법 복잡한 생태경제학 이론, 그리고 노동정치와 노동조합 국제 비교 연구까지 다양한 논의를 담고 있다. 제조업을 비롯해 농업, 광업, 서비스업, 북반구와 남반구의 다른 사정들까지 살펴보고 있으며, 노동조합 국제주의와 사회적 노조주의의 갱신 같은 주제까지 파고들고 있다. 녹색 경제와 녹색 일자리의 잠재력뿐 아니라 오용과 의미 퇴색의 가능성에 관한 염려도 들여다본다.

2013년에 이 책이 출간된 뒤에도 정의로운 전환에 관련된 몇 가지 변화와 진전이 있었다. 2017년 파리 기후변화협약에서 '정의로운 전환'이라는 문구가 합의문 전문에 공식으로 포함됐고, 해마다 기후변화 대응 정책의 원칙으로 재확인되고 있다. 지난겨울 프랑스에서 벌어진 '노란 조끼' 시위, 독일에서 석탄 발전 퇴출과 고용 대안을 함께 풀려고 한 '탈

석탄위원회' 보고서, 최근 미국 민주당 좌파가 다시 주목하는 '녹색 뉴딜' 정책도 노동과 녹색 전환 사이의 관계를 깊이 생각하게 하고 있다. 이 책에 실린 사례와 논의들은 이런 현상을 이해하는 데 도움이 되리라고 생각한다.

내가 일하는 에너지기후정책연구소는 10년 전 창립 행사로 준비한 심포지엄에서 이 책의 저자 중 한 사람인 아나벨라 로젬버그를 초청해 기후변화와 정의로운 전환에 관련한 국제 노동조합운동의 동향과 정책을 소개한 적이 있다. 에너지기후정책연구소뿐 아니라 다른 연구 기관과 활동가들이 정의로운 전환의 정책과 운동을 전하고 인식을 확산하려 했지만, 이 주제에 관한 한 한국 노동조합운동의 태도와 활동이 그다지 바뀌지 않은 듯하다.

역대 정부들이 기후변화 대응에 진지한 관심과 노력을 기울이지 않은 탓일 테고, 국제 기준보다 낙후한 노동 기본권을 확보하고 정부의 탄압에 맞서는 과제가 우선인 노동조합운동의 현실을 반영한 탓이기도 할 것이다. 한국에서는 산업과 고용의 문제에 관련해 노동조합이 먼저 구상과 주장을 내놓는 일이 낯설기도 하고, 조합원들의 당장의 이해에서 먼 문제를 이야기하는 노동조합 지도자들이 선거에서 당선하기 어려운 것도 현실이다. 그리고 사회적 의제를 다루는 노사정 사이의 대화 기구는 노동조합에 효능감을 심어주지도 못했고, 지금도 인기가 없다.

그러나 전세계 시장 상황의 변화, 기후변화의 심화, 국제 기후 체제의 진전, 국제적 노동운동의 정책 발전을 감안하면 한국의 노동조합운동도 일종의 '업데이트' 또는 '동기화'가 더 늦어져서는 곤란할 것이다. 그저 당위가 아니라 현실 속에서 떠오르는 문제들을 봐도 그렇다. 현 정부의 에너지 전환 정책 속에서 핵발전과 석탄 발전 관련 업종 노동자들의 일자리 문제가 제기됐고, 재생 가능 에너지 보급 확대 정책은 군산, 울산, 거제와 통영 등 구체적인 지역에서 노동력과 숙련, 그리고 제조업 사이트를 적절히 연결할 필요성을 제기한다. 또한 몇 십 년이 아니라 몇 년 안에 현실화될 플랫폼 노동의 전면화와 내연 기관의 종말 같은 전망들은 노동조합이 미래를 내다보는 산업 기획과 개입 계획을 갖지 않으면 시대에 적응하지 못하는 공룡 처지가 될 것이라고 예고하고 있다.

이론으로서 정의로운 전환, 개념으로서 '적록 동맹'에서 한발 더 나아갈 수 있을지, 온실가스 감축과 성장의 제한을 노동조합의 대안으로 소화해낼 수 있을지 같은 어려운 문제들을 이 책은 제기한다. 멸종하는 공룡이 아니라 살아남는 존재가 되기 위해 기후변화 시대에 '적응'하는 수준에서든, 아니면 지속 가능한 경제와 지역 사회를 주도하면서 자기 갱신을 하며 자본의 족쇄를 허무는 종(種)의 일원이 되기 위한 야심적 구상을 갖는 수준에서든, 노동조합운동은 이제 자기만의 답을 가져야 할 시간이다. 이 책이 한국의 많은 노동조합 활동가들이 이미 나름대로 가지고 있을 비슷한 고민들이 혼자만의 것이 아니라는 힌트를, 그리고 자극을 줄 수 있기를 희망한다. 또한 그런 노동조합 활동가들에게 '말 걸기'를 시도하고 싶은 활동가와 연구자들에게도 좋은 참고 자료가 되면 좋겠다.

2019년 6월

김현우